**Aktuelles Recht
für die Praxis**

Das neue Entschädigungs- und Ausgleichsleistungsgesetz
– EALG –

von

Dr. jur. Peter Zimmermann

und

Dr. jur. Robert Heller

Verlag C. H. Beck München 1995

Die Deutsche Bibliothek – CIP-Einheitsaufnahme

Zimmermann, Peter:
Das neue Entschädigungs- und Ausgleichsleistungsgesetz –
EALG / von Peter Zimmermann und Robert Heller. –
München : Beck, 1995
  (Aktuelles Recht für die Praxis)
  ISBN 3 406 39945 2
NE: Heller, Robert

ISBN 3 406 39945 2

Satz und Druck: Appl, Wemding
Gedruckt auf säurefreiem, aus chlorfrei gebleichtem Zellstoff
hergestelltem Papier

Vorwort

Das Gesetz über die Entschädigung nach dem Gesetz zur Regelung offener Vermögensfragen und über staatliche Ausgleichsleistungen für Enteignungen auf besatzungsrechtlicher und besatzungshoheitlicher Grundlage (Entschädigungs- und Ausgleichsleistungsgesetz – EALG) wurde Ende September 1994 zusammen mit dem Sachenrechtsänderungs- und dem Schuldrechtsänderungsgesetz verkündet und trat im wesentlichen am 1. Dezember 1994 in Kraft. Damit ist der Kreis der Vorschriften zur Regelung offener Vermögensfragen und zur Überleitung des DDR-Bodenrechts in BGB-konforme Rechtszustände geschlossen. Innerhalb dieses Kreises befaßt sich das EALG mit sehr verschiedenen Rechtskreisen: Das Entschädigungsgesetz (Artikel 1) füllt den schon im Vermögensgesetz gewährten Entschädiungsanspruch aus und regelt für das gesamte EALG die Grundsätze der Bemessung von Entschädigungs- und Ausgleichsleistungen sowie die Aufgaben des Entschädigungsfonds. Das Ausgleichsleistungsgesetz (Artikel 2) gewährt eigene Ansprüche für die von der sowjetischen Besatzungsmacht Enteigneten und regelt im Schwerpunkt die Möglichkeit des Erwerbs land- und forstwirtschaftlicher Flächen in den neuen Bundesländern. Mit dem NS-Verfolgtenentschädigtengesetz (Artikel 3) erhält eine besondere Gruppe betroffener Opfer Entschädigungsansprüche in Geld. Rückwirkend zum 1. Januar 1994 ist bereits das Vertriebenenzuwendungsgesetz (Artikel 9) in Kraft getreten, das Ansprüche auf eine einmalige Geldzahlung gewährt.

Neben Folgeänderungen in Steuergesetzen (Artikel 4 bis 6) enthält das EALG die Erstreckung des Wertausgleichsgesetzes auf das Beitrittsgebiet (Artikel 7), die Bereinigung der DDR-Schuldbücher durch ein eigenes Gesetz (Artikel 8) und die Kraftloserklärung von Reichsmark-Wertpapieren (Artikel 11), die zum Abschluß der Wertpapierbereinigung im Beitrittsgebiet erforderlich war.

Die Vielzahl der unterschiedlichen zu regelnden Probleme zwang zu sehr differenzierten Einzellösungen innerhalb der einzelnen Gesetze. Ergebnis ist ein kompliziertes Regelwerk, das durch zahlreiche Ausnahmebestimmungen und Verweisungen unübersichtlich ist.

Der Rechtsanwender ist darauf angewiesen, die einschlägigen Vorschriften schnell und sicher zu finden, in ihrem Gesamtzusammenhang zu verstehen und ggf. nach Auslegung anzuwenden. Die dafür erforderlichen Hilfen bietet das vorliegende Buch mit der Darstellung von Struktur und Schwerpunkten des EALG.

Zum Verständnis der Struktur und der ihr zugrundeliegenden Motivation des Gesetzgebers gibt *Kapitel 1* einleitend einen Überblick über Theorie und Praxis der Enteignungen in der ehemaligen Sowjetischen Besatzungszone und in der ehemaligen DDR wieder, die vor allem mit dem Entschädungs- und dem Ausgleichsleistungsgesetz geregelt werden sollen.

Die *Struktur* des EALG erschließt *Kapitel 2* mit der Darstellung der Beziehungen der Vorschriften untereinander und der Zusammenhänge mit anderen Gesetzen, auf die die Gesetze des EALG Bezug nehmen. Ausgehend von der Einbindung des EALG in die Gesetze zur Regelung der Kriegsfolgen und der Wiedergutmachung, werden die für mehrere Einzelgesetze geltenden übergreifenden Bestimmungen erläutert. Schließlich erfolgt die strukturierte Darstellung des Anwendungsbereichs jedes einzelnen Gesetzes im EALG, um damit den Schlüssel für die Anwendung des Gesetzes zu geben. Übersichten erleichtern das Auffinden der fallrelevanten Vorschriften.

Die *Schwerpunkte* liegen beim Entschädigungs- und beim Ausgleichsleistungsgesetz in den *Kapiteln 3 und 4*; sie wurden im Hinblick auf die in der Praxis zu erwartenden Probleme und Schwierigkeiten ausgewählt. Das Entschädigungsgesetz enthält detaillierte Vorschriften zu den Bemessungsgrundlagen, z.B. für Grundvermögen oder Unternehmen. Das Ausgleichsleistungsgesetz regelt die verschiedenen Möglichkeiten des Flächenerwerbs, die auch für das Entschädigungsgesetz gelten.

Kapitel 5 bietet dem Rechtsanwender einen Einblick in die wesentlichen Vorschriften des NS-Verfolgtenentschädigungsgesetzes, *Kapitel 6* in die Voraussetzungen für den Anspruch auf Vertriebenenzuwendung. Die Aufgaben des Entschädigungsfonds, dem die Erfüllung der Entschädigungs- und Ausgleichsleistungsansprüche nach dem Entschädigungs-, Ausgleichsleistungs-, NS-Verfolgtenentschädigungs- und Vertriebenenzuwendungsgesetzes obliegt, werden in *Kapitel 7* insoweit dargestellt, als sie für die Zusammenarbeit mit den Behörden in der Rechtspraxis erforderlich sind.

Die komplizierte Materie der einzelnen Kapitel wird durch zahlreiche Übersichten, meist in Form von Tabellen, Synopsen und Berechnungsbeispiele anschaulich gemacht.

Das Buch bietet eine Hilfe in erster Linie für Notare, Rechtsanwälte und Richter. Daneben ist es aber auch gedacht für Mitarbeiter in der Verwaltung sowie betroffene Grundstückseigentümer und Grundstücksnutzer.

Sankt Augustin, im April 1995 *Peter Zimmermann*
Robert E. Heller

Inhaltsverzeichnis

	Rdnr.	Seite
Abkürzungen		XV
Literaturverzeichnis		XXI

Kapitel 1
Enteignungen in der SBZ von 1945 bis 1949 und in der DDR ab dem Jahre 1949

	Rdnr.	Seite
I. Vorbemerkung	1	1
II. Enteignungen in der sowjetischen Besatzungszone Deutschlands von 1945 bis 1949	8	3
1. Die Hoheitsgewalt der sowjetischen Besatzungsmacht in der ehemaligen SBZ	8	3
a) Völkerrechtliche Grundlagen	8	3
b) Die Sowjetische Militäradministration in Deutschland	10	4
c) Einrichtung und Kontrolle deutscher Verwaltungen durch die SMAD	16	6
2. Demontagen, Vernichtung des deutschen Wirtschaftspotentials und Reparationen	18	8
a) Allgemeines	18	8
b) Demontagen	19	8
c) Zerstörung des Kriegspotentials	20	9
d) Entnahme von Reparationen aus der laufenden Produktion	21	9
3. Besatzungsrechtliche und besatzungshoheitliche Enteignungen i. S. d. EALG	23	10
a) Die Regelungen im Einigungsvertrag	23	10
b) Die Begriffe besatzungsrechtlich und besatzungshoheitlich	28	13
c) Die Bodenreform	33	15
aa) Rechtsgrundlagen	33	15
bb) Ziele	38	16
cc) Grundbucheintragungen	43	18
dd) Schicksal der Bodenreformgrundstücke in der DDR ab 1949	45	19
d) Die Sequesterenteignungen	47	19
aa) Potsdamer Abkommen und Alliierter Kontrollrat	47	19
bb) Befehle der Alliierten Kommandantur in Berlin	48	20
cc) SMAD-Befehle	50	20
dd) Maßnahmen der Deutschen Wirtschaftskommission	63	24
ee) Maßnahmen der Deutschen Länder und Provinzen	80	30
III. Enteignungen in der ehemaligen DDR bis zum 2.10.1990	81	30
1. Das System vermögensrechtlicher Maßnahmen in der ehemaligen DDR	81	30
a) Allgemeines	81	30
b) Verdeckte Sozialisierung privater Betriebe	82	30
c) Zwangskollektivierung der Landwirtschaft	87	33
d) Mietwohnhäuser	90	34
e) Republikflüchtlinge und Eigentümer mit Wohnsitz außerhalb der ehemaligen DDR	91	35

	Rdnr.	Seite
f) Grundstücke an der Staatsgrenze der DDR (Grenz- und Mauergrundstücke)	104	38
2. Das System der Enteignungen in der ehemaligen DDR	108	39
a) Zeitraum 1949 bis 1960	108	39
b) Neugestaltung des Enteignungswesens durch das Entschädigungsgesetz von 1960	112	40
c) Weitere Enteignungsgesetze ab dem Jahre 1960 bis zur Verfassungsänderung von 1968	113	41
d) Die Verfassungsänderung von 1968	114	42

Kapitel 2
Regelungszweck und Systematik des EALG

	Rdnr.	Seite
I. Vorbemerkung	1	45
II. Das EALG im System des Wiedergutmachungs- und Kriegsfolgenrechts	3	45
1. Verfassungsrechtliche Grundlagen	3	45
2. Kriegsfolgenrecht	6	46
3. Der Lastenausgleich	10	48
a) Überleitung auf das Beitrittsgebiet	11	48
b) Erfaßte Schadensgruppen	13	48
c) Zonenschäden als besondere Schadensgruppe	14	49
d) Kriegssach- und Verfolgungsschäden	18	50
e) Leistungen und Rückforderung nach dem LAG	19	51
f) Das Feststellungsgesetz als Nebengesetz zum LAG	27	53
g) Das Beweissicherungs- und Feststellungsgesetz als Nebengesetz zum LAG	28	53
4. Regelungen für Vertriebene und Flüchtlinge	29	54
5. Wiedergutmachungsregelungen	30	54
6. Heimkehrer, Kriegsgefangene und politische Häftlinge	34	55
7. Die SED-Unrechtsbereinigungsgesetze	36	56
8. Übersicht	39	57
III. Übergreifende gemeinsame Regelungen innerhalb des EALG	40	58
1. Allgemeines	40	58
2. Der Entschädigungsfonds	41	58
3. Die Bemessungsgrundlagen im EntschG	42	58
4. Übersicht	43	59
IV. Entschädigungsansprüche nach Maßgabe des Entschädigungsgesetzes	44	59
1. Verhältnis zum VermG	44	59
a) Rückerstattung nach dem VermG	44	59
b) Von der Rückerstattung grundsätzlich ausgenommene Fälle	52	61
c) Weitere Rückgabeausschlüsse nach dem VermG	54	63
d) Wahl der Entschädigung durch den Berechtigten	58	65
2. Verhältnis zu anderen Leistungsgesetzen	59	66
V. Ansprüche nach dem Ausgleichsleistungsgesetz	61	66
VI. Ansprüche nach dem NS-Verfolgtenentschädigungsgesetz	65	67
VII. Änderung des Wertausgleichsgesetzes	70	70
1. Die Nutzung von Grundstücken in den neuen Bundesländern durch die sowjetischen Besatzungstruppen als Regelungsgegenstand	70	70
2. Entsprechende Anwendung des WAG	73	71

	Rdnr.	Seite
3. Einzelregelungen	77	72
a) Anwendungsbereich	77	72
b) Ausschlußtatbestände	80	73
c) Nichtanwendbarkeit von Vorschriften	81	73
d) Absehen von der Geltendmachung bei geringen Ausgleichsansprüchen	82	73
e) Inkrafttreten	83	74
VIII. DDR-Schuldbuchbereinigungsgesetz	84	74
IX. Vertriebenenzuwendungsgesetz	88	75
X. Kraftloserklärung von Reichsmark-Wertpapieren	95	77

Kapitel 3
Das Entschädigungsgesetz

	Rdnr.	Seite
I. Vorbemerkung	1	80
II. Anspruchsgrundlagen	7	82
1. Ansprüche nach § 1 Abs. 1 EntschG	7	82
2. Anspruch nach § 1 Abs. 1 a EntschG	10	83
3. Ansprüche nach § 1 Abs. 2 EntschG	15	84
a) Mehrfache Enteignungen	15	84
b) Ansprüche von Inhabern früherer dinglicher Rechte an Grundstücken	16	84
4. Ansprüche nach § 3 Abs. 5 EntschG	18	85
5. Übersicht	19	85
III. Anwendungsausschlüsse	20	85
1. Ausschlußtatbestand nach § 1 Abs. 3 EnschG	20	85
2. Ausschlußtatbestände nach § 1 Abs. 4 EnschG	23	87
a) Entzogene Geldforderungen (Nr. 1)	23	87
b) Bagatellschäden (Nr. 2)	25	87
c) Pauschalentschädigungen aufgrund zwischenstaatlicher Abkommen (Nr. 3)	27	88
3. Verweisung auf das NS-VEntschG	29	88
IV. System der Bemessungsgrundlagen	30	89
1. Rechtsgrundlagen	30	89
2. Einheitswerte	34	90
a) Begriff	34	90
b) Feststellungszeitpunkte für den Einheitswert	39	91
c) Bewertungsvorschriften für land- und forstwirtschaftliches Vermögen	41	92
d) Bewertungsvorschriften für Grundvermögen	44	93
e) Bewertungsvorschriften für Betriebsvermögen	46	93
f) Übersicht	47	94
V. Bemessungsgrundlage für Grundvermögen sowie land- und forstwirtschaftliches Vermögen	48	94
1. Einheitswerte als Ausgangspunkt der Bemessung	48	94
a) System der Anpassungsfaktoren	48	94
b) Gründe für die Erhöhung der Faktoren	50	95
c) Ausrichtung der Faktoren an Verkehrswerten zum Stichtag 3. 10. 1990	52	96
d) Der Grundstücksmarkt in den neuen Bundesländern zum Stichtag 3. 10. 1990	53	96
e) Ergebnis	61	100

	Rdnr.	Seite
2. Gebäudeentschuldungssteuer	62	100
3. Ersatzeinheitswerte	63	101
4. Hilfswerte	69	103
5. Berechnungsbeispiele	71	104
a) Einfamilienhausgrundstück	71	104
b) Mietwohngrundstück	72	105
VI. Bemessungsgrundlage für Unternehmen	73	106
1. Einheitswerte als Ausgangspunkt der Bemessung	73	106
a) Grundsatz	73	106
b) Hauptfeststellungszeitraum 1.1.1935	74	106
c) Stichtag 31.12.1952	75	107
2. Vervielfältiger für Einheitswerte	76	107
a) Niedrigerer Vervielfältiger im Regierungsentwurf	77	108
b) Unternehmenswerte zum Stichtag 3.10.1990	82	109
3. Ersatzeinheitswerte	89	112
4. Neuermittlung des Unternehmenswertes	90	112
a) Unrichtig festgestellte Einheitswerte/Ersatzeinheitswerte	90	112
b) Fehlende Einheitswerte oder Ersatzeinheitswerte	91	113
c) Kleine Unternehmen (Familienbetriebe)	101	115
5. Schätzung der Bemessungsgrundlage	103	115
6. Übersicht	104	116
VII. Bemessungsgrundlage für Forderungen und Schutzrechte	105	116
1. Aufbau und Anwendungsbereich	105	116
2. Bemessung bei privaten geldwerten Ansprüchen	107	116
3. Bemessung bei Lebensversicherungsanspüchen	117	118
4. Bemessung bei wiederkehrenden Nutzungen und Leistungen	120	119
5. Bemessung bei Schutz- und Urheberrechten	121	119
6. Übersicht	123	120
VIII. System der Abzüge von den Bemessungsgrundlagen	124	120
1. Abzüge für Verbindlichkeiten	126	121
2. Abzüge für Gegenleistungen oder Enschädigungen	131	122
3. Abzüge für zurückgegebene Vermögensgegenstände	136	123
4. Kürzungsbeträge	137	123
a) Allgemeine Kürzung	137	123
b) Kürzungen bei Anspruchshäufungen	142	125
5. Abzug von Lastenausgleich	146	126
6. Abrundungspflicht	153	127
7. Übersicht	155	128
IX. Erfüllung der Entschädigungsansprüche	156	129
1. Grundsätzlich Erfüllung durch Schuldverschreibungen	156	129
2. Bewertung der durch Schuldverschreibungen erfüllten Entschädigungsansprüche	161	130
3. Ausnahmsweise Erfüllung in Geld	165	132
4. Teilnahme am Landerwerbsprogramm nach dem AusglLeistG	167	132
X. Verfahrensvorschriften	168	133
1. Entsprechende Anwendung des VermG	168	133
2. Abzuführende Beträge an den Entschädigungsfonds	170	133
XI. Prüfungsschema	171	134
XII. Berechnungsschema	172	135

Kapitel 4
Das Ausgleichsleistungsgesetz

	Rdnr.	Seite
I. Vorbemerkung	1	136
II. Anwendungsbereich und Ausschlußtatbestände	2	136
1. Besatzungshoheitliche Enteignungen	2	136
2. Einziehung des Vermögens aufgrund Entscheidung eines ausländischen Gerichts	6	137
3. Enteignung von Gesellschaftsvermögen	7	138
4. Ausschlußtatbestände	10	138
a) Schäden nach dem RepG	11	138
b) Verluste im Sinne des AKG	14	139
c) Gläubigerverluste bei der Neuordnung des Geldwesens	15	139
d) Verluste von Wertpapieren	16	139
e) Ansprüche von Gebietskörperschaften	20	140
f) Werthaltige Ansprüche aus Forderungen und Anteilsrechten	21	140
g) Verstoß des Berechtigten gegen die Grundsätze der Rechtsstaatlichkeit	22	140
III. Art, Höhe und Bemessung der Ausgleichsleistung	23	141
1. Leistungen aus dem Entschädigungsfonds	23	141
2. Privatrechtliche geldwerte Ansprüche	25	141
3. Bemessung von Ansprüchen in DDR-Währung	27	142
4. Bemessung bei Wertpapieren	28	142
5. Kappungsgrenze	32	143
6. Anteilsrechte an Unternehmen	33	144
7. Übersicht	35	144
IV. Flächenerwerb	36	144
1. Allgemeines	36	144
2. Land- und forstwirtschaftliche Flächen im Beitrittsgebiet	37	145
a) Zustand im Zeitpunkt der Wiedervereinigung	37	145
b) Von der Treuhandanstalt/BvS übernommene Flächen der Land- und Forstwirtschaft	39	147
3. Privatisierungsaufgaben der Treuhandanstalt/BvS in bezug auf übernommene Flächen der Land- und Forstwirtschaft	41	147
a) Rechtsgrundlagen	41	147
b) Die seit November 1992 gültigen Richtlinien	44	149
c) Handeln der Treuhandanstalt/BvS durch privatrechtlich organisierte Treuhandgesellschaften	49	150
d) Rechtsweg bei Privatisierungsentscheidungen der Treuhandanstalt/BvS bzw. der BVVG	55	151
4. Berechtigte Personen	60	153
a) Natürliche Personen	61	153
b) Juristische Personen	71	156
5. Anspruchsgrundlagen	74	157
a) Anspruch auf Erwerb landwirtschaftlicher Flächen	75	158
aa) Anspruch auf den Erwerb landwirtschaftlicher Flächen von natürlichen Personen	80	160
bb) Anspruch auf den Erwerb landwirtschaftlicher Flächen von juristischen Personen privaten Rechts	86	163
b) Anspruch auf Hinzuerwerb von Waldflächen	87	164
c) Anspruch auf Erwerb von Restflächen	90	164
d) Anspruch auf Erwerb von forstwirtschaftlichen Flächen	98	167

	Rdnr.	Seite
e) Zusätzlicher Flächenerwerb	109	171
f) Anspruchskonkurrenz	112	171
6. Flächenmäßige Obergrenzen	115	172
a) Obergrenze für Ansprüche nach § 3 Abs. 1, Abs. 2	115	172
b) Obergrenze für Ansprüche nach § 3 Abs. 5	125	174
7. Ankaufspreise für Flächen	126	175
a) Kaufpreise für landwirtschaftliche Flächen	127	175
aa) Bodenwerte	127	175
bb) Werte für aufstehende Gebäude und sonstige wesentliche Bestandteile i. S. d. § 94 BGB	133	177
cc) Miterwerb von Wohn- und Wirtschaftsgebäuden auf Verlangen der Privatisierungsstelle	139	178
b) Kaufpreise für Waldflächen	140	179
c) Übersicht: Ermittlung des Kaufpreises	152	182
d) Fälligkeit	153	182
8. Veräußerungsverbot	154	182
9. Genehmigung nach dem Grundstücksverkehrsgesetz	156	183
10. Rückabwicklung des Kaufvertrages	157	183
11. Verfahren zur Durchführung des Flächenerwerbsprogramms	158	183
V. Rückgabe beweglicher Sachen	160	184
1. Allgemeines	160	184
2. Anspruchsvoraussetzungen	168	187
3. Sonderregelung für Kulturgut	169	187
VI. Verfahrensregelungen	179	189
VII. Prüfungsschema	183	190

Kapitel 5
Das NS-Verfolgtenentschädigungsgesetz

	Rdnr.	Seite
I. Vorbemerkung	1	191
II. Anwendungsbereich	4	191
III. Höhe der Entschädigung	6	192
IV. Erfüllung der Entschädigungsansprüche	17	195
V. Verfahrensregelungen	18	195
VI. Prüfungsschema	19	196

Kapitel 6
Das Vertriebenenzuwendungsgesetz

	Rdnr.	Seite
I. Vorbemerkung	1	197
II. Anwendungsbereich	2	197
III. Höhe und Erfüllung des Anspruchs	7	198
IV. Verfahren	11	199
V. Prüfungsschema	17	200

Kapitel 7
Der Entschädigungsfonds

	Rdnr.	Seite
I. Einrichtung	1	201
II. Aufgaben	5	201
III. Rechtliche Ausgestaltung	6	202
1. Sondervermögen ohne eigene Rechtspersönlichkeit	6	202
2. Handlungs- und Prozeßfähigkeit	7	202
3. Verwaltung	9	202

Inhaltsverzeichnis XIII

	Rdnr.	Seite
a) Bundesamt zur Regelung offener Vermögensfragen	9	202
b) Zusammenarbeit der Behörden	11	203
c) Aufsicht	13	203
d) Kosten	14	204
4. Haftung für Verbindlichkeiten des Entschädigungsfonds	15	204
IV. Gesetzliche Einnahmen	16	204
1. Veräußerungserlöse der Treuhandanstalt	17	206
2. Erlöse aus der Veräußerung von Finanzvermögen	18	206
3. Beiträge öffentlicher Stellen für den Erwerb von Verwaltungsvermögen	20	206
4. Guthaben aus treuhänderisch verwalteten Konten	21	207
5. Vermögenswerte aus dem Bereich des Amtes für den Rechtsschutz des Vermögens der DDR	22	207
6. Einnahmen aufgrund des Vermögensgesetzes	23	207
7. Veräußerungserlöse aus ehemals volkseigenem Grund an Nutzungsberechtigte	26	208
V. Sonstige Einnahmen	27	209
1. Kreditaufnahme durch Schuldverschreibungen	27	209
a) Begebung von Schuldverschreibungen	27	209
b) Ankaufsrecht	29	209
c) Verwaltung der Schulden	30	209
2. Liquiditätsdarlehn	31	210
VI. Finanzplan	32	210
VII. Leistungen und Ausgaben	33	210
VIII. Bewirtschaftung	35	211
1. Verbindung zum Bundeshaushalt	35	211
2. Wirtschaftsplan des Entschädigungsfonds	38	212

Anhang. Rechtsquellen

1. Entschädigungs- und Ausgleichsleistungsgesetz vom 27. September 1994		213
2. Vermögensgesetz in der Fassung der Bekanntmachung vom 2. Dezember 1994		239
3. Schuldverschreibungsverordnung in der Fassung des Entwurfs vom 21. April 1995		271
4. Flächenerwerbsverordnung in der Fassung des Entwurfs vom 5. Mai 1995		274
Stichwortverzeichnis		285

Abkürzungen

ABl.	Amtsblatt
ABlKR	Amtsblatt des Alliierten Kontrollrats
AG	Aktiengesellschaft
AKG	Allgemeines Kriegsfolgengesetz
Anm.	Anmerkung
AufbauG	Aufbaugesetz
Aufl.	Auflage
AWG	Arbeiterwohnungsbaugenossenschaften
Az	Aktenzeichen
BAA	Bundesausgleichsamt
BAADV	Rechtsverordnung des Präsidenten des Bundesausgleichsamtes
BAnz	Bundesanzeiger
BaulandG	Baulandgesetz
BezG	Bezirksgericht
BFDV	Verordnung zur Durchführung des Beweissicherungs- und Feststellungsgesetzes
BFG	Beweissicherungs- und Feststellungsgesetz
BGB	Bürgerliches Gesetzbuch
BGBl	Bundesgesetzblatt
BGBl III	Fundstellennachweis A zum Bundesrecht
BHO	Bundeshaushaltsordnung
BK/O	Alliierte Kommandantur von Berlin/Ostteil von Groß-Berlin
BMF	Bundesministerium der Finanzen
BML	Bundesministerium für Ernährung, Landwirtschaft und Forsten
BodSchätzDB	Durchführungsbestimmungen zum Bodenschätzungsgesetz
BodSchätzG	Bodenschätzungsgesetz
BodSchätzTechAnw	Technische Anweisung für die Bodenschätzung
BR-Drs.	Bundesratsdrucksache
BReg	Bundesregierung
BRüG	Bundesrückerstattungsgesetz
BStBl	Bundessteuerblatt
BT-Drs.	Bundestagsdrucksache
BVerfG	Bundesverfassungsgericht
BVerfGE	Entscheidungen des Bundesverfassungsgerichts
BVFG	Bundesvertriebenengesetz
BvS	Bundesanstalt für vereinigungsbedingte Sonderaufgaben (bis 31. Dezember 1994 Treuhandanstalt)
BVVG	Bodenverwertungs- und Verwaltungsgesellschaft
bzw.	beziehungsweise
d. h.	das heißt
DDR	Deutsche Demokratische Republik
DepotG	Depotgesetz
DM	Deutsche Mark
DMBilG	D-Markbilanzgesetz

DÖV	Die Öffentliche Verwaltung
DRiZ	Deutsche Richterzeitung
DtZ	Deutsch-Deutsche Rechts-Zeitschrift
DVBl.	Deutsches Verwaltungsblatt
DVO	Durchführungsverordnung
DVO RBewG	Durchführungsverordnung zum Reichsbewertungsgesetz
DWK	Deutsche Wirtschaftskommission
DZWiR	Deutsche Zeitschrift für Wirtschaftsrecht
EALG	Entschädigungs- und Ausgleichsleistungsgesetz
EGBGB	Einführungsgesetz zum Bürgerlichen Gesetzbuche
Einf.	Einführung
EntschG	Entschädigungsgesetz
EntschG-DDR	Entschädigungsgesetz der DDR
ErbStG	Erbschaftsteuer- und Schenkungsteuergesetz
EStG	Einkommensteuergesetz
EV	Einigungsvertrag
f., ff.	folgende, fortfolgende
FeststellungsDV	Verordnung zur Durchführung des Feststellungsgesetzes
FG	Feststellungsgesetz
FlErwV	Flächenerwerbsverordnung
FlüHG	Flüchtlingshilfegesetz
FN	Fußnote
Forum	Zeitschrift der öffentlich bestellten Vermessungsingenieure
Gbl.	Gesetzblatt der DDR
GebäudeentschuldungsVO	Verordnung über die Aufhebung der Gebäudeentschuldungssteuer
gem.	gemäß
GG	Grundgesetz für die Bundesrepublik Deutschland
ggf.	gegebenenfalls
GmbH	Gesellschaft mit beschränkter Haftung
GMBl.	Gemeinsames Ministerialblatt
GO	Gemeindeordnung/Geschäftsordnung
GOVBl.	Gesetz- und Verordnungsblatt
GPH	Gesellschaft zur Privatisierung des Handels m. b. H.
GrdstVG	Grundstücksverkehrsgesetz
GuG	Zeitschrift für Grundstücksmarkt und Grundstückswert
GVOBl.	Gesetz- und Verordnungsblatt
Halbs.	Halbsatz
HG	Haushaltsgesetz
HGB	Handelsgesetzbuch
HGrG	Haushaltsgrundsätzegesetz
HHG	Häftlingshilfegesetz
Hrsg.	Herausgeber
i. S. d.	im Sinne des/der
i. V. m.	in Verbindung mit
InVorG	Investitionsvorranggesetz

Abkürzungen

JuS	Juristische Schulung
JZ	Juristenzeitung
KAF	Kreditabwicklungsfonds
Kap.	Kapitel
KfW	Kreditanstalt für Wiederaufbau
KG	Kammergericht
KgfEG	Kriegsgefangenenentschädigungsgesetz
KJ	Kritische Justiz
KO	Konkursordnung
KPdSU	Kommunistische Partei der Sowjetunion
KWV	Kommunale Wohnungsverwaltungen
LAG	Lastenausgleichsgesetz
LBG	Landbeschaffungsgesetz
lit.	Buchstabe
LKV	Landes- und Kommunalverwaltung
LPG	Landwirtschaftliche Produktionsgenossenschaft
LSA	Sachsen-Anhalt
LwAnpG	Landwirtschaftsanpassungsgesetz
m.w.N.	mit weiteren Nachweisen
Mio	Millionen
Mrd	Milliarden
NJ	Neue Justiz
NJW	Neue Juristische Wochenschrift
Nr.	Nummer
NRW	Nordrhein-Westfalen
NS	Nationalsozialismus, nationalsozialistisch
NS-VEntschG	NS-Verfolgtenentschädigungsgesetz
NSDAP	Nationalsozialistische Deutsche Arbeiterpartei
OFD	Oberfinanzdirektion
OG	Oberstes Gericht der DDR
OV spezial	Informationsdienst zum Vermögens- und Entschädigungsrecht in den neuen Bundesländern
PAO	Preisanordnung
PrHBG	Gesetz zur Beseitigung von Hemmnissen bei der Privatisierung von Unternehmen und zur Förderung von Investitionen (Hemmnisbeseitigungsgesetz)
Prot.	Protokoll
PS	(ehemalige) Provinz Sachsen
RAnz	Reichsanzeiger
RBewDB	Durchführungsbestimmungen zum Reichsbewertungsgesetz
RBewDV	Durchführungsverordnung zum Reichsbewertungsgesetz
RBewG	Reichsbewertungsgesetz
RDM	Ring Deutscher Makler
Rdnr.	Randnummer
Reg.Bl.	Regierungsblatt

Abkürzungen

RehaG	Rehabilitierungsgesetz
RepG	Reparationsschädengesetz
RGBl.	Reichsgesetzblatt
RM	Reichsmark
RMBl	Reichsministerialblatt
RStBl	Reichssteuerblatt
RVI	Rechtshandbuch Vermögen und Investitionen in der ehemaligen DDR
RWS	Verlag Kommunikationsforum GmbH, Recht Wirtschaft Steuern
S.	Seite
s.	siehe
s. o.	siehe oben
SachenRBerG	Sachenrechtsbereinigungsgesetz
SBZ	Sowjetische Besatzungszone
SchuldBBerG	Schuldbuchbereinigungsgesetz
SchuldBO-DDR	Verordnung über die Schuldbuchordnung für die Deutsche Demokratische Republik
SchuV	Schuldverschreibungsverordnung
SED-UnberG	SED-Unrechtsbereinigungsgesetz
SMA/SMAD	Sowjetische Militäradministration
sog.	sogenannte
StPO	Strafprozeßordnung
StrRehaG	Strafrechtliches Rehabilitierungsgesetz
Thür.	Thüringen
TLG	Treuhand-Liegenschaftsgesellschaft
TreuhG	Treuhandgesetz
TreuhLÜV	Treuhandliegenschaftsübertragungsverordnung
TreuhUmbenV	Treuhandumbenennungsverordnung
TreuhUntÜV	Treuhandunternehmensübertragungsverordnung
u. a.	unter anderem
UdSSR	Union der Sozialistischen Sowjetrepubliken (Sowjetunion)
US/USA	Vereinigte Staaten von Amerika
usw.	und so weiter
VEB	Volkseigener Betrieb
Verf.	Verfassung, Verfasser
VermAbG	Vermögensabgabegesetz
VermG	Vermögensgesetz
VermRÄndG	Vermögensrechtsänderungsgesetz
VertrZuwG	Vertriebenenzuwendungsgesetz
VerwArch	Verwaltungsarchiv
VG	Verwaltungsgericht
VGH	Verfassungsgerichtshof
vgl.	vergleiche
VIZ	Zeitschrift für Vermögens- und Investitionsrecht
VO	Verordnung
VOBl	Verordnungsblatt
Vorb.	Vorbemerkung
VwRehaG	Verwaltungsrechtliches Rehabilitierungsgesetz

Abkürzungen

VwVfG	Verwaltungsverfahrensgesetz des Bundes
VZOG	Vermögenszuordnungsgesetz
WAG	Wertausgleichsgesetz
WBG	Wertpapierbereinigungsgesetz
WertR	Wertermittlungsrichtlinie
WertV	Wertermittlungsverordnung
WestAbwG	Westvermögen-Abwicklungsgesetz
WiStVO	Wirtschaftsstrafverordnung
WLVO	Wohnraumlenkungsverordnung
WM	Wertpapiermitteilungen
z. B.	zum Beispiel
ZAP	Zeitschrift für die Anwaltspraxis
ZfBR	Zeitschrift für Beamtenrecht
ZGB	Zivilgesetzbuch der DDR
Ziff.	Ziffer
ZIP	Zeitschrift für Wirtschaftsrecht
ZOV	Zeitschrift für offene Vermögensfragen
ZPO	Zivilprozeßordnung
ZRP	Zeitschrift für Rechtspolitik
ZVOBl	Zentrales Verordnungsblatt der Deutschen Wirtschaftskommission

Literaturverzeichnis

Autorenkollektiv (Leitung: G. Rohde)	Bodenrecht, Staatsverlag der DDR, Berlin 1976
Bundesamt zur Regelung offener Vermögensfragen (Hrsg.)	Ansprüche nach dem Entschädigungs- und Ausgleichsleistungsgesetz, Berlin 1994
Bundesministerium der Finanzen	– Fragen und Antworten zum Vermögensgesetz, Entschädigungs- und Ausgleichsleistungsgesetz – Neuausgabe 94/95, Bonn 1994 – Vertriebenenzuwendungsgesetz, Dokumentation 8/94, Bonn 1994 – Finanzbericht 1995, Bonn 1994
Döring	Von der Bodenreform zu den landwirtschaftlichen Produktionsgenossenschaften, Berlin 1989
Fieberg/Reichenbach u. a. (Hrsg.)	VermG – Gesetz zur Regelung offener Vermögensfragen, München (Stand September 1994)
Gallenkamp/Kreuer/Löbach/Möser	Die Entschädigung nach dem EALG, Bornheim 1994
Gebhardt	Handbuch der Deutschen Geschichte, Band 4, 9. Aufl. Stuttgart 1987
Gesamtdeutsches Institut – Bundesanstalt für gesamtdeutsche Aufgaben (Hrsg.)	Bestimmungen der DDR zu Eigentumsfragen und Enteignungen, Bonn 1984
Jung/Vec	Einigungsvertrag und Eigentum in den fünf neuen Bundesländern, JuS 1991, S. 714.
Klimow	Berliner Kreml, Berlin 1951
Knapp	Erläuterungen zum WestAbwG, in: Das Deutsche Bundesrecht, Nr. III H 41 c, Baden-Baden (Stand Mai 1974)
Leonhard	Die Revolution entläßt ihre Kinder, Berlin 1955
Löbach	Die Rückforderung des Lastenausgleichs – Konsequenz der Regelung offener Vermögensfragen, ZOV 1992, S. 63
Ministerium der Justiz der DDR	Kommentar zum ZGB, Staatsverlag der DDR, Berlin 1983
Motsch	Sachgründe für den Restitutionsausschluß bei besatzungsrechtlichen Enteignungen (1945–1949), DtZ 1994, S. 19
Nathan	Die Gesetzgebung der Deutschen Demokratischen Republik (III. Quartal 1956), NJ 1957, S. 19
Nestler	Die Änderung der Eigentumsverhältnisse am Grund und Boden kraft staatlicher Entscheidungen von 1945 bis 1990 in der DDR, Forum 1990, S. 480
Oehler	Grundstücke in der DDR – Eigentum und Nutzung, Berlin 1990
Palandt	Bürgerliches Gesetzbuch, 54. Aufl. München 1995

Literaturverzeichnis

Piduch	Bundeshaushaltsrecht, Stuttgart/Berlin/Köln (Stand Januar 1994)
Rädler/Raupach/ Bezzenberger (Hrsg.)	Vermögen in der ehemaligen DDR – Handbuch zur Durchsetzung und Abwehr von Ansprüchen –, Herne/Berlin 1991 ff.
Rechtshandbuch	Rechtshandbuch Vermögen und Investitionen in der ehemaligen DDR, – RVI – München (Stand April 1995)
Rösch/Kurandt	Bodenschätzung, 3. Aufl. 1950 (Nachdruck 1991)
Schildt	Bodenreform und deutsche Einheit, DtZ 1992, S. 97
Schukow	Erinnerungen und Gedanken, Stuttgart/Moskau 1969
Stannigel/Kremer/ Weyers	Beleihungsgrundsätze für Sparkassen, Stuttgart 1984
Staritz	Die Gründung der DDR -Von der sowjetischen Besatzungszone zum sozialistischen Staat-, 2. Aufl. München 1987
Toeplitz	Privatbetriebe mit staatlicher Beteiligung, NJ 1956, S. 404
Vogels	Grundstücks- und Gebäudebewertung marktgerecht, 4. Aufl. Wiesbaden 1991
Wasmuth	Restitutionsausschluß und Willkürverbot, DtZ 1993, S. 334
Weber	Geschichte der DDR, 3. Aufl. München 1989
Zimmermann/Heller	Das neue Sachenrechtsbereinigungsgesetz, München 1995
Zimmermann/Heller	Der Verkehrswert von Grundstücken, München 1995

Kapitel 1
Enteignungen in der SBZ von 1945 bis 1949 und in der DDR ab dem Jahre 1949

I. Vorbemerkung

Das Entschädigungs- und Ausgleichsleistungsgesetz ist inzwischen in Kraft getreten.[1] Dieses Artikelgesetz befaßt sich im Entschädigungsgesetz (Artikel 1 EALG) und im Ausgleichsleistungsgesetz (Artikel 2 EALG) unter anderem auch mit Vermögensverlusten, die im Beitrittsgebiet durch Enteignungen entstanden sind. Soweit die enteigneten Vermögenswerte nicht nach den Vorschriften des Vermögensgesetzes[2] zurückerstattet werden, bestehen Ansprüche auf Entschädigung nach dem EntschG oder auf staatliche Ausgleichsleistungen nach dem AusglLeistG. 1

Im folgenden sollen die Enteignungstatbestände, wie diese in der ehemaligen SBZ von 1945 bis 1949 und in der ehemaligen DDR ab 1949 vorkamen, behandelt werden. Dabei können als Gemeinsamkeit aller Enteignungen solche rechtlichen Merkmale vor die Klammer gezogen werden, die im VermG, im EntschG sowie im AusglLeistG für zu entschädigende oder auszugleichende Enteignungen aufgestellt werden. Dies führt zu der Frage des Enteignungsbegriffs, wie er innerhalb des EALG relevant ist. 2

Das VermG, das EntschG, das NS-VEntschG und das AusglLeistG behandeln Eingriffe in Vermögenswerte durch Enteignungen. Es ist hierbei auf den **Enteignungsbegriff in § 1 Abs. 1 lit. a und b sowie Abs. 8 lit. a VermG** abzustellen. Dieser aus dem besonderen Zweck des VermG und seiner ergänzenden Folgegesetze EntschG sowie AusglLeistG herzuleitende Enteignungsbegriff ergibt sich aus den Regelungen des VermG und den Bestimmungen, auf deren Grundlage es in der ehemaligen SBZ und in der ehemaligen DDR zu Enteignungen gekommen ist. Eine Identität mit dem Enteignungsbegriff in Artikel 14 Abs. 1 GG oder Artikel 16 Verf DDR besteht nicht.[3] Die Frage, ob eine Enteignung im Einzelfall tatsächlich vorgelegen hat, ist gerichtlich überprüfbar.[4] Die Frage der Wirksamkeit derartiger Maßnahmen ist allerdings nicht nach rechtsstaatlichen Maßstäben überprüfbar.[5] 3

---

[1] Siehe die differenzierenden Regelungen zum Inkrafttreten in Artikel 13 EALG. Inzwischen sind alle neuen Bestimmungen in Kraft.
[2] Bekanntmachung der Neufassung des VermG vom 2.12. 1994, BGBl. I S. 3610. Die Neubekanntmachung erfolgte u.a. wegen der Änderungen des VermG in Artikel 10 EALG auf der Grundlage der Ermächtigung zur Neubekanntmachung in Artikel 12 EALG.
[3] Siehe dazu *Zimmermann* in RVI, B 115 Einf. AusglLeistG Rdnr. 12 ff. m.w.N.
[4] KG, VIZ 1994, 31.
[5] Sog. Exzessfälle – BVerfG, NJW 1991, 1597.

4 Die Enteignung muß zunächst ein **formaler und einseitiger Hoheitsakt** gegenüber den Betroffenen gewesen sein.[6] Dabei kann es sich sowohl um administrative Enteignungen durch konkret-individuelle Hoheitsakte gehandelt haben, als auch um abstrakt-generelle Enteignungen gegenüber bestimmten Personengruppen durch Rechtsvorschriften. Wesentlich ist dabei, daß sich der **Zweck der hoheitlichen Maßnahme in der Enteignung erschöpfte** und also nur diese zum Gegenstand hatte. An dieser Ausschließlichkeit fehlt es bei anderen Maßnahmen straf-, ordnungsstraf- oder verwaltungsrechtlicher Art, bei denen als Nebenfolge ebenfalls Vermögensverluste eintraten.[7] Nicht gemeint sind deshalb Enteignungen als Folge strafrechtlicher Maßnahmen i.S.d. § 1 Abs. 7 VermG und § 1 Abs. 1a EntschG.

5 Gegenstand der Enteignung müssen **Vermögenswerte i.S.d. § 2 Abs. 2 VermG** gewesen sein. Nur enteignende Eingriffe in die dort **abschließend aufgezählten Vermögenswerte** sind Regelungsgegenstand des EALG.[8]

6 Die Enteignung muß ferner zum **völligen Entzug des betreffenden Vermögenswertes** geführt haben. Dies setzt zunächst voraus, daß der jeweils Betroffene vor dem hoheitlichen Eingriff eine eigentumsrechtliche Stellung in Bezug auf die von der Maßnahme betroffenen Vermögenswerte hatte. Der enteignende Eingriff muß dann zum völligen Verlust dieser Rechtsstellung geführt haben. Der erforderliche Totalverlust der Rechtsstellung fehlt deshalb in solchen Fällen, in denen Rechte lediglich eingeschränkt oder die Ausübung des Eigentums nur tatsächlich beeinträchtigt oder der Vermögensgegenstand beschädigt wurde.

7 Die **Enteignung muß schließlich entschädigungslos** erfolgt sein (§ 1 Abs. 1 Satz 1 AusglLeistG). Das BVerwG stellt hierzu neuerdings darauf ab, ob für die in Frage stehende Enteignung jemals in Gesetzen, Verwaltungsanweisungen, Erlassen oder sonstigen von den zuständigen Stellen zu beachten gewesenen Anweisungen oder generellen Vorschriften **ein geregelter Entschädigungsanspruch bestanden hat oder nicht**.[9] Nicht entscheidend ist, ob eine Entschädigung tatsächlich gezahlt oder nur formal gewährt und gegen fiktive Forderungen verrechnet wurde. Diese Auslegung des Begriffs der Entschädigungslosigkeit knüpft ausschließlich an das Fehlen eines Entschädigungsanspruchs und die diesem Fehlen zugrundeliegende Diskriminierung bestimmter Enteignungstatbestände an. Sie ist abzulehnen, weil das **praktizierte Verwaltungsunrecht** in der ehemaligen SBZ und DDR unberücksichtigt bleibt. Es ist bekannt, daß die gängige Verwaltungspraxis in der ehemaligen SBZ und DDR bestehende Vorschriften auf vielen Rechtsgebieten mißachtete. Normativ begründete Entschädigungsansprüche können deshalb für sich allein kein handhabbarer Maßstab des Begriffs der Entschädigungslosigkeit sein. Es muß außerdem darauf ankommen, wie im konkreten Einzelfall diese Vorschriften angewendet worden sind, und

---

[6] BVerwG, VIZ 1993, 74.
[7] Siehe Kap. 2 Rdnr. 36 ff.
[8] Siehe Kap. 2 Rdnr. 45.
[9] BVerwG NJW 1994, 2105 (Die Entschädigung war dem Enteigneten überhaupt nicht zugeflossen) und NJW 1994, 2106 (Dem Enteigneten war nur eine geringere Entschädigung zugeflossen, als die nach den Bestimmungen übliche).

ob dem jeweils enteigneten Betroffenen eine Entschädigung nach den anzuwenden gewesenen Bestimmungen gewährt wurde oder nicht. Im übrigen findet diese Auslegung durch das BVerwG keine Stütze im VermG und auch nicht in der Gemeinsamen Erklärung vom 15.6. 1990, die zur Auslegung des VermG heranzuziehen ist.[10] Die frühere Rechtsprechung der Verwaltungsgerichte zu dieser Frage stellt auf das tatsächliche Geschehen im konkreten Einzelfall einer Enteignung ab und dürfte das richtige Ergebnis deshalb eher treffen.[11] Die besatzungsrechtlichen und besatzungshoheitlichen Enteignungen, die den Gegenstand des AusglLeistG bilden, sind allerdings regelmäßig ohne jegliche Entschädigungsansprüche der Betroffenen erfolgt.

II. Enteignungen in der sowjetischen Besatzungszone Deutschlands von 1945 bis 1949

1. Die Hoheitsgewalt der sowjetischen Besatzungsmacht in der ehemaligen SBZ

a) Völkerrechtliche Grundlagen. Mit der bedingungslosen Kapitulation des Deutschen Reichs am 8.5. 1945 ging die Hoheitsgewalt in Deutschland auf die alliierten Siegermächte des Zweiten Weltkriegs über. Die entsprechenden Rechtsakte sind gewesen: **8**

(a) Kapitulationsurkunde vom 8.5. 1945 in deutscher Sprache – die Kapitulationsurkunde wurde in englischer, russischer und deutscher Sprache erstellt und unterzeichnet (Ergänzungsblatt Nr.1 AblKR – Abschnitt „documents relating to the establishment of the Allied Control Authority" S.6);
(b) Bericht über die Krimkonferenz vom 3. bis 11.2. 1945 (Ergänzungsblatt Nr.1 AblKR – Abschnitt „Documents relating to the establishment of the Allied Control Authority" S.4);
(c) Erklärung in Anbetracht der Niederlage Deutschlands und der Übernahme der obersten Regierungsgewalt hinsichtlich Deutschlands durch die Regierungen des Vereinigten Königreichs, der Vereinigten Staaten von Amerika und der Union der Sozialistischen Sowjet-Republiken und durch die Provisorische Regierung der Französischen Republik vom 5.6. 1945 (Ergänzungsblatt Nr.1 AblKR – Abschnitt „Documents relating to the establishment of the Allied Control Authority" S.7);
(d) Feststellung seitens der Regierungen des Vereinigten Königreichs, der Vereinigten Staaten von Amerika und der Union der Sozialistischen Sowjet-Republiken sowie der Provisorischen Regierung der Französischen Republik über das Kontrollverfahren in Deutschland vom 5.6. 1945 (Ergänzungsblatt Nr.1 AblKR – Abschnitt „Documents relating to the establishment of the Allied Control Authority" S.10);
(e) Feststellung seitens der Regierungen des Vereinigten Königreichs, der Vereinigten Staaten von Amerika und der Union der Sozialistischen Sowjet-Republiken

---

[10] Siehe dazu *Zimmermann* in RVI, B 115 Einf. AusglLeistG Rdnr. 16 m.w.N.
[11] BezG Dresden, DtZ 1991, 349; BezG Potsdam, VIZ 1992, 325; VG Leipzig, OV spezial 21/1992, S.8. Siehe dazu auch *Zimmermann* in RVI, B 115 Einf. AusglLeistG Rdnr. 16 m.w.N.

Kapitel 1. Enteignungen in der SBZ und in der DDR

sowie der Provisorischen Regierung der Französischen Republik über die Besatzungszonen in Deutschland vom 5.6. 1945 (Ergänzungsblatt Nr. 1 ABlKR – Abschnitt „Documents relating to the establishment of the Allied Control Authority" S. 11);
(f) Feststellung seitens der Regierungen des Vereinigten Königreichs, der Vereinigten Staaten von Amerika und der Union der Sozialistischen Sowjet-Republiken sowie der Provisorischen Regierung der Französischen Republik über Beratung mit den Regierungen anderer Vereinter Nationen vom 5.6. 1945 (Ergänzungsblatt Nr. 1 ABlKR – Abschnitt „Documents relating to the establishment of the Allied Control Authority" S. 12);
(g) Mitteilung über die Dreimächtekonferenz von Berlin vom 2.8. 1945 (Ergänzungsblatt Nr. 1 ABlKR – Abschnitt „Documents relating to the establishment of the Allied Control Authority" S. 13);
(h) Proklamation Nr. 1 – Aufstellung des Kontrollrates – vom 30.8. 1945 (ABlKR Nr. 1 vom 29.10. 1945 S. 4);
(i) Direktive Nr. 10 – Methoden der gesetzgebenden Tätigkeit des Kontrollrates – vom 22.9. 1945 (ABlKR Nr. 3 vom 31.1. 1946 S. 38);
(j) Direktive Nr. 11 – Amtssprachen und Veröffentlichung der Gesetzgebung – vom 22.9. 1945 (ABlKR Nr. 3 vom 31.1. 1946 S. 39);
(k) Direktive Nr. 51 – Akte der Gesetzgebung und andere Akte des Kontrollrates – vom 29.4. 1947 (ABlKR Nr. 15 vom 31.5. 1947 S. 279).

9 Die alliierten Siegermächte richteten den (gemeinsamen) Alliierten Kontrollrat ein (s. o. lit. d und h); das Gebiet des Deutschen Reichs wurde in die vier Besatzungszonen eingeteilt, in der jede Besatzungsmacht für die Ausübung der Hoheitsgewalt und die Verwaltung zuständig war (s. o. e).

10 **b) Die Sowjetische Militäradministration in Deutschland (SMAD).** In der **zweiten Maihälfte 1945 wurde auf Befehl Stalins** die Sowjetische Militäradministration in Deutschland (SMAD) unter dem Oberkommandierenden der sowjetischen Besatzungstruppen, Marschall Schukow, und seinem Vertreter, General Sokolowski, in Karlshorst bei Berlin eingerichtet.[12] Dem Oberkommandierenden direkt unterstellt war der Politische Berater als eigentlicher Vertreter der sowjetischen Parteipolitik und Verantwortlicher für die Durchführung der politischen Linie des Kreml in Deutschland sowie zugleich inoffizieller Politkommissar zur Kontrolle aller Maßnahmen des Oberkommandierenden.[13]

---

[12] SMAD-Befehl Nr. 1 vom 9.6. 1945 betreffend die Organisation der Militärverwaltung der Sowjetischen Besatzungszone in Deutschland, VOBl. PS 1945 S. 12; siehe auch *Schukow*, S. 636.

[13] *Klimow*, S. 194. Der zitierte Autor gehörte als Offizier der Roten Armee von 1945 bis zu seiner Flucht nach West-Berlin im Jahre 1951 der SMAD in Berlin – Karlshorst an. Während seiner Tätigkeit dort in verschiedenen Verwaltungen (Abteilungen) der SMAD hatte K. Gelegenheit, die sowjetische Politik in bezug auf die SBZ und die Maßnahmen der SMAD „von innen" kennenzulernen. Die Schilderungen dieses **sachkundigen Zeitzeugen** vermitteln ein lebendiges und authentisches Bild aus sowjetischer Sicht. Sie sind gut geeignet, die oft blutleeren und papiernen sowie nicht selten unvollständigen Darstellungen gegenzuprüfen, die sich ausschließlich auf Quellen in der juristischen Literatur stützen, welche ihrerseits nicht selten nur Wissen „vom Hörensagen" weitergeben.

Der Hauptstab der SMAD in Karlshorst gliederte sich in **verschiedene Verwaltungen**. Die **Politverwaltung des Stabes der SMAD** leitete die politische Arbeit innerhalb der SMAD und in der SBZ sowie im Ost-Sektor von Berlin. Wesentlich war die Aufgabe, die Tätigkeit der politischen Parteien der Sowjetzone Deutschlands zu überwachen. Die Führer der KPD (Ulbricht, Pieck und Grotewohl) erhielten von der Politverwaltung direkte Instruktionen über den in Moskau festgelegten Kurs.[14] Neben der Politverwaltung bestand die **Verwaltung für innere Angelegenheiten der SMAD** mit den Untergliederungen für Innere Angelegenheiten und Staatssicherheit. Es handelte sich dabei um die verwaltungsmäßige Entsprechung zu den Geheimdiensten und zur politischen Polizei in der Sowjetunion.

Weitere **Abteilungen für Gesundheits- und Verkehrswesen, Aufklärung** (Volkserziehung und Propaganda) **sowie Wirtschaft** ergänzten den Verwaltungsaufbau. Zu der Verwaltung für Wirtschaft gehörte **als eine Untergliederung die Verwaltung für Industrie**. Sie erfüllte im wesentlichen die Funktionen eines Industrieministeriums der deutschen Sowjetzone. Ihre wichtigsten Aufgaben waren in erster Linie die Sicherstellung der Reparationsleistungen, in zweiter Linie die Sicherstellung der Lieferungen für die Gruppe der Sowjetischen Besatzungstruppen in Deutschland und in dritter Linie schließlich die Sicherstellung der Produktion für die Bedürfnisse der deutschen Bevölkerung.[15] Diese letztere Funktion wurde „gewöhnlich nur auf dem Papier ausgeführt, besonders dann, wenn es galt, einen neuen Betrieb in Gang zu bringen; sobald das Werk die Arbeit erst aufgenommen hat, geht seine Produktion auf Kosten der Reparationslieferungen".[16]

Ferner befaßte sich die **Justizverwaltung der SMAD mit der Revision der deutschen Gesetzgebung und dem Entwurf neuer Gesetze**. Dabei erwiesen sich – zur größten Überraschung der mit der Gesetzgebung befaßten Verantwortlichen in der Justizverwaltung – deutsche Gesetze aus der NS-Zeit als „durchaus brauchbar im Sinne der SMAD", wohingegen ältere deutsche Rechtsvorschriften aus der Zeit der Weimarer Republik und des Zweiten Deutschen Kaiserreichs vor allem auf dem Gebiet der Arbeits- und Sozialgesetzgebung als „unbequem" angesehen wurden, weil sie den deutschen Arbeitern „zuviele Rechte einräumten und offensichtlich die Entfaltung der neuen Demokratie sowie der Reparationslieferungen an die Sowjetunion behinderten".[17] Die Justizverwaltung der SMAD ist von besonderer Bedeutung für die Frage, ob und in welchem Umfang die im Zeitpunkt der Kapitulation am 8.5.1945 vorhanden gewesene sowie die danach von deutschen Stellen erlassene deutsche Gesetzgebung **auf Veranlassung oder wenigstens mit Billigung der SMAD sowie unter ihrer absoluten Kontrolle** weitergalt oder erlassen wurde. Die zitierte Literaturstelle bei Klimow belegt, daß die Justizverwaltung der SMAD sämtliche vorhandenen deutschen Rechtsvorschriften daraufhin überprüfte, ob sie (aus der Sicht der SMAD) weitergelten konnten, und welche neuen Vorschriften von

---

[14] *Klimow*, S. 194.
[15] *Klimow*, S. 202.
[16] *Klimow*, S. 202.
[17] *Klimow*, S. 197, 198.

deutschen Stellen zu erlassen waren. Dies läßt sich auch an einzelnen deutschen Gesetzen nachweisen, wie diese zunächst von deutschen Stellen erlassen und später auf Veranlassung der SMAD von den deutschen Stellen wieder aufgehoben wurden.[18] Hinzu kamen weitere untergeordnete Verwaltungszweige für Unterstützungs- und Hilfsdienste sowie den organisatorischen Arbeitsablauf innerhalb der SMAD.

14 Der Hauptverwaltung der SMAD in Karlshorst unterstanden **fünf regionale sowjetische Militärverwaltungen als sogenannte Provinzialverwaltungen** mit dem jeweiligen Sitz in den Hauptstädten der Provinzen bzw. später föderalen Länder sowie wegen des Viermächte-Sonderstatus von Berlin als „inoffizielle sechste Provinzialverwaltung" **eine für die Verwaltung des Ost-Sektors der Stadt zuständige Militärverwaltung**, die Teil der Sowjetischen Zentral-Kommandantur von Berlin war.[19] Die Gliederung dieser verwaltungsmäßigen Zwischenebene entsprach im wesentlichen der Gliederung der Hauptverwaltung.

15 Unterhalb der regionalen sowjetischen Militär- oder Provinzialverwaltungen waren auf der **örtlichen Ebene sowjetische Stadtkommandanten und Ortskommandanten** eingesetzt.[20] Insgesamt umfaßte die SMAD etwa 50.000 Mitarbeiter, um die Durchsetzung des Aufbaus eines kommunistischen deutschen Staates in der SBZ und von Reparationsleistungen zu gewährleisten.

16 **c) Einrichtung und Kontrolle deutscher Verwaltungen durch die SMAD.** Bereits im **Sommer 1945 begann die SMAD mit dem Aufbau deutscher Verwaltungen** in der SBZ. Es wurden zunächst die „föderalen Länder" Sachsen, Thüringen und Mecklenburg-Vorpommern sowie die Provinzen Brandenburg und Sachsen-Anhalt errichtet.[21] Den Provinzial- und Länderregierun-

---

[18] Dies soll an einem Beispiel aufgezeigt werden. Das Thüringische Gesetz vom 4.12.1945 betreffend Aufhebung des Gesetzes vom 9.10.1945 über die Sicherstellung und Enteignung von Nazivermögen in RegBl. Thür 1945 S. 65 erging auf Anordnung des Chefs der Verwaltung der Sowjetischen Militär-Administration für Thüringen. Das durch das Aufhebungsgesetz aufgehobene thüringische Gesetz findet sich in RegBl. Thür 1945 S. 35. In § 1 des Aufhebungsgesetzes heißt es wörtlich:
„... Im Hinblick auf die erschöpfende Regelung in den Befehlen des Obersten Chefs der Sowjet-Militär-Administration in Deutschland über die Verhängung der Sequester und zeitweiligen Verwaltung über einige Vermögenskategorien in Deutschland (Befehl Nr. 124 vom 30. Oktober 1945) und betreffend die Konfiskation des Eigentums der NSDAP, ihrer Organe und angeschlossenen Organisationen (Befehl Nr. 126 vom 31.10.1945) wird das thüringische Gesetz vom 9.10.1945 über die Sicherstellung und Enteignung von Nazivermögen (Ges.-S. 35) hiermit aufgehoben...."
[19] *Klimow*, S. 197, 198.
[20] *Klimow*, S. 197, 198. *Staritz*, S. 43 bis 48.
[21] SMAD-Befehl Nr. 5 vom 9.7.1945, VOBl. PS 1945 S. 13. Siehe auch die Mitteilung des Regierungspräsidenten für Thüringen vom 2.7.1945 über die Errichtung der Provinzial-Regierung in Thüringen, RegBl. Thür 1945 Nr. 1 S. 1. Es heißt dort zu Beginn der Nr. 1:
„... Auf Anordnung der Militärregierung ist in Weimar eine Provinzialregierung für das Land Thüringen errichtet worden...."

II. Enteignungen in der SBZ von 1945 bis 1949

gen wurde im Oktober 1945 **rückwirkend** das Recht übertragen, Gesetze und Verordnungen zu erlassen.[22] Die Provinzen Brandenburg und Sachsen-Anhalt erhielten nach der Auflösung des Preußischen Staates im Jahre 1947 ebenfalls den Status eines Landes.[23] Vorhandene Verwaltungsgliederungen in Städten, Gemeinden und Kreisen blieben erhalten.

Neben dieser deutschen Verwaltungsliederung richtete die SMAD ebenfalls im **Sommer 1945 sogenannte Deutsche Zentralverwaltungen** ein, die zunächst nur Beraterfunktionen für die SMAD hatten, bald jedoch zu einem Zwischenglied zwischen der SMAD und den deutschen Verwaltungen in den Ländern und Provinzen wurden. An die Spitze der wichtigsten Zentralverwaltungen trat **im Jahre 1947 die Deutsche Wirtschaftskommission (DWK)** als zentrale Oberbehörde mit Weisungsbefugnis gegenüber den Länderverwaltungen und Normsetzungsbefugnis.[24] Aus der Sicht der SMAD wird das Tätigwerden dieser deutschen Verwaltungen von *Klimow* wie folgt geschildert:[25]

„... Kurz nach der Kapitulation schuf die SMA[26] entsprechend ihren eigenen Verwaltungen eine Reihe von deutschen Zentralverwaltungen.... Später wurde auf der Grundlage dieser deutschen Verwaltungen, wieder auf Befehl aus Karlshorst, die Deutsche Wirtschaftskommission – DWK – gegründet, deren Aufgabe es war, die deutsche Wirtschaft nach den Richtlinien der SMA – wenn auch durch deutsche Handlanger – zu leiten.... Das Verhältnis zwischen SMA und Deutschen Zentralverwaltungen – den Marionettenministerien der Sowjetzone – wird am besten klar an dem Beispiel der Wechselbeziehungen zwischen der Verwaltung für Industrie der SMA und der Deutschen Zentralverwaltung für Industrie, weil diese recht wichtige Vertreter der beiden Seiten sind. Die Pflichten der beiden Seiten sind sehr einfach zu umreißen: die erstere befiehlt und kontrolliert, die letztere gehorcht ergebenst und läßt sich zum Sündenbock machen...."

---

[22] SMAD-Befehl vom 22.10. 1945, GVOBl. Brandenburg, 1945 S.1. Die Nr.2 des Befehls erklärt die früher durch die Provinzialverwaltungen und die Verwaltungen der „föderalen" Länder auf den Gebieten der gesetzgebenden, richterlichen und vollstreckenden Gewalt erlassenen Verordnungen für gesetzkräftig, wenn sie nicht den Gesetzen und Befehlen des Kontrollrates und den Befehlen der sowjetischen Militärverwaltung widersprechen.

[23] Gesetz Nr.46 des Alliierten Kontrollrats betreffend die Auflösung des Staates Preußen vom 25.2. 1947, ABlKR 1947 S.262; Befehl Nr.95 des Chefs der Verwaltung der Sowjetischen Militär-Administration des Landes Sachsen-Anhalt vom 22.7. 1947 über die Verkündung des Befehls Nr.180 des Obersten Chefs der Sowjetischen Militär-Administration in Deutschland vom 21.7. 1947 betreffend Umwandlung der Provinzen Brandenburg und Sachsen in Länder in Zusammenhang mit der Auflösung des Preußischen Staates, GBl. LSA 1947 S.127.

[24] SMAD-Befehl Nr.32 vom 12.2. 1948 über die Zusammensetzung und Vollmachten der Deutschen Wirtschaftskommission, ZVOBl. 1948, S.89; Beschluß vom 14.4. 1948 über das Erlassen verbindlicher Verordnungen und Anordnungen durch die Deutsche Wirtschaftskommission mit Bestätigung durch die SMAD, ZVOBl. 1948 S.138; SMAD-Befehl Nr.183/1948 vom 27.11. 1948 über die Erweiterung der Deutschen Wirtschaftskommission, ZVOBl. 1948, S.543. Siehe dazu auch *Weber*, S.58 bis 69 und *Erdmann* in Gebhardt, S.187ff.

[25] *Klimow*, S.202.

[26] *Klimow* verwendet statt der Abkürzung SMAD die Abkürzung SMA.

2. Demontagen, Vernichtung des deutschen Wirtschaftspotentials und Reparationen

18 **a) Allgemeines.** Wenn jetzt im Jahre 1995 nach beinahe einem halben Jahrhundert in Zusammenhang mit den neuen vermögensrechtlichen Regelungen im VermG und im EALG von den Enteignungen in der ehemaligen SBZ die Rede ist, konzentriert sich das Interesse ausschließlich auf die sogenannten **Sequesterenteignungen** auf der Grundlage besonderer Befehle der SMAD. Diese Betrachtungsweise ist einerseits richtig, weil nur diese besonderen Tatbestände **Gegenstand der Regelungen des EALG** sind. Andererseits ist aber eine solche Sicht auch gefährlich. Denn sie erfaßt nicht den gesamten Sachverhalt zu Enteignungen und Wegnahmen durch die sowjetische Besatzungsmacht. Dies verführt zu der irrigen Annahme, mit den sogenannten Sequesterbefehlen der SMAD würden alle Tatbestände abgedeckt, was tatsächlich nicht der Fall war. Die Unkenntnis vom wirklichen Geschehensablauf in der ehemaligen SBZ ab Mai 1945 kann dann im Einzelfall dazu führen, daß Sachverhalte unrichtig in das vorhandene System gesetzlicher Regelungen im Rahmen des Kriegsfolgenrechts eingeordnet werden. Dies hätte die Verkennung von Abgrenzungsregelungen innerhalb des EALG und weiterer zu beachtender Gesetze zur Folge. Es geht hier um den weiten Bereich der Demontagen und Reparationsleistungen sowie auch um die Zerstörung deutschen Wirtschaftspotentials.

19 **b) Demontagen.** Es war Teil der auf der Teheraner Konferenz des Jahres 1944 und später auch auf der Potsdamer Konferenz im Jahre 1945 abgestimmten Politik aller Siegermächte des Zweiten Weltkrieges, das deutsche Wirtschaftspotential so zu reduzieren, daß zukünftig keine Bedrohung durch das deutsche Volk und seinen Staatsverband mehr möglich sein würde.[27] Soweit daher auch in der ehemaligen SBZ von Seiten der sowjetischen Besatzungsmacht Demontagen ausgingen, war das keine Besonderheit, wenngleich vielleicht das Ausmaß dieser Maßnahmen sich von dem in den Besatzungszonen der drei anderen Besatzungsmächte abhob. Weniger bekannt dürfte allerdings sein, daß diese **Demontagen** in der ehemaligen SBZ nur zum Teil von der SMAD ausgingen und **überwiegend an der SMAD vorbei unmittelbar von Moskau aus veranlaßt und gesteuert** wurden. Aus der Sicht des bereits wiederholt zitierten Zeitzeugen *Klimow* stellten sich die Demontageabläufe wie folgt dar:[28]

---

[27] In diesem allgemeinen politischen Klima konnte sich z.B. auch in den U.S.A. zunächst eine politische Theorie entwickeln, wonach Deutschland zur Vermeidung künftiger von ihm ausgehender Bedrohungen anderer Staaten auf die Ebene einer bloßen Agrargesellschaft reduziert werden sollte (sogen. Morgenthau-Plan – Henry Morgenthau, ehemaliger Staatssekretär im US-Außenministerium). Daß diese Theorie sich unter dem ehemaligen US-Außenminister Marshall nicht durchsetzte, war für Deutschland erfreulich. Immerhin gab es sie aber. Die von allen Alliierten in ihren jeweiligen Besatzungszonen zunächst durchgeführte Demontagepolitik war vorrangig aus dem Denken motiviert, dem deutschen Volk die wirtschaftliche Möglichkeit zu nehmen, jemals wieder Krieg zu führen.

[28] *Klimow*, S. 203, 204.

II. Enteignungen in der SBZ von 1945 bis 1949

„... Eine der ersten Maßnahmen der Verwaltung für Industrie, an deren Durchführung ich mitzuwirken hatte, war die Festsetzung des Friedenspotentials für die Industrie der deutschen Sowjetzone. Um diese Maßnahme richtig zu verstehen, muß man sich den Zustand der sowjetzonalen Nachkriegsindustrie vor Augen halten. In kurzen Umrissen sah dieser folgendermaßen aus:

Unmittelbar nach Abschluß der Kampfhandlungen flutete die erste Demontagewelle über das Land. Mehrere Monate lang arbeiteten in der gesamten Sowjetzone die Demonteure fieberhaft unter der Parole: ‚Alles auf die Räder!' Sie ließen sich dabei von einem einzigen Grundsatz leiten – soviel Tonnage als irgend möglich zu verfrachten, gleichgültig, ob das betreffende Objekt in der Sowjetunion gebraucht wird oder nicht. Pläne oder Beschränkungen gab es nicht. Der einzige, zwar sehr kleine aber sichere Felsen, an dem sich die Demontagewelle brach, war das Sequester des Oberkommandos der Besatzungsarmee. Erzeugte eine Fabrik Dinge, die für die Armee notwendig waren, wurde sie beschlagnahmt – es erschien eine Gruppe Soldaten mit einem Offizier an der Spitze und verweigerte jedem Demonteur mit der Waffe in der Hand den Zutritt. Allerdings fielen die Sequester der Besatzungstruppen im allgemeinen wenig ins Gewicht, da sie in der Hauptsache Betriebe der Leichtindustrie betrafen. Nachdem die Demonteure der Sowjetzonen-Industrie auf diese Weise mit dem Schraubenschlüssel zu Leibe gegangen waren, gingen ihre Überreste in das Verfügungsrecht der SMA über. ...

Da ein Teil der Demontagen als Staatsgeheimnis selbst vor der Verwaltung für Industrie der SMA geheimgehalten und auch über die übrigen nicht systematisch Buch geführt wird, können sich nicht einmal Alexandrow (Chef der Verwaltung für Industrie der SMA – Anm. d. Verf.) und die Leitenden Ingenieure der einzelnen Industriezweige ein genaues Bild von dem Zustand der Sowjetzonen-Industrie machen. Dazu kommt noch eine bedeutende Zahl von Objekten, auf die das MWD (Frühere Bezeichnung des milit. Geheimdienstes der UdSSR – Anm. d. Verf.) seine Hand gelegt hat und die buchungsmäßig überhaupt nicht in Erscheinung treten. Es sind Betriebe, an denen Moskau besonders stark interessiert ist und über die es ohne Zutun der SMA verfügt. ...

Nach der ersten Demontagewelle und dem Abbruch der Kriegsindustriebetriebe nahm die SMA ihre Hauptaufgabe an der Wirtschaftsfront Nachkriegsdeutschlands in Angriff – die Entnahme von Reparationen. Dabei darf nicht außer Acht gelassen werden, daß die Demontagen in dieser oder jener Form nach wie vor weitergingen. Moskau hat buchstäblich Dutzende von Malen Fristen für den endgültigen Abschluß der Demontagen festgelegt und diese Fristen jedesmal wieder hinausgeschoben. ..."

c) Zerstörung des Kriegspotentials. Getrennt von den Demontagen und zeitlich nach ihnen erfolgten auch in der ehemaligen SBZ Maßnahmen zur Zerstörung und Beseitigung des Kriegspotentials der deutschen Wirtschaft. Hierfür war die SMAD zuständig. Die Abläufe schildert Klimow wie folgt:[29]

„... Die erste Maßnahme der SMA war die Schaffung eines Kommitees zur Liquidierung des Kriegspotentials, das seine Aufgabe, die ganz einfach in der Vernichtung der Kriegsindustrie bestand, sehr schnell bewältigte. Die Fabriken, deren Maschinen schon vorher demontiert waren, wurden dem Erdboden gleichgemacht. ..."

d) Entnahme von Reparationen aus der laufenden Produktion. Die wichtigste Aufgabe der SMAD bestand darin, sicherzustellen, daß die nach den

---

[29] *Klimow*, S. 203, 204.

Kapitel 1. Enteignungen in der SBZ und in der DDR

Demontagen und der Zerstörung des Kriegspotentials verbliebene deutsche Restindustrie in der ehemaligen SBZ Reparationslieferungen an die UdSSR erbrachte. Innerhalb der Verwaltung für Wirtschaft der SMAD gab es für diese Aufgabe eine **spezielle Verwaltung für Reparationen und für Lieferungen der SMAD**, die personalmäßig die umfangreichste Verwaltung der SMAD war.[30] Diese Lieferungen der sowjetzonalen Industrie erfolgten jeweils auf Befehl der SMAD. Den verwaltungsmäßigen Ablauf schildert Klimow wie folgt:[31]

„... Die Reparationen aus der laufenden Produktion – das sind die reinen, unverhüllten Reparationen, die man übersehen und somit in Rechnung stellen kann. Die Werksdirektoren der Sowjetzone kennen die Formulare der Reparationsauftrags-Befehle mit dem grünen Querstrich sehr gut. Das Original behält die SMA, eine Kopie geht an den Betrieb, der den Reparationsauftrag auszuführen hat, und die zweite an den Bürgermeister, der zahlen muß...."

22   Ein weiterer Bereich waren die **Lieferungen für die und an die Gruppe der Sowjetischen Besatzungstruppen in Deutschland**. Diese dienten dem Unterhalt der sowjetischen Truppen. Derartige Leistungen galten im Sprachgebrauch der SMAD nicht als Reparationsleistungen, weil der Unterhalt der Besatzungsarmee nach dem Potsdamer Abkommen zu Lasten des besetzten Landes ging.[32]

3. Besatzungsrechtliche und besatzungshoheitliche Enteignungen i. S. d. des EALG

23   **a) Die Regelungen im Einigungsvertrag.** Im Zuge der Verhandlungen über den Beitritt der Deutschen Demokratischen Republik zur Bundesrepublik Deutschland und zum Einigungsvertrag[33] gaben die Regierungen beider

---

[30] *Klimow*, S. 202, 205.
[31] *Klimow*, S. 202, 205.
[32] *Klimow*, S. 206.
[33] Die maßgeblichen gesetzlichen Fundstellen zum Einigungsvertrag und zum Beitritt der ehemaligen DDR sind: **a)** Gesetz vom 23. 9. 1990 zu dem Vertrag vom 31. 8. 1990 zwischen der Bundesrepublik Deutschland und der Deutschen Demokratischen Republik über die Herstellung der Einheit Deutschlands – Einigungsvertragsgesetz – und der Vereinbarung vom 18. 9. 1990, BGBl. II S. 885 / **b)** Vertrag zwischen der Bundesrepublik Deutschland und der Deutschen Demokratischen Republik über die Herstellung der Einheit Deutschlands – Einigungsvertrag – vom 31. 8. 1990, BGBl. II S. 889 und GBl DDR I S. 1629 / **c)** Vereinbarung zwischen der Bundesrepublik Deutschland und der Deutschen Demokratischen Republik zur Durchführung und Auslegung des am 31. 8. 1990 in Berlin unterzeichneten Vertrages zwischen der Bundesrepublik Deutschland und der Deutschen Demokratischen Republik über die Herstellung der Einheit Deutschlands – Einigungsvertrag – vom 18. 9. 1990, BGBl. II S. 1239 / **d)** Beschluß der Volkskammer der Deutschen Demokratischen Republik über den Beitritt der Deutschen Demokratischen Republik zum Geltungsbereich des Grundgesetzes der Bundesrepublik Deutschland vom 23. 8. 1990, GBl. DDR I S. 1324 / **e)** Bekanntmachung des Schreibens der Präsidentin der Volkskammer der Deutschen Demokratischen Republik vom 25. 8. 1990 und des Beschlusses der Volkskammer vom 23. 8. 1990 über den Beitritt der Deutschen Demokratischen

II. Enteignungen in der SBZ von 1945 bis 1949

deutscher Staaten **am 15.6. 1990 die Gemeinsame Erklärung** ab,[34] in der es unter anderem heißt:

„... Bei der Lösung der anstehenden Vermögensfragen gehen beide Regierungen davon aus, daß ein sozial verträglicher Ausgleich unterschiedlicher Interessen zu schaffen ist. Rechtssicherheit und Rechtseindeutigkeit sowie das Recht auf Eigentum sind Grundsätze, von denen sich die Regierungen der Deutschen Demokratischen Republik und der Bundesrepublik Deutschland bei der Lösung der anstehenden Vermögensfragen leiten lassen. Nur so kann der Rechtsfriede in einem künftigen Deutschland dauerhaft gesichert werden.

Die beiden deutschen Regierungen sind sich über folgende Eckwerte einig:

1. Die Enteignungen auf besatzungsrechtlicher bzw. besatzungshoheitlicher Grundlage (1945 bis 1949) sind nicht mehr rückgängig zu machen. Die Regierung der Sowjetunion und die Regierung der Deutschen Demokratischen Republik sehen keine Möglichkeit, die damals getroffenen Maßnahmen zu revidieren.[35] Die Regierung der Bundesrepublik Deutschland nimmt dies im Hinblick auf die historische Entwicklung zur Kenntnis. Sie ist der Auffassung, daß einem künftigen gesamtdeutschen Parlament eine abschließende Entscheidung über etwaige staatliche Ausgleichsleistungen vorbehalten bleiben muß. ..."

Ein diesen Grundsätzen entsprechendes Schreiben der Außenminister der Bundesrepublik Deutschland und der Deutschen Demokratischen Republik an die Außenminister der vier Siegermächte des Zweiten Weltkrieges vom 12.9. 1990[36] bekräftigte die völkerrechtliche Verpflichtung beider

---

Republik zum Geltungsbereich des Grundgesetzes der Bundesrepublik Deutschland vom 19.9. 1990, BGBl. I S.2057.

[34] Vertrag über die Herstellung der Einheit Deutschlands, Artikel 41 und Anlage III: Gemeinsame Erklärung der Regierungen der Bundesrepublik Deutschland und der Deutschen Demokratischen Republik zur Regelung offener Vermögensfragen vom 15.9. 1990, BGBl. Teil II S.1237.

[35] Erklärung der Regierung der Sowjetunion zum Eigentum in der Deutschen Demokratischen Republik in Regierungspressedienst der Deutschen Demokratischen Republik vom 3.4. 1990, in der es u.a. heißt:

„... Unter Berücksichtigung ihrer Rechte und ihrer Verantwortung in den deutschen Angelegenheiten tritt die Sowjetunion für die Wahrung der Gesetzlichkeit in den Eigentumsverhältnissen in der DDR ein, und sie ist gegen die Versuche, die Vermögensverhältnisse in der DDR im Falle der Bildung der Währungs- und Wirtschaftsunion mit der BRD sowie im Falle des Entstehens eines einheitlichen Deutschlands in Frage zu stellen. Das setzt voraus, daß beide deutsche Staaten im Prozeß ihrer Annäherung und Vereinigung davon ausgehen, daß die 1945 bis 1949 von der Sowjetischen Militäradministration in Deutschland verwirklichten Wirtschaftsmaßnahmen gesetzmäßig waren. Absolut unannehmbar wären eventuelle Versuche, die Rechte der gegenwärtigen Besitzer von Boden und anderen Vermögens in der DDR in Abrede zu stellen, die seinerzeit mit Einwilligung oder auf Beschluß der sowjetischen S., die sich dabei von der Erklärung über die Niederlage Deutschlands, vom Potsdamer Abkommen und von anderen vierseitigen Beschlüssen und Entscheidungen leiten ließ, erworben wurden...." Diese Erklärung erfolgte auf einen vom Ministerrat der ehemaligen DDR beschlossenen Brief vom 2.3. 1990 an M.S. Gorbatschow, den der damalige Ministerpräsident der ehemaligen DDR, Hans Modrow, unterzeichnet hatte.

[36] Schreiben der Außenminister der Bundesrepublik Deutschland und der Deutschen Demokratischen Republik vom 12.9. 1990 an die Außenminister der Sowjet-

deutscher Staaten zur Einhaltung und Beachtung bei der Regelung von Vermögensfragen im Einigungsvertrag.

25 Nach Artikel 41 Abs. 1 EV i. V. m. mit der Anlage III EV ist diese **Gemeinsame Erklärung Bestandteil des Einigungsvertrages** geworden. In Artikel 41 Abs. 3 EV verpflichtete sich die Bundesrepublik Deutschland, keine Rechtsvorschriften zu erlassen, die der in Abs. 1 genannten Erklärung zuwiderlaufen. In Vollzug dieser Verpflichtungen regelt der Einigungsvertrag darüberhinaus in Artikel 4 Änderungen des Grundgesetzes unter anderem durch Einfügung eines neuen Artikels 143 GG, in dessen Absatz 3 es heißt:

„... Unabhängig von Absatz 1 und 2 haben Artikel 41 des Einigungsvertrages und Regelungen zu seiner Durchführung auch insoweit Bestand, als sie vorsehen, daß Eingriffe in das Eigentum auf dem in Artikel 3 dieses Vertrags genannten Gebiet nicht mehr rückgängig gemacht werden. ..."

Demgemäß schließt das nach Artikel 9 Abs. 2 EV in Kraft gebliebene **VermG** in seinem § 1 Abs. 8 lit. a) vermögensrechtliche Ansprüche wegen Enteignungen auf besatzungsrechtlicher oder besatzungshoheitlicher Grundlage aus.

26 Diese Regelungen im Einigungsvertrag und in den weiteren Bestimmungen zu seiner Durchführung waren Gegenstand einer Überprüfung durch das Bundesverfassungsgericht im Hinblick auf ihre Verfassungsmäßigkeit.[37] Das **BVerfG** bestätigt mit Gesetzeskraft nach § 31 Abs. 2 BVerfGG die Verfassungsmäßigkeit der Regelungen (sog. **Bodenreformurteil**).

27 An dieser Entscheidung des BVerfG aus dem Jahre 1991 sind in der Folgezeit Zweifel vor allem deshalb geäußert worden, weil die Sowjetunion im Jahre 1990 vor der Wiedervereinigung Deutschlands entgegen dem Vortrag der Bundesregierung in dem Verfahren vor dem BVerfG keine politischen Vorbedingungen hinsichtlich des Ausschlusses des sogenannten Restitutionsausschlusses bei besatzungshoheitlichen Enteignungen gestellt habe.[38] Die von den Befürwortern der These, das Urteil des BVerfG beruhe auf unrichtigen Tatsachenannahmen und müsse deshalb revidiert werden, gehegte Hoffnung, daß es zu einer anderen Entscheidung des BVerfG kommen werde, erscheint aber trügerisch. Die 1. Kammer des BVerfG hat in einem Beschluß aus dem Jahre 1993 unrichtige Tatsachenfeststellungen zu dem Urteil von April 1991 als nicht erwiesen angesehen.[39] Das **BVerwG** hat im Jahre 1993 entschieden, daß der Ausschluß der Restitution bei sogenannten besatzungshoheitlichen Enteignungen auch dann verfassungsrechtlich nicht zu beanstanden sei, wenn es tatsächlich keine politischen Vorbedingungen der Sowjetunion für die Wiedervereinigung hinsichtlich des Restitutionsausschlusses gegeben haben sollte. Denn ausschlaggebend für die Frage, welchen Stellenwert die Nichtrückgängigmachung der besatzungs-

---

union, der Vereinigten Staaten von Nordamerika, des Vereinigten Königreiches und von Frankreich – in Bulletin der Bundesregierung Nr. 109/1990 – S. 1156.

[37] BVerfG, NJW 1991, 1597.
[38] *Wasmuth* DtZ 1993, 334 (335).
[39] BVerfG, VIZ 1993, 301.

II. Enteignungen in der SBZ von 1945 bis 1949

rechtlichen Enteignungen für die Verhandlungen mit der ehemaligen Sowjetunion zur Wiederherstellung der deutschen Einheit gehabt habe, sei die Einschätzung der Bundesregierung zum damaligen Zeitpunkt gewesen und nicht, ob es sich bei dieser Forderung der Sowjetunion – objektiv – um eine conditio sine qua non ihrer Zustimmung zur Wiederherstellung der deutschen Einheit gehandelt habe.[40] Die im **Schrifttum** erhobene Kritik an diesen Entscheidungen[41] ist nicht einhellig. Ihr stehen Meinungsäußerungen gegenüber, nach denen die ergangenen Entscheidungen zumindest im Ergebnis zu billigen seien.[42] Einstweilen bis zum Vorliegen anders lautender Entscheidungen des BVerfG wird deshalb von folgendem auszugehen sein: Enteignungen, die in der Zeit von 1945 bis 1949 auf besatzungsrechtlicher und besatzungshoheitlicher Grundlage in der ehemaligen Sowjetisch Besetzten Zone Deutschlands durchgeführt worden sind, können nicht rückgängig gemacht werden. Rückübereignungsanträge von ehemaligen Eigentümern oder ihren Rechtsnachfolgern, die auf diese Weise in der Vergangenheit enteignet worden sind, müssen entsprechend § 1 Abs. 8 a VermG abgelehnt werden.

b) Die Begriffe besatzungsrechtlich und besatzungshoheitlich. Das VermG und das AusglLeistG innerhalb des EALG behandeln die sogenannten besatzungsrechtlichen und besatzungshoheitlichen Enteignungen. Der Begriff *besatzungshoheitlich* taucht erstmals in der bereits erwähnten Gemeinsamen Erklärung auf. Gemeint ist damit der Umstand, daß den Besatzungsmächten nach der Kapitulation im Mai 1945 die **oberste Hoheitsgewalt im besetzten Gebiet** zukam. Sie übten diese Hoheitsgewalt teilweise selber unmittelbar aus, ließen aber auch Teile dieser Hoheitsgewalt von deutschen Verwaltungen unter ihrer Aufsicht und Kontrolle ausüben. Die hoheitliche Gesamtverantwortung der Besatzungsmächte bedeutet im Ergebnis, daß auch Handlungen deutscher Verwaltungsstellen den Besatzungsmächten zuzurechnen sind, es sei denn, daß diese Handlungen gegen den ausdrücklichen Willen der Besatzungsmächte erfolgten und von ihnen auch später nicht konkludent gebilligt wurden. In diesem Sinne sind besatzungshoheitlich aber auch alle Normsetzungsakte, die von den Besatzungsmächten selber ausgingen. Mithin ist der **Begriff besatzungshoheitlich der umfassendere, weil in ihm der Sinngehalt der besatzungsrechtlichen Grundlage ebenfalls enthalten** ist.

Der Rechtscharakter der Enteignungen als „besatzungsrechtlich" oder „besatzungshoheitlich" wird in den amtlichen Erläuterungen zum VermG danach unterschieden, ob die Enteignungen in formeller Hinsicht auf entsprechenden Befehlen der SMAD oder aber auf Rechts- und Hoheitsakten der Länder der ehemaligen SBZ und kommunaler Stellen des sowjetischen Sektors von Berlin beruhten.[43] Die rechtliche Grundlage, auf der Enteignungen erfolgten, muß besatzungsrechtlicher Art gewesen sein. Es handelt

---

[40] BVerwG, DtZ 1993, 352.
[41] *Wasmuth*, DtZ 1993, 334 (335).
[42] *Schildt*, DtZ 1992, 97; *Motsch*, DtZ 1994, 19.
[43] BT-Drs. 11/7831, S. 1, 3.

sich dabei um Rechtsvorschriften und Anordnungen, die von den Besatzungsmächten USA, Großbritannien, Frankreich und UdSSR nach Beendigung des Zweiten Weltkrieges im Gebiet der ehemaligen SBZ / DDR gemeinsam oder einzeln erlassen worden sind. Hierbei geht es zunächst um unmittelbares oder direktes Besatzungsrecht. Dies sind Rechtsvorschriften und Anordnungen, die unmittelbar von den Besatzungsmächten oder von einer dieser Mächte ausgegangen sind. Zum Besatzungsrecht gehören aber als mittelbares Besatzungsrecht auch solche Vorschriften und Anordnungen, die von deutschen Stellen auf Weisung der Besatzungsmächte oder einer von ihnen erlassen wurden. Derartige nur formal von deutschen Stellen erlassene Vorschriften sind den Besatzungsmächten ebenfalls zuzurechnen und gehören deshalb ebenfalls in den Kreis der besatzungsrechtlichen Grundlagen.[44] Im Grunde ist aber die **Unterscheidung in besatzungsrechtliche und besatzungshoheitliche Maßnahmen überflüssig**. Denn die rechtliche Wurzel für die Zuordnung von Maßnahmen zum Bereich der Besatzungsgewalt findet sich in der Ausübung der Hoheitsgewalt durch die Besatzungsmächte. Insoweit hätte es genügt, **nur den Begriff** *besatzungshoheitlich* zu verwenden.

30   Erforderlich ist lediglich, daß die jeweilige Maßnahme auf einer **entsprechenden Ermächtigung** besatzungsrechtlicher oder besatzungshoheitlicher Art beruhte. Nicht notwendig ist, daß der enteignende Akt tatsächlich durch die entsprechende Norm gedeckt war und mit ihr in Einklang stand. Mithin sind auch Exzessfälle auf besatzungsrechtlicher und besatzungshoheitlicher Grundlage erfaßt, sofern sich die enteignende Stelle nur ausdrücklich oder konkludent auf eine entsprechende Ermächtigungsnorm berief, und die Besatzungsmacht diesen Enteignungsakt zuvor genehmigt oder im Nachhinein konkludent bestätigt hatte.[45]

31   Hinsichtlich einer **zeitlichen Begrenzung** macht das AusglLeistG keine Vorgaben. Im Entwurf zu § 1 Abs. 1 AusglLeistG war eine zeitliche Begrenzung auf den Zeitraum 8.5.1945 bis 6.10.1949 noch vorgesehen. Begründet wurde die im Entwurf vorgesehen gewesene Regelung mit dem Hinweis auf die Jahresdaten 1945 bis 1949 in der Gemeinsamen Erklärung vom 15.6.1990. Etwaige höchstrichterliche Rechtsprechung in anhängigen Verfahren, wonach auch Enteignungen nicht rückgängig zu machen sind, die auf einer vor dem Stichtag 6.10.1949 geschaffenen besatzungsrechtlichen Grundlage beruhten, aber erst nach dem Stichtag durch Veröffentlichung einer Liste bekanntgegeben wurden, würden damit nicht präjudiziert.[46]

32   Das Fehlen der zeitlichen Begrenzung im AusglLeistG führt zur Notwendigkeit der **Auslegung der Zeitangaben in der Gemeinsamen Erklärung vom 15.6.1990**. Die Angabe der Jahreszahlen 1945 bis 1949 dort meint aber nur eine Begrenzung hinsichtlich der von der Besatzungsmacht erlassenen Rechtsvorschriften und Anordnungen. Dabei kommt es auf den Zeitpunkt des Eingriffs, nicht einer etwaigen späteren (z.B. grundbuch-

---

[44] VG Weimar, VIZ 1993, 399.
[45] BVerfG, NJW 1991, 1597; OVG Berlin, VIZ 1992, 407.
[46] BT-Drs. 12/7588, S. 41 und BT-Drs. 12/4887, S. 38.

II. Enteignungen in der SBZ von 1945 bis 1949

technischen) Abwicklung an. Ebensowenig verliert eine vor dem 7.10. 1949 auf besatzungsrechtlicher bzw. besatzungshoheitlicher Grundlage ergangene Maßnahme ihren entsprechenden Charakter durch eine nach diesem Zeitpunkt erfolgte behördliche oder gerichtliche Bestätigung.[47] Auch solche Enteignungen, die nach der Gründung der ehemaligen DDR am 7.10. 1949 von DDR-Behörden durchgeführt wurden, sind deshalb besatzungsrechtlich, sofern sie als bloße Ausführungshandlungen bereits vorher festgelegter Eingriffe auf der Basis von Rechtsgrundlagen anzusehen sind, die von der sowjetischen Besatzungsmacht bis zum 6.10. 1949 erlassen worden waren.[48] Im übrigen ist darauf hinzuweisen, daß die DDR ihre volle Souveränität gegenüber der Sowjetunion erst mit der Erklärung der Regierung der Sowjetunion über die Beziehungen zwischen der UdSSR und der DDR vom 25.3. 1954 erhalten hat.[49] Für den Bereich des ehemaligen Berlin (Ost) hatte die Gründung der ehemaligen DDR wegen des Viermächtestatus der geteilten Stadt ohnehin keine Wirkungen in Bezug auf die Souveränität und Verantwortlichkeit der vier Besatzungsmächte.

c) **Die Bodenreform. aa) Rechtsgrundlagen.** Ab September 1945 wurde in der SBZ die sogenannte demokratische Bodenreform auf der Basis entsprechender Verordnungen oder Gesetze der Provinzen und „föderalen Länder" durchgeführt. Zur Bodenreform gab es **keine speziellen Befehle der SMAD.** Sie wurde durch Verordnungen und Gesetze der Länder und Provinzen in der SBZ geregelt.[50] Die Vorschriften hatten den gleichen Wortlaut **und waren durch den** (bereits erwähnten) **Befehl der SMAD vom 22.10. 1945 rückwirkend gedeckt**, indem ihnen durch diesen Befehl Gesetzeskraft verliehen wurde. 33

Im **Fachschrifttum der ehemaligen DDR** wird diese Gesetz- und Verordnungsgebung zur Bodenreform auf völkerrechtliche Festlegungen der Anti-Hitlerkoalition im Potsdamer Abkommen zurückgeführt.[51] Dies ist auch von der Regierung der UdSSR im März 1990 in ihrer Erklärung zur damals bevorstehenden Wiedervereinigung Deutschlands ausdrücklich hervorgehoben worden. 34

---

[47] BT-Drs. 11/7831 S.1, 3.
[48] BVerwG, OV spezial 19/93, S.15; OVG Berlin, VIZ 1992, 407.
[49] Europa-Archiv 1954, 6534.
[50] Diese Regelungen sind gewesen: **a)** VO über die Bodenreform in der **Provinz Sachsen** (Sachsen-Anhalt) vom 3.9. 1945, VOBl. PS Nr.1 S.28; **b)** VO über die Bodenreform im **Land Mecklenburg-Vorpommern** vom 5.9. 1945, ABl./RegBl. Mecklenburg 1946 Nr.1 S.14; **c)** VO über die Bodenreform in der **Provinz Mark Brandenburg** vom 6.9. 1945, GVOBl. Brandenburg Nr.1 S.8; **d)** VO über die landwirtschaftliche Bodenreform im **Bundesland Sachsen** vom 10.9. 1945, Amtl. Nachr. Sachsen Nr.5 S.27; **e)** Gesetz über die Bodenreform im **Land Thüringen** vom 10.9. 1945, RegBl. Thür I Nr.5 S.13.
[51] Potsdamer Abkommen vom 2.8. 1945 in ABlKR, Ergänzungsblatt Nr.1 – dort Abschnitt III (Abbau übermäßiger Konzentration der Wirtschaft als einer Grundlage des Militarismus) und Präambel Abs.3 zu Abschnitt III sowie Abschnitt III B.Nr.17c. Siehe dazu *Döring*, S.7 und *Oehler*, S.17.

35 Nach der **Auffassung des BVerfG** beruhen die ab Herbst 1945 im Zuge der Bodenreform durchgeführten Enteignungen ebenfalls auf besatzungsrechtlicher oder besatzungshoheitlicher Grundlage, weil der Besatzungsmacht in dieser Zeit noch die oberste Hoheitsgewalt zukam.[52] Dem dürfte insbesondere auch wegen des oben erwähnten Befehls der SMAD vom 22.10.1945, der auch die Vorschriften der deutschen Länder und Provinzen zur Bodenreform rückwirkend abdeckte, zuzustimmen sein.

36 Dies deckt sich auch mit der Schilderung des **tatsächlichen Ablaufs** bei *Leonhard*, der als Angehöriger der sogenannten Gruppe Ulbricht die Vorbereitung und Einleitung der Bodenreform aus der Sicht eines Funktionärs der damaligen KPD miterlebt hat:[53]

„... ‚Heute müssen wir länger arbeiten' sagte mir Ackermann, ‚sorge dafür, daß zwei Stenotypistinnen hierbleiben, wir müssen eine wichtige Übersetzung machen.' Ich erhielt einen russischen Schreibmaschinentext zum Übersetzen. Ackermann bat mich darum, ihm jede fertige Seite sofort bringen zulassen. Es war der Gesetzentwurf für die Bodenreform! ... Am 4. September fand mir meine Übersetzung wieder – es war das Gesetz unter dem Titel ‚Verordnung über die Bodenreform der Provinz Sachsen'. Die entsprechenden Gesetze für die anderen Länder der sowjetischen Zone folgten kurz darauf. ..."

37 Von Interesse für die Urheberschaft der Sowjetunion / SMAD hinsichtlich der Bodenreform in der ehemaligen SBZ ist in diesem Zusammenhang auch der **Hinweis** *Leonhards* darauf, daß die (russischen) Bestimmungen zur Bodenreform in der SBZ im Vergleich zu den entsprechenden Regelungen in anderen Ländern des kommunistischen Machtbereichs „relativ zahm" gewesen seien. Er (Leonhard) habe damals alles verfügbar gewesene Material über die Bodenreform in Polen, Ungarn, Rumänien, Jugoslavien usw. gesammelt. In Polen und Rumänien habe die Obergrenze für nicht zu enteigneten Landbesitz bei fünfzig Hektar gelegen, in Bulgarien und Jugoslavien sogar bei nur fünfunddreißig Hektar.[54] Die Bodenreform in der ehemaligen SBZ paßte sich in eine politische Gesamtkonzeption der KPdSU hinsichtlich der gesellschaftlichen und politischen Umgestaltung ein, wie diese in allen Ländern innerhalb des Machtbereichs der früheren Sowjetunion ab 1945 vollzogen wurde.

38 **bb) Ziele.** Die Ziele dieser Bodenreform waren:[55]

(a) politische und ökonomische Entmachtung der Nazi- und Kriegsverbrecher, des Monopol- und Finanzkapitals ohne ha-Begrenzung;
(b) politische und ökonomische Entmachtung der Feudalherren, Junker, Fürsten und Großgrundbesitzer mit mehr als 100 ha Grundeigentum;
(c) Absicherung der Erfüllung der Verpflichtung des deutschen Volkes aus dem Potsdamer Abkommen, unverzüglich Maßnahmen zur weitestgehenden Erhöhung der landwirtschaftlichen Produktion zu treffen;

---

[52] BVerfG 1991, 1597.
[53] *Leonhard*, S. 338.
[54] *Leonhard*, S. 338.
[55] Z. B. Präambel und Artikel I des Gesetzes über die Bodenreform im Lande Thüringen vom 10.9.1945, RegBl. Thür I Nr. 5 S. 13.

(d) Zuendeführung der bürgerlich-demokratischen Revolution durch Überwindung des wirtschaftshemmenden Monopols des Grundeigentums;
(e) Befreiung der werktätigen Bauern von Abhängigkeit und Verschuldung durch Vergrößerung ihrer Wirtschaftsflächen sowie die Übergabe von Boden an Landarbeiter, landlose und landarme Bauern und Umsiedler.

Nicht betroffen war folgendes Grundvermögen:[56] 39

(a) Boden der landwirtschaftlichen und wissenschaftlichen Forschungsinstitutionen;
(b) Boden der Stadtverwaltungen, soweit er für die Erzeugung landwirtschaftlicher Produkte zur Versorgung der Stadtbevölkerung benötigt wurde;
(c) Gemeindeland und Grundbesitz der landwirtschaftlichen Genossenschaften und Schulen;
(d) Grundbesitz der Klöster, kirchlichen Institutionen und Bistümer.

Im Zuge der Bodenreform verloren 7.160 Großgrundbesitzer und 4.537 40 „aktive Faschisten und Kriegsverbrecher" ihr Eigentum.[57] Die **enteignete Gesamtfläche betrug etwa 3,3 Mio ha** Land.[58] Das enteignete Land wurde zunächst in sogenannten **ideellen Bodenfonds** zusammengefaßt und sodann teilweise in **Volkseigentum** überführt und im übrigen an Landarbeiter, landlose und landarme Bauern als privates bäuerliches **Arbeitseigentum** unentgeltlich und schuldenfrei übertragen.[59] Die Landverteilung an die Landbevölkerung umfaßte etwa 2,2 Mio ha, wobei etwa 210.000 Wirtschaften mit 5–7 ha (maximal 10 ha) entstanden sowie 125.000 Kleinstwirtschaften aufgestockt wurden.[60]

Die Verteilung des Landes erfolgte als Massenaktion durch **örtliche Bo-** 41 **denkommissionen (Gemeindekommissionen) sowie Kreiskommissionen und jeweils einer Landeskommission** unter Mitwirkung aller „antifaschistisch-demokratischen Parteien und Massenorganisationen".[61] Gemeindekommissionen zur Durchführung der Bodenreform beschlossen die Aufteilung des Bodens, wobei diese Beschlüsse nach Bestätigung durch die Kreiskommission zur Durchführung der Bodenreform Gesetzeskraft erlangten.[62] Den sogenannten Neubauern aus der Bodenreform wurden Urkunden erteilt. Diese Urkunden sahen wie folgt aus:[63]

---

[56] Z.B. Artikel II Nr.5 des Gesetzes über die Bodenreform im Lande Thüringen vom 10.9.1945, RegBl. Thür I Nr.5 S.13.
[57] *Jung/Vec*, JuS 1991, 714.
[58] *Döring*, S.7; *Oehler*, S.17.
[59] Z.B. Artikel I Nr.2e und Artikel IV Nr.13 und 14 der VO über die Bodenreform in der Provinz Sachsen vom 3.9.1945, VOBl PS Nr.1 S.19; *Döring*, S.7; *Oehler*, S.17.
[60] *Döring*, S.7.
[61] Z.B. Artikel IV Nr.1, 2, 3 und 4 des Gesetzes über die Bodenreform im Lande Thüringen vom 10.9.1945, RegBl. Thür I Nr.5 S.13.
[62] Z.B. Artikel IV der VO über die Bodenreform in der Provinz Sachsen vom 3.9.1945, VOBl PS Nr.1 S.19.
[63] Autorenkollektiv, *G.Rohde*, S.152.

18 Kapitel 1. Enteignungen in der SBZ und in der DDR

Eigentumsurkunde über ein Bodenreformgrundstück

Auf Grund der Verordnung der Provinzialregierung Sachsen über die Bodenreform vom 3. September 1945 wird

dem Bauern
wohnhaft in der Gemeinde   Kreis
ein Grundstück
im Umfang von   ha, einschließlich Wald
rechtskräftig zum persönlichen, vererbbaren Eigentum übergeben.

Das dem Bauern
übergebene Grundstück liegt in der Gemeinde
und hat laut dem von der Bodenkommission aufgestellten Verteilungsplan die Nummer   .

Der Bauer
erhält das Grundstück schuldenfrei.

Diese Urkunde berechtigt zur Eintragung des Grundstücks in das Grundbuch.

---

42   Das sogenannte **Arbeitseigentum war inhaltlich beschränkt**, weil der Arbeitseigentümer das Bodenreformgrundstück weder teilen noch verkaufen noch verpachten oder verpfänden konnte.[64] Das Eigentumsrecht **beschränkte sich im Grunde auf die Befugnis, das zugeteilte Land zu bewirtschaften.**

43   cc) **Grundbucheintragungen.** Die Eintragungen in die Grundbücher erfolgten **ab Frühjahr 1946**. Die Eintragungen hatten **nur deklaratorischen Charakter**, weil das Eigentum bereits vorher durch die von den jeweiligen Kreiskommissionen bestätigten Beschlüsse über die Landverteilung übergegangen war. Darüberhinaus waren alle Belastungen der Grundstücke fortgefallen. Die Grundbucheintragungen waren daher im Grunde Grundbuchberichtigungen, wobei in Abteilung II die Verfügungsbeschränkungen der neuen Arbeitseigentümer eingetragen wurden und Abteilung III frei blieb.[65] Die alten Grundbücher und Grundakten der enteigneten Grundstücke waren zu vernichten.[66]

---

[64] Z.B. Artikel VI des Gesetzes über die Bodenreform im Lande Thüringen vom 10.9.1945, RegBl. Thür I Nr.5 S.13.

[65] Z.B. Verordnung der Provinz Sachsen-Anhalt über die Grundbucheintragungen der Ländereien, die die Bauern aufgrund der Bodenreform erhalten haben vom 20.3.1946 in VOBl. PS S.75.

[66] Siehe dazu: **a)** Artikel V der Verordnung der Provinz Sachsen vom 20.3.1946 über die Grundbucheintragung der Ländereien, die die Bauern auf Grund der Bodenreform erhalten haben, VOBl. PS 1946 S.75; **b)** Artikel V der Verordnung der Landesverwaltung Sachsen vom 8.4.1946 über die Grundbucheintragung der Ländereien, die die Bauern auf Grund der Bodenreform erhalten haben, Amtl. Nachr. Sachsen 1946, S.133; **c)** Artikel V der Verordnung Nr.75 der Landesverwaltung Mecklenburg-Vorpommern vom 28.3.1948, ABl./RegBl. Mecklenburg 1946, S.62; **d)** § 5 der Verordnung der Provinzialverwaltung Mark Brandenburg vom 1.4.1946 über die Grundbucheintragung der Ländereien, die die Bauern auf Grund der Bodenreform erhalten haben, GVOBl. Brandenburg 1946, S.235; **e)** Artikel V des Thü-

II. Enteignungen in der SBZ von 1945 bis 1949

Das als Privateigentum deklarierte Arbeitseigentum wurde **später durch die Verfassung der DDR von 1949** in Artikel 24 Abs. 6 bestätigt.[67]

dd) Schicksal der Bodenreformgrundstücke in der DDR ab 1949. Ab 1952 wurden die Bodenreformgrundstücke in die **Landwirtschaftlichen Produktionsgenossenschaften** eingebracht, wobei den LPG das genossenschaftliche Nutzungsrecht am eingebrachten Boden zuwuchs und das Privateigentum weiter bestand.[68] Das Eigentum an den Bodenreformgrundstücken umfaßte zunächst einheitlich das Eigentum am Boden und an den darauf errichteten Gebäuden. Durch zwei Verordnungen aus den Jahren 1975 und 1988 schuf die ehemalige DDR jedoch die Voraussetzung dafür, daß die auf dem Boden errichteten Gebäude getrennt vom Boden als sogenanntes Gebäudeeigentum veräußert werden konnten.[69]

Im **März 1990 wurden die Verfügungsbeschänkungen aufgehoben**, die für Bodenreformgrundstücke bestanden. Diese Grundstücke konnten in der Folgezeit wie normales Eigentum veräußert, vererbt und belastet werden.[70]

d) Die Sequesterenteignungen. aa) Potsdamer Abkommen und Alliierter Kontrollrat. Die Enteignungen im Rahmen der Bodenreform dienten durch die Umverteilung von etwa 2/3 des enteigneten Bodens auf landlose und landarme Bauern auch sozialpolitischen Zielsetzungen. Demgegenüber ging es bei der Enteignung von industriellem und gewerblichem Vermögen vorrangig auch um die Bestrafung und die Umkehr von NS-Unrecht. Für diese Zielsetzung lassen sich erste Rechtsquellen im **Potsdamer Abkommen** finden.[71] Weitere Rechtsquellen finden sich in **Gesetzen sowie Direktiven des Alliierten Kontrollrates in Deutschland**.[72] Die Umsetzung dieser Absich-

---

ringischen Gesetzes vom 23.3. 1946 über die Grundbucheintragung der Ländereien, die die Bauern auf Grund der Bodenreform erhalten haben, RegBl. Thür 1946, S. 149. Siehe auch Autorenkollektiv, S. 149 unter Berufung auf eine Verordnung der Provinz Sachsen vom 20.3. 1952 über die Grundbucheintragung der Ländereien, die die Bauern auf Grund der Bodenreform erhalten haben.

[67] Verfassung der Deutschen Demokratischen Republik vom 7.10. 1949, GBl DDR Nr. 1 S. 5.

[68] Siehe dazu die §§ 7 und 19 des Gesetzes über die landwirtschaftlichen Produktionsgenossenschaften (LPG-Gesetz) vom 3.6. 1959 GBl. DDR I S. 577. Das LPG-Gesetz wurde später wiederholt gändert, und zwar durch Gesetz vom 2.7. 1982, GBl. DDR I S. 443 i.d.F. des Gesetzes zur Änderung und Ergänzung des LPG-Gesetzes vom 6.3. 1990, GBl. DDR I S. 133 und des Gesetzes über die Änderung oder Aufhebung von Gesetzen der DDR vom 28.6. 1990, GBl. DDR I S. 483.

[69] Verordnung über die Durchführung des Besitzwechsels bei Bodenreformgrundstücken vom 7.8. 1975, GBl. DDR I S. 629 und Zweite Verordnung über die Durchführung des Besitzwechsels bei Bodenreformgrundstücken vom 7.1. 1988, GBl. DDR I S. 25.

[70] Gesetz über die Rechte der Eigentümer von Grundstücken aus der Bodenreform vom 6.3. 1990, GBl. DDR I S. 134.

[71] Potsdamer Abkommen vom 2.8. 1945, ABlKR 1945, Ergänzungsblatt Nr. 1 – dort Abschnitt III.

[72] **a)** Kontrollratsgesetz Nr. 5 vom 30.10. 1945, ABlKR 1945 S. 27; **b)** Kontrollratsgesetz Nr. 9 vom 30.11. 1945, ABlKR 1945 S. 34 (Beschlagnahme und Kontrolle des

Kapitel 1. Enteignungen in der SBZ und in der DDR

ten erfolgte auf der Grundlage von **Befehlen der Alliierten Kommandantur von Berlin und der Sowjetischen Militäradministration** in Deutschland.

48 bb) **Befehle der Alliierten Kommandantur in Berlin.** Im Bereich der Alliierten Kommandantur von Berlin, die rechtlich auch für den sowjetischen Sektor (Ostsektor) der geteilten Stadt zuständig war, ergingen **zwei Befehle**.[73]

49 Diese Anordnungen wurden aber **von der sowjetischen Besatzungsmacht im Zuge der Blockade West-Berlins im Jahre 1948 ignoriert**. Im Stadtgebiet des ehemaligen sowjetischen Sektors von Berlin erfolgten daher Enteignungen nicht auf der Grundlage von Befehlen und Anordnungen der Alliierten Kommandantur, sondern auf der Grundlage von Befehlen der SMAD. Folgerichtig hat der Ministerrat der UdSSR am 21.9.1955 „die gesetzgeberischen Akte der Alliierten Kommandantur in Berlin auf dem Territorium der DDR für überholt und aufgehoben" erklärt.[74]

50 cc) **SMAD-Befehle.** In der ehemaligen SBZ und im Ostteil von Berlin begann die Umsetzung der oben dargestellten Absichten des Kontrollrats, die zugleich auch die Sicherung sowjetischer Reparationsforderungen gegen Deutschland beinhalteten, mit dem **SMAD-Befehl Nr. 124 vom 30.10.1945**.[75] Frühere Befehle dienten der Vorbereitung, leiteten die Enteignungen aber noch nicht unmittelbar ein.[76]

51 Dieser Befehl Nr. 124 nebst Instruktion vom gleichen Tage behandelte die **Auferlegung der Sequestration und Übernahme in zeitweilige Verwaltung einiger Vermögenskategorien.** Es handelte sich um eine Beschlagnahme der betroffenen Vermögensgegenstände, wobei die Eigentümer ihre beschlag-

---

Vermögens der IG Farbenindustrie); **c)** Kontrollratsgesetz Nr. 10 vom 20.12.1945, ABlKR 1945 S. 50 (Bestrafung von Personen, die sich Kriegsverbrechen, Verbrechen gegen den Frieden oder gegen Menschlichkeit schuldig gemacht haben) und **d)** Direktiven des Alliierten Kontrollrats in Deutschland Nr. 24 vom 12.1.1946, ABlKR 1945 S. 98 (zur Entfernung von Nationalsozialisten und Personen, die den Bestrebungen der Alliierten feindlich gegenüberstehen, aus Ämtern und verantwortlichen Stellungen), Nr. 38 vom 12.10.1946, ABlKR 1946 S. 184 (Verhaftung und Bestrafung von Kriegsverbrechern, Nationalsozialisten und Militaristen und Internierung, Kontrolle und Überwachung von möglicherweise gefährlichen Deutschen) sowie Nr. 57 vom 15.1.1948, ABlKR 1948 S. 302 (Verfügung über eingezogenes Vermögen, das auf Grund der Bestimmungen des Kontrollratsgesetzes Nr. 10 oder anderer gemäß Kontrollratsdirektive Nr. 38 erlassener Bestimmungen eingezogen worden ist).

[73] Anordnung BK/O (47) 50 „Angelegenheiten betreffend das unter Kontrolle einer der Besatzungsbehörden stehende Eigentum" vom 21.2.1947, VOBl. Groß-Berlin Teil 3, S. 68 und Anordnung BK/O (47) 172 „Angelegenheiten betreffend unter Kontrolle einer der Besatzungsbehörden stehendes Eigentum" vom 26.7.1947, VOBl. Groß-Berlin Teil 3 S. 225.

[74] *Nestler*, Forum 1990, 480.

[75] VOBl. PS Nr. 4,5,6/1945 S. 10.

[76] Befehl Nr. 1 vom 23.7.1945 über die Neuorganisation der deutschen Finanz- und Kreditorgane, VOBl. PS 1946 S. 16 und Befehl Nr. 72 vom 25.9.1945 betreffend die Durchführung der Erfassung der Industrieunternehmen in der SBZ, VOBl. PS 1946 S. 8.

II. Enteignungen in der SBZ von 1945 bis 1949

nahmten Unternehmen einstweilen weiterzuführen hatten.[77] Die Sequestration erfaßte sämtliche Vermögenswerte der Betroffenen mit Ausnahme von Kleidung und Hausrat, vor allem Immobilien und Unternehmen. Nach der Nr. 1 des Befehls wurde folgendes Vermögen, das sich auf dem von den Truppen der Roten Armee besetzten Gebiet befindet und den „weiter unten Angegebenen" gehört, als unter Sequester befindlich erklärt:

(a) dem deutschen Staat und seinen zentralen und örtlichen Organen;
(b) den Amtspersonen der NSDAP, ihren führenden Mitgliedern und hervortretenden Anhängern;
(c) den deutschen Militärbehörden und -organisationen;
(d) Vereinen, Klubs und Vereinigungen, die von dem Sowjetischen Militärkommando verboten und aufgelöst sind;
(e) den Regierungen und Untertanen (physischen und juristischen Personen) von Ländern, die an der Seite Deutschlands am Krieg teilgenommen haben;
(f) Personen, die von dem Sowjetischen Militärkommando in besonderen Verzeichnissen oder auf anderem Wege angegeben werden.

Die Nr. 2 des Befehls behandelte herrenlose Vermögen. Die Nr. 3 des Befehls verpflichtete alle deutschen Behörden, Organisationen, Firmen, Unternehmen und alle Privatpersonen, innerhalb von 15 Tagen nach Veröffentlichung des Befehls den örtlichen Organen der Selbstverwaltung (Stadtverwaltung, Bezirksverwaltung, Kreisverwaltung) eine schriftliche Meldung über solches Vermögen einzureichen. Die Nr. 4 des Befehls verpflichtete die örtlichen Selbstverwaltungsorgane zur Prüfung der Richtigkeit bei ihnen eingegangener Meldungen über Vermögen und zur Erstellung eines Gesamtverzeichnisses, das bis zum 20. 11. 1945 bei dem zuständigen Militärkommandanten einzureichen war. Die Nr. 6 des Befehls verpflichtete die Präsidenten der Provinzen und Bundesländer zur Erfassung herrenloser Handels-, Industrie- und landwirtschaftlicher Unternehmen und zur Übersendung der Angaben über die Erfassung bis zum 1. 12. 1945 an die Chefs der Verwaltungen der betreffenden Provinzen und Bundesländer.

Auch der Befehl Nr. 124 soll aus der (sachkundigen) Sicht eines ehemaligen Offiziers der Roten Armee und Angehörigen der SMAD beleuchtet werden. Danach hatte diese Anordnung für die politischen Absichten der UdSSR in Bezug auf die SBZ einen etwas anderen Stellenwert, als sich aus ihrem Text ergibt. Es heißt hierzu und zur **Abgrenzung zu den Demontage- und Reparationsleistungen**, die unabhängig von dem Befehl Nr. 124 geschahen, bei *Klimow* wörtlich:[78]

„... Jetzt aber brachte mich meine Tätigkeit in der Verwaltung für Industrie (der SMAD – Anm. d. Verf.) wieder in nahe Berührung mit den Betrieben, die aufgrund des Befehls Nr. 124 beschlagnahmt wurden. Dieser Befehl erfaßte in der Hauptsache Betriebe, an denen die SMA nicht unmittelbar interessiert ist, d. h. solche, die nicht demontiert werden und auch keine Reparationen leisten können – kleine Fabriken, Mühlen und Reparaturwerkstätten, ferner Versorgungsbetriebe und Konsumgenossenschaften.

---

[77] Instruktion zu Befehl der Sowjetischen-Militär-Administration in Deutschland (SMAD) Nr. 124/1945 vom 30. 10. 1945, VOBl. PS Nr. 4,5,6/1945 S. 10.
[78] *Klimow*, S. 210.

Man kann die Industrie der Sowjetzone vom Standpunkt der SMA aus in zwei Kategorien einteilen – in nützliche und nutzlose. Zur ersten Kategorie gehören die Grundindustrien, die die SMA mit Hilfe spezieller Bevollmächtigter, die in allen größeren Werken sitzen, unter ihrer Kontrolle hat. Diese arbeiten unter dem Deckmantel verschiedenartiger Bezeichnungen: Sequester-Offiziere, Demontage-Bevollmächtigte – die aber auch nach abgeschlossener Demontage als Kontrolleure der SMA im Betrieb bleiben – Reparations-Bevollmächtigte, sowjetische Konstruktions- oder wissenschaftliche Forschungsbüros usw. Wie immer sie sich nennen mögen, ihre Aufgabe ist immer die gleiche, nämlich dafür zu sorgen, daß der betreffende Betrieb nach den Plänen der SMA arbeitet. . . .

Die zweite Kategorie der Sowjetzonen-Industrie, an der die SMA nicht unmittelbar interessiert ist, blieb anfangs praktisch sich selbst überlassen. Einerseits war es sinnlos, in jedem kleinen Betrieb SMA-Vertreter hineinzusetzen, andererseits widerspricht es sowjetischen Traditionen und Gepflogenheiten, selbst unwichtige Betriebe ohne Aufsicht zu lassen. Daher wurde also beschlossen, den Befehl Nr. 124, der sich ursprünglich nur auf das Eigentum ehemaliger Nazis bezog, praktisch auf die ganze Gruppe der ‚nutzlosen' Industrie auszudehnen, um auch aus ihr möglichst wirkungsvollen Nutzen zu ziehen. Zu diesem Zweck wurden die Betriebe kurzerhand enteignet, mit dem Etikett „Volkseigener Betrieb" versehen und den Händen der örtlichen deutschen Selbstverwaltungen übereignet. Nachdem das alles mit gebührendem Pomp vonstatten gegangen war, erklärten die Vertreter der neuen Macht mit stolzgeschwellter Brust, die Betriebe seien nun endlich zum ‚Eigentum des deutschen Volkes' geworden. . . .

Im Grunde genommen ist das nichts anderes, als die Sozialisierung der kleinen Industrie auf kaltem Wege. Bei diesem Vorgehen läßt sich die SMA von zwei Erwägungen leiten. In erster Linie gilt es, der zweiten selbständigen Schicht der deutschen Gesellschaft, den Unternehmern und Industriellen, die wirtschaftliche Grundlage zu entziehen. In der Landwirtschaft ist diese Operation bereits mit Hilfe der Bodenreform vorgenommen worden. Zweitens soll dadurch der Anschein der Fortschrittlichkeit des neuen Regimes aufrechterhalten werden, um daraus, wenn auch nur vorübergehend, politisches Kapital für die Sowjets und ihre Marionetten zu schlagen. . . .

Die auf diese Weise begonnene Sozialisierung griff nach und nach auch auf andere Gebiete des ‚privatkapitalistischen' Sektors über. Einerseits unterwirft die SMA die deutschen ‚Selbstverwaltungen' immer mehr und mehr ihrem Einfluß, andererseits übergibt sie in immer größerem Umfang die bis dahin verhältnismäßig selbständigen Sektoren des gesellschaftlichen und wirtschaftlichen Lebens der Sowjetzone in die Hände eben dieser ‚Selbstverwaltungen'. Die Gesamtsumme bleibt die gleiche, auch wenn man die einzelnen zu addierenden Posten verschiebt. . . ."

54 Es bildeten sich dann deutsche örtliche und überörtliche Sequesterkommissionen, die Vermögen Betroffener auf Listen erfaßten und meldeten.

55 Unmittelbar nach dem Befehl Nr. 124 erging **der Befehl Nr. 126 betreffend die Konfiszierung des Vermögens der NSDAP vom 31.10. 1945**.[79] Nach diesem Befehl war das Vermögen der NSDAP, ihrer Organe und der ihr angeschlossenen Verbände, die in einem dem Befehl beigefügten Verzeichnis aufgeführt waren, zu konfiszieren. Im übrigen enthielt der Befehl Anweisungen an die deutschen Behörden, Organisationen, Firmen, Unternehmen sowie an alle Privatpersonen hinsichtlich seiner Durchführung im einzelnen. Nach den Vorgaben in den Befehlen Nr. 124 und 126 sollten die Er-

---

[79] VOBl. PS Nr. 4,5,6/1945 S. 12.

II. Enteignungen in der SBZ von 1945 bis 1949

fassungen bis zum Jahresende 1945 abgeschlossen sein. Dazu kam es aber nicht. Die Sequesterverfahren insbesondere der gewerblichen Vermögen zogen sich hin, und immer neue Sequestrationen wurden gemeldet.

Den nächsten Schritt bildete der **Befehl Nr. 97 betreffend die Übergabe von beschlagnahmtem Eigentum an die deutsche Verwaltung vom 29.3.1946**.[80] Dieser Befehl behandelt die Vorbereitungen zur Übergabe des beschlagnahmten Eigentums der „faschistischen und Kriegsverbrecher" sowie der „faschistischen Partei und ihrer Organisationen" an die deutschen Verwaltungsorgane. Hierzu war eine zentrale deutsche Sequesterkommission zur Bearbeitung der Angelegenheiten des beschlagnahmten und enteigneten Besitzes ins Leben gerufen worden, die nach dem Wortlaut des Befehls „die Vorbereitungen der Liste der Betriebe, die zu übergeben sind, nunmehr abgeschlossen hatte".

Die mit dem Befehl Nr. 97 nur vorbereitete Übergabe der sequestrierten Vermögen an deutsche Verwaltungen wurde endgültig geregelt im **Befehl Nr. 154/181 vom 21.5. 1946 betreffend die Nutzung der auf Grund der Befehle Nr. 124 und 126 sequestrierten und konfiszierten Güter**.[81] Nach diesem Befehl war sequestriertes Gut, welches „dem Hitlerstaat und dessen Zentralbehörden" sowie „der Nazistenpartei und deren Organisationen oder Leitern der Nazipartei oder deren Organisationen und Kriegsverbrechern" gehörte, entweder der Kommission für Sequestration und Konfiskation bei der SMAD zu unterstellen oder in Besitz und zur Verfügung deutscher Selbstverwaltungen der Länder und Bundesgebiete zu übergeben, in denen sich solches Gut befindet. Dabei hatte die Übergabe in Besitz und zur Verfügung deutscher Selbstverwaltungen der Länder und Bundesgebiete unter Aufstellung entsprechender rechtskräftig gestalteter Verzeichnisse zu erfolgen.

Den Übergang von sequestriertem Vermögen in das Eigentum der UdSSR auf Grund von Reparationsansprüchen regelte **Befehl Nr. 167/1946 vom 5.6. 1946**.[82] Die in einer dem Befehl beigefügten Liste aufgeführten Vermögen gingen in das Eigentum der UdSSR über.

Es folgten der **Befehl Nr. 201/1947 vom 16.8. 1947**[83] nebst Ausführungsbestimmungen Nr. 1 und 2 vom 19.8. 1947 sowie Ausführungsbestimmungen Nr. 3 vom 21.8. 1947.[84] Diese Bestimmungen behandelten die Direktiven des Kontrollrats Nr. 24 und 38 über die Entnazifizierung und in Zusammenhang damit die Rückgabe sequestrierter Vermögen an solche Betroffene, die als nicht belastet angesehen wurden. Der weitere **Befehl Nr. 35/1948 vom 26.2. 1948** ordnete die Einstellung der Entnazifizierungsverfahren und die Auflösung der dafür gebildeten Entnazifizierungskommissionen an.[85]

Den Abschluß bildete **der Befehl Nr. 64/1948 betreffend die Beendigung der Sequesterverfahren in der sowjetischen Besatzungszone Deutschlands vom**

---

[80] VOBl. PS 1946 S. 226.
[81] ABl./RegBl. Mecklenburg 1946 S. 76.
[82] In der ehemaligen SBZ/DDR nicht veröffentlicht. Quelle: Gesamtdeutsches Institut, S. 54.
[83] ZVOBl. 1947 S. 185.
[84] ZVOBl. 1947 S. 186 bis 188.
[85] ZVOBl. 1948 S. 88.

17. 4. 1948.[86] Nach diesem Befehl wurden die von der Deutschen Wirtschaftskommission vorgelegten Listen der Betriebe der „Monopolisten und anderer Kriegs- und Naziverbrecher, die gemäß den Beschlüssen der Länderregierungen auf Grund der von den Kommissionen des Blocks der demokratischen Parteien und der gesellschaftlichen Organisationen in der sowjetischen Besatzungszone gemachten Vorschläge enteignet und in den Besitz des Volkes übergeführt wurden", bestätigt. Der Befehl setzte ferner den Befehl Nr. 124/1945 vom 30. 10. 1945 nach seiner Durchführung außer Kraft und verbot jegliche weitere Sequestrierung von Eigentum auf Grund dieses Befehls. Vor Erlaß dieses Befehls hatte die **Deutsche Wirtschaftskommission einen Beschluß** über die Beendigung der Tätigkeit der Sequesterkommissionen vom 31. 3. 1948 gefaßt.[87] In diesem Beschluß heißt es in der Nr. 4 wörtlich:

„... Alle Sequesterverfahren nach Befehl Nr. 124 betreffend betriebliches Vermögen sind am 1. 4. 1948, betreffend nichtbetriebliches Vermögen bis zum 15. 4. 1948 beendet. ..."

61   Zur technischen Abwicklung der Sequesterfälle folgten noch die **Befehle Nr. 76 vom 23. 4. 1948**[88] **und Nr. 82 vom 29. 4. 1948.**[89] Der Befehl Nr. 76 behandelt die Bestätigung der Grundlagen für die Vereinigungen und Betriebe, die das Eigentum des Volkes darstellen, sowie Instruktionen über das Verfahren der juristischen Eintragung. In seinen Anlagen A und B regelt der Befehl die Schemata für die Grundlagen der Verwaltung der volkseigenen Betriebe, die zonaler Verwaltung und der Verwaltung der Länder unterstanden. Die Anlage C regelt im Détail Anweisungen an die Amtsgerichte zu Eintragungen im Grundbuch und im Handelsregister. Der Befehl Nr. 82 betrifft die Rückgabe des durch den Nazi-Staat beschlagnahmten Vermögens an demokratische Organisationen.

62   Bis auf den oben dargestellten Befehl Nr. 167/1946 vom 5. 6. 1946 zum Eigentumserwerb durch die UdSSR bewirkte keine Anordnung der SMAD unmittelbar eine Enteignung. Die Befehle Nr. 97 vom 29. 3. 1946 und Nr. 154/181 vom 21. 5. 1946 betrafen lediglich die Vorbereitung und dann Durchführung der Übergabe der Vermögen an die deutsche Verwaltung zur Nutzung. **Für die Durchführung von Enteignungen waren zusätzliche Rechtsakte erforderlich, die von den deutschen Verwaltungen ausgingen.** Es handelt sich dabei um Gesetze und Verordnungen der Deutschen Wirtschaftskommission und der Länder sowie Provinzen einschließlich der durchführenden Verwaltungsentscheidungen im Einzelfall.

63   **dd) Maßnahmen der Deutschen Wirtschaftskommission.** Wie bereits ausgeführt wurde, richtete sich die SMAD seit Sommer 1945 neben den von ihr gegründeten Länder- und Provinzverwaltungen **Deutsche Zentralverwaltungen** ein, aus denen im Sommer 1947 **die Deutsche Wirtschaftskommission als zentrale Oberbehörde** mit Weisungsbefugnis gegenüber den Länder- und Provinzverwaltungen hervorging. Die DWK hatte ebenfalls die Befugnis,

---

[86] ZVOBl. 1948 S. 140.
[87] ZVOBl. 1948 S. 139.
[88] ZVOBl. 1948 S. 142.
[89] RegBl. Thür Teil 3, 1948 S. 20.

Verordnungen zu erlassen. Vor der Betrachtung der Vorschriften der einzelnen Länder in der ehemaligen SBZ sollen daher die Bestimmungen vorgestellt werden, die von der DWK zentral für den Gesamtbereich der ehemaligen SBZ erlassen worden sind.

Hier ist zunächst ein **Erlaß vom 18.9. 1947 zur Durchführung des Befehls Nr. 201 der SMAD vom 16. 8. 1947** ergangen.[90] Der Erlaß behandelt die Aufgaben der Justiz im Rahmen der Durchführung der Direktive Nr. 38 des Kontrollrats gegen „faschistische und militaristische Verbrecher".

Von entscheidender Bedeutung, weil er die Beendigung der Sequesterverfahren gemäß dem Befehl der SMAD Nr. 64 vom 17. 4. 1948 einleitete, war der bereits oben erwähnte **Beschluß der DWK vom 31. 3. 1948 über die Beendigung der Tätigkeit der Sequesterkommissionen**. Der Beschluß stellt in seiner Nr. 4 die Beendigung aller Sequesterverfahren zum 1./15. 4. 1948 fest und verpflichtet in der Nr. 5 die Landesregierungen, die Eintragung der in die Hand des Volkes übergegangenen Betriebe und des anderen Eigentums in das Handelsregister und das Grundbuch bis zum 15. 7. 1948 zu beenden. Zugleich legte die Deutsche Wirtschaftskommission der SMAD Listen der Betriebe vor, die enteignet wurden.[91] Der Befehl Nr. 64 der SMAD bestätigte daraufhin die in dem Beschluß dargestellten Enteignungen.

Die DWK erließ sodann **Verordnungen und Richtlinien zur Ausführung des SMAD-Befehls Nr. 64**. Es handelte sich um insgesamt 4 Richtlinien von April und September 1948.

Die erste Verordnung (Richtlinie Nr. 1) vom 28. 4. 1948[92] behandelte in insgesamt 7 Nummern die **technische Abwicklung der durchgeführten Enteignungen**:

(a) **Aufbewahrung des Archivmaterials**
Nach der Nr. 1 der Verordnung war das Archivmaterial über die von den Orts-, Kreis- und Landeskommissionen geprüften Fälle der Sequestrierungen an die Innenminister der Länder zu überführen und von diesen aufzubewahren. Abschriften der Beschlüsse der Landeskommissionen über die Enteignungsverfahren waren vom Ausschuß zum Schutz des Volkseigentums bei der DWK aufzubewahren.

(b) **Klarstellung zum rechtlichen Umfang der Enteignungen**
Die Nr. 2 der Verordnung stellt den Umfang der Enteignungen klar. Danach erstreckte sich die Enteignung nicht nur auf das bilanzierte Vermögen sondern überhaupt auf das betrieblichen Zwecken dienende Vermögen, einschließlich aller Rechte und Beteiligungen, soweit nicht ausdrücklich etwas anderes bestimmt war. Bei Unternehmen mit mehreren Betriebsstätten galt eine Enteignung für alle Unternehmensteile, auch wenn sie nur einen Teil der Betriebsstätten ausdrücklich ausgesprochen worden war.

(c) **Übernahme von Verbindlichkeiten**
Die Nr. 3 schließt die Übernahme von Verbindlichkeiten aus der Zeit vor dem 8. 5. 1945 durch die Rechtsträger volkseigener Betriebe aus. Bankverbindlichkei-

---

[90] Erlaß des Chefs der Deutschen Justizverwaltung der SBZ, ZVOBl. 1947 S. 191.
[91] Es handelte sich um 8% der meldepflichtigen Betriebe mit einem Anteil an der Industrieproduktion der SBZ von 40% (Absatz 2 der Präambel zu Befehl Nr. 64 der SMAD vom 17. 4. 1948, ZVOBl. 1948 S. 140).
[92] ZVOBl. 1948 S. 141.

ten bei den neuen Kreditinstituten in der SBZ aus der Zeit nach dem 8.5.1945 waren zu übernehmen, desgleichen andere Verbindlichkeiten, soweit sie ebenfalls nach dem 8.5.1945 im normalen Geschäftsverkehr entstanden waren.
Das gesamtgesellschaftliche Volkseigentum bedurfte zu seiner Ausübung eines besonderen Rechtsinstituts. Dies war die Rechtsträgerschaft. Es handelt sich dabei um eine Statusbezeichnung für die Berechtigung zum Besitz, zur Nutzung und zur Verfügung von bzw. über volkseigene Grundstücke. Die Rechtsträgerschaft war geregelt in der Anordnung der DWK über die Übertragung der volkseigenen Betriebe an die Rechtsträger des Volkseigentums vom 20.10.1948.[93]

(d) **Grunddienstbarkeiten**
Grunddienstbarkeiten blieben erhalten, soweit sie öffentlichen Interessen und wirtschaftlichen Notwendigkeiten entsprachen.

(e) **Ausschluß von Regreßansprüchen und von Rechtsmitteln**
Regreßansprüche für die Zeit der Sequestrierung und Rechtsmittel gegen den im Befehl der SMAD Nr. 64 angeordneten Abschluß der Sequesterverfahren waren ausgeschlossen, desgleichen sonstige Maßnahmen zur Wiederaufnahme von Sequesterverfahren.

(f) **Eintragungen in das Grundbuch und in das Handelsregister**
Die Grundbuchämter hatten auf Ersuchen der Landesregierungen innerhalb von 5 Tagen den bisherigen Eigentümer zu löschen und in Spalte 2 einzutragen „Eigentum des Volkes". Die für die Führung der Handelsregister zuständigen Amtsgerichte hatten auf Veranlassung der Landesregierung die bisher eingetragenen Unternehmen innerhalb von 5 Tagen zu löschen.

(g) **Zustellung von Enteignungsurkunden an Betroffene**
Die Landesregierungen hatten den in den bestätigten Listen aufgeführten Firmen eine die Enteignung feststellende Urkunde gemäß einheitlichen Vordrucken zuzustellen, die die DWK herausgegeben hatte. In den Fällen, in denen die Enteignung nicht bestätigt wurde, war die Sequestrierung durch die Landesregierungen aufzuheben.

68 Diese Erste Verordnung (Richtlinie Nr. 1) der DWK ist von entscheidender Bedeutung. Sie zeigt das **Verfahren auf, nach dem im Einzelfall Enteignungen technisch abzuwickeln waren.** Weiter legt die Richtlinie fest, wo **Unterlagen über die Sequesterfälle** aufzubewahren gewesen sind. Dies ist für streitige Fälle von Rückübereignungsansprüchen von Wichtigkeit. Auch wenn die jeweiligen Eintragungen und Löschungen in Grundbüchern und Handelsregistern nur deklaratorische Wirkung hatten, weil die Enteignungen bereits vor den Eintragungen in Registern kraft Gesetzes eingetreten waren, erfolgte nunmehr der „deklaratorische Vollzug nach außen" auf der Grundlage dieser Ersten Verordnung der DWK. Folgende anonymisierte Beispiele aus der Praxis sollen das verdeutlichen:

---

[93] ZVOBl. 1948 S.502. Das aus der Systematik des Bodenrechts der UdSSR übernommene neue Rechtsinstitut wurde später nach der Gründung der ehemaligen DDR in der Anordnung über die Rechtsträgerschaft an volkseigenen Grundstücken vom 7.7.1969, GBl DDR II S.433 neu geregelt. Rechtsträger konnten nur sein: volkseigene Betriebe und Kombinate sowie Vereinigungen solcher Betriebe und Kombinate, staatliche Organe und Einrichtungen, sozialistische Genossenschaften und gesellschaftliche Organisationen sowie die ihnen unterstehenden Betriebe und Einrichtungen entsprechend besonderer Festlegung des Ministers der Finanzen der ehemaligen DDR (s. § 2 der Anordnung).

II. Enteignungen in der SBZ von 1945 bis 1949

Beschlagnahme von Grundstücken im Sequesterverfahren nach dem Befehl der SMAD **69**
Nr. 64

> Der Ministerpräsident　　　　　　　　　Weimar, den 24. September 1947
> des Landes Thüringen　　　　　　　　　　– Aktenzeichen –
> – Amt zum Schutze
> des Volkseigentums –
>
> An das
> Grundbuchamt
>
> Sonneberg
>
> Betr.: Grundbuch von Sonneberg, Band, Blatt
>
> Sie werden ersucht, in oben genanntem Grundbuch folgenden Sperrvermerk einzutragen:
> „Beschlagnahmt auf Grund des Thür. Landesgesetzes vom 24. 7. 1946."
> Eine Abschrift wollen Sie dem Amt zum Schutze des Volkseigentums einsenden.

Eintragung von Beschlagnahmevermerken durch das Grundbuchamt in Abteilung II des **70**
Grundbuchs

> „.... Das Grundstück ist auf Grund des Thür. Landesgesetzes vom 24. 7. 1946 beschlagnahmt. Auf Ersuchen des Ministerpräsidenten – Amt zum Schutze des Volkseigentums – Aktenzeichen – vom 24. 9. 1947 eingetragen am 3. 12. 1947. ...."

Eintragungsersuchen an das Grundbuchamt nach dem Befehl der SMAD Nr. 64 entspre- **71**
chend der Ersten Verordnung (Richtlinie Nr. 1) der DWK

> Der Ministerpräsident　　　　　　　　　Weimar, den 5. Oktober 1948
> des Landes Thüringen　　　　　　　　　　– Aktenzeichen –
> – Amt zum Schutze
> des Volkseigentums –
>
> An das
> Grundbuchamt
>
> Sonneberg
>
> Betr.: Grundbuch von Sonneberg, Band, Blatt
>
> Auf Grund des Thür. Landesgesetzes vom 24. 7. 1946 sowie der von der Landeskommission zur Durchführung des Befehls Nr. 124 vom 30. 10. 1945 und der Landesregierung Thüringen vom 5. 3. 1948 gefaßten Beschlüsse, welche durch die SMAD Karlshorst mit Befehl 64 vom 17. 4. 1948 bestätigt wurden, ist der Betrieb ...., Sonneberg einschließlich des nachfolgend aufgeführten Vermögens des/der Inhaber mit Wirkung vom 30. 10. 1945 in das Eigentum des Volkes übergegangen. Ich ersuche daher, den Eigentümer der im Bezirk des Grundbuchamtes Sonneberg gelegenen Grundstücke Grundbuch Sonneberg Band, Blatt zu löschen und in Spalte 2 „Eigentum des Volkes" innerhalb von 5 Tagen einzutragen.

72 Eintragung von Löschungen und des Volkseigentums durch das Grundbuchamt in Abteilung I des Grundbuchs

„... Eigentümer lfd. Nr. 1–3 gelöscht, Eintragung bei Nr. 4: „In das Eigentum des Volkes übergegangen gemäß Gesetz vom 24.7. 1946 und der durch die Kommission für Sequestrierung und Beschlagnahme gefaßten, bestätigten Beschlüsse. Eingetragen am 8.10. 1949 auf Grund des Ersuchens des Ministerpräsidenten des Landes Thüringen – Amt zum Schutze des Volkseigentums – vom 5.10. 1948. Rechtsträger ist die Konsumgenossenschaft ..... in Sonneberg, eingetragen auf Grund der Rechtsträgerurkunde vom 15.1. 1949 und auf Antrag der Konsumgenossenschaft vom 19.5. 1949. ..."

73 Rechtsträgerurkunde nach dem Befehl der SMAD Nr. 64 entsprechend der Zweiten Verordnung (Richtlinie Nr. 2) der DWK

Land Thüringen   Weimar, den 15. Januar 1949
Minister des Innern   – Aktenzeichen –

Auf Grund der Bestimmungen der Zweiten Verordnung zur Ausführung des SMAD-Befehls Nr. 64 (Richtlinie Nr. 2) vom 28.4. 1948 (ZVOBl. Seite 141) werden der

            Konsumgenossenschaft ....., Sonneberg

die in der beigehefteten Anlage aufgeführten volkseigenen Betriebe oder Objekte als Eigentum des Volkes zur Verwaltung und Nutznießung übertragen. Die Übernahme und die Verwaltung haben nach den Bestimmungen der Anordnung über die Übertragung der volkseigenen Betriebe an die Rechtsträger des Volkseigentums vom 20.10. 1948 (ZVOBl. Seite 502) zu erfolgen.

(Landessiegel)   In Vertretung
                      gez. Unterschrift
Zugehörige Anlage:
1 Liste enth. 3 Objekte

74 Löschung einer Firma im Handelsregister

„... Firma ....., Sonneberg – gelöscht am 19.10. 1948 auf Grund des Ersuchens des Ministerpräsidenten des Landes Thüringen – Amt zum Schutze des Volkseigentums – vom 5.10. 1948. Es hat Betriebsenteignung gemäß Gesetz vom 24.7. 1946 und den durch die Kommissionen für Sequestrierung und Beschlagnahme gefaßten, bestätigten Beschlüssen stattgefunden. ..."

Ersuchen an das Handelsregister, eine Firma zu löschen 75

Der Ministerpräsident   Weimar, den 5. Oktober 1948
des Landes Thüringen   – Aktenzeichen –
– Amt zum Schutze
des Volkseigentums –

An das
Amtsgericht – Handelsregister
Sonneberg

Betr.: Firma ......, Sonneberg

Auf Grund des Thür. Landesgesetzes vom 24.7. 1946 sowie der von der Landeskommission zur Durchführung des Befehls Nr. 124 vom 30.10. 1945 und der Landesregierung Thüringen vom 5.3. 1948 gefaßten Beschlüsse, welche durch die SMAD Karlshorst mit Befehl 64 vom 17.4. 1948 bestätigt wurden, ist der Betrieb ....., Sonneberg einschließlich des nachfolgend aufgeführten Vermögens des/der Inhaber mit Wirkung vom 30.10. 1945 in das Eigentum des Volkes übergegangen. Ich ersuche daher, die im Handelsregister des Bezirks Sonneberg eingetragene Firma ..... innerhalb von 5 Tagen zu löschen.

Deklaratorische Mitteilung der durchgeführten Enteignung an einen Betroffenen 76

An
Firma .....
Sonneberg

Betr.: Enteignung

Die Enteignung Ihrer auf Grund des Befehls Nr. 124 des Obersten Chefs der sowjetischen Militäradministration in Deutschland vom 30.10. 1945 beschlagnahmten Vermögenswerte Firma ..... in Sonneberg sowie sämtlicher sonstigen Vermögenswerte ist durch den Befehl Nr. 64 des Obersten Chefs der sowjetischen Militäradministration in Deutschland vom 17.4. 1948 bestätigt und rechtskräftig geworden.

Weimar, den 1. Juni 1948

gez. (Min. des Innern)   (Siegel)   gez. (Ministerpräsident)

Die zweite Verordnung (Richtlinie Nr. 2) vom 28.4. 1948[94] **behandelte die** 77 **Verwertung des enteigneten betrieblichen Vermögens.** Es ging um die Auswahl der volkseigenen Betriebe oder Vereinigungen volkseigener Betriebe, denen enteignete Betriebe übertragen werden sollten, sowie ebenfalls um die Auswahl von Rechtsträgern.
Die Richtlinie Nr. 3 vom 21.9. 1948[95] **befaßte sich mit den sogenannten sonsti-** 78 **gen Vermögen.** Hierunter war sequestriertes Vermögen zu verstehen, das durch besonderen Enteignungsbeschluß erfaßt und in Enteignungslisten über sonstiges Vermögen zusammengefaßt war. Ferner galt als sonstiges Vermögen auch das Privatvermögen der Inhaber oder Gesellschafter von wirtschaftlichen Unternehmungen, soweit es durch den gegen das Betriebsver-

---

[94] ZVOBl. 1948 S. 141.
[95] ZVOBl. 1948 S. 449.

30 Kapitel 1. Enteignungen in der SBZ und in der DDR

mögen gerichteten Enteignungsbeschluß mit erfaßt wurde. Für die sonstigen Vermögen stellt die Richtlinie Nr. 3 Verfahrensregelungen analog zur oben dargestellten Ersten Verordnung (Richtlinie Nr. 1) vom 28.4.1948 auf.

79 **Die Richtlinie Nr. 4 vom 21.9.1948** regelt die Verwertung der sonstigen Vermögen.[96] Die Verwertung sollte analog zur Zweiten Verordnung (Richtlinie Nr. 2) vom 28.4.1948 erfolgen.

80 ee) **Maßnahmen der Deutschen Länder und Provinzen.** Die oben dargestellten Befehle der SMAD und die Beschlüsse sowie Verordnungen oder Richtlinien der Deutschen Wirtschaftskommission bildeten den **Rahmen,** innerhalb dessen die deutschen Verwaltungen die Enteignungen durchzuführen hatten. Dies geschah auf der Grundlage von Gesetzen und Verordnungen der deutschen Länderverwaltungen. Derartige Rechtsvorschriften sind seit Sommer 1945 in allen Ländern und Provinzen der ehemaligen SBZ ergangen. Hier ist daran zu erinnern, daß den Provinzialverwaltungen und Verwaltungen der „föderalen" Länder mit Befehl der SMAD vom 22.10.1945 das Recht zur Gesetz- und Verordnungsgebung rückwirkend auch für die Zeit vor dem 22.10.1945 eingeräumt worden war.

III. Enteignungen in der ehemaligen DDR bis zum 2.10.1990

1. Das System vermögensrechtlicher Maßnahmen in der ehemaligen DDR

81 a) **Allgemeines.** In der ehemaligen DDR entwickelte sich ab dem Jahre 1949 ein System unterschiedlicher Regelungen und Einzelmaßnahmen, die zwar im Ergebnis letztlich allesamt zur Umschichtung von Vermögenswerten in das gesamtgesellschaftliche Volkseigentum führten, politisch jedoch unterschiedlich motiviert und entsprechend differenziert rechtlich ausgestaltet waren. Die Regelungen des VermG und des EALG berücksichtigen dies und behandeln die einzelnen Tatbestände unterschiedlich.

82 b) **Verdeckte Sozialisierung privater Betriebe.** Auch wenn die besatzungshoheitlichen Enteignungen in der Zeit seit dem 8.5.1945 bis zur Gründung der ehemaligen DDR dazu geführt hatten, daß weite Bereiche der Wirtschaft enteignet und durch Überführung in Eigentum des Volkes sozialisiert worden waren, so waren von diesen Maßnahmen nicht alle Unternehmen betroffen gewesen. Mithin gab es in der ehemaligen DDR vor allem in der Anfangszeit ab 1949 immer noch eine große Zahl privater Betriebe. Diese verbliebenen Restbereiche »kapitalistischer Wirtschaftsordnung« zu sozialisieren und an die volkseigene Wirtschaft anzugleichen, mußte systemimmanent ein Ziel der kommunistischen Gesellschafts- und Wirtschaftspolitik werden und wurde es auch.

83 In der Anfangszeit der ehemaligen DDR gab es noch keine speziellen Vorschriften, mit denen die politisch erwünschte Sozialisierung privatrechtlicher Restbereiche der Wirtschaft unmittelbar hätte umgesetzt werden können. Als Ersatzlösung wurde jedoch in einem zahlenmäßig erheblichen

---

[96] ZVOBl. 1948 S. 450.

Umfang auf die Möglichkeit der **Vermögenseinziehung nach** den in der ehemaligen DDR gültig gewesenen **strafrechtlichen Bestimmungen** zurückgegriffen.[97] Zu erwähnen sind dabei vor allem die Wirtschaftsstrafverordnung,[98] die Verordnung zur Bestrafung von Spekulationsverbrechen,[99] das Gesetz zum Schutz des Friedens,[100] das Gesetz zum Schutz des innerdeutschen Handels[101] und auch das Gesetz zum Schutz des Volkseigentums und anderen gesellschaftlichen Eigentums.[102] Vermögenseinziehungen durch entsprechende Strafurteile führten unmittelbar zur Begründung des Volkseigentums an den eingezogenen Vermögensgegenständen.[103] Das so entstandene Volkseigentum war nach der Übernahmeverordnung[104] von Rechtsträgern[105] zu übernehmen. In der Rechtspraxis der ehemaligen DDR wurden diese Vorschriften häufig exzessiv und willkürlich angewandt. Diese Rechtsprechung diente dem Ziel, die auf eine Sozialisierung des Wirtschaftslebens in der ehemaligen DDR ausgerichtete Politik der Regierung der ehemaligen DDR zu unterstützen.[106] Später enthielt auch das Strafgesetzbuch der DDR von 1968[107] die Vermögenseinziehung als Strafe bei Staats- und Aggressionsverbrechen sowie schweren Wirtschaftsdelikten. Ein weiteres Mittel zur „Sozialisierung auf kaltem Wege" war die Durchführung von **Steuerstrafverfahren mit dem Ziel der Beschlagnahme** privateigener Betriebe, häufig in Verbindung mit willkürlichen und überhöhten steuerlichen Einheitswerten, die so festgesetzt wurden, um diese Privatbetriebe durch überhöhte Steuerforderungen zur Aufgabe zu zwingen.[108]

---

[97] Einzelheiten bei *Wasmuth* in RVI, B 100 Einf VermG Rdnr. 50 ff.
[98] Wirtschaftsstrafverordnung (WStVO) vom 23.9. 1948, ZVOBl. S. 439.
[99] Verordnung zur Bestrafung von Spekulationsverbrechen vom 22.6. 1949, ZVOBl. S. 471.
[100] Gesetz zum Schutz des Friedens vom 15.3. 1950, GBl. DDR S. 1199.
[101] Gesetz zum Schutz des innerdeutschen Handels vom 21.4. 1950, GBl. DDR S. 327.
[102] Gesetz zum Schutz des Volkseigentums und anderen gesellschaftlichen Eigentums vom 2.10. 1952, GBl. DDR S. 982.
[103] OG, NJ 1958, 38.
[104] Verordnung über die Übernahme von Hypotheken und anderen übertragbaren dinglichen Rechten sowie von Wertpapieren und Beteiligungen des Volkseigentums und der juristischen Personen des öffentlichen Rechts (Übernahme-VO) vom 25.1. 1951, GBl. DDR S. 53.
[105] Siehe Rdnr. 67 FN 93.
[106] Nähere Einzelheiten zu Literaturstellen aus dem rechtswissenschaftlichen Schrifttum der ehemaligen DDR und auch zur Rechtsprechung der Gerichte der ehemaligen DDR bei *Wasmuth* in RVI, B 100 Einf VermG Rdnr. 50 ff.
[107] Strafgesetzbuch der Deutschen Demokratischen Republik (StGB) vom 12.1. 1968, GBl. DDR I S. 1, i.d.F. der Bekanntmachung vom 14.12. 1988, GBl. DDR I 1989, S. 33, zuletzt geändert am 29.6. 1990, GBl. DDR I S. 526.
[108] Die zeitliche Begrenzung anwendbarer Einheitswerte in § 4 Abs. 1 EntschG auf den **Stichtag 31.12. 1952** entspricht der im Jahre 1969 durch das 21. Änderungsgesetz zum LAG eingeführten Regelung. Dieses führte zu einer Änderung dahin, daß die Schadensberechnung bei Schäden nach dem 31.12. 1952 stets auf der Grundlage von Ersatzeinheitswerten nach § 12 Abs. 2 FG durchzuführen war. Hintergrund der Regelung war, daß das Bewertungsrecht und regelmäßig auch die Bewertungspraxis in Ost

84 Trotz der mit den Mitteln des Straf- und Steuerrechts seit Anfang der fünfziger Jahre verfolgten Restriktionspolitik gegen die privatrechtlichen Teile der Volkswirtschaft in der ehemaligen DDR überlebten diese privaten Reste freien Unternehmertums weithin. Daran änderten auch **verwaltungsrechtliche Maßnahmen** wie Entzug von Gewerbeerlaubnissen[109] sowie gezielte wirtschaftliche Restriktionen durch Abzug von Produktionsmitteln, Entzug von Aufträgen oder Verweigerung der Abnahme der Produktion[110] aus der Sicht der SED nicht genug, wenngleich der Anteil volkseigener Betriebe an der Nettoproduktion von 57 v.H. im Jahre 1950 auf immerhin 72 v.H. im Jahre 1955 angestiegen war.[111]

85 Deshalb beschloß das ZK der SED im Jahre 1956 die **Einführung staatlicher Beteiligungen an privaten Unternehmen**.[112] Durch Verstärkung des administrativen, steuerlichen und wirtschaftlichen Drucks auf die Privatunternehmen (Liefersperren, Absatzverpflichtungen, Kreditverweigerungen, Ausschluß von Exportaufträgen) sank deren Kapitalkraft. Der so hervorgerufene Kreditbedarf wurde entsprechend dem ZK-Beschluß aus staatlichen Mitteln der Deutschen Investitionsbank gedeckt. Mit der Kreditvergabe war nach einer entsprechenden Verordnung[113] die Umwandlung der Betriebe in Unternehmen mit staatlicher Beteiligung verbunden. Hierzu ergingen später weitere Vorschriften, die dem Ziel der Zurückdrängung

---

und West bis zum Ende des Jahres 1952 noch übereinstimmten. Ab dem Jahre 1953 kam es aber häufig zu Verfälschungen der tatsächlichen Vermögenslage seitens der DDR-Finanzämter insbesondere in Form willkürlicher Betriebsbewertungen, um Unternehmer durch rechtswidrig festgesetzte Steuerbelastung auch mit Hilfe des Abgabenrechts schließlich zur Aufgabe zu zwingen (BT-Drs. V/4184, S.3). Aus diesen Gründen sind die seit 1953 in der DDR festgestellten Einheitswerte von Unternehmen für die Berechnung der Entschädigung nicht mehr verwertbar. Hingegen gelten für die auf normale Verhältnisse abstellenden Ersatzeinheitswerte der Ausgleichsverwaltung diese Einschränkungen nicht (BT-Drs. 12/4887, S.34). Hierzu ist allerdings darauf hinzuweisen, daß derartig **verfälschte Einheitswertfeststellungen in Einzelfällen auch vor dem 31.12.1952** vorgekommen sind (Hauptfeststellungszeitraum 1.1. 1950 – BVerwG, NJW 1992, 2907). Einzelheiten bei *Zimmermann* in RVI, B 110 § 4 EntschG Rdnr. 7 bis 9.

[109] Nach der GewerbetätigkeitsVO vom 28.6. 1956, GBl. DDR I S.558 i.d.F. der ÄnderungsVO vom 11.4. 1957, GBl. DDR I S.249 war zur Ausübung selbständiger gewerblicher Tätigkeit eine Gewerbeerlaubnis notwendig. Diese Gewerbeerlaubnisse wurden gezielt entzogen bzw. ihre Erteilung z.B. bei Erbfällen verweigert, um Privatunternehmer zur Aufgabe und zur Veräußerung des Betriebsvermögens zu zwingen. Die zitierten gewerberechtlichen Bestimmungen der ehemaligen DDR wurden durch das Gewerbegesetz vom 6.3. 1990, GBl. DDR I S.138 nebst DVO vom 8.3. 1990, GBl. DDR I S.140 abgelöst.

[110] Grundlage war die LieferungsverpflichtungsVO vom 22.12. 1955, GBl. DDR I S.7.

[111] *Rähmer* in Rädler/Raupach/Bezzenberger, Teil 1, F III, Rn. 87.

[112] *Toeplitz*, NJ 1956, 404.

[113] Anordnung über die Zuordnung und Anleitung der Betriebe mit staatlicher Beteiligung vom 1.8. 1956, GBl. DDR I S.657; Verordnung über die Bildung halbstaatlicher Betriebe vom 23.3. 1959, GBl. DDR I S.253. Siehe dazu *Toeplitz*, NJ 1956, 404; *Nathan*, NJ 1957, 19.

III. Enteignungen in der ehem. DDR bis zum 2.10.1990 33

der privaten Beteiligungen an den halbstaatlich gewordenen Betrieben dienten.[114]

Im Jahre 1972 wurden die bis dahin **verbliebenen Unternehmen** mit staatlicher Beteiligung entsprechend einem Beschluß des Ministerrats vom 9.2. 1972 **in VEB umgewandelt.** Die verbliebenen privaten Restanteile an diesen Unternehmen wurden vom Staat angekauft. Nur die im privaten Dienstleistungsbereich tätigen Handwerker durften weiterhin selbständig tätig sein. **86**

c) Zwangskollektivierung der Landwirtschaft. Anfang 1952 erging eine Regelung, nach der für landwirtschaftliche Betriebe, die von ihren Eigentümern verlassen worden waren oder die eine unterdurchschnittliche Produktion aufwiesen, staatliche Treuhänder eingesetzt werden konnten.[115] Ebenfalls im Jahre 1952 erließ der Ministerrat der ehemaligen DDR Musterstatuten für landwirtschaftliche Produktionsgenossenschaften. Vor allem Kleinbauern, deren Land aus der Bodenreform stammte, wurden in diesen LPG zu größeren Wirtschaftseinheiten zusammengefaßt. Eine generelle Kollektivierung der Land- und Forstwirtschaft erfolgte dadurch aber noch nicht. Erst im Jahre 1959 erging das Gesetz über die landwirtschaftlichen Produktionsgenossenschaften.[116] Auf der Grundlage dieser Vorschriften erfolgte dann die generelle Kollektivierung der Land- und Forstwirtschaft. **87**

Das Recht der LPG (LPG-Gesetz und Musterstatuten) sah ein sogenanntes **genossenschaftliches Nutzungsrecht an den eingebrachten Flächen** vor, die im Privateigentum der einbringenden Genossenschaftsmitglieder verblieben (§ 10 LPG-Gesetz 1959 und § 18 LPG-Gesetz 1982). Auf der Grundlage dieses als Institut sui generis angesehenen genossenschaftlichen Nutzungsrechts[117] konnten die LPG sowohl wirtschaftliche Maßnahmen durchsetzen als auch soziale Anliegen des Wohnungsbaus und der Erholungsnutzung, ohne daß die Eigentumsverhältnisse am Boden dem Grenzen setzten; diese blieben davon unberührt. **88**

Die Zwangskollektivierung der Landwirtschaft führte zur **Bildung von vergleichsweise großen landwirtschaftlichen Produktionseinheiten.** Im Jahre 1990 wurden rund 90 % der landwirtschaftlichen Nutzfläche der gesamten ehemaligen DDR von 4.530 Landwirtschaftlichen Produktionsgenos- **89**

---

[114] Anordnung über die Umbewertung der Grundmittel in den Betrieben mit halbstaatlicher Beteiligung vom 14.11.1966, GBl. DDR II S.816; Beschluß über Maßnahmen zur besseren Nutzung der in Betrieben mit staatlicher Beteiligung, Produktionsgenossenschaften des Handwerks sowie privaten Industrie-, Bau-, Handwerks-, Verkehrs- und Handelsbetrieben vorhandenen Leistungs- und Effektivitätsreserven vom 15.12.1970, GBl. DDR II S.667; Verordnung über die Behandlung von Auseinandersetzungsansprüchen privater Gesellschafter, die auf eigenen Antrag aus Betrieben mit staatlicher Beteiligung ausscheiden vom 15.12.1970, GBl. DDR II S.763.
[115] Verordnung über die devastierten landwirtschaftlichen Betriebe vom 20.3. 1952, GBl. DDR I S.226.
[116] Siehe dazu FN 68.
[117] *Oehler*, S.41.

senschaften und 580 Volkseigenen Gütern sowie staatlichen Betrieben bewirtschaftet. Pflanzen- und Tierproduktion waren getrennt. Die durchschnittliche LPG-Pflanzenproduktion bewirtschaftete 4.500 ha mit 265 Beschäftigten. Die Viehhaltung erfolgte in darauf spezialisierten Betrieben. Dem stehen landwirtschaftliche Vollerwerbsbetriebe im „alten" Bundesgebiet mit durchschnittlich 30 ha ohne Trennung zwischen Pflanzen- und Tierproduktion und einem Personaleinsatz gegenüber, der nur etwa halb so groß ist, wie bei den landwirtschaftlichen Betrieben in der ehemaligen DDR.[118]

90   d) **Mietwohnhäuser.** Eigentümer von Mietwohngrundstücken waren nach § 15 des **Baulandgesetzes**[119] und nach § 20 der **Wohnraumlenkungsverordnung**[120] verpflichtet, die in den Volkswirtschaftsplänen für ihr Grundstück enthaltenen Maßnahmen der Modernisierung, des Aus- und Umbaus sowie der Instandhaltung und Instandsetzung durchzuführen und die entsprechenden Verträge mit Baubetrieben oder bei Eigenleistungen durch die Mieter mit diesen abzuschließen. Hintergrund war, daß das Eigeninteresse der Hauseigentümer an der Erhaltung und Instandsetzung ihrer Mietwohnhäuser wegen der bewußt auf dem Stand von 1936 festgehaltenen Mieten erlahmt war. Der Rat der Stadt oder der Gemeinde konnte daher nach § 16 Abs. 1 Baulandgesetz die Durchführung von Baumaßnahmen anordnen oder diese Maßnahmen nach § 24 WLVO selbst in Auftrag geben. Er konnte dabei die Aufnahme eines Krediates und die Eintragung eines Grundpfandrechts zu seiner Sicherung gegen den Willen des Eigentümers veranlassen und die Kreditrückzahlung von sich aus regeln. Unter anderem diese Eingriffsmöglichkeiten nach der WLVO führten zu rückläufigen Beständen von privatem Mietwohnraum.[121] Dies geschah häufig über einen **Verzicht auf das Eigentum** nach § 310 ZGB DDR, welcher Vorschrift im Rechtssystem der ehemaligen DDR besondere Bedeutung zugemessen wurde.[122]

---

[118] BT-Drs. 12/6854, S. 139.
[119] Gesetz über die Bereitstellung von Grundstücken für Baumaßnahmen – Baulandgesetz – vom 15.6.1984, GBl. DDR I S. 201.
[120] Verordnung über die Lenkung des Wohnraums – Wohnraumlenkungsverordnung (WLVO) – vom 14.9.1967, GBl. DDR II S. 733, ersetzt durch WLVO vom 16.10.1985 GBl. DDR I S. 301, geändert durch VO vom 14.12.1988, GBl. DDR I S. 330.
[121] Statistisches Jahrbuch der DDR 1989, S. 170: Im Jahre 1971 befanden sich noch 62 % des Wohnungsbestandes in privater Hand. Von den rund 7,08 Mio Wohneinheiten in der ehemaligen DDR im Jahre 1989 gehörten nur noch 41 % privaten Eigentümern, 42 % Kommunalen Wohnungsverwaltungen (KWV) und 17 % Genossenschaften, vornehmlich Arbeiterwohnungsbaugenossenschaften (AWG).
[122] Ministerium der Justiz DDR „Kommentar zum ZGB", zu § 310 ZGB:
„... Die Vorschrift ist Ausdruck wichtiger Grundsätze der sozialistischen Bodenpolitik und ermöglicht es dem Sozialistischen Staat, Einfluß auf die Ausübung des Eigentumsverzichts zu nehmen und damit seiner Verantwortung für die bestimmungsgemäße Bodennutzung gerecht zu werden. ..."

III. Enteignungen in der ehem. DDR bis zum 2.10.1990

e) Republikflüchtlinge und Eigentümer mit Wohnsitz außerhalb der ehemaligen DDR. Bis 1952 gab es keine Bestimmungen über die Behandlung des in der ehemaligen DDR und in Berlin (Ost) befindlichen Vermögens von Personen mit Wohnsitz oder ständigem Aufenthalt in West-Berlin und der Bundesrepublik Deutschland oder von sogenannten Republikflüchtlingen. Das gilt allerdings für Grundstücke im ehemaligen Berlin (Ost) nicht; diese Grundstücke waren der Kontrolle des Amtes für Grundstückskontrolle des Magistrats von Berlin (Ost) unterstellt.[123]

Im Jahre 1952 ergingen mit einer entsprechenden Verordnung erstmals umfassende Vorschriften zur Behandlung von Vermögen.[124] Die Verordnung regelte **zwei Hauptgruppen**, nämlich den Bereich der sogenannten Republikflüchtlinge und die Eigentümer mit Wohnsitz oder ständigem Aufenthalt in Berlin-West sowie in der Bundesrepublik. In § 1 behandelte die Verordnung die **Beschlagnahme des Vermögens** von Personen, die das Gebiet der DDR verlassen, ohne die polizeilichen Meldevorschriften zu beachten, oder hierzu Vorbereitungen zu treffen. Diese Beschlagnahme des Vermögens der Republikflüchtlinge bedeutete eine Enteignung.

Hinsichtlich des in der DDR befindlichen Vermögens von Personen deutscher Staatsangehörigkeit mit Wohnsitz oder ständigem Aufenthalt in der Bundesrepublik oder in West-Berlin wurde die **Übernahme in den Schutz und die vorläufige Verwaltung der Organe der DDR** angeordnet (§ 6).

Auf der Grundlage einer Ermächtigung in § 7 der Verordnung ergingen **Ausführungsanweisungen des Ministeriums des Innern** der ehemaligen DDR am 17.7.1952 (zu Wohnraum), im August 1952 (zu Grundstücken und landwirtschaftlichen Nutzflächen) sowie am 28.10.1952 (zu Grundsätzen der Anwendung). Die zuletzt genannte Ausführungsanweisung stellte klar, daß die Verordnung auch auf solche Personen Anwendung finden sollte, welche die DDR vor Inkrafttreten der Verordnung am 18.7.1992 verlassen hatten. Weiter wurde zur Auslegung der Verordnung klargestellt, daß das beschlagnahmte Vermögen „kraft Gesetzes" entweder Volkseigentum geworden oder – soweit es sich um landwirtschaftliches Vermögen handelte – in den Bodenfonds übergegangen war. Gemeint war damit der Bodenfonds, wie er im Zuge der Bodenreform gebildet wurde. Hierzu erging am 19.2.1953 eine Entscheidung des Obersten Gerichts der DDR, in welcher der Übergang des beschlagnahmten Vermögens in Volkseigentum bestätigt wurde.[125] Diese Entscheidung stellte außerdem klar, daß die Beschlagnahme des Vermögens und seine Überführung in Volkseigentum eine unmittelbare Folge der Republikflucht war und keiner besonderen Beschlagnahmeverfügung bedurfte. Dies ergebe sich aus dem Charakter der Verordnung, die nicht auf die Regelung von Einzelfällen abgestellt sei, sondern eine allgemeine und grundsätzliche Klarstellung der Vermögensverhältnisse republikflüchtiger Personen bezwecke.

91

92

93

---

[123] Grundstückskontrollverordnung des ehemaligen Magistrats von Berlin (Ost) vom 27.7.1950, VOBl. I S.207.

[124] Verordnung zur Sicherung von Vermögenswerten vom 17.7.1952, GBl. DDR I S.615.

[125] OG, NJ 1954, 1.

94 In einer **Rundverfügung des Ministeriums der Justiz Nr. 9/53** vom 15. 4. 1953 wurde die Anwendung der Verordnung weiter erläutert. Hinsichtlich des betroffenen Vermögens wurde klargestellt, daß Unterhaltsansprüche nicht unter die Beschlagnahme und Überführung in Volkseigentum fallen würden. Soweit bei sonstigen höchstpersönlichen Ansprüchen Zweifel bestünden, sollte die Entscheidung der Organe für staatliches Eigentum herbeigeführt werden. Das bedeutet, daß die Verordnung von 1952 grundsätzlich alle Vermögensarten erfassen sollte, insbesondere auch die in § 5 EntschG behandelten Vermögensteile in Form von geldwerten Ansprüchen aller Art.

95 Für den Bereich des ehemaligen Berlin (Ost) erging wegen des Viermächtestatus des geteilten Berlin **am 4. 9. 1952 eine entsprechende Verordnung des Magistrats von Berlin (Ost)**, die am selben Tag in Kraft trat.[126] Ergänzend wurde am 8. 9. 1952 eine Durchführungsanweisung erlassen.[127]

96 Die Verordnungen zur Sicherung von Vermögenswerten aus dem Jahre 1952 wurden für den Bereich der DDR und für den Bereich des ehemaligen Berlin (Ost) durch die **Verordnung** über die in das Gebiet der Deutschen Demokratischen Republik und in den demokratischen Sektor von Groß-Berlin zurückkehrenden Personen **vom 11. 6. 1953 aufgehoben**.[128] Hintergrund dieser Aufhebung dürfte gewesen sein, daß aus systematischen Gründen getrennte Vorschriften für die Behandlung der Vermögen von Republikflüchtlingen und von Eigentümern in West-Berlin und der Bundesrepublik erlassen werden sollten. Vielleicht sollte auch die in ihrer äußeren Form äußerst rigorose Enteignung von Republikflüchtlingen durch die Verordnungen aus dem Jahre 1952 (z. B. Ausschluß jeden Rechtswegs als unzulässig) vergessen gemacht werden, weil sie außen- und innenpolitisch keinen aus der Sicht der politischen Führung in der ehemaligen DDR guten Eindruck gemacht und das erwünschte Bild von der DDR als sozialistischem Rechtsstaat getrübt hatte.

97 Zu der Verordnung vom 11. 6. 1953 ergingen **Durchführungsbestimmungen vom 11. 6. 1953**.[129] Es bestand Regelungsbedarf hinsichtlich des Vermögens solcher Personen, die nach dem 10. 6. 1953 die DDR verlassen würden oder hatten. Im August 1953 wurden zwei Richtlinien erlassen, die für den Bereich der Personen, die nach dem 10. 6. 1953 die DDR verlassen hatten, besondere Bestimmungen ankündigten.

98 Es folgte die **Anordnung vom 1. 12. 1953** über die Behandlung des Vermögens von Personen, die die Deutsche Demokratische Republik nach dem 10. 6. 1953 verlassen.[130] Die Vermögenswerte waren nach § 1 durch Bevollmächtigte, Abwesenheitspfleger oder durch staatlich eingesetzte Treuhänder zu verwalten. Nach § 3 Abs. 1 unterlagen die Vermögenswerte keinen Beschlagnahmemaßnahmen; eine Änderung der Eigentumsverhältnisse trat nach der Bestimmung durch das Verlassen der DDR nicht

---

[126] VOBl. I 1952 S. 445.
[127] VOBl. I 1952 S. 459.
[128] GBl. DDR I 1953 S. 805.
[129] GBl. DDR I 1953 S. 806.
[130] GBl. DDR I 1953 S. 1231.

III. Enteignungen in der ehem. DDR bis zum 2.10.1990 37

ein. Die Anordnung wurde durch die Anordnung Nr. 2 vom 20. 8. 1958 geändert.[131] Hierzu erging die Anweisung Nr. 30/58 vom 27. 9. 1958. Nach dieser Anweisung waren die Vermögenswerte zu erfassen und zugunsten des Staatshaushalts zu verwerten. Dies betraf auch Forderungen und Rechte wie Restlöhne (A I 7), Bank- und Sparkonten (A I 9), Ansprüche aus Versicherungsverträgen (A I 10), Anteilsrechte an der Altguthaben-Ablösungsanleihe (A I 11), Erträgnisse und Verwertungserlöse (A I 12), Patente und Lizenzen (A I 14) sowie auch Urheberrechte (A I 15). Vermögen Minderjähriger, die ohne im Besitz der freien Entscheidungsfreiheit zu sein mit ihren Eltern oder einem Elternteil das Gebiet der DDR verlassen hatten, wurden nach der Nr. A I 13 anders behandelt. Die Konten solcher Minderjähriger waren nicht zu erfassen und abzuführen.

Für den **Bereich des ehemaligen Berlin (Ost)** ergingen entsprechende Regelungen durch die Anordnung über die Behandlung des Vermögens von Personen, die den demokratischen Sektor von Groß-Berlin nach dem 10. 6. 1953 verlassen vom 8. 4. 1954[132] und die Anordnung Nr. 2 über die Behandlung des Vermögens von Personen, die den demokratischen Sektor von Groß-Berlin nach dem 10. 6. 1953 verlassen vom 3. 10. 1958.[133] 99

Im Jahre 1968 folgte die Verordnung über die Rechte und Pflichten des Verwalters des Vermögens von Eigentümern, die die Deutsche Demokratische Republik ungesetzlich verlassen haben, gegenüber Gläubigern in der Deutschen Demokratischen Republik vom 11. 12. 1968.[134] 100

Es folgte schließlich die Anordnung zur Regelung von Vermögensfragen vom 11. 11. 1989.[135] Mit dieser Regelung wurden die Vorläuferbestimmungen aus den Jahren 1953 und 1958 aufgehoben. Allerdings blieben angeordnete staatliche Treuhandverwaltungen bestehen. Soweit Bürger der DDR diese nach dem 31. 7. 1989 verlassen hatten, und eine staatliche Treuhandverwaltung noch nicht angeordnet worden war, sollte diese nicht mehr angeordnet werden. 101

Zu der Verordnung vom 11. 6. 1953 ergingen auch **Durchführungsbestimmungen vom 11. 6. 1953**[136] hinsichtlich solcher Vermögen, die während der Gültigkeit der Verordnungen aus dem Jahre 1952 nach § 6 unter Verwaltung hätten gestellt werden müssen, aber nicht unter **vorläufige Verwaltung** gestellt worden waren. Es handelte sich dabei um das Vermögen westberliner und westdeutscher Eigentümer. In der Richtlinie des Staatssekretariats für Innere Angelegenheiten betr. die vorläufige **Verwaltung von Vermögenswerten westberliner und westdeutscher Eigentümer vom 5. 8. 1953** wurde die Erfassung des Vermögens solcher Eigentümer angeordnet. Ausdrücklich wurde festgelegt, daß die Aufhebung der Verordnung zur Sicherung von Vermögenswerten aus dem Jahre 1952 keinen Einfluß auf die Verwaltung des Ver- 102

---

[131] GBl. DDR I 1958 S. 664.
[132] VOBl. I 1954 S. 164.
[133] VOBl. I 1958 S. 673.
[134] GBl. DDR 1969 II S. 1.
[135] GBl. DDR I 1989 S. 243.
[136] GBl. DDR I 1953 S. 806.

mögens westberliner und westdeutscher Eigentümer hatte.[137] Die weitere Richtlinie des Staatssekretariats für Innere Angelegenheiten für die Räte der Kreise, Referate Staatliches Eigentum, betr. Fragen der vorläufigen Verwaltung vom 10.8.1953 ordnete hierzu näher an, daß Betriebsvermögen, Beteiligungen, Hypotheken, Kapitalforderungen usw. westberliner und westdeutscher Eigentümer auch nach dem 11.6.1953 (Aufhebung der Verordnung aus dem Jahre 1952) in vorläufige Verwaltung zu übernehmen waren.

103 Für den **Bereich von Berlin (Ost)** erging **am 18.11. 1961** eine nicht veröffentlichte Anweisung über die Behandlung der in der Hauptstadt der Deutschen Demokratischen Republik (demokratisches Berlin) befindlichen Vermögenswerte westberliner Bürger und juristischer Personen mit Sitz in den Westsektoren.[138] Danach waren die Vermögenswerte mit sofortiger Wirkung in vorläufige Verwaltung zu nehmen.

104 **f) Grundstücke an der Staatsgrenze der DDR (Grenz- und Mauergrundstücke).** Bereits im Jahre 1952 ergingen Vorschriften, die sich mit der Grenze (Demarkationslinie) zwischen der ehemaligen DDR und der Bundesrepublik Deutschland befaßten.[139] Nach diesen Vorschriften wurde das Ministerium für Staatssicherheit beauftragt, „unverzüglich strenge Maßnahmen zu treffen für die Verstärkung der Bewachung der Demarkationslinie, um ein weiteres Eindringen von Diversanten, Spionen, Terroristen und Schädlingen in das Gebiet der Deutschen Demokratischen Republik zu verhindern". Bereits diese Ermächtigung führte zur Einrichtung von Sperrzonen und zu Zwangsumsiedlungen. Einzelheiten regelte eine Polizeiverordnung.[140] In einem Befehl des Innenministeriums der DDR wurden Einzelheiten hinsichtlich des umzusiedelnden Personenkreises bestimmt.[141]

105 Nach dem Mauerbau im Jahre 1961 wurden entlang der (inzwischen so bezeichneten) Staatsgrenze der DDR weitere Sperrzonen eingerichtet und weitere Zwangsumsiedlungen durchgeführt. Als Rechtsgrundlagen wurden neben den bereits erwähnten Bestimmungen aus dem Jahre 1952 eine Verordnung zu Maßnahmen an der Grenze aus dem Jahre 1956[142] und die Ver-

---

[137] Siehe FN 128.

[138] Quelle: Gesamtdeutsches Institut, Dokument Nr. 86.

[139] Verordnung über Maßnahmen an der Demarkationslinie zwischen der DDR und den westlichen Besatzungszonen Deutschlands vom 26.5. 1952, GBl. DDR S. 405 und Verordnung über weitere Maßnahmen zum Schutz der DDR vom 9.6. 1952, GBl. DDR S. 451.

[140] Polizeiverordnung über die Einführung einer neuen Ordnung an der Demarkationslinie vom 27.5. 1952 (Errichtung eines 10 m breiten Kontrollstreifens, einer 500 m breiten Sperrzone). Siehe Bundesvermögensamt – Materialien zum Vermögensgesetz – Abschnitt D IV – 2. SED-Unrechtsbereinigungsgesetz.

[141] Befehl Nr. 38/52 des Ministeriums des Innern der DDR vom 26.5. 1952 (auszusiedelnder Personenkreis und Auswahlverfahren: Ausländer und Staatenlose, Großbauern, kriminelle Elemente, Wirtschaftsverbrecher); Siehe Bundesvermögensamt aaO.

[142] Verordnung zur Erleichterung und Regelung von Maßnahmen an der Grenze zwischen der Deutschen Demokratischen Republik und der Deutschen Bundesrepublik vom 3.5. 1956, GBl. DDR I S. 385.

ordnung über Aufenthaltsbeschränkungen von 1961 herangezogen.[143] Auch hierzu ergingen ergänzende Anweisungen des Innenministeriums hinsichtlich des umzusiedelnden Personenkreises und weiterer technischer Einzelheiten.[144]

Landwirtschaftliches Vermögen der Zwangsausgesiedelten war zunächst entsprechend der Verordnung zur Sicherung von Vermögenswerten aus dem Jahre 1952 zu behandeln.[145] Das unbewegliche Vermögen war beim Rat des Kreises in den Bodenfondsakten besonders zu führen (§ 3 der VO). Dem bisherigen Eigentümer sollte am neuen Wohnort wieder landwirtschaftliches Grundeigentum zugewiesen werden. Soweit das nicht möglich war, konnten Entschädigungen in Geld gewährt werden (§ 4 Abs. 2 der VO). Nicht landwirtschaftliches Vermögen (Mietwohnhäuser, Handwerks-, Handels- und andere Betriebe) verblieben trotz der Umsiedlung im Eigentum der Umgesiedelten. Drittnutzungen waren gegen zu zahlende Entgelte möglich. Für Objekte, die als Teil von Grenzanlagen gesperrt waren, wurden auf Antrag laufende Kosten erstattet (Hypothekenzinsen usw.). Soweit vorhandene Gebäude abgerissen wurden, was häufig vorkam,[146] war für den entstandenen Vermögensverlust eine Entschädigung zu zahlen. Der Grund und Boden verblieb dagegen im Eigentum des bisherigen Grundeigentümers.[147] 106

Vollständige Enteignungen durch Überführung der Grundstücke in Volkseigentum erfolgten erst später mit dem Mauerbau im Jahre 1961.[148] 107

2. Das System der Enteignungen in der ehemaligen DDR

a) Zeitraum von 1949 bis 1960. Die erste Verfassung der ehemaligen DDR von 1949[149] enthielt in Artikel 23 Regelungen zur Enteignung, wobei zwi- 108

---

[143] Verordnung über Aufenthaltsbeschränkungen vom 24.8. 1961, GBl. DDR II S. 343.
[144] Befehl Nr. 35/61 des Ministeriums des Innern der DDR vom 1.9. 1961 (aus dem Bereich der 5 km-Sperrzone und des 500 m-Schutzstreifens auszusiedelnder Personenkreis und Auswahlverfahren: Personen, die ihrer Einstellung nach eine Gefährdung für die Ordnung und Sicherheit im Grenzgebiet darstellten = Erstzuziehende aus Westberlin und Westdeutschland, Rückkehrer, Grenzgänger, Ausländer und Staatenlose usw.). Siehe Bundesvermögensamt aaO. (FN 140); BVerwG VIZ 1995, 161 zur nicht möglichen Rückübertragung von Grundstücken, die im Zusammenhang mit der Errichtung der DDR-Sperranlagen enteignet wurden („Mauergrundstücke").
[145] Siehe FN 124.
[146] *Rähmer* in Rädler/Raupach/Bezzenberger, Teil 1, F III, Rn. 112.
[147] Entschädigungsrichtlinie des Ministeriums des Innern der DDR vom 15.9. 1954; Siehe Bundesvermögensamt aaO. (FN 140).
[148] Beschluß des Präsidiums des Ministerrates vom 9.11. 1961. Die Inanspruchnahme durch Überführung der nicht in sozialistischem Eigentum befindlichen Grundstücke in Eigentum des Volkes erfolgte auf der Grundlage des Verteidigungsgesetzes. Danach hatte grundsätzlich ein Ankauf der Grundstücke zu erfolgen. Scheiterte der Ankauf, kam es zur Inanspruchnahme durch Enteignung nach § 10 Verteidigungsgesetz. Hierbei war zu entschädigen, und zwar entweder durch Naturalersatz oder in Geld. Siehe Bundesvermögensamt aaO. (FN 140).
[149] Verfassung der Deutschen Demokratischen Republik vom 7.10. 1949, GBl. DDR I S. 4.

schen der Beschränkung des Eigentums und der Enteignung unterschieden wurde.

109 Das erste bedeutsame Enteignungsgesetz war das **Aufbaugesetz von 1950**.[150] Das Gesetz regelte die Inanspruchnahme von Land für Zwecke des Wiederaufbaus. Nach § 14 Abs. 1 konnten Städte, Gemeinden und Kreise sowie Teile davon zu Aufbaugebieten erklärt werden. Nach § 14 Abs. 2 bewirkte diese Erklärung zum Aufbaugebiet, daß in dem Gebiet bebaute und unbebaute Grundstücke für den Aufbau in Anspruch genommen werden und eine damit verbundene dauernde oder zeitweilige Beschränkung oder Entziehung des Eigentums und anderer Rechte erfolgen konnten. Nach § 14 Abs. 3 erfolgte die Entschädigung „nach den zu erlassenden gesetzlichen Bestimmungen". Auf der Grundlage dieser Vorschrift wurden in der Folgezeit Grundstücke in Anspruch genommen. Dabei lag der Schwerpunkt nicht bei Enteignungen, sondern bei dauernden Beschränkungen des Eigentums. Die angekündigten „zu erlassenden gesetzlichen Bestimmungen" über die Entschädigung blieben vorerst bis zum Jahre 1960 aus. Es wurden deshalb zunächst auch keine Entschädigungen für Inanspruchnahmen von Grundstücken gezahlt.

110 Im Bereich des **Bergbaus** wurde im Jahre 1951 eine andere rechtliche Konstruktion dahin gewählt, daß Eigentümer von Bergbauanlagen verpflichtet wurden, Verträge über die Nutzung ihrer Anlagen durch staatliche Stellen abzuschließen.[151]

111 Entschädigungsregelungen fanden sich ab dem Jahre 1953 zunächst nur **vereinzelt für bestimmte Enteignungstatbestände** (Energieanlagen, Bodenschätze und Bergbaubetriebe, Lichtspieltheater).[152] Im Ganzen blieben aber die Enteignungsregelungen unvollständig, so daß in aller Regel Grundstücke zwar in Anspruch genommen und damit in eine neue Nutzung überführt wurden, jedoch Enteignungen im klassischen Wortsinn noch nicht stattfanden; gleichwohl handelte es sich wirtschaftlich gesehen um volle Enteignungen, weil der Inhalt dieser Rechtsstellung ausgehöhlt und auf NULL reduziert worden war.

112 **b) Neugestaltung des Enteignungswesens durch das Entschädigungsgesetz von 1960.** Erst im Jahre 1960 wurde mit dem **Entschädigungsgesetz** eine generelle Entschädigungsregelung getroffen.[153] Die Entschädigung erfolgte

---

[150] Gesetz über den Aufbau der Städte in der DDR und der Hauptstadt Deutschlands, Berlin – Aufbaugesetz – vom 6.9. 1950, GBl. DDR S. 965.

[151] Verordnung über die Inanspruchnahme von Grundstücken für bergbauliche Zwecke vom 6.12. 1951, GBl. DDR S. 1134. Siehe auch BezG Potsdam, NJ 1959, 285.

[152] Verordnung zur Regelung der Entschädigungsleistungen für die in Volkseigentum übergegangenen Energieanlagen vom 15.10. 1953, GBl. DDR S. 1033; Verordnung zur Regelung der Entschädigungsleistungen für Bodenschätze, Bergbaubetriebe sowie Heil- und Mineralquellen vom 15.10. 1953, GBl. DDR S. 1037; Verordnung zur Regelung der Entschädigungsleistungen für Lichtspieltheater vom 15.10. 1953, GBl. DDR S. 1040.

[153] Gesetz über die Entschädigung bei Inanspruchnahme nach dem Aufbaugesetz (Entschädigungsgesetz) vom 25.4. 1960, GBl. DDR I S. 257; Erste Durchführungsbe-

in Geld (§ 3) oder durch Naturalentschädigung durch Übereignung von Ersatzgebäuden und Verleihung dinglicher Nutzungsrechte an den weiter im Volkseigentum verbleibenden Grundstücken (§ 4). Mit diesen Vorschriften wurde nicht nur die Entschädigung geregelt, sondern darüberhinaus das Enteignungswesen in der ehemaligen DDR rechtlich ausgestaltet. Nach § 9 gingen Grundstücke und Gebäude, die durch Entzug des Eigentums in Anspruch genommen wurden, mit dem Zeitpunkt der Inanspruchnahme in das Eigentum des Volkes über. Der Eigentumsübergang erfolgte mithin kraft Gesetzes und nicht durch Eintragung in das Grundbuch, die zwar nach der Grundstücksdokumentationsordnung vorgeschrieben war, jedoch nur deklaratorische Bedeutung hatte. Dies ist unter anderem der Hintergrund für die Regelungen in § 1 Abs. 3 SachenRBerG, wonach fehlende Eintragungen des Volkseigentums in das Grundbuch in sogen. Enteignungsfällen unbeachtlich sind.[154] Nach § 16 galt das Gesetz auch für Inanspruchnahmen von Grundstücken nach dem Aufbaugesetz, die bis zum Inkrafttreten des Entschädigungsgesetzes im Jahre 1960 durchgeführt worden waren. Das Gesetz gewährte somit rückwirkend auch für diese Fälle Entschädigungsansprüche. Der Übergang in Eigentum des Volkes kraft Gesetzes galt nach § 16 Abs. 2 ebenfalls rückwirkend für frühere Inanspruchnahmen vor Inkrafttreten des Entschädigungsgesetzes.

c) **Weitere Enteignungsgesetze ab dem Jahre 1960 bis zur Verfassungsänderung von 1968.** Das Entschädigungsgesetz von 1960 hatte das Enteignungsrecht systematisch vollendet, wenngleich sich die Regelungen auf das Aufbaugesetz beschränkten. In der Folgezeit ergingen weitere Gesetze, die

---

stimmung zum Entschädigungsgesetz vom 30.4. 1960 (Entschädigung von Trümmergrundstücken), GBl. DDR I S. 336; Zweite Durchführungsbestimmung zum Entschädigungsgesetz vom 30.4. 1960 (Entschädigung von bebauten und unbebauten Grundstücken), GBl. DDR I S. 338; Dritte Durchführungsbestimmung zum Entschädigungsgesetz vom 24.1. 1961 (Besteuerungsregelung), GBl. DDR II S. 31; Vierte Durchführungsbestimmung zum Entschädigungsgesetz vom 17.8. 1965, GBl. DDR II S. 641.

[154] In § 1 Abs. 3 ist klargestellt, daß die **Sachenrechtsbereinigung im Bereich des staatlichen oder genossenschaftlichen Wohnungsbaus** (vgl. § 6 SachenRBerG) in den Fällen der Eigentumsübertragung nach dem WoGenVermG auf ein Wohnungsunternehmen im Sinne des § 9 Abs. 2 Nr. 2 SachenRBerG ausgeschlossen ist, wenn das Eigentum nach dem AufbauG DDR oder dem BaulandG DDR zu diesem Zweck entzogen wurde oder in sonstiger Weise Volkseigentum am Grundstück entstanden war. Nach dem AufbauG DDR und dem BaulandG DDR sowie den dazu ergangenen Durchführungsvorschriften war die Entscheidung über die Inanspruchnahme eines Grundstücks zugleich der Vollzugsakt, also Enteignungsbeschluß. An den so in Anspruch genommenen Grundstücken entstand kraft Gesetzes Volkseigentum. **Nach beiden Gesetzen bedurfte es hinsichtlich der Wirksamkeit des Eigentumsübergangs in Volkseigentum keiner weiteren Verwaltungsakte.** Die in aller Regel fehlende Grundbucheintragung ändert am Rechtsübergang nichts, weil sie nicht konstitutiv wirkte sondern nur deklaratorischen Charakter hatte. Insoweit ist in § 1 Abs. 3 Satz 2 SachenRBerG klargestellt, daß abweichende (= fehlende) Grundbucheintragungen unbeachtlich sind.

Enteignungstatbestände vorsahen. Es handelt sich um das Verteidigungsgesetz,[155] das Atomenergiegesetz[156] und das Wassergesetz.[157] Diese Regelungen sahen die Inanspruchnahme von Grundstücken entsprechend dem Aufbaugesetz und Entschädigungen entsprechend dem Entschädigungsgesetz von 1960 vor.

114 **d) Die Verfassungsänderung von 1968.** Nach Artikel 16 der Verfassung von 1968[158] waren Enteignungen nur gegen Zahlung einer Entschädigung zulässig, wenn der angestrebte gemeinnützige Zweck auf andere Weise nicht erreicht werden konnte. Dies führte zu einer neuen Gesetzgebung auf dem Gebiet der Enteignungen. Es ergingen zunächst das Berggesetz,[159] das Landeskulturgesetz[160] und das Denkmalpflegesetz.[161] Ferner wurden Gesetze neu gefaßt, nämlich das Verteidigungsgesetz,[162] das Wassergesetz[163] und das Atomenergiegesetz.[164] Die bedeutsamste Neuerung brachte im Jahre 1984 das **Baulandgesetz**, welches das Aufbaugesetz ablöste.[165]

115 Als weitere wesentliche Neuerung wurde im Jahre 1984 das Entschädigungsgesetz neu gefaßt.[166] Mit diesen Regelungen lagen generelle Entschädigungsvorschriften für alle Enteignungstatbestände vor. Enteignungen waren grundsätzlich gerichtlich nicht nachprüfbar. Auch die im Jahre 1988 ein-

---

[155] Gesetz zur Verteidigung der Deutschen Demokratischen Republik (Verteidigungsgesetz) vom 20.9. 1961, GBl. DDR I S.175.

[156] Gesetz über die Anwendung der Atomenergie in der Deutschen Demokratischen Republik (Atomenergiegesetz) vom 20.9. 1962, GBl. DDR I S.47.

[157] Gesetz über den Schutz, die Nutzung und die Instandhaltung der Gewässer und den Schutz vor Hochwassergefahren (Wassergesetz) vom 17.4. 1963, GBl. DDR I S.77.

[158] Verfassung der Deutschen Demokratischen Republik vom 6.4. 1968, GBl. DDR I S.193, neugefaßt am 7.10. 1974, GBl. DDR I S.432, zuletzt geändert am 17.6. 1990, GBl. DDR I S.299.

[159] Berggesetz der Deutschen Demokratischen Republik vom 12.5. 1969, GBl. DDR I S.29.

[160] Gesetz über die planmäßige Gestaltung der sozialistischen Landeskultur in der Deutschen Demokratischen Republik (Landeskulturgesetz) vom 14.5. 1970, GBl. DDR I S.67.

[161] Gesetz zur Erhaltung der Denkmale in der Deutschen Demokratischen Republik (Denkmalpflegesetz) vom 19.6. 1975, GBl. DDR I S.458.

[162] Gesetz über die Landesverteidigung der Deutschen Demokratischen Republik (Verteidigungsgesetz) vom 13.10. 1978, GBl. DDR I S.377.

[163] Gesetz über den Schutz, die Nutzung und die Instandhaltung der Gewässer und den Schutz vor Hochwassergefahren (Wassergesetz) vom 2.7. 1982, GBl. DDR I S.467.

[164] Gesetz über die Anwendung der Atomenergie und den Schutz vor ihren Gefahren (Atomenergiegesetz) vom 8.12. 1983, GBl. DDR I S.325.

[165] Gesetz über die Bereitstellung von Grundstücken für Baumaßnahmen (Baulandgesetz) vom 15.6. 1984, GBl. DDR I S.201.

[166] Gesetz über die Entschädigung für die Bereitstellung von Grundstücken (Entschädigungsgesetz) vom 15.6. 1984, GBl. DDR I S.209; DVO zum Entschädigungsgesetz vom 15.6. 1984, GBl. DDR I S.211; Durchführungsbestimmung zum Entschädigungsgesetz vom 15.6. 1984, GBl. DDR I S.214.

III. Enteignungen in der ehem. DDR bis zum 2.10.1990

geführte gerichtliche Überprüfbarkeit von Verwaltungsentscheidungen[167] änderte daran nur insoweit etwas, als die Festsetzung der Höhe von Entschädigungen nach dem Entschädigungsgesetz überprüft werden konnte, nicht aber die Inanspruchnahme eines Grundstücks selber (Nr. 2 der Anlage zu dem Gesetz). Erst im Jahre 1990 wurde die volle Überprüfbarkeit von Enteignungssachverhalten eingeführt.[168]

---

[167] Gesetz über die Zuständigkeit und das Verfahren der Gerichte zur Nachprüfung von Verwaltungsentscheidungen vom 14.12.1988, GBl. DDR I S.327.
[168] Gesetz über die Zuständigkeit und das Verfahren der Gerichte zur Nachprüfung von Verwaltungsentscheidungen (GNV) vom 29.6.1990, GBl. DDR I S.595.

Kapitel 2
Regelungszweck und Systematik des EALG

I. Vorbemerkung

Das Entschädigungs- und Ausgleichsleistungsgesetz (EALG) regelt in insgesamt 13 Artikeln folgende Bereiche:

Artikel 1	Gesetz über die Entschädigung nach dem Gesetz zur Regelung offener Vermögensfragen (Entschädigungsgesetz – EntschG)
Artikel 2	Gesetz über staatliche Ausgleichsleistungen auf besatzungsrechtlicher oder besatzungshoheitlicher Grundlage, die nicht mehr rückgängig gemacht werden können (Ausgleichsleistungsgesetz – AusglLeistG)
Artikel 3	NS-Verfolgtenentschädigungsgesetz
Artikel 4	Änderung des Einkommensteuergesetzes
Artikel 5	Änderung des Erschaftsteuer- und Schenkungsteuergesetzes
Artikel 6	Änderung des Bewertungsgesetzes
Artikel 7	Änderung des Wertausgleichsgesetzes
Artikel 8	Gesetz zur Behandlung von Schuldbuchforderungen gegen die ehemalige Deutsche Demokratische Republik
Artikel 9	Gesetz über eine einmalige Zuwendung an die im Beitrittsgebiet lebenden Vertriebenen
Artikel 10	Gesetz zur Änderung des Gesetzes zur Regelung offener Vermögensfragen
Artikel 11	Kraftloserklärung von Reichsmark-Wertpapieren
Artikel 12	Neubekanntmachung
Artikel 13	Inkrafttreten

Die Bandbreite dieser Regelungsgegenstände des EALG läßt die Querbezüge ahnen, die das Gesetz zu anderen Regelungen hat. Das EALG kann deshalb auch nicht isoliert betrachtet werden. Denn es ist **Teil eines ganzen Systems von Vorschriften, die sich mit den Folgen des Zweiten Weltkrieges im weitesten Sinne befassen.** Dazu gehört auch, aber nicht nur, die Teilung Deutschlands und die Neuregelung von Vermögensverhältnissen im Beitrittsgebiet seit der Wiedervereinigung am 3.10. 1990. Bevor daher Einzelheiten zum neuen Entschädigungs- und Ausgleichsrecht behandelt werden, empfiehlt sich ein Blick auf die Systematik des neuen Gesetzes und auf seine Stellung innerhalb des Systems des Wiedergutmachungs- und Kriegsfolgenrechts. Es bestehen Wechselbeziehungen der verschiedenen Gesetze untereinander. Diese beeinflussen die Ansprüche nach dem EALG.

II. Das EALG im System des Wiedergutmachungs- und Kriegsfolgenrechts

1. Verfassungsrechtliche Grundlagen

Als Grobeinteilung der betroffenen Rechtsbereiche bietet sich die **Aufteilung der Gesetzgebungskompetenz** zwischen Bund und Ländern in den Artikeln 70ff. GG an. Hier interessiert der Bereich der konkurrierenden Gesetzgebung. Dort haben die Länder nach Artikel 72 Abs. 1 und 2 GG eine Gesetzgebungsbefugnis nur, solange und soweit der Bund von seinem Gesetzgebungsrecht keinen Gebrauch macht.[1] Das Wiedergutmachungs- und Kriegsfolgenrecht ist nach Artikel 74 GG Gegenstand der konkurrierenden Gesetzgebung wie folgt:

(a) Angelegenheiten der Flüchtlinge und Vertriebenen (Artikel 74 Nr. 6, 119 GG),
(b) Kriegsschäden und Wiedergutmachung (Artikel 74 Nr. 9 GG),
(c) Versorgung der Kriegsbeschädigten und Kriegshinterbliebenen und die Fürsorge für die ehemaligen Kriegsgefangenen (Artikel 74 Nr. 10 GG),
(d) Recht der Enteignung, soweit es auf den Sachgebieten der Artikel 73 und 74 in Betracht kommt (Artikel 74 Nr. 14 GG).[2]

4   Hinzu kommen besondere Bestimmungen über Besatzungskosten und Kriegsfolgelasten in Artikel 120 GG sowie über die Durchführung des Lastenausgleichs in Artikel 120 a GG. Hinzuweisen ist ferner auf die Regelungen zur Rechtsnachfolge in das Reichsvermögen (Artikel 134 GG), in das Vermögen früherer Länder und Körperschaften (Artikel 135 GG) sowie zur Regelung alter Verbindlichkeiten (Artikel 135 a GG).

5   Es besteht also eine **generelle Gesetzgebungszuständigkeit des Bundes** auf den Gebieten, zu denen auch das EALG sachlich im weitesten Sinne gehört. Mithin mußte sich das neue Gesetz systematisch in die bereits vorhandene Bundesgesetzgebung auf dem Gebiet der Kriegsfolgenregelung einordnen, um Überschneidungen und Widersprüche zu vermeiden.

2. Kriegsfolgenrecht

6   Zur allgemeinen Regelung der durch den Krieg und den Zusammenbruch des Deutschen Reiches entstandenen Schäden erging nach Einfügung des Artikels 135 a in das GG[3] im Jahre 1957 das **Allgemeine Kriegsfolgengesetz**.[4] Dieses Gesetz regelt die Beseitigung der Schuldmasse des Deutschen Reiches. Ansprüche gegen das Deutsche Reich einschließlich der Sondervermögen Deutsche Reichsbahn und Deutsche Reichspost, gegen das ehemalige Land Preußen und gegen das Unternehmen Reichsautobahnen erlöschen, soweit nicht Sondervorschriften Entschädigungsleistungen vorsehen. Durch die so neu zu schaffende Ordnung der Vergangenheit soll-

---

[1] Durch die Änderung des Artikels 72 GG im Rahmen der Verfassungsrefom vom 27.10.1994, BGBl. I S. 3146, ergibt sich sachlich keine Änderung.

[2] Diese grundgesetzliche Vorschrift rechtfertigt insbesondere die Zuständigkeit des Bundes für gesetzliche Regelungen auf dem Gebiet der Neuordnung von Vermögen nach den Enteignungsakten in der ehemaligen SBZ und DDR von 1945 bis zum 3.10.1990 und die Ausgestaltung von Entschädigungs- und Ausgleichsleistungen in den Fällen, in denen solche Enteignungen nicht rückgängig gemacht werden.

[3] Gesetz vom 22.10.1957, BGBl. I S. 1745.

[4] Gesetz zur Allgemeinen Regelung durch den Krieg und den Zusammenbruch des Deutschen Reichs entstandener Schäden (Allgemeines Kriegsfolgengesetz – AKG) vom 5.11.1957, BGBl. I S. 1547, zuletzt geändert durch Gesetz vom 27.12.1993, BGBl. I S. 2378.

II. EALG im System des Wiedergutmachungs- u. Kriegsfolgenrechts 47

te eine feste Grundlage für haushaltsplanerische Maßnahmen und Emissionskredite des Bundes geschaffen werden. Es ging dabei um Reichsverbindlichkeiten (einschließlich Reichsbahn und Reichspost) in der Größenordnung von etwa 800 Mrd RM, die zu rund 50 v. H. in Schuldverschreibungen, Schatzwechseln und Schatzverschreibungen verbrieft waren. Hinzu kamen etwa 1 Mrd RM Verbindlichkeiten des früheren Staates Preußen und rund 5 Mrd RM Verbindlichkeiten des Unternehmens Reichsautobahn. Überschneidungen mit dem EALG kommen nicht in Betracht, weil § 1 Abs. 3 Nr. 4 AusglLeistG Ansprüche hinsichtlich von Vermögenswerten i. S. d. AKG ausschließt.[5]

Die in § 3 AKG vorbehaltene abschließende Regelung für die dort genannten Schäden traf das **Reparationsschädengesetz**.[6] Hier geht es um die Wegnahme oder Zerstörung von Wirtschaftsgütern durch die fremde Besatzungsmacht, um sie der fremden Volkswirtschaft zuzuführen. Das RepG wurde durch den Einigungsvertrag von der Überleitung auf die neuen Bundesländer ausgenommen.[7] Diese Nichtüberleitung hat zur Folge, daß Personen mit Wohnsitz in den neuen Bundesländern für sogenannte Reparationsschäden keine Entschädigungsansprüche geltend machen können. Denn diese Schäden werden auch nicht vom VermG oder dem EALG erfaßt (§ 1 Abs. 3 Nr. 1 bis 3 AusglLeistG). Aufgrund der Verweisung des § 49 RepG auf § 349 LAG unterliegen die Leistungen nach dem RepG der Rückforderung. Da jedoch Bürger aus den neuen Bundesländern keine Leistungen nach dem RepG beanspruchen können, besteht insoweit kein Anspruch nach § 349 LAG; damit fließen über diese Regelungen auch keine Mittel in den Entschädigungsfonds (vgl. § 10 Abs. 1 Satz 1 Nr. 10 EntschG). 7

Das **Besatzungsschädenabgeltungsgesetz**[8] regelt die Abgeltung von Besatzungsschäden außerhalb des AKG. Die hierunter fallenden Schäden sind keine Reparationsschäden mit der Folge, daß das Besatzungsschädenabgeltungsgesetz dem RepG vorgeht, weil ihm alliierte Regelungen und zwischenstaatliche Vereinbarungen zugrundeliegen. 8

Zum Gebiet der Besatzungsschädenregelung gehört auch das **Wertausgleichsgesetz**.[9] Das Gesetz regelt Eigentums- und Ausgleichsansprüche bei Einbauten, die auf Verlangen der Besatzungsmacht oder einer Behörde 9

---

[5] Siehe Kap. 4 Rdnr. 14.
[6] Gesetz zur Abgeltung von Reparations-, Restitutions-, Zerstörungs- und Rückerstattungsschäden (Reparationsschädengesetz – RepG) vom 12.2. 1969, BGBl. I S. 105, zuletzt geändert durch Gesetz vom 24.7. 1992, BGBl. I S. 1389, nebst DVO vom 9.7. 1970, BGBl. I S. 1053.
[7] Vgl. Anlage I zum EV, Kapitel IV Sachgebiet A Abschnitt I Nr. 15, BGBl. II 1990, S. 965.
[8] Gesetz über die Abgeltung von Besatzungsschäden (Besatzungsschädenabgeltungsgesetz) vom 1. 12. 1955, BGBl. I S. 734, zuletzt geändert durch Gesetz vom 16. 12. 1986, BGBl. I S. 2441.
[9] Gesetz über die Regelung der Rechtsverhältnisse bei baulichen Maßnahmen auf ehemals in Anspruch genommenen Grundstücken (Wertausgleichsgesetz – WAG) vom 12. 10. 1971, BGBl. I S. 1625, geändert durch Gesetz vom 3. 12. 1976, BGBl. I S. 3281; Einzelheiten siehe unten Rdnr. 70 ff.

auf einem von der Besatzungsmacht genutzten Grundstück gemacht worden sind. Artikel 7 EALG ändert das WAG und erstreckt seinen Anwendungsbereich auf das Gebiet der neuen Bundesländer.

3. Der Lastenausgleich

10 Das **Lastenausgleichsgesetz**[10] hat auf dem Gebiet des Ausgleichs von Schäden und Verlusten der Flüchtlinge und Vertriebenen die größte Bedeutung.[11] Zum LAG gehören eine Reihe von Nebengesetzen, die im Rahmen des EALG teilweise Anwendung finden.[12]

11 a) **Überleitung auf das Beitrittsgebiet.** Der **EV** leitete das LAG nur mit Einschränkungen auf das Beitrittsgebiet über.[13] Personen, die vor dem 3.10.1990 ihren ständigen Aufenthalt im Gebiet der ehemaligen DDR hatten, haben keine Ansprüche nach dem LAG. Dies gilt auch dann, wenn sie ihren Wohnsitz nach diesem Zeitpunkt in das Gebiet der alten Bundesländer verlegt haben. Demgegenüber sind Personen, die zwischen dem 3.10.1990 und dem 1.1.1993 ihren ständigen Wohnsitz im Beitrittsgebiet genommen haben, durch eine Änderung des Stichtages (§ 230 Abs. 2 Nr. 1 LAG) anspruchsberechtigt nach dem LAG geworden.[14] Demgemäß sind **Aussiedler, die bis zum Ablauf des 31.12.1992 neu in das Gebiet der neuen Bundesländer gezogen sind**, anspruchsberechtigt wegen erlittener Frühschäden, wenn sie dort innerhalb von 6 Monaten nach der Aussiedlung ihren ständigen Aufenthalt nehmen (§ 230 Abs. 2 Nr. 1, § 12 Abs. 6a LAG). Für Aussiedler, die in das Gebiet der alten Bundesländer neu zuziehen, gilt kein derartiger Stichtag.

12 **Vertriebene und sonstige Kriegsgeschädigte** sind wegen der Stichtagsregelung in § 230 Abs. 1 LAG von Ansprüchen nach dem LAG ausgeschlossen; sie haben aber Anspruch auf die einmalige Zuwendung nach dem VertrZuwG.[15]

13 b) **Erfaßte Schadensgruppen.** Ziel des Lastenausgleichs ist die Abgeltung von Schäden und Verlusten aus Vertreibungen und Zerstörungen der Kriegs- und Nachkriegszeit sowie die Milderung von Härten, die infolge der Neuordnung des Geldwesens eingetreten sind (§ 1 LAG). Das Gesetz erfaßt folgende Schadensgruppen:

---

[10] Gesetz über den Lastenausgleich vom 14.8.1952, BGBl. I S.446, neu bekanntgemacht durch Gesetz vom 2.6.1993, BGBl. I S.845, zuletzt geändert am 17.12.1993, BGBl. I S.2118, berichtigt am 14.2.1995, BGBl. I S.248.
[11] Siehe unten Rdnr. 19ff.
[12] Siehe unten Rdnr. 27f.
[13] Anlage I zum EV, Kapitel II, Sachgebiet D, Abschnitt II Nr. 4 und Abschnitt III Nr. 4, BGBl. II 1990, S. 919, 920.
[14] Das LAG i.d. durch den EV geänderten Fassung sah als Stichtag noch den 1.1.1992 vor. Insoweit wurde § 230 LAG aber durch Gesetz vom 20.12.1991 – BGBl. I S.2317 – geändert.
[15] Siehe unten Rdnr. 34 und Kap. 6.

II. EALG im System des Wiedergutmachungs- u. Kriegsfolgenrechts 49

(a) Vertreibungsschäden[16]
(b) Kriegssachschäden[17]
(c) Ostschäden[18]
(d) Sparerschäden[19]
(e) Zonenschäden[20]

c) **Zonenschäden als besondere Schadensgruppe.** Zonenschäden bilden nach § 15a LAG eine besondere Schadensgruppe. Es handelt sich um solche Vermögensschäden, die im Schadensgebiet gemäß § 3 Abs. 1 BFG[21] entstanden sind. Es handelt sich dabei um das **Gebiet der ehemaligen sowjetischen Besatzungszone Deutschlands (SBZ) und den ehemaligen Sowjetsektor von Berlin**, also um das Beitrittsgebiet i. S. d. Artikels 3 EV.

Zu den Zonenschäden zählen zunächst solche **Vermögensschäden**, die in Zusammenhang mit den nach der Besetzung entstandenen politischen Verhältnissen **durch Wegnahme** von Wirtschaftsgütern durch die sowjetische Besatzungsmacht, Behörden, politische oder sonstige Stellen entstanden sind (§ 15a Abs. 1 Nr. 1 LAG i. V. m. § 3 Abs. 1 Nr. 1 BFG). Diese Schäden sind **im VermG und im AusglLeistG** angesprochen. Die sich ergebende **Anspruchskonkurrenz für noch offene Lastenausgleichsverfahren** löst sich nach den allgemeinen Regeln der juristischen Methodenlehre: Das VermG und das AusglLeistG als die spezielleren und späteren Gesetze verdrängen das LAG.[22] Das VermG und das AusglLeistG haben als die spezielleren und späteren Gesetze die Beseitigung des Besatzungsunrechts in der ehemaligen SBZ/

14

15

---

[16] Das sind nach Maßgabe des § 12 LAG Schäden, die einem Vertriebenen im Zusammenhang mit den gegen Personen deutscher Staatsangehörigkeit bzw. Volkszugehörigkeit gerichteten Vertreibungsmaßnahmen in den zur Zeit unter fremder Verwaltung stehenden deutschen Ostgebieten oder in den Gebieten außerhalb der Grenzen des Deutschen Reiches nach dem Gebietsstand vom 31.12.1937 entstanden sind.

[17] Das sind nach § 13 LAG Schäden, die in der Zeit vom 26.8.1939 bis zum 31.7.1945 unmittelbar durch Kriegshandlungen entstanden sind.

[18] Nach § 14 LAG handelt es sich um Schäden, die in den zur Zeit unter fremder Verwaltung stehenden deutschen Ostgebieten im Zusammenhang mit den Ereignissen des Zweiten Weltkriegs durch Vermögensentziehung oder als Kriegssachschaden an Wirtschaftsgütern entstanden sind.

[19] Das sind nach § 15 LAG Minderungen des Nennbetrags von Sparanlagen, die dadurch eingetreten sind, daß die Sparanlagen bei der Neuordnung des Geldwesens nicht im Verhältnis 10 zu 1 oder nach dem Umstellungsgesetz (§ 8 Abs. 1 Nr. 9 LAG) nicht auf DM umgestellt worden sind.

[20] Das sind nach § 15a LAG Vermögensschäden, die im Schadensgebiet gemäß § 3 Abs. 1 BFG im Zusammenhang mit den nach der Besetzung entstandenen politischen Verhältnissen durch Wegnahme von Wirtschaftsgütern durch die sowjetische Besatzungsmacht, Behörden, politische oder sonstige Stellen im Gebiet der sowjetischen Besatzungszone und im Sowjetsektor von Berlin entstanden sind. Dazu rechnen auch Vermögensschäden, die nach den Vorschriften des RepG berücksichtigt werden könnten, wenn dem die gebietlichen Beschränkungen des § 12 RepG nicht entgegenstünden.

[21] Siehe unten FN 36.

[22] lex specialis vel posterior derogat legem generalem vel priorem. (Das speziellere oder spätere Gesetz geht dem allgemeinen oder früheren vor.)

50 Kapitel 2. Regelungszweck und Systematik des EALG

DDR und des DDR-Unrechts zum Gegenstand. Demgegenüber erfolgte die Einbeziehung der Zonenschäden in das LAG ergänzend zur Vermeidung von Härten und stellte im Vergleich zu den übrigen Schadenstatbeständen des LAG ein aliud dar; es handelte sich nicht unmittelbare Kriegsfolgenschäden, die der eigentliche Regelungsgegenstand des LAG sind.[23]

16 Als Zonenschäden sind ferner solche Vermögensschäden anzusehen, die nach den **Vorschriften des RepG berücksichtigt werden könnten, wenn dem die gebietlichen Beschränkungen des § 12 RepG nicht entgegenstünden** (§ 15a Abs. 1 Nr. 2 LAG, § 8 Abs. 1 Nr. 25 LAG). Hierbei handelt es sich um Schäden, die im Zusammenhang mit dem Zweiten Weltkrieg und dem Zusammenbruch des Reiches 1945 durch Maßnahmen der „Feindmächte", insbesondere der Besatzungsmächte, verursacht wurden:

(a) Reparationsschäden[24]
(b) Restitutionsschäden[25]
(c) Zerstörungsschäden[26]
(d) Rückerstattungsschäden[27]

17 Diese Schäden sind weiterhin nach dem LAG zu entschädigen. Das AusglLeistG ist für diese Schadensarten ausdrücklich für nicht anwendbar erklärt (§ 1 Abs. 3 Nr. 1 bis 3 AusglLeistG). Hilfsweise führt auch der Umkehrschluß aus Artikel 135a Abs. 2 GG und der entsprechenden Zielsetzung des VermG sowie des AusglLeistG zu diesem Ergebnis, daß nämlich beide Gesetze die allgemeinen Kriegsfolgenschäden nicht erfassen sollen.

18 **d) Kriegssach- und Verfolgungsschäden.** Als weitere besondere Schadensgruppen nach dem LAG sind Kriegssachschäden und Verfolgungsschäden anzusehen. Es handelt sich um Vermögensschäden, die als **Kriegssachschäden** im Sinne des § 13 LAG anzusehen sind und nach den Vorschriften des Feststellungsgesetzes[28] festgestellt werden könnten, wenn sie im Geltungsbereich des LAG eingetreten wären. Wie bei den Schäden nach dem RepG bleibt allein das LAG anwendbar. Eine weitere Gruppe bilden **Vermögensschäden Verfolgter**, die durch Entziehung auf Grund von Maßnahmen der nationalsozialistischen Gewaltherrschaft entstanden sind.

---

[23] Siehe dazu die Präambel zum LAG.
[24] Schäden durch Wegnahme von Wirtschaftsgütern im Wege der Feindvermögensgesetzgebung fremder Staaten oder zwecks Rückführung in die Wirtschaft der Besatzungsmächte (§ 2 RepG).
[25] Schäden durch Rückführung von Wirtschaftsgütern, die von deutschen Truppen aus von diesen früher besetzten Gebieten fortgeführt und von einem fremden Staat oder der Besatzungsmacht zurückgeführt wurden (§ 3 RepG).
[26] Zerstörungsschäden sind solche, die aus Zerstörung, Beschädigung oder Wegnahme von Wirtschaftsgütern zwecks Beseitigung des deutschen Wirtschaftspotentials entstanden sind (§ 4 RepG).
[27] Schäden, die durch Inanspruchnahme feststellbarer Vermögensgegenstände aufgrund der Rückerstattungsgesetze entstanden sind (§ 5 RepG i. V. m. alliierten Rückerstattungsgesetzen bzw. Anordnungen und dem BRüG); siehe zum BRüG auch unten Rdnr. 31.
[28] Siehe unten FN 33.

II. EALG im System des Wiedergutmachungs- u. Kriegsfolgenrechts

Für diesen Bereich gilt der Vorrang des EALG, insbesondere des NS-VEntschG.[29]

e) Leistungen und Rückforderung nach dem LAG. Als Ausgleichsleistungen werden nach dem LAG gewährt (§ 4 LAG):

(a) Hauptentschädigung (§§ 243 bis 252 LAG)
(b) Eingliederungsdarlehen (§§ 253 bis 260 LAG)
(c) Kriegsschadenrente (§§ 261 bis 292 LAG)
(d) Hausratentschädigung (§§ 293 bis 297 LAG)
(e) Wohnraumhilfe (§§ 298 bis 300 LAG)
(f) Leistungen aus dem Härtefonds (§§ 301, 301a LAG)
(g) Leistungen aufgrund sonstiger Förderungsmaßnahmen (§§ 302, 303 LAG)
(h) Entschädigung im Währungsausgleich für Sparguthaben Vertriebener (§ 304 LAG)
(i) Entschädigung nach dem Altsparergesetz (§ 4 Nr. 9 LAG)
(j) Darlehen zur Förderung der Flüchtlingssiedlung nach § 46 Abs. 2 BVFG (§ 4 Nr. 10 LAG).

Nach den Lastenausgleichsgesetzen sind für in der ehemaligen DDR eingetretene Vermögensschäden als Folge von faktischen oder förmlichen Enteignungen **rund 6,1 Mrd DM** geleistet worden. Dies ist wegen der entsprechenden Anrechnungsregelungen für die Anwendung des EALG von erheblicher praktischer Bedeutung. Bei den Ämtern zur Regelung offener Vermögensfragen haben etwa 1,1 Mio Alteigentümer Anträge auf Rückgabe oder Entschädigung weggenommener Vermögenswerte gestellt. In rund 585.000 Fällen solcher Anträge nach dem VermG wurde in der Vergangenheit bereits Lastenausgleich gewährt.[30] Von Bedeutung ist in dem hier interessierenden Gesamtzusammenhang des EALG die nach § 245 LAG zu bemessende Hauptentschädigung wegen des Ausschlußtatbestandes in § 1 Abs. 4 Nr. 1 EntschG.

Die unanfechtbar oder rechtskräftig gewordenen Entscheidungen über die Gewährung von Ausgleichsleistungen nach dem LAG stehen unter dem **gesetzlichen Wiederaufnahmevorbehalt** des § 342 LAG. Grundlage sind die Wiederaufnahmegründe der ZPO (§ 342 Abs. 1 LAG) oder die in § 342 Abs. 2 LAG genannten Gründe, die eine Doppelentschädigung verhindern sollen. Danach kann insbesondere dann das Verfahren wieder aufgenommen werden, wenn nachträglich ein Schaden ganz oder teilweise ausgeglichen wird (§ 342 Abs. 2 Satz 1 Nr. 2 LAG). Ausgleichsleistungen in diesem Sinn sind auch Entschädigungsleistungen nach dem EntschG (vgl. § 8 Abs. 1 Satz 3 EntschG). Um die daraus sich ergebende Flut von Wiederaufnahmefällen zu verringern, bestimmt § 342 Abs. 3 LAG, daß abweichend von Abs. 2 das Verfahren nicht wiederaufzunehmen ist, wenn nach dem 31. 12. 1989 ein Schaden ganz oder teilweise ausgeglichen wird. Leistungen und Vergünstigungen nach Abs. 2 Nr. 2 sind durch Rückforderung der gewährten Ausgleichsleistungen nach Maßgabe des § 349 LAG zu berücksichtigen.

---

[29] Siehe Kap. 5.
[30] *Löbach*, ZOV 1992, 63 (64 und 67).

22 Eine weitere Vereinfachung des Verfahrens bringt die Regelung in § 349 Abs. 1 Satz 3 LAG, wonach die **Rückforderung entfällt**, soweit andere gesetzliche Vorschriften vorsehen, daß Entschädigungsleistungen oder sonstige Ausgleichszahlungen wegen gewährter Ausgleichsleistungen gekürzt werden oder daß hierfür bei Rückgabe des betreffenden Vermögenswertes eine Abgabe zu entrichten ist. Weiterhin wird eine Verfahrensvereinfachung durch den Ausschluß des § 21a Abs. 2 FG in § 349 Abs. 1 Satz 2 LAG erreicht. Den Betroffenen wird danach ein Wahlrecht eingeräumt mit der Folge, daß bei Verzicht auf Ausgleichsleistungen keine Verpflichtung zur Rückzahlung der Hauptentschädigung besteht.

23 Somit **beschränkt sich die Rückforderung nach § 349 LAG auf die geleistete Hauptentschädigung** (§§ 243 ff. LAG), soweit diese wegen der Schadensausgleichsleistung ihre Rechtsgrundlage verloren hat. Die übrigen nach dem LAG zuerkannten Ausgleichsleistungen sollen dem Geschädigten verbleiben.

24 Die **Berechnung** erfolgt nach Maßgabe des § 349 Abs. 2 bis 4 LAG i.V.m. mit dem FG und BFG. Hervorzuheben sind insbesondere die für den Betroffenen günstigen Regelungen. Dabei handelt es sich um folgende:

(a) Gegenstand der Rückforderung ist nur die zuerkannte Hauptentschädigung.
(b) Bei Rückforderung des Zinszuschlags wird auf den niedrigsten für die erstmalige Erfüllung von Hauptentschädigung angewandten Vom-Hundert-Satz abgestellt (§ 349 Abs. 4 Satz 3 LAG).

25 Die **Rückforderung** ist nach Ablauf von 4 Jahren nach dem Zeitpunkt, in dem die Ausgleichsbehörde von dem Schadensausgleich und von der Person des Verpflichteten Kenntnis erlangt hat, frühestens jedoch nach dem 31. 12. 1996, **ausgeschlossen**; die Frist kann jedoch durch schriftliche Mitteilung an den Verpflichteten unterbrochen werden (§ 349 Abs. 5 Satz 3 und 4 LAG). Die Schuldner der Rückforderung sind in § 349 Abs. 5 Satz 1 LAG genannt.[31]

26 Die **Rückforderung von Lastenausgleich** spielt eine besondere Rolle **im Rahmen des EntschG** (§§ 2 Abs. 1 Satz 2, 8 Abs. 1 Satz 2, 10 Abs. 1 Satz 1 Nr. 10 EntschG). Nach § 349 LAG sind in den Fällen des § 342 Abs. 3 LAG die zuviel gewährten Ausgleichsleistungen zurückzufordern.[32] Einzelheiten zur Ermittlung des Rückforderungsbetrages und des Verfahrens regeln die Absätze 2 bis 5.

---

[31] Die Rückforderung von LAG-Leistungen soll vereinfacht werden (Entwurf eines 32. Gesetzes zur Änderung des LAG – Gesetzentwurf des Bundesrats auf Initiative des Landes NRW – BR-Drs. 1022/94 vom 10.11. 1994, Plenarprotokoll der 677. Sitzung des Bundesrates am 25. 11. 1994, S. 610ff.). Die beabsichtigte Neuregelung des § 349 legt fest, daß bei Rückgabe eines Wirtschaftsgutes oder einer wirtschaftlichen Einheit (Einheitswertvermögen) **grundsätzlich eine widerlegbare Vermutung für einen vollen Schadensausgleich besteht**. Für die im Beitrittsgebiet belegenen Vermögenswerte gilt stets ein voller Schadensausgleich insoweit, als Vermögen zurückgegeben oder die vollen Verfügungsrechte darüber wiederhergestellt werden.

[32] Siehe Kap. 3 Rdnr. 146ff.

II. EALG im System des Wiedergutmachungs- u. Kriegsfolgenrechts 53

f) Das Feststellungsgesetz als Nebengesetz zum LAG. Einige Monate vor 27
dem LAG erging das **Feststellungsgesetz**[33] mit insgesamt 19 Durchführungsverordnungen sowie weiteren Rechtsverordnungen des Präsidenten des Bundesausgleichsamtes.[34] Ziel des Gesetzes ist die Beweissicherung der Schäden und Vermögensverluste der Heimatvertriebenen. Die Beschränkung auf Vertreibungs-, Kriegssach-, und Ostschäden (§§ 1, 3 bis 5 FG) machte weitere Regelungen erforderlich, um alle erlittenen Vermögenseinbußen zu erfassen. So werden Zonenschäden (§ 15a LAG) nach dem BFG festgestellt, Reparationsschäden nach dem RepG. Im Rahmen des EALG sind folgende Regelungen von Bedeutung:

(a) § 3 Abs.2 EntschG i.V.m. 2. und 3. BFDV (Ermittlung des Ersatzeinheitswertes): 3., 5., 6., 10., 14., 15., 16., 17. und 19. FeststellungsDV;[35]
(b) § 1 Abs.2 AusglLeistG: 18. FeststellungsDV;
(c) § 2 Abs.4 AusglLeistG: § 17 FG.

g) Das Beweissicherungs- und Feststellungsgesetz als Nebengesetz zum 28
LAG. Nach dem **Beweissicherungs- und Feststellungsgesetz**[36] nebst Rechtsverordnungen des Präsidenten des Bundesausgleichsamtes[37] sollten für Zwecke des Rechtsschutzes Vermögensschäden festgestellt und die Beweise zugunsten von Personen gesichert werden, die ihren Wohnsitz in der Bundesrepublik haben. Die Schäden müssen infolge Wegnahme durch die Besatzungsmacht oder sowjetzonale Behörden, durch Reparationen oder andere Kriegsfolgen entstanden sein. Das BFG **begründet keine Ansprüche**; die materielle Regelung für die Zonenschäden wurde mit § 15a LAG geschaffen. Das Gesetz wurde im Jahre 1992 aufgehoben,[38] weil der Komplex der in der ehemaligen Sowjetischen Besatzungzone und ehemaligen DDR entstandenen Schäden durch die Vorschriften zur Regelung offener Vermögensfragen abschließend geregelt worden war. Mit der Aufhebung des BFG wurde zugleich die Regulierung der Kriegssachschäden und Reparationsschäden, die in der Regel vor dem 8.5. 1945 entstanden sind, für Geschädigte aus den neuen Bundesländern ausgeschlossen. Nach § 236 LAG ist die (formelle) Schadensfeststellung Voraussetzung für die materiell-rechtliche Gewährung von Lastenausgleichs-

---

[33] Gesetz über die Feststellung von Vertreibungs- und Kriegssachschäden (Feststellungsgesetz -FG) vom 21.4. 1952 i.d.F. der Bekanntmachung vom 1.10. 1969, BGBl. I S.1885, zuletzt geändert am 24.7. 1992, BGBl. I S.1389.
[34] 1. bis 19. FeststellungsDV, BGBl. III 622–1-DV 1 bis 19 und 1. bis 9. Rechtsverordnung des Präsidenten des Bundesausgleichsamtes (BAADV), BGBl. III 622–1-BAADV-1 bis 9.
[35] Siehe Kap.3 Rdnr. 63 ff.
[36] Gesetz über die Beweissicherung und Feststellung von Vermögensschäden in der sowjetischen Besatzungszone Deutschlands und im Sowjetsektor von Berlin (Beweissicherungs- und Feststellungsgesetz -BFG) vom 22.5. 1965 i.d.F. d. Bekanntmachung vom 1.10. 1969, BGBl. III 622–5, aufgehoben durch Gesetz vom 24.7. 1992, BGBl. I S.1389, 1394. Das Gesetz gilt nach Anlage I zum EV, Kapitel II, Sachgebiet D, Abschnitt I Nr.2 (BGBl. II 1990, S.918) nicht im Beitrittsgebiet.
[37] BGBl. III 625–1-BAA-1 und 2.
[38] BGBl. I 1992, S.1389, 1394.

leistungen. Im Rahmen des EALG sind folgende Regelungen von Bedeutung:

(a) §§ 3 Abs. 2, 4 Abs. 1 EntschG: § 16 BFG und 2. und 3. BFDV (Ermittlung des Ersatzeinheitswertes i. V. m. der 3., 5., 6., 10., 14., 15., 16., 17. und 19. FeststellungsDV);[39]
(b) § 2 Abs. 4 AusglLeistG: § 16 BFG.

4. Regelungen für Vertriebene und Flüchtlinge

29 Zur Regelung der Rechtsstellung und Eingliederung der Vertriebenen wurde das **Bundesvertriebenengesetz**[40] erlassen. Nach dem **Flüchtlingshilfegesetz**[41] erhalten Deutsche, die aus der SBZ im Zuge der Besetzung oder nach dieser für dauernd in die Bundesrepublik gezogen sind, bei Existenzverlust oder Erwerbsunfähigkeit Beihilfen zum Lebensunterhalt.

5. Wiedergutmachungsregelungen

30 Nach Artikel 74 Nr. 9 GG erstreckt sich die konkurrierende Gesetzgebung des Bundes auch auf die **Wiedergutmachung des vom Nationalsozialismus zugefügten Unrechts**. Die Wiedergutmachung umfaßt das **Rückerstattungsrecht** (Rückgewähr feststellbarer Vermögenswerte) und das **Entschädigungsrecht** (Ersatz für sonstige Personen- und Vermögensschäden).

31 Hier ist zunächst das **Bundesrückerstattungsgesetz**[42] zu erwähnen. Das BRüG ergänzt die Gesetze der alliierten Militärregierungen über die Rückerstattung feststellbarer Vermögensgegenstände[43] (vgl. Artikel 134 Abs. 4, 135 Abs. 5 GG).

---

[39] Siehe Kap. 3 Rdnr. 63 ff.

[40] Gesetz über die Angelegenheiten der Vertriebenen und Flüchtlinge (Bundesvertriebenengesetz – BVFG) vom 19.5.1953, BGBl. I S. 201 i. d. F. der Neubekanntmachung vom 2.6.1993, BGBl. I S. 829. Das Gesetz gilt im Beitrittsgebiet mit den Maßgaben in der Anlage I zum EV, Kapitel II, Sachgebiet D, Abschnitt II Nr. 1 und Abschnitt III Nr. 1, BGBl. II 1990, S. 918, 919.

[41] Gesetz über Hilfsmaßnahmen für Deutsche aus der sowjetischen Besatzungszone Deutschlands und dem sowjetisch besetzten Sektor von Berlin vom 15.7.1965, BGBl. I S. 612, neugefaßt und bekannt gemacht als Flüchtlingshilfegesetz (FlüHG) am 15.5.1971, BGBl. I S. 681, zuletzt geändert durch Gesetz vom 24.7.1992, BGBl. I S. 1389. Das Gesetz gilt nicht im Beitrittsgebiet – siehe Anlage I zum EV, Kapitel II, Sachgebiet D, Abschnitt I Nr. 1, BGBl. II 1990, S. 918.

[42] Bundesgesetz zur Regelung der rückerstattungsrechtlichen Geldverbindlichkeiten des Deutschen Reichs und gleichgestellter Rechtsträger (Bundesrückerstattungsgesetz – BRüG) vom 19.7.1957, BGBl. I S. 734, zuletzt geändert durch Gesetz vom 3.9.1969, BGBl. I S. 1561.

[43] Das **Rückerstattungsrecht der alliierten Besatzungsmächte** regelt abschließend die Rückerstattung der im Zeitpunkt der Geltendmachung des Anspruchs noch vorhandenen Gegenstände (Naturalrestitution). Während sich die VO Nr. 120 (§ 11 Nr. 1 lit. c BRüG) auf die Regelung der Naturalrestitution beschränkt, sehen das USREG (§ 11 Nr. 1 lit. c BRüG), das BrREG (§ 11 Nr. 1 lit. b BRüG) und die REAO (§ 11 Nr. 1 lit. d BRüG) auch Ersatzleistungen für Vermögensgegenstände vor, die in Natur nicht zurückerstattet werden können. Soweit sich diese Ersatzansprüche gegen

II. EALG im System des Wiedergutmachungs- u. Kriegsfolgenrechts

Das **Bundesentschädigungsgesetz**[44] gewährt ebenfalls Ersatzansprüche für Vermögensverluste (§§ 51 ff. BEG), gilt jedoch gegenüber dem BRüG subsidiär (§ 5 BRüG). Für die Abgrenzung beider Gesetze ist die Rechtsnatur des jeweiligen Anspruchs maßgebend. 32

Das EALG ist bei beiden Gesetzen über das NS-VEntschG berührt; Das **NS-VEntschG ist beiden Bereichen zuzuordnen,** dem der Rückerstattung und der Entschädigung. Es enthält deshalb folgende Verweise auf das BRüG und das BEG: 33

(a) § 1 Abs. 2 und § 2 NS-VEntschG: Verweis auf das BRüG;
(b) § 3 NS-VEntschG: Verweis auf §§ 51, 56 BEG.

6. Heimkehrer, Kriegsgefangene und politische Häftlinge

Das **Heimkehrergesetz** aus dem Jahre 1950[45] regelte Ansprüche auf Hilfen für Heimkehrer, um ihnen das Wiedereinfinden in das Arbeits- und Wirtschaftsleben zu erleichtern. Ehemalige deutsche Kriegsgefangene erhielten nach dem **Kriegsgefangenenentschädigungsgesetz**[46] eine Entschädigung. **Für diesen Personenkreis bestehen Ansprüche nach Maßgabe des VertrZuwG.**[47] 34

Deutsche, die aus politischen Gründen in Gebieten außerhalb der Bundesrepublik einschließlich Berlin (West) in Gewahrsam genommen wurden, erhalten nach dem **Häftlingshilfegesetz**[48] Hilfen. Den Opfern der politi- 35

---

das Deutsche Reich oder andere organlose Rechtsträger richten (§ 1 BRüG), enthält das alliierte Rückerstattungsrecht keine Vorschriften dazu, gegen wen diese Ansprüche geltend zu machen sind, und wer sie zu befriedigen hat. Hier greift das BRüG ein, indem es diese Ansprüche einheitlich regelt und gleichzeitig bestimmt, wie sie durch die Bundesrepublik Deutschland zu erfüllen sind. Da nach den alliierten Rückerstattungsgesetzen sämtliche Ansprüche, die nicht innerhalb bestimmter Fristen geltend gemacht worden waren, auf die Nachfolgeorganisationen übergegangen sind (vgl. § 11 Abs. 2 BRüG), eröffnete § 29 BRüG die Anmeldefrist erneut. Gleichzeitig schloß die Bundesrepublik mit den Nachfolgeorganisationen und den Ländern der früheren US-Besatzungszone, welche die Nachfolgeorganisationen bereits abgefunden hatten, Verträge über die globale Abgeltung ihrer Ansprüche.

[44] Bundesgesetz zur Entschädigung für Opfer der nationalsozialistischen Verfolgung (Bundesentschädigungsgesetz – BEG) vom 18.9. 1953, BGBl. I S. 1387 i.d.F. des Bundesergänzungsgesetzes zur Entschädigung für Opfer der nationalsozialistischen Verfolgung vom 29.6. 1956, zuletzt geändert durch Gesetz vom 7.6. 1993, BGBl. I S. 902.

[45] Heimkehrergesetz vom 19.6. 1950, BGBl. III 84–1, aufgehoben durch Gesetz vom 20.12. 1990, BGBl. I S. 2317.

[46] Gesetz über die Entschädigung ehemaliger deutscher Kriegsgefangener (Kriegsgefangenenentschädigungsgesetz – KgfEG) vom 30.1. 1954, BGBl. I S. 5, aufgehoben durch Gesetz vom 21.12. 1992, BGBl. I S. 2094. Das KgfEG gilt im Beitrittsgebiet mit besonderen Maßgaben – siehe Anlage I zum EV, Kapitel II, Sachgebiet D, Abschnitt II Nr. 5 und Abschnitt III Nr. 5, BGBl. II 1990, S. 919, 920.

[47] Siehe unten Rdnr. 88 ff. und Kap. 6.

[48] Gesetz über Hilfsmaßnahmen für Personen, die aus politischen Gründen außerhalb der Bundesrepublik Deutschland und Berlins (West) in Gewahrsam genommen wurden (Häftlingshilfegesetz – HHG) vom 6.8. 1955, BGBl. I S. 494, neu gefaßt als Gesetz über Hilfsmaßnahmen für Personen, die aus politischen Gründen außerhalb

schen Nachkriegsentwicklung in Mittel- und Ostdeutschland und in den übrigen Vertreibungsgebieten werden Eingliederungshilfen gewährt. Wurden durch Entscheidung eines ausländischen Gerichts im Beitrittsgebiet belegene Vermögenswerte eingezogen, besteht ein Entschädigungs- oder Ausgleichsleistungsanspruch nach § 1 Abs. 1 a EntschG oder § 1 Abs. 1 a AusglLeistG, wenn eine Bescheinigung nach § 10 Abs. 4 HHG vorliegt.[49]

7. Die SED – Unrechtsbereinigungsgesetze

36 Einen weiteren Bereich bilden die mit dem Ersten und Zweiten SED-Unrechtsbereinigungsgesetz erlassenen Vorschriften: Das **Strafrechtliche Rehabilitierungsgesetz**[50] regelt die Rehabilitierung durch Erklärung für rechtswidrig und Aufhebung strafrechtlicher Entscheidungen deutscher Gerichte im Beitrittsgebiet aus der Zeit vom 8.5. 1945 bis zum 2.10. 1990, soweit diese Entscheidungen mit wesentlichen Grundsätzen einer freiheitlichen rechtsstaatlichen Ordnung unvereinbar sind (§ 1 Abs. 1 StrRehaG). Die Aufhebung einer solchen Entscheidung begründet Ansprüche auf soziale Ausgleichsleistungen (§ 3 Abs. 1 i. V. m. §§ 16 bis 24 StrRehaG). Wird auch die Einziehung von Gegenständen oder eine Vermögenseinziehung aufgehoben, richtet sich die Rückübertragung von Vermögenswerten nach dem VermG und dem InVorG (§ 3 Abs. 2 StrRehaG).

37 Den Bereich rechtsstaatswidriger Verwaltungsentscheidungen deckt das **Verwaltungsrechtliche Rehabilitierungsgesetz**[51] ab. Nach § 1 Abs. 1 VwRehaG sind Verwaltungsentscheidungen deutscher behördlicher Stellen im Beitrittsgebiet aus der Zeit vom 8.5. 1945 bis zum 2.10. 1990, die u. a. zu einem Eingriff in Vermögenswerte geführt haben, auf Antrag aufzuheben, soweit sie mit tragenden Grundsätzen des Rechtsstaats schlechthin unvereinbar sind und ihre Folgen noch unmittelbar schwer und unzumutbar fortwirken. Hatte die Maßnahme die Entziehung eines Vermögenswertes i. S. d. § 2 VermG zur Folge, richtet sich die Rückübertragung, Rückgabe oder Entschädigung nach Aufhebung oder Feststellung der Rechtswidrigkeit der hoheitlichen Behördenmaßnahme gemäß § 7 Abs. 1 VwRehaG nach dem

---

der Bundesrepublik Deutschland in Gewahrsam genommen wurden (Häftlingshilfegesetz – HHG) vom 29.9. 1969, BGBl. I S.1793, neu gefaßt durch Gesetz vom 2.6. 1993, BGBl. I S.838. Das HHG gilt im Beitrittsgebiet mit besonderen Maßgaben – siehe Anlage I zum EV, Kapitel II, Sachgebiet D, Abschnitt II Nr.2 und Abschnitt III Nr.3, BGBl. II 1990, S.919, 920.

[49] Siehe unten Rdnr. 47, Kap.3 Rdnr. 10ff. und Kap.4 Rdnr. 6.

[50] Gesetz über die Rehabilitierung und Entschädigung von Opfern rechtsstaatswidriger Strafverfolgungsmaßnahmen im Beitrittsgebiet (Strafrechtliches Rehabilitierungsgesetz -StrRehaG), bekannt gemacht Artikel 1 des Ersten Gesetzes zur Bereinigung von SED-Unrecht (Erstes SED-Unrechtsbereinigungsgesetz – 1. SED-UnBerG) vom 28.10. 1992, BGBl. I S.1814.

[51] Gesetz über die Aufhebung rechtsstaatswidriger Verwaltungsentscheidungen im Beitrittsgebiet und die daran anknüpfenden Folgeansprüche (Verwaltungsrechtliches Rehabilitierungsgesetz – VwRehaG), bekannt gemacht als Artikel 1 des Zweiten Gesetzes zur Bereinigung von SED-Unrecht (Zweites SED-Unrechtsbereinigungsgesetz – 2. SED-UnBerG) vom 23.6. 1994, BGBl. I S.1311.

II. EALG im System des Wiedergutmachungs- u. Kriegsfolgenrechts 57

VermG, dem InVorG und dem EntschG. Wurde durch eine sonstige Maßnahme i. S. d. § 1 VwRehaG in ein Grundstück eingegriffen und dadurch an diesem eine Wertminderung verursacht, so kann der Eigentümer nach § 7 Abs. 2 VwRehaG das Eigentum am Grundstück aufgeben und statt dessen Entschädigung nach dem EntschG wählen.

Das **VwRehaG** findet jedoch nach seinem § 1 Abs. 1 Satz 2 **keine Anwendung auf Maßnahmen, die vom VermG erfaßt** werden. Diese Regelung umfaßt auch den Anspruch auf Entschädigung nach § 9 VermG. Ausdrücklich wird deshalb in § 1 Abs. 1 Satz 3 VwRehaG klargestellt, daß die in § 1 Abs. 8 VermG genannten Fallgruppen auch vom VwRehaG ausgeschlossen sind (u. a. besatzungsrechtliche und besatzungshoheitliche Enteignungen). Hinsichtlich der Einnahmen des Entschädigungsfonds (§ 10 EntschG) ist § 2 Abs. 4 VwRehaG ferner deshalb erwähnenswert, weil danach der Berechtigte den Wert für ein erhaltenes Ersatzgrundstück oder eine andere Ausgleichsleistung, die als Entschädigung zu DDR-Zeiten gewährt wurde, an den Entschädigungsfonds herauszugeben hat. 38

8. Übersicht

Verweisungen des EALG auf die Wiedergutmachungs- und Kriegsfolgengesetze: 39

Gesetz Vorschrift	Verweisungsvorschrift (§) im EALG
AKG	1 Abs. 3 Nr. 4 AusglLeistG
BEG 51, 56	3 NS-VEntschG
BFG 16	4 Abs. 2 EntschG 3 Abs. 2 EntschG 2 Abs. 4 AusglLeistG
BRüG 16–26	1 Abs. 2 NS-VEntschG 2 Abs. 2 NS-VEntschG
BVFG 1	2 Abs. 1 VertrZuwG
FG 17	2 Abs. 4 AusglLeistG
18. FeststellungsDV	1 Abs. 2 AusglLeistG
HHG 10 Abs. 4	1 Abs. 1a EntschG; 1 Abs. 1a AusglLeistG
LAG 245 249a 349	2 Abs. 5 SchuldBBerG; 1 Abs. 4 Nr. 1, Nr. 8 EntschG 8 EntschG 1 Abs. 4, 10 Abs. 1 Satz 1 Nr. 10 EntschG
RepG 2–4	1 Abs. 3 Nr. 1–3 AusglLeistG

Gesetz Vorschrift	Verweisungsvorschrift (§) im EALG
WAG 8, 30, 31	Art. 7 EALG
WBG	1 Abs. 3 Nr. 6, 7 AusglLeistG; Art. 11 EALG

III. Übergreifende gemeinsame Regelungen innerhalb des EALG

1. Allgemeines

40 Das EALG regelt sehr unterschiedliche Sachverhalte. Zur Lösung anstehender Probleme beschreitet der Gesetzgeber nicht jedesmal neue Wege. Er bemüht sich vielmehr, mit möglichst wenigen übergreifenden Regelungen auszukommen, deren Anwendbarkeit dann über **Verweisungen und Bezugnahmen** sichergestellt wird. Diese Technik wurde auch beim EALG verwendet. Übergreifend sind innerhalb des EALG insbesondere die Regelungen zum Entschädigungsfonds und zur Bemessung von Entschädigungs- und Ausgleichsleistungen. Für den Rechtsanwender ist es daher entscheidend, die Ausgangsvorschriften und die Verweisungen sowie die Ausnahmen vom „Modell" zu kennen.

2. Der Entschädigungsfonds

41 Die Erfüllung der Ansprüche auf Entschädigung, Ausgleichsleistung, NS-Verfolgtenentschädigung sowie die Auszahlung der Vertriebenenzuwendung obliegen nach § 9 Abs. 1 EntschG dem Entschädigungsfonds.[52] Das EntschG regelt in seinen §§ 9 bis 11 den Entschädigungsfonds innerhalb des EALG zentral für das EntschG, das AusglLeistG, das NS-VEntschG und das VertrZuwG. Verweisungen innerhalb der einzelnen Leistungsgesetze stellen die Anwendung sicher (§ 1 Abs. 1 Satz 2 EntschG, § 1 Abs. 1 Satz 1 AusglLeistG, § 1 Abs. 1 NS-VEntschG, § 3 Abs. 1 Satz 2 VertrZuwG).

3. Die Bemessungsgrundlagen im EntschG

42 Das EntschG regelt in seinen §§ 1 bis 8 die Grundlagen und Methoden der Bemessung von Entschädigungs- und Ausgleichsleistungen.[53] Die anderen Leistungsgesetze nehmen auf diese Vorschriften Bezug (§ 2 Abs. 1 Satz 2 AusglLeistG, § 2 Satz 3 und § 3 Satz 1 NS-VEntschG). Soweit Abweichungen aufgrund der verschiedenen Anspruchsinhalte erforderlich werden, sind diese im AusglLeistG und NS-VEntschG geregelt.

---

[52] Siehe Kap. 7.
[53] Siehe Übersichten in Kap. 3 Rdnr. 47, 66, 104, 155 und 172.

4. Übersicht

43

Gemeinsamer Grundsatz im EALG	Verweisungen auf den Grundsatz	Ausnahmen
Erfüllung der Ansprüche durch Entschädigungsfonds §§ 9 bis 11 EntschG	§ 1 Abs. 1 Satz 2 EntschG, § 1 Abs. 1 Satz 1 AusglLeistG, § 1 Abs. 1 NS-VEntschG, § 3 Abs. 1 Satz 2 VertrZuwG	§ 3 AusglLeistG: Flächenerwerb § 5 AusglLeistG: Rückübertragung beweglicher Sachen
Bemessungsgrundlagen für die Höhe der Entschädigungs-/ Ausgleichsleistung §§ 1 bis 8 EntschG	§ 2 Abs. 1 Satz 2 AusglLeistG § 2 Satz 3, § 3 Satz 1 NS-VEntschG	§ 2 Abs. 2, 3 AusglLeistG: private geldwerte Ansprüche § 2 Abs. 4, 6 AusglLeistG: Wertpapiere § 2 Satz 1, 2, 4 ff., § 3 Satz 2 NS-VEntschG

IV. Entschädigungsansprüche nach Maßgabe des EntschG

1. Verhältnis zum VermG

a) **Rückerstattung nach dem VermG.** Der Rechtsgrund für **Ansprüche nach dem EntschG** war bisher in § 9 VermG geregelt. Das VermG wurde allerdings durch Artikel 10 EALG geändert, wobei diese Änderungen auch den § 9 VermG erfaßten.[54] Nach der amtlichen Begründung zu § 1 Abs. 1 EntschG tritt diese Vorschrift an die Stelle des bisherigen § 9 Abs. 1 VermG.[55] Insoweit enthält das EntschG auch anspruchsbegründende Regelungen. Im übrigen regelt das Gesetz die **Erfüllung** des dem Grunde nach bestehenden Anspruchs[56] sowie die **Bemessung der Höhe des Entschädigungsanspruchs.**[57] Demnach hat der Berechtigte einen Anspruch auf Entschädigung gegen den Entschädigungsfonds. Die systematischen Zusammenhänge des EntschG mit dem VermG lassen sich auch an den Anspruchsvoraussetzungen in der Reihenfolge darstellen, in der sie vom Rechtsanwender im praktischen Einzelfall zu prüfen sind.[58]

44

---

[54] Aufgrund der Ermächtigung zur Neubekanntmachung des VermG in Artikel 12 EALG wurde das VermG inzwischen am 2.12.1994 neu bekannt gemacht, BGBl. I S. 3610 (siehe Anhang 2.).
[55] BT-Drs. 12/4887, S. 32 und 12/7588, S. 35.
[56] Siehe § 9 Satz 1 VermG sowie § 1 Abs. 1 Satz 1 EntschG („besteht") sowie Satz 2 („erfüllt").
[57] Siehe § 2 Abs. 1 EntschG.
[58] Siehe Prüfungsschema Kap. 3 Rdnr. 171.

Kapitel 2. Regelungszweck und Systematik des EALG

45 Ausgangspunkt ist der **Anspruch auf Rückübertragung nach § 3 Abs. 1 VermG**. Es geht dabei um die Vermögenswerte i. S. d. § 2 Abs. 2 VermG; dieses sind:

(a) bebaute und unbebaute Grundstücke sowie rechtlich selbständige Gebäude und Baulichkeiten,
(b) Nutzungsrechte und dingliche Rechte an Grundstücken und Gebäuden,
(c) bewegliche Sachen,
(d) gewerbliche Schutzrechte, Urheberrechte und verwandte Schutzrechte,
(e) Kontoguthaben und sonstige auf Geldzahlung gerichtete Forderungen,
(f) Eigentum und Beteiligungen an Unternehmen oder an Betriebsstätten sowie Zweigniederlassungen von Unternehmen mit Sitz außerhalb der DDR.

46 Die aufgezählten Vermögensgegenstände müssen von einer **Maßnahme i. S. d. § 1 VermG** betroffen sein. Damit ist der Geltungsbereich VermG angesprochen. Im Hinblick auf den Entschädigungsanspruch sind folgende Maßnahmen (= Schädigungen i. S. d. § 2 Abs. 4 VermG) relevant:

(a) entschädigungslose[59] Enteignung (§ 1 Abs. 1 lit. a);
(b) Enteignung gegen geringere Entschädigung als sie den Bürgern der DDR zustand (§ 1 Abs. 1 lit. b);
(c) Veräußerung durch den staatlichen Verwalter (§ 1 Abs. 1 lit. c);
(d) Verlust durch unlautere Machenschaften (§ 1 Abs. 3).

47 Von diesen Maßnahmen betroffen und damit in das VermG einbezogen sind Vermögenswerte sowie Forderungen und andere Rechte in bezug auf diese Vermögenswerte (§ 1 Abs. 5 VermG). Für die Maßnahmen zwischen dem 30. 1. 1933 und dem 8. 5. 1945 werden entsprechende Ansprüche gewährt (§ 1 Abs. 6 VermG). Wegen der Ansprüche auf Entschädigung für solche Schäden **geht allerdings das NS-VEntschG dem EntschG vor**. Soweit es sich um Maßnahmen aufgrund rechtsstaatswidriger straf-, ordnungsstraf- oder verwaltungsrechtlicher Entscheidungen handelt, ist das VermG nach § 1 Abs. 7 nur für die Rückgabe entsprechend anwendbar. Der Umkehrschluß führt dazu, daß ein Anspruch auf Entschädigung nicht nach dem VermG gewährt wird, sondern nach den entsprechenden Rehabilitierungsgesetzen.[60] Hier gewährt § 1 Abs. 1 a EntschG den Entschädigungsan-

---

[59] Siehe zum Begriff der Entschädigungslosigkeit BVerwG NJW 1994, 2105. Nach dieser Rechtsprechung kommt es darauf an, ob für die in Frage stehende Enteignung jemals in Gesetzen, Verwaltungsanweisungen, Erlassen oder sonstigen von den zuständigen Stellen der ehemaligen DDR zu beachten gewesenen Anweisungen oder generellen Vorschriften ein **geregelter Entschädigungsanspruch** bestanden hat oder nicht. Nicht entscheidend ist nach der Rechtsprechung, ob eine Entschädigung tatsächlich gezahlt oder nur formal gewährt und gegen fiktive Forderungen verrechnet wurde. Diese Auslegung des Begriffs der Entschädigungslosigkeit knüpft ausschließlich an das **Fehlen eines geregelten Entschädigungsanspruchs und die diesem Fehlen zugrundeliegende Diskriminierung bestimmter Enteignungstatbestände** an. Diese Rechtsprechung ist abzulehnen. Sie läßt das in der ehemaligen DDR weithin praktizierte Verwaltungsunrecht durch Nichtanwendung gültiger DDR-Vorschriften durch die DDR-Behörden völlig außer Betracht. Siehe dazu *Zimmermann* in RVI, B 115 Einf AusglLeistG Rdnr. 16 m.w.N.

[60] Siehe zu den einzelnen Regelungen oben Rdnr. 36 ff.

IV. Entschädigungsansprüche nach Maßgabe des EntschG

spruch ebenfalls, soweit eine Bescheinigung nach § 10 Abs. 4 HHG[61] erteilt worden ist.

Die Vermögensgegenstände müssen in Eigentum des Volkes übergeführt oder an Dritte veräußert worden sein (§ 3 Abs. 1 Satz 1 VermG). **48**

Es muß ferner ein **Antrag auf Rückübertragung** gestellt worden sein. Die Ansprüche nach dem VermG mußten bei der zuständigen Behörde geltend gemacht werden (§ 30 Abs. 1 Satz 1 VermG). Die Zuständigkeit bestimmte sich nach den §§ 22 ff., 35 VermG. **Berechtigte sind** nach § 2 Abs. 1 Satz 1 VermG natürliche und juristische Personen sowie Personenhandelsgesellschaften, deren Vermögenswerte von den Maßnahmen i. S. d. § 1 betroffen sind, sowie ihre Rechtsnachfolger (Sonderregelung für Erbengemeinschaften in § 2a VermG). **49**

Vom Berechtigten ist der **Verfügungsberechtigte** zu unterscheiden, dessen Definition gemäß § 2 Abs. 3 VermG von dem betroffenen Vermögenswert abhängt: **50**

(a) Bei Rückgabe von Unternehmen ist derjenige berechtigt, in dessen Eigentum oder Verfügungsmacht das entzogene Unternehmen ganz oder teilweise steht, sowie bei Kapitalgesellschaften deren unmittelbare oder mittelbare Anteilseigner. Stehen der Treuhandanstalt (THA – jetzt: BVS und ihre Organisationen)[62] die Anteilsrechte an Verfügungsberechtigten unmittelbar oder mittelbar allein zu, vertritt sie diese allein.
(b) Bei Rückübertragung von anderen Vermögenswerten ist diejenige Person berechtigt, in deren Eigentum oder Verfügungsmacht der Vermögenswert steht.

Für die **Anmeldung von Rückerstattungsansprüchen waren Ausschlußfristen** zu beachten. Die Rückübertragungsansprüche mußten bis zum 31. 12. 1992, für bewegliche Sachen bis zum 30. 6. 1993 angemeldet werden (§ 30a Abs. 1 Satz 1 VermG). Bei Versäumung dieser Ausschlußfrist können verfristete Ansprüche nicht mehr angemeldet werden. Zugleich gehen die anzumeldenden Ansprüche materiell-rechtlich unter.[63] **51**

b) Von der Rückerstattung nach dem VermG grundsätzlich ausgenommene Fälle. Vermögensrechtliche Ansprüche nach dem VermG und damit auch Entschädigungsansprüche nach dem EntschG bestehen in folgenden Fällen nicht: **52**

---

[61] Siehe FN 48 und Kap. 3 Rdnr. 10ff.
[62] Die Treuhandanstalt wurde mit Wirkung vom 1.1. 1995 umbenannt. Siehe dazu:
a) Gesetz zur abschließenden Erfüllung der verbliebenen Aufgaben der Treuhandanstalt vom 9. 8. 1994, BGBl I S. 2062,
b) Verordnung zur Übertragung von liegenschaftsbezogenen Aufgaben und Liegenschaftsgesellschaften der Treuhandanstalt (Treuhandliegenschaftsübertragungsverordnung – TreuhLÜV) vom 20. 12. 1994, BGBl. I S. 3908,
c) Verordnung zur Übertragung von unternehmensbezogenen Aufgaben und Unternehmensbeteiligungen der Treuhandanstalt (Treuhandunternehmensübertragungsverordnung – TreuUntÜV) vom 20. 12. 1994, BGBl. I S. 3910,
d) Verordnung über die Umbenennung und die Anpassung von Zuständigkeiten der Treuhandanstalt (Treuhandumbenennungsverordnung – TreuUmbenV) vom 20. 12. 1994, BGBl. I S. 3913 (Umbenennung der Treuhandanstalt in Bundesanstalt für vereinigungsbedingte Sonderaufgaben – BVS).
[63] Einzelheiten bei *Wasmuth* in RVI, B 100 § 30a VermG Rdnr. 53ff.

Kapitel 2. Regelungszweck und Systematik des EALG

(a) Enteignungen von Vermögenswerten auf besatzungsrechtlicher oder besatzungshoheitlicher Grundlage (§ 1 Abs. 8 lit. a VermG);[64]
(b) Regelung durch zwischenstaatliche Vereinbarung der DDR mit anderen Staaten (§ 1 Abs. 8 lit. b VermG);[65]
(c) Anteilsrechte an der Altguthabenablöseanleihe (§ 1 Abs. 8 lit. c VermG);[66]
(d) Ansprüche öffentlicher Gebietskörperschaften (§ 1 Abs. 8 lit. d VermG).[67]

---

[64] Diese Tatbestände sind Gegenstand des AusglLeistG; siehe oben Kap. 1 Rdnr. 23 ff. und Kap. 4.

[65] Zu den einzelnen Abkommen siehe Kap. 3 Rdnr. 27.

[66] Nach der Verstaatlichung der Banken in der damaligen SBZ stellte die Anordnung über die Altguthaben-Ablöseanleihe vom 23. 9. 1948 (ZVOBl. S. 475) die bei diesen Banken noch bestehenden RM-Altguthaben im Verhältnis 10 zu 1 auf Deutsche Mark der Deutschen Notenbank um. Die Anteilsrechte der Bürger auf dem Gebiet der DDR wurden getilgt, und für die Anteilsrechte von Ausländern wurde das Ruhen und die Eintragung im Schuldbuch angeordnet. Von der Ausschlußregelung des § 1 Abs. 8 lit. c VermG werden nur die Anteilsrechte an der Altguthaben-Ablösungs-Anleihe von Inhabern ohne Wohnsitz im Gebiet der DDR oder von Personen, welche die DDR ohne Genehmigung verlassen haben und deren Ruhen angeordnet war, erfaßt (Einzelheiten bei *Wasmuth* in RVI, B 100 § 1 VermG Rdnr. 403 ff. Siehe dazu *auch Zimmermann* in RVI, B 110 § 5 EntschG Rdnr. 23 und 46 m.w.N.). Die im Rahmen des Staatsvertrages über die Schaffung einer Währungs-, Wirtschafts- und Sozialunion zwischen der Bundesrepublik Deutschland und der DDR vom 18. 5. 1990 (BGBl. II S. 537, 554) ergangene Verordnung über die Tilgung der Anteilsrechte von Inhabern mit Wohnsitz außerhalb der DDR an der Altguthaben-Ablöseanleihe vom 27. 6. 1990 (geändert am 24. 7. 1992, BGBl. I S. 1389) bestimmt abschließend, daß die ruhenden Ansprüche aus den Anteilsrechten im Verhältnis 2 zu 1 auf Antrag zu tilgen und in DM auszuzahlen waren. Siehe dazu *Zimmermann* in RVI, B 110 § 5 EntschG Rdnr. 25 ff. m. w. N.

[67] Diese Ansprüche sind aus dem Geltungsbereich des VermG ausgenommen, weil sie im VZOG geregelt sind (§ 1 Abs. 3 Nr. 9 AusglLeistG). Dieser Ausschluß gilt im Analogieschluß auch für andere Ansprüche öffentlicher Gebietskörperschaften (Verwaltungs- und Finanzvermögen nach Artikel 21 und 22 EV), weil das VermG solche Ansprüche überhaupt nicht regelt.
Bei der Zuordnung des vormals volkseigenen Vermögens in der DDR ist grundsätzlich zwischen der materiell-rechtlichen Regelung des Eigentumserwerbs des Vermögens durch einen neuen Eigentümer und der formellen Umsetzung dieser Zuordnung im Grundbuch zu unterscheiden. Die materiell-rechtliche Zuordnung bestimmt sich hierbei insbesondere nach den Artikel 21 und 22 EV und den im EV getroffenen Regelungen zum TreuhG nebst DVO, dem KVG und dem ParteiG-DDR. Mit den Artikeln 21 ff. EV und den hierzu bestehenden einfach-gesetzlichen Bestimmungen wurden die Grundlagen für die Zuordnung des Staatsvermögens auf die neu entstandenen Gebietskörperschaften (Länder, Kommunen), Unternehmen und die THA geschaffen und fortentwickelt. Art 21 EV regelt die Aufteilung desjenigen ehemals volkseigenen Vermögens, das am 3. 10. 1990 unmittelbar der Erfüllung von Verwaltungsaufgaben diente (Verwaltungsvermögen). Das Eigentum am Verwaltungsvermögen steht hierbei dem jeweiligen Träger der Verwaltung zu. Entsprechend der Aufgabenabgrenzung im GG richtet sich die Vermögensaufteilung nach der überwiegenden Nutzung des Vermögensgegenstandes am 1. 10. 1989. Das Eigentum steht also dem zuständigen Verwaltungsträger kraft Gesetzes zu. Ehemals volkseigenes Vermögen, das am 3. 10. 1990 nicht unmittelbar der Erfüllung von Verwaltungszwecken diente, wird nach Artikel 22 EV durch ein besonderes Bundesgesetz

Die Rückübertragung des Eigentumsrechts oder sonstiger Rechte an Vermögenswerten ist nach § 4 Abs. 1 Satz 1 VermG dann ausgeschlossen, wenn dies von der Natur der Sache her nicht mehr möglich ist. Damit sind alle **Fälle der tatsächlichen und rechtlichen Unmöglichkeit** erfaßt. Für die Rückgabe von Unternehmen enthält § 4 Abs. 1 Satz 2, 3 VermG noch eine Erweiterung des ohnehin geltenden Ausschlußtatbestandes der Unmöglichkeit.[68]

53

c) **Weitere Rückgabeausschlüsse nach dem VermG.** Die Restitution ist nach § 4 Abs. 2 Satz 1 VermG weiter dann ausgeschlossen, wenn **natürliche Personen an den betreffenden Vermögenswerten** in *redlicher Weise* Eigentum erworben haben. Auslegungshilfen für die Redlichkeit enthält § 4 Abs. 3 VermG. Der zeitliche Geltungsbereich des Ausschlußtatbestandes des redlichen Erwerbs endet am 18.10. 1989 („Stichtag"). Ist das dem Erwerb zugrundeliegende Rechtsgeschäft nach diesem Zeitpunkt abgeschlossen worden, spielt die Frage der Redlichkeit keine Rolle mehr; ein derartiger Erwerb bringt den Restitutionsanspruch des Alteigentümers grundsätzlich nicht mehr zu Fall. In § 4 Abs. 2 Satz 2 VermG, dessen Änderung bei den Beratungen zum SachenRÄndG gefordert wurde, ist die Sperrwirkung des Stichtages allerdings durchbrochen worden. Hiernach kann auch der Abschluß eines Vertrages und dessen Vollzug eine schützenswerte Position gegenüber dem Restitutionsanspruch des Alteigentümers begründen und den Rückgabeanspruch ausschließen. Für die Anwendung des § 4 Abs. 2 Satz 1 muß jedoch Erwerb erfolgt sein, d. h. Eintragung als Eigentümer im Grundbuch. Denn der in § 4 Abs. 2 VermG verwendete Begriff des Eigentumserwerbs deckt sich mit dem des ZGB DDR (§§ 26 Abs. 2, 27, 297 Abs. 2).[69]

54

---

verteilt (Finanzvermögen, vgl. BT-Drs. 12/6854, S. 105). Dieses Gesetz ist noch nicht erlassen; derzeit liegt noch kein Entwurf vor (Zeitstand: April 1995).
Grundlage für den förmlichen grundbuchlichen Vollzug der im EV getroffenen materiellen Vermögenszuordnung ist das VZOG, das im Rahmen des Registerverfahrensbeschleunigungsgesetzes ergänzt wurde. Das Eigentum am Verwaltungsvermögen wird nach Maßgabe des § 1 Abs. 1 Nr. 2 VZOG durch den Oberfinanzpräsidenten der örtlich zuständigen OFD grundsätzlich auf Antrag zugeordnet. Einzelheiten bei *Wasmuth* in RVI, B 100 § 1 VermG Rdnr. 409.

[68] Einzelheiten und Beispiele bei *Wasmuth* in RVI, B 100 § 4 VermG Rdnr. 16 und 18 ff.

[69] BT-Drs. 12/4885 S. 8 zu Nr. 18. Daran ändert die Fassung des § 4 Abs. 2 Satz 2 VermG nichts, weil sich diese Vorschrift nicht auf den Erwerb, sondern nur auf das dem dinglichen Erwerb zugrundeliegende Veräußerungsgeschäft bezieht (Nr. 3 b der Gemeinsamen Erklärung; vgl. auch BT-Drs. 12/2695 S. 28). Die Vorschrift des § 4 Abs. 2 Satz 2 normiert daher eine Ausnahme vom Grundsatz der Restitutionsschädlichkeit des redlichen Erwerbs (Abs. 2 Satz 1) für den Sonderfall des rechtsgeschäftlichen Eigentumserwerbs aufgrund eines nach dem Stichtag abgeschlossenen Veräußerungsgeschäfts.
Die Regelungen im VermG beruhen auf dem Grundsatz, daß ein Erwerb in der Krise der sozialistischen Eigentums- und Sozialordnung keinen Schutz vor dem Rückgewährinteresse des Eigentümers verdient (Begründung zu § 4 VermG, BT-Drs. 11/7831 S. 5). Das Bestandsschutzinteresse des Nutzers, der ein Grundstück oder Gebäude gekauft hat, soll dann, wenn das seinem Erwerb zugrundeliegende Rechtsgeschäft erst im unmittelbaren zeitlichen Vorfeld der eigentumsrechtlichen Zuordnung zum

64 Kapitel 2. Regelungszweck und Systematik des EALG

55 Eine **Ausnahme** bildet die Regelung in § 4 Abs. 2 Satz 2 VermG. Nachdem im Februar 1990 auf Expertenebene die Verhandlungen zur Regelung offener Vermögensfragen begonnen hatten, trat am 19.3.1990 in der DDR das sogenannte „Modrow-Gesetz" in Kraft.[70] Zu diesen Regelungen sicherte die DDR in Nr. 13d der Gemeinsamen Erklärung[71] einen Veräußerungsstop zu.[72] Die Stichtagsregelung des § 4 Abs. 2 Satz 2 VermG ist im Rah-

---

Vermögen des Alteigentümers abgeschlossen wurde, nach der Gemeinsamen Erklärung und den Regelungen im VermG hinter das Rückgewährinteresse des Alteigentümers zurücktreten (BT-Drs. 11/7831 S. 5). Nach den Regelungen im VermG setzt sich in diesen Fällen der Rückgewähranspruch selbst gegenüber einem vollzogenen Geschäft nach Nutzungsrechtsbestellung und Eintragung des Nutzers als Eigentümer des Gebäudes in das Grundbuch durch. Der nicht vollzogene Kaufvertrag kann keine besseren Rechte gegenüber dem Alteigentümer begründen. Denn das Bestandsschutzinteresse des redlichen Erwerbers soll dann, wenn das dem Erwerb zugrundeliegende Rechtsgeschäft zeitlich unmittelbar vor der eigentumsrechtlichen Zuordnung des Erwerbsobjekts zum Vermögen des Alteigentümers abgeschlossen wurde, dem Restitutionsinteresse weichen. Mit der Stichtagsregelung wollte man verhindern, daß die Restitution unterlaufen wurde.

[70] Gesetz über den Verkauf volkseigener Gebäude vom 7.3.1990, GBl. DDR I S. 157 und DVO vom 15.3.1990, GBl. DDR I S. 158 sowie vom 5.7.1990, GBl. DDR I S. 1076 – sogen. „Modrow-Gesetz". Danach konnten Nutzer, insbesondere Mieter, volkseigener Grundstücke die von ihnen genutzten Immobilien käuflich erwerben. Das führte innerhalb von 6 Wochen nach Inkrafttreten des Verkaufsgesetzes zu rd. 300.000 Kaufanträgen bei den staatlichen Notariaten und die Liegenschaftsdiensten. Bei Grundstücken, die für die Restitution in Betracht kamen, führte das dazu, daß die angestrebten Rückgaberegelungen faktisch unterlaufen wurden, indem durch die Veräußerung der betroffenen Grundstücke an Dritte eine Rückgabe ausgeschlossen war. Die Verhandlungspartner der DDR sahen sich angesichts dieses Einwands jedoch politisch außerstande, den Vollzug des Verkaufsgesetzes zu stoppen. Denn dieses Gesetz war in der Volkskammer und der Bevölkerung von einem breiten Konsens getragen. Man war sich jedoch einig, daß die eingeleiteten Veräußerungen nicht zur einer Aushöhlung der angestrebten Restitutionsregelungen führen sollten.

[71] Gemeinsame Erklärung der Regierungen der Bundesrepublik Deutschland und der Deutschen Demokratischen Republik zur Regelung offener Vermögensfragen vom 15.6.1990 – Anlage III zum EV, BGBl. II 1990, S. 1237.

[72] Die weitere Veräußerung von Grundstücken und Gebäuden, die Gegenstand möglicher Restitutionsansprüche waren oder sein konnten (d. h. an denen frühere Eigentumsrechte ungeklärt sind), war für die Zukunft zu unterbinden. In der Vergangenheit bereits erfolgte Veräußerungen derartiger Immobilien sollten auf ihre Bestandsfestigkeit hin überprüft werden. Als Stichtag wurde auf Vorschlag der DDR der 18.10.1989 (Sturz Honneckers – Rücktritt seiner Regierung) gewählt. Der Veräußerungsstop ist durch § 6 der am 27.7.1990 in Kraft getretenen Anmeldeverordnung vollzogen worden. Nach dieser Regelung durfte die nach der Grundstücksverkehrsordnung (vorher: Grundstücksverkehrsverordnung) erforderliche Genehmigung der Veräußerungsverträge solange nicht erteilt werden, bis abschließend geklärt war, ob die Immobilie an einen Alteigentümer zurückzuübertragen ist. Veräußerungsverträge, denen die erforderliche Genehmigung fehlt, sind schwebend unwirksam. Die Eintragung des Erwerbers als Eigentümer im Grundbuch kann nicht vorgenommen werden. Bis zum 27.7.1990 sorgte die Personalknappheit bei den Stellen für die Grundstücksverkehrsgenehmigungen und die daraus folgende schleppende Bearbeitung ohnehin für ein faktisches Hindernis bei der Veräußerung.

IV. Entschädigungsansprüche nach Maßgabe des EntschG 65

men der parlamentarischen Beratungen zum 2.VermRÄndG nach langen rechtspolitischen Auseinandersetzungen[73] durch die Ausnahmetatbestände in lit. a bis c eingeschränkt worden.

Ein **weiterer Ausschlußgrund für die Rückgabe ist die fehlende Vergleichbarkeit des Unternehmens** mit dem früher enteigneten Unternehmen. Nach § 6 Abs. 1 Satz 1 VermG ist das (heute bestehende) Unternehmen zurückzugeben, wenn es unter Berücksichtigung des technischen Fortschritts und der allgemeinen wirtschaftlichen Entwicklung mit dem enteigneten Unternehmen **im Zeitpunkt der Enteignung** vergleichbar ist. Diese Voraussetzung ist gemäß § 6 Abs. 1 Satz 3 VermG gegeben, wenn das Produkt- oder Leistungsangebot des Unternehmens unter Berücksichtigung des technischen und wirtschaftlichen Fortschritts im Grundsatz unverändert geblieben ist oder frühere Produkte oder Leistungen durch andere ersetzt worden sind. Der Begriff der Vergleichbarkeit wird durch § 2 URüV konkretisiert. Ist das Unternehmen mit einem oder mehreren anderen Unternehmen zusammengefaßt worden, kommt es nach § 6 Abs. 1 Satz 4 VermG für die Vergleichbarkeit nur auf diesen Unternehmensteil an.[74] 56

Einen Sonderfall bildet die **Minderung staatlich verwalteter Geldvermögen.** Nach § 11 Abs. 5 VermG wird ein Ausgleich nach § 5 EntschG gewährt, soweit staatlich verwaltete Geldvermögen auf Grund von Vorschriften diskriminierenden oder sonst benachteiligenden Charakters gemindert wurden. Damit ist positiv der Entschädigungsanspruch gegeben und negativ der Rückgabeanspruch ausgeschlossen. Betroffen sind insbesondere Kontoguthaben. Die Minderung beruhte auf der Behandlung von Vermögenswerten während der Zeit der staatlichen Verwaltung. Oft wurden unter staatlicher Verwaltung stehende Vermögenswerte veräußert und die erhaltenen Erlöse einem Konto gutgeschrieben. Die Kontoguthaben standen ihrerseits unter staatlicher Verwaltung und wurden durch überhöhte Verwaltergebühren und Vermögensteuern, die den gewährten Zinssatz überstiegen, verringert.[75] 57

d) Wahl der Entschädigung durch den Berechtigten. Nach § 1 Abs. 1 Satz 1 EntschG besteht ein Entschädigungsanspruch auch dann, wenn der Berechtigte die Entschädigung gewählt hat. Gemäß § 8 Abs. 1 Satz 1 VermG können inländische Berechtigte, soweit ihnen ein Anspruch auf Rückübertragung nach § 3 VermG zusteht, bis zum Ablauf des 31. 5. 1995[76] stattdessen Entschädigung wählen. Hat der Berechtigte seinen Sitz oder Wohnsitz außerhalb der Bundesrepublik Deutschland, verlängert sich die Frist bis zum 1. 12. 1997. Auch ohne Verweisung im VermG oder EntschG gehört das Wahlrecht nach § 7 Abs. 2 VwRehaG ebenfalls in diesen Zusammenhang.[77] Ausgenommen von dem Wahlrecht sind nach § 8 Abs. 1 Satz 3 VermG Be- 58

---

[73] Siehe BT-Drs. 12/7425 S. 94 ff., BT-Drs. 12/5992 S. 204 ff., BT-Drs. 12/8204.
[74] Einzelheiten bei *Wasmuth* in RVI, B 100 § 6 VermG Rdnr. 30 ff.
[75] Einzelheiten bei *Kiethe* in RVI, B 100 § 11 VermG Rdnr. 111 ff.
[76] Die Vorschrift hebt auf den Zeitpunkt des in Artikel 13 Satz 3 EALG geregelten Inkrafttretens des EntschG am 1.12. 1994 ab.
[77] Zum VwRehaG siehe oben Rdnr. 37 f.

rechtigte, deren Grundstücke durch Eigentumsverzicht, Schenkung oder Erbausschlagung in Volkseigentum übernommen wurden. Diese Klarstellung entspricht dem Ausschluß in § 1 Abs. 3 EntschG. Weitere Tatbestände für die Wahl der Entschädigung durch den Berechtigten finden sich in § 6 Abs. 7 VermG (Unternehmensrückgabe) und in § 11 Abs. 1 Satz 2 VermG (Staatliche Verwaltung über Vermögenswerte).

2. Verhältnis zu anderen Leistungsgesetzen

59 Das EntschG findet dort keine Anwendung, wo spezielle Rechtsvorschriften auf den Einzelfall anzuwenden sind. Hier sind zunächst das AusglLeistG und das NS-VEntschG zu erwähnen. Ferner ist auf die Gesetzgebung zur Bereinigung des SED-Unrechts hinzuweisen, die eigene Anspruchstatbestände begründet.[78] Außerdem haben Ausgleichsleistungen nach dem LAG nach § 1 Abs. 4 Nr. 1 EntschG ebenfalls Vorrang.[79]

60 In diesen Zusammenhang gehören auch Leistungen aufgrund internationaler Abkommen,[80] die nach § 1 Abs. 4 Nr. 3 EntschG Entschädigungsansprüche ebenfalls ausschließen. Diese Regelung soll Doppelentschädigungen verhindern. Vermögensverluste, die im Rahmen von Pauschalentschädigungsabkommen abschließend geregelt worden sind, können keinen nochmaligen Entschädigungsanspruch auslösen. Entsprechende Abkommen der Bundesrepublik Deutschland werden nach dem Wortlaut des Gesetzes von § 1 Abs. 8 lit. b VermG nicht erfaßt. Die Regelung im EntschG bezieht diese Abkommen nunmehr ein. Insoweit besteht ein Abkommen mit den USA.[81]

V. Ansprüche nach dem AusglLeistG

61 Das AusglLeistG behandelt die Wiedergutmachungsleistungen für besatzungshoheitliche Enteignungen in der früheren SBZ. Diese Sachverhalte sind in § 1 Abs. 8 lit. a VermG von der Anwendbarkeit dieses Gesetzes ausgenommen; sie können deshalb nicht rückgängig gemacht werden. Im Unterschied zum EntschG normiert das AusglLeistG deshalb **Anspruchsgrund und Anspruchshöhe**.[82] Die Vorschrift des § 1 regelt den Anwendungsbereich des Gesetzes und umschreibt die Anspruchsvoraussetzungen für Leistungen nach dem Gesetz. Art und Höhe der Ausgleichsleistungen bestimmen sich grundsätzlich nach den gleichen Maßstäben, die das EntschG für Entschädigungen nach dem Vermögensgesetz aufstellt.[83] Allerdings führen

---

[78] Siehe oben Rdnr. 36 ff.
[79] Siehe Kap. 3 Rdnr. 24.
[80] Siehe Kap. 3 Rdnr. 27.
[81] Abkommen der Bundesrepublik Deutschland mit den Vereinigten Staaten von Nordamerika zur Regelung bestimmter Vermögensansprüche vom 13. 5. 1992, BGBl. II S. 1223.
[82] *Zimmermann* in RVI, B 115 Einf AusglLeistG Rdnr. 2 bis 11.
[83] Siehe oben Rdnr. 42.

nicht alle durch Maßnahmen auf besatzungsrechtlicher oder besatzungshoheitlicher Grundlage verursachten Schäden zu Ansprüchen nach dem Gesetz. Insoweit sehen die Absätze 3 und 4 des § 1 einen Katalog von Ausschlußtatbeständen vor, die zugleich auch die Abgrenzung zur sogenannten Kriegsfolgeschädengesetzgebung beinhalten.[84]

Die Regelung in § 1 Abs. 1 Satz 2 AusglLeistG i. V. m. § 1 Abs. 7 VermG stellt klar, daß bei der Aufhebung einer **grob rechtsstaatswidrigen strafrechtlichen Verurteilung (Rehabilitierung)** auch dann ein vermögensrechtlicher Anspruch (auf Restitution und hilfsweise auf Entschädigung) gegeben ist, wenn die aufgehobene Verurteilung zwischen dem 8.5. 1945 und dem 6.10. 1949 erfolgte. Die Regelung nimmt solche Fälle vom Anwendungsbereich des AusglLeistG aus, indem auf sie das VermG und das EntschG anzuwenden sind, nicht aber das AusglLeistG.[85] Auch die erst im Nachhinein von der früheren Besatzungsmacht wieder beseitigten Zwangsmaßnahmen können nicht als *besatzungsrechtlich* im Sinne der Nr. 1 der Gemeinsamen Erklärung vom 15.6. 1990 angesehen werden.[86]

Die Vorschrift des § 3 eröffnet die Möglichkeit der Teilnahme am sogenannten **Flächenerwerbsprogramm** hinsichtlich land- und forstwirtschaftlicher Flächen aus noch vorhandenen und zu privatisierenden Beständen der Treuhandanstalt (THA) bzw. jetzt der Bundesanstalt für vereinigungsbedingte Sonderaufgaben (BVS) sowie ihrer Besitzgesellschaften TLG und BVVG.[87] Der § 5 AusglLeistG begründet Ansprüche auf **Rückgabe beweglicher Sachen**.

Die Verfahrensvorschriften finden sich in § 6. Hervorzuheben ist die **Antragsfrist** von 6 Monaten nach Inkrafttreten des AusglLeistG. Diese **Ausschlußfrist** endet am **31.5. 1995**.

VI. Ansprüche nach dem NS-VEntschG

Nach § 1 Abs. 6 VermG ist das VermG auf vermögensrechtliche Ansprüche von Bürgern und Vereinigungen entsprechend anzuwenden, die in der Zeit vom 30.1. 1933 bis zum 8.5. 1945 aus rassischen, politischen, religiösen oder weltanschaulichen Gründen verfolgt wurden und deshalb ihr Vermögen infolge von Zwangsverkäufen, Enteignungen oder auf andere Weise verloren haben.[88] **Dem Grunde nach** ist deshalb auch die Entschädigung für verfolgungsbedingte Vermögensverluste der Opfer des NS-Unrechtsre-

---

[84] Siehe oben Rdnr. 6ff.
[85] Siehe Kap.3 Rdnr. 10ff.
[86] BT-Drs. 12/7588, S. 41.
[87] Siehe FN 62.
[88] Die Einbeziehung dieser Fallgruppe in das VermG war notwendig, weil eine Wiedergutmachung NS-verfolgungsbedingter Vermögensverluste im Beitrittsgebiet nur in ganz geringem Umfang erfolgt ist (Wiedergutmachungsgesetz des Landes Thüringen vom 14.9. 1945, RegBl. Thür. I S. 24). Eine generelle Wiedergutmachung für die Opfer nationalsozialistischen Unrechts hat es weder in der SBZ noch in der DDR gegeben.

gimes **bereits im VermG normiert**. Das NS-VEntschG schließt als eigenständiges Gesetz innerhalb des EALG (Artikel 3) die mit Blick auf die **Höhe der Entschädigung** für NS-verfolgungsbedingte Vermögensverluste verbliebene **Regelungslücke**. Es ist von daher gesehen systematisch mit dem EntschG vergleichbar.[89] In seinem Aufbau orientiert sich das NS-VEntschG am EntschG. Inhaltlich gliedert sich das Gesetz jedoch nur insofern in das System des EALG ein, als sich der Anspruch der Berechtigten gegen den Entschädigungsfonds richtet. Auf der Restitutionsseite gelten die Regelungen des VermG. Auf der Entschädigungsseite finden überwiegend gesonderte, vom EntschG abweichende, Regelungen Anwendung. Das NS-VEntschG ist gemäß Artikel 13 Satz 2 EALG am 1.12. 1994 in Kraft getreten.

66 Mit der Ergänzung des § 3 Nr. 7 EStG durch Artikel 4 Nr. 1 EALG werden **Leistungen nach dem NS-VEntschG** ebenso wie solche nach dem LAG, dem FlüHG, dem BVFG und dem RepG **von der Einkommensteuer befreit**.

67 Die Änderung des § 8 Abs. 1 Satz 1 VermG durch Artikel 10 Nr. 5 EALG regelt das Wahlrecht zwischen Rückgabe und Entschädigung und die Fristen zur Ausübung abschließend. Inländische Berechtigte, denen ein Anspruch auf Rückübertragung nach § 3 VermG zusteht, können bis zum Ablauf von sechs Monaten nach Inkrafttreten des EALG (1.12. 1994), also bis zum 31.5. 1995, statt der Restitution die Entschädigung wählen. Für Berechtigte, die ihren Sitz oder Wohnsitz außerhalb der Bundesrepublik Deutschland haben, wird diese Frist wegen der längeren Postwege auf zwölf Monate bis zum 30.11. 1995 ausgedehnt.

68 Die **Ausschlüsse** sind in § 1 Abs. 2 NS-VEntschG geregelt. Zunächst gilt durch den Querverweis auf § 1 Abs. 4 EntschG der Vorrang von Ausgleichsleistungen nach dem LAG sowie nach Pauschalentschädigungsabkommen.[90] Ferner gilt die Bagatellgrenze in § 1 Abs. 4 Nr. 2 EntschG. Zusätzlich sind die Fälle ausgeschlossen, in denen bereits Wiedergutmachung nach dem BRüG gewährt wurde. Für das Verständnis dieser Regelung kommt es auf die Struktur[91] und den Anwendungs-

---

[89] Der Regierungsentwurf zum EALG (BT-Drs. 12/4887) sah zunächst noch die Regelung der Entschädigungshöhe für NS-verfolgungsbedingte Vermögensverluste innerhalb des EntschG vor. Entsprechend der Beschlußempfehlung des Finanzausschusses vom 18.5. 1994 (BT-Drs. 12/7588) wurde dieser Regelungsbereich aus dem EntschG herausgelöst und in ein eigenständiges Gesetz gefaßt. Maßgebend waren Gründe der Gleichbehandlung mit denjenigen NS-Verfolgten, die schon früher im Westen entschädigt wurden. Ebenfalls bestimmend war die ihrem Wesen nach gegebene Andersartigkeit des wiedergutzumachenden Unrechts. Hier sollte entsprechend den Grundsätzen des alliierten Rückerstattungsrechts bzw. des BRüG in Anlehnung an das Abkommen zwischen der Regierung der Bundesrepublik Deutschland und der Regierung der Vereinigten Staaten von Amerika über die Regelung bestimmter Vermögensansprüche vom 13.5. 1992 (BGBl II, S.1222) verfahren werden.

[90] Siehe Kap. 3 Rdnr. 27.

[91] Das **BRüG** ist wie folgt in 7 Abschnitte gegliedert:
1. Abschnitt – Allgemeine Vorschriften und Begriffsbestimmungen (§§ 1 bis 11)
2. Abschnitt – Neubegründete rückerstattungsrechtliche Ansprüche (§§ 12 und 13)

bereich[92] des BRüG an. Ausschlüsse bestehen weiter, wenn nach anderen rückerstattungsrechtlichen Vorschriften eine Leistung gewährt wurde.[93]

Die **Höhe der Entschädigung** richtet sich nach §§ 2, 3 NS-VEntschG i. V. m. §§ 16–26 BRüG, sowie teilweise auch nach §§ 3, 4, 6, 8 EntschG und § 7a VermG sowie §§ 51, 56 Abs. 1 BEG. Die Vorschriften der §§ 16 bis 26 BRüG sind entsprechend anwendbar. Ausgenommen ist davon der § 16 Abs. 2 Satz 2 BRüG (§ 2 Satz 1 NS-VEntschG). Es geht dabei im einzelnen um Bemessungsvorschriften.[94]

---

3. Abschnitt – Behandlung der nach dem BRüG zu erfüllenden rückerstattungsrechtlichen Ansprüche (§§ 14 bis 26)
4. Abschnitt – Anmeldung von rückerstattungsrechtlichen Ansprüchen (§§ 27 bis 30)
5. Abschnitt – Zahlungspflicht der Bundesrepublik Deutschland (§§ 31 bis 43)
6. Abschnitt – Härteausgleich (§ 44)
7. Abschnitt – Schlußvorschriften (§§ 45 bis 48).

[92] Das BRüG findet nach seinem § 1 auf rückerstattungsrechtliche Ansprüche gegen das Deutsche Reich einschließlich der Sondervermögen Deutsche Reichsbahn und Deutsche Bundespost, gegen das ehemalige Land Preußen, das Unternehmen Reichsautobahnen, die ehemalige NSDAP, die Reichsvereinigung der Juden in Deutschland sowie den Auswanderungsfonds Böhmen und Mähren Anwendung. Rückerstattungsrechtliche Ansprüche sind nach § 2 solche, die nach den Rechtsvorschriften zur Rückerstattung feststellbarer Vermögensgegenstände (§ 11 Nr. 1 BRüG) oder nach den Vorschriften des BRüG den Rückerstattungsberechtigten oder ihren Rechtsnachfolgern zustehen und auf einen Geldbetrag oder auf Schadensersatz gerichtet sind.

[93] Mit diesen „anderen rückerstattungsrechtlichen Vorschriften" sind nach der amtlichen Begründung (BT-Drs. 12/7588) die „Rückerstattungsgesetze der Alliierten Mächte" gemeint. Eine Aufzählung der entsprechenden Vorschriften findet sich in § 11 Nr. 1 BRüG. Im Interesse der Rechtsklarheit wird in diesen Fällen ein nochmaliger Entschädigungsanspruch ausgeschlossen, da die Anrechnung der erhaltenen Leistung auf eine Entschädigung nach dem NS-VEntschG, für deren Höhe ebenfalls das BRüG maßgeblich ist, im Ergebnis zum Saldo Null führen würde. Das alliierte Rückerstattungsrecht hat durch das BRüG keine wesentlichen Änderungen erfahren. Es setzt die Geltung der darin enthaltenen materiell- und verfahrensrechtlichen Regelungen voraus.

[94] § 16 Abs. 2 Satz 2 BRüG (Entgangene Nutzungen, Zinsen oder sonstige geldwerte Vorteile werden aufgrund der Ausnahmeregel in § 2 Satz 1 NS-VEntschG dem Schadensersatzbetrag nicht hinzugerechnet); § 17 BRüG (Umrechnung in Deutsche Mark); § 18 BRüG (vor Inkrafttreten des Gesetzes in DM festgesetzte Beträge); § 19 BRüG (Schadensersatzansprüche auf Zahlung einer Rente); § 20 BRüG (Umstellung entzogener RM-Forderungen – Umwandlung von Guthaben); § 21 BRüG (Hinzurechnung der Altsparerentschädigung – i. V. m. Altsparergesetz); § 22 BRüG (Anrechnung bei mehreren Ansprüchen); § 23 BRüG (Verminderung des Anspruchs durch Gegenansprüche); § 24 BRüG (Ansprüche von Gemeinschaften); § 25 BRüG (Anspruchsübergang auf das Land); § 26 BRüG (Geltendmachung des Anspruchs bei Übergang auf einen Dritten).

VII. Änderung des Wertausgleichsgesetzes

1. Die Nutzung von Grundstücken in den neuen Bundesländern durch die sowjetischen Besatzungstruppen als Regelungsgegenstand

70 Das WAG gehört zu den **Kriegsfolgenregelungen**.[95] Es regelt die Eigentums- und Ausgleichsansprüche sowie eine Erwerbspflicht des Bundes bei Einbauten, die auf Verlangen der Besatzungsmacht oder einer Behörde auf einem von der Besatzungsmacht genutzten Grundstück gemacht worden sind.[96] Im Beitrittsgebiet war eine im Vergleich zu den alten Bundesländern besondere Lage zu berücksichtigen. Während der eigentlichen Besatzungszeit bis zum Eintritt der vollen Souveränität der ehemaligen DDR im Verhältnis zur UdSSR im Jahre 1954[97] und auch danach haben die sowjetischen Streitkräfte während ihrer Stationierung in erheblichem Umfang Flächen zur Nutzung oder zum Gebrauch in Anspruch genommen. Diese Nutzung betraf in erheblichem Maß auch Grundstücke, die nicht in Volkseigentum standen, sondern als Privateigentum im Eigentum Dritter, also nicht des Zentralstaats DDR oder seiner Untergliederungen.[98]

71 Die Bedingungen der Truppenstationierung waren durch ein **Stationierungsabkommen** geregelt.[99] Das Abkommen sah in Artikel 15 Abs. 1 vor, daß die Regierung der DDR den sowjetischen Truppen das Recht der Benutzung von Liegenschaften gewährte, die diese schon zum Zeitpunkt der Unterzeichnung dieses Abkommens in Anspruch genommen hatten. Für Veränderungen der Truppenstärken und Standortverteilung sah Artikel 2 Abs. 1 Konsultationen auf Regierungsebene vor; ein Zustimmungsvorbe-

---

[95] Siehe oben Rdnr. 9.
[96] In den alten Bundesländern wurde für die Fälle der bis zum 5.5.1955 durch die Besatzungsmächte und danach durch die Streitkräfte der Entsendestaaten (NATO-Partner) vorgenommenen baulichen Veränderungen mit den Vorschriften des WAG die Privatisierung der mit dem Grundstück verbundenen Sachen angestrebt. Verbunden war mit der Privatisierung notwendigerweise ein Ausgleich der Interessen des Bundes, aus dessen Mitteln die Investitionen der ausländischen Streitkräfte in der Mehrzahl finanziert wurden, und der Interessen des Grundstückseigentümers, der diese baulichen Investitionen übernehmen sollte.
[97] Die DDR erhielt mit ihrer Gründung am 7.10.1949 zunächst nur eine eingeschränkte Souveränität im Verhältnis zur UdSSR. Erst mit der Erklärung der Regierung der UdSSR über die Beziehungen zwischen der UdSSR und der DDR vom 25.3.1954 (Europa-Archiv 1954, 6534) erlangte die DDR ihre volle Souveränität. Für den Bereich des ehemaligen Berlin-Ost hatte die Gründung der ehemaligen DDR wegen des Viermächte-Status der geteilten Stadt ohnehin keine völkerrechtliche und staatsrechtliche Bedeutung. Siehe dazu näher *Zimmermann* in RVI, B 115 Einf AusglLeistG Rdnr. 19.
[98] BT-Drs. 12/4887, S. 52.
[99] Abkommen zwischen der Regierung der DDR und der Regierung der UdSSR vom 12.3.1957 über Fragen, die mit der zeitweiligen Stationierung sowjetischer Streitkräfte auf dem Territorium der DDR zusammenhängen (GBl. DDR I, S. 285) und Verordnung zum Abkommen vom 11.4.1957, GBl. DDR I, S. 237.

VII. Änderung des Wertausgleichsgesetzes

halt der Regierung der DDR fehlte hingegen.[100] Die nähere inhaltliche Ausgestaltung der Benutzungsbefugnisse der sowjetischen Truppen in bezug auf die ihnen zugewiesenen Liegenschaften war Gegenstand eines weiteren Abkommens.[101]

Auf den von ihnen genutzten Grundstücken haben die sowjetischen Truppen sehr häufig Gebäude und sonstige Bauwerke errichtet und andere Sachen mit den Grundstücken verbunden. Daneben sind in großem Umfang Verwendungen auf die Sache gemacht worden, die aus sowjetischen Mitteln oder aus Mitteln des Staatshaushalts der DDR finanziert wurden.[102] Einen besonderen Problemschwerpunkt bildet dabei die Kontaminierung dieser Grundstücke mit sogenannten Altlasten. Genaue Angaben zum Umfang der Belastung dieser Liegenschaften mit „Militärischen- oder Rüstungsaltlasten" sind erst nach Abschluß eingehender Untersuchungen möglich.[103] Bisherige Schätzungen gehen von rund 4.700 „Rüstungsaltlastenverdachtsstandorten" aus. Der Begriff meint militärisch genutzte und früher militärisch genutzte Liegenschaften, bei denen Altlasten vermutet werden, ohne daß diese bisher aber genau erfaßt worden wären. Von diesen militärisch genutzten und altlastenverdächtigen Standorten und Flächen befinden sich 1.670 auf dem Gebiet der ehemaligen DDR, wobei 350 Liegenschaften der früheren Westgruppe der ehemaligen Sowjetarmee und 253 Liegenschaften der ehemaligen Nationalen Volksarmee bereits überprüft und nach dem Ergebnis der Prüfungen als belastet anzusehen sind.[104] Besonders problematisch sind dabei frühere Standorte der Westgruppe der ehemals sowjetischen Streitkräfte in den neuen Ländern. Auf diesen Liegenschaften wurden bisher Kontaminationsschwerpunkte in der Reihenfolge ihrer Häufigkeit mit Mineralölprodukten, Abfällen und Sonderabfällen sowie Sprengstoffen und Munition festgestellt. Die am stärksten belasteten Liegenschaften sind dabei ehemalige Truppenübungsplätze, Flugplätze, Garnisonen und Tanklager.[105]

2. Entsprechende Anwendung des WAG

Die Anwendung des WAG auf die Rechtsverhältnisse in den neuen Bundesländern ist angesichts der geschilderten Lage notwendig. Die aus Heimatmitteln der Besatzungsstreitkräfte oder aus Mitteln des Staatshaushalts

---

[100] Über Wünsche der sowjetischen Streitkräfte auf dem Gebiet der Inanspruchnahme zusätzlicher Liegenschaften zur dauernden Benutzung hat in der Praxis nach Artikel 19 des Stationierungsabkommens eine gemischte deutsch-sowjetische Kommission entschieden.

[101] Abkommen zwischen den Regierungen der DDR und der UdSSR über die Ordnung und die Bedingungen der Inanspruchnahme von Objekten und Leistungen verschiedener Art durch die zeitweilig auf dem Territorium der DDR stationierten sowjetischen Streitkräfte vom 25.7.1957, GBl. DDR I, S.615.

[102] BT-Drs. 12/4887, S.52.

[103] Bericht der Bundesregierung „Materialien zur Deutschen Einheit und zum Aufbau in den neuen Bundesländern" BT-Drs. 12/6854, S.191.

[104] Ebda.

[105] Ebda.

der DDR finanzierten baulichen Anlagen der sowjetischen Truppen machen ebenso die Regelung einer Ausgleichsverpflichtung des Grundstückseigentümers für ihm durch die Verbindung erwachsende Wertvorteile notwendig, wie dies im alten Bundesgebiet der Fall war. Allerdings sind dabei auch die an den Grundstücken durch Altlasten verursachten Schädigungen zu sehen. Zum anderen ist hierdurch ebenfalls gewährleistet, daß auch die Interessen des Dritteigentümers angemessen Berücksichtigung finden. Als Lösung zur angemessenen Regelung der komplizierten Rechtsverhältnisse, die durch die von den sowjetischen Truppen durchgeführten baulichen Veränderungen auf Drittliegenschaften entstanden sind, kamen grundsätzlich die entsprechende Anwendung des BGB und die Überleitung oder die entsprechende Anwendung des WAG in Betracht.[106]

74 Ein Wertausgleich nach den Vorschriften des BGB für Verwendungsersatz (§§ 994, 996 BGB) oder ein Bereicherungsausgleich (§§ 951, 946 i. V. m. §§ 812 ff. BGB) wurde schon deshalb nicht gewählt, weil er im allgemeinen daran scheitern würde, daß den Dritteigentümern dabei die Berufung auf die Grundsätze der aufgedrängten Bereicherung offenstünde.[107]

75 Andererseits ist das WAG aber auch nicht durch den EV in das in Artikel 3 EV genannte Gebiet übergeleitet worden,[108] weil vergleichbare Fälle in den neuen Bundesländern nicht vermutet wurden. In der Praxis zeigte sich jedoch bei der Bestandsaufnahme der Fallgestaltungen nach der Wiedervereinigung, daß die Problemfälle, die das WAG im alten Bundesgebiet regelt, entsprechend auch in den neuen Bundesländern vorhanden sind. Es blieb deshalb die Regelung der entsprechenden Anwendung des WAG als einzige Lösung übrig.

76 Von der Systematik her gesehen ist es sachgerecht, die gewollte entsprechende Anwendung im WAG selbst als sogenanntes Stammgesetz zu verankern. Hierdurch ist gewährleistet, daß bei seiner Anwendung sofort festgestellt werden kann, welche Vorschrift für das alte Bundesgebiet und welche für die neuen Bundesländer gelten soll.[109]

3. Einzelregelungen

77 **a) Anwendungsbereich.** Die entsprechende Anwendung des größten Teils der Vorschriften des WAG für die neuen Bundesländer wird in dem neugefaßten § 30 WAG geregelt.[110] Für die Anwendung der übrigen Vorschriften

---

[106] BT-Drs. 12/4887, S. 52.
[107] Ebda., *Palandt/Bassenge* § 951 Rdnr. 18 ff. zu den Grundsätzen der aufgedrängten Bereicherung.
[108] Vgl. Artikel 8 i. V. m. Anl. 1 Kap. IV Sachgebiet A Abschnitt 1 Ziff. 21 EV.
[109] BT-Drs. 12/4887, S. 52.
[110] Der § 30 des Stammgesetzes ist seit dem 3.10. 1990 gegenstandslos, nachdem die Alliierten durch Erklärung vom 1.10. 1990 ihre Rechte in Bezug auf Berlin zum 3.10. 1990 suspendiert haben und das Sechste Überleitungsgesetz vom 25.9. 1990 am 3.10. 1990 in Kraft getreten ist (BGBl. I S. 2106); die Vorschriften des Dritten Überleitungsgesetzes, auf welche die Berlin-Klausel Bezug nimmt, wurden aufgehoben.

des WAG in dem in § 1 genannten Gebiet verweist die Begründung zu Artikel 7 EALG auf das WAG von 1971.[111]

Die Änderungen des § 30 WAG betreffen die Absätze 1 bis 3. Abs. 1 ändert den § 1 WAG für das Beitrittsgebiet, Abs. 2 ergänzt § 7, Abs. 3 nimmt die §§ 26, 27 und 29 des Stammgesetzes von der Anwendung auf das Gebiet der neuen Bundesländer aus.

Die Vorschrift des § 1 Abs. 1 WAG umschreibt den **sachlichen Anwendungsbereich** des Gesetzes. Die Regelung in § 1 Abs. 2 ist notwendig, da Fallgestaltungen im Beitrittsgebiet auftreten können, die bereits von der Regelung des VermG erfaßt werden, z. B., wenn im Zeitpunkt der Freigabe des Grundstücks die Bundesrepublik Deutschland Grundstückseigentümer war und inzwischen das Grundstück an einen anderen Eigentümer nach dem VermG rückübertragen wurde. Hier ist das VermG (speziell die §§ 6, 7) lex specialis zu den Regelungen des WAG. Die Ausgleichsbeträge aufgrund von Werterhöhungen fließen zunächst in den Entschädigungsfonds (§ 7 Abs. 2 VermG; § 10 Abs. 1 Satz 1 Nr. 6 EntschG) und werden dort, soweit es sich um sowjetische Heimatmittelinvestitionen handelt, gesondert erfaßt.[112]

b) Ausschlußtatbestände. § 7 des Stammgesetzes enthält Ausschlußtatbestände. Die Ergänzung von § 7 lit. a des Stammgesetzes trägt dem Umstand Rechnung, daß auch in der ehemaligen DDR andere als öffentliche Mittel zur Finanzierung verwendet wurden. Dies ist z. B. der Fall gewesen, wenn private und nicht enteignete Grundstücke von den sowjetischen Truppen genutzt und bebaut wurden. Hier ist denkbar, daß durch die staatlichen Verwalter, Abwesenheits- oder Nachlaßpfleger die Finanzierung der Gebäude mit Hilfe von Hypotheken vorgenommen wurde, die auf Kosten der Grundstückseigentümer aufgenommen wurden.[113]

c) Nichtanwendbarkeit von Vorschriften. Die Regelung des § 30 Abs. 3 WAG, mit der die §§ 26 und 27 des Stammgesetzes auf dem Gebiet der neuen Länder für nicht anwendbar erklärt werden, ist erforderlich, da die betroffenen Grundstücke nicht Gegenstand eines Enteignungsverfahrens nach dem Landbeschaffungsgesetz[114] sein können. § 29 des Stammgesetzes findet ebenfalls keine Anwendung, da nach § 1 Satz 1 des Sechsten Überleitungsgesetzes die Vorschriften des LBG auch in Berlin gelten.[115]

d) Absehen von der Geltendmachung bei geringen Ausgleichsansprüchen. Die Erhöhung der Wertgrenze des § 8 Abs. 1 Satz 2 auf 8.000 DM ist erforderlich, um den seit Inkrafttreten des WAG im Jahre 1971 eingetretenen

---

[111] WAG vom 12.10. 1971, BGBl. I S. 1625 nebst amtlicher Begründung BT-Drs. VI/1615.
[112] BT-Drs. 12/4887, S. 52.
[113] Ebda.
[114] Gesetz über die Landbeschaffung für Aufgaben der Verteidigung (Landbeschaffungsgesetz – LBG) vom 23.2. 1957, zuletzt geändert am 20.12. 1991, BGBl. III 54–3.
[115] BT-Drs. 12/4887, S. 52.

Veränderungen der Preis- und Kostenverhältnisse Rechnung zu tragen. Durch die Verzinsungspflicht vom Zeitpunkt der Freigabe an (Abs. 2) wird berücksichtigt, daß der Grundstückseigentümer die Sache ab diesem Zeitpunkt wirtschaftlich nutzen kann.

83 **e) Inkrafttreten.** Die Änderung des § 31 ist erforderlich, weil das Stammgesetz zwar schon ab dem 12. 10. 1971 in den alten Bundesländern in Kraft getreten ist, die Neufassung jedoch in den neuen Bundesländern erst noch in Kraft gesetzt werden mußte. Danach ist das WAG für die neuen Bundesländer am 1. 12. 1994 in Kraft getreten.[116]

VIII. DDR-Schuldbuchbereinigungsgesetz

84   Das Gesetz zur Behandlung von Schuldbuchforderungen gegen die ehemalige Deutsche Demokratische Republik dient der Bereinigung der ehemals in der DDR begründeten Schuldbuchforderungen. Die Tilgung dieser Schuldbuchforderungen wurde ab 3. 10. 1990 vom Kreditabwicklungsfonds übernommen. Die Auflösung des Kreditabwicklungsfonds, die nach Artikel 23 Abs. 5 EV mit Ablauf des Jahres 1993 erfolgen sollte, machte eine endgültige Entscheidung über die Behandlung der ehemals gegen die DDR gerichteten Schuldbuchforderungen erforderlich. Damit unnötiger Verwaltungsaufwand vermieden wird, sollen mit Ablauf des Jahres 1995 die ehemals in der DDR vorhandenen Schuldbücher geschlossen werden können. Das bedeutet, daß alle Ansprüche aus Schuldbuchforderungen mit Ablauf des 31. 12. 1995 erlöschen, wobei Nachweise noch bis Ende 1996 erbracht werden können (§ 2 Abs. 6).[117]

85   **Rechtsgrundlage** für die Begründung von Schuldbuchforderungen waren in der ehemaligen DDR die Entschädigungsgesetze.[118] Ausgehend von der Verordnung über die Schuldbuchordnung für die DDR aus dem Jahre 1951 (Fundstelle in § 1 Abs. 1 SchuldBBerG) hat der Gläubiger einer Schuldbuchforderung mit ihrer Eintragung einen unmittelbaren Rechtsanspruch gegen die DDR als Schuldnerin erworben. Dabei wurde zwischen Schuldbuchforderungen ohne besondere Vermerke und Schuldbuchforderungen mit besonderen Vermerken unterschieden. Schuldbuchforderungen ohne besondere Vermerke wurden in jährlichen Raten von 3.000 Mark der DDR getilgt und jährlich mit 4 v. H. verzinst. Außerdem gab es unter be-

---

[116] Ebda.
[117] BT-Drs. 12/4887, S. 54.
[118] Gesetz über die Entschädigung bei Inanspruchnahmen nach dem Aufbaugesetz (Entschädigungsgesetz) vom 25.4. 1960, GBl. DDR I S.257 i. V. m. Richtlinie vom 4.5. 1960 und Gesetz über die Entschädigung für die Bereitstellung von Grundstücken (Entschädigungsgesetz) vom 15.6. 1984, GBl. DDR I S.209, geändert durch Gesetz zur Anpassung von Regelungen über Rechtsmittel der Bürger und zur Festlegung der gerichtlichen Zuständigkeit für die Nachprüfung von Verwaltungsentscheidungen vom 14.12. 1988, GBl. DDR I S.329 nebst Durchführungsverordnung vom 15.6. 1984, GBl. DDR I S.211.

stimmten Voraussetzungen nach Antragstellung vorfristige Freigaben für Schuldbuchgläubiger z.B. für den Kauf und die Instandsetzung bzw. Modernisierung von Wohngebäuden. Schuldbuchforderungen mit besonderen Vermerken konnten nur unter einschränkenden Voraussetzungen entstehen.[119]

Über **Schuldbuchforderungen mit besonderen Vermerken** kann bis zur Auseinandersetzung über die Ansprüche aller Berechtigten (z.B. ehemaliger Grundstückseigentümer und Hypothekengläubiger) nicht verfügt werden. Es erfolgt also keine Tilgung und Verzinsung aus dieser Schuldbuchforderung.[120] **86**

Der **Nachweis der einzelnen Ansprüche** ist durch schriftliche Vereinbarungen der Berechtigten mit beglaubigten Unterschriften oder durch eine rechtskräftige gerichtliche Entscheidung zu erbringen. Nachdem der Nachweis der einzelnen Ansprüche erbracht ist, erfolgt die Aufteilung der Schuldbuchforderung mit besonderen Vermerken. Die jährliche Verzinsung erfolgt dann mit 4 v.H. ab dem Tag der Wirksamkeit des Entzuges des Eigentumsrechtes am Grundstück.[121] **87**

IX. Vertriebenenzuwendungsgesetz

Das Gesetz über eine einmalige Zuwendung an die im Beitrittsgebiet lebenden Vertriebenen tritt nach Artikel 13 Satz 1 EALG rückwirkend zum 1.1.1994 in Kraft. Betroffen sind ca. 800.000 Berechtigte. Das Gesetz ist systematisch gleichfalls ein Segment des Kreises der Kriegsfolgegesetzgebung.[122] Nach Maßgabe der Kriegsfolgegesetze konnten Vertriebene, die nach dem Verlassen des Vertreibungsgebietes in die Bundesrepublik Deutschland nach dem Gebietsstand bis zum 3.10.1990 zugezogen sind, **88**

---

[119] Diese Voraussetzungen waren:
– Ein Kaufvertrag über das Grundstück kam nicht zustande.
– Das Eigentumsrecht am Grundstück wurde z.B. nach dem Baulandgesetz entzogen.
– Ein rechtskräftiger Feststellungsbescheid nach dem Entschädigungsgesetz lag vor.
– Der Entschädigungsberechtigte (bisheriger Grundstückseigentümer) konnte mit den Gläubigern der im Grundbuch erloschenen Rechte Dritter (z. B. Hypothekengläubiger) den Nachweis der einzelnen Ansprüche nicht erbringen.
[120] BT-Drs. 12/4887, S.54.
[121] In den letzten Jahren haben sich die Berechtigten bei Schuldbuchforderungen mit besonderen Vermerken in relativ wenigen Fällen über ihre Ansprüche auseinandergesetzt. Das ist u.a. bedingt durch die zum Teil geringe Höhe dieser Schuldbuchforderungen und die Tatsache, daß Erben häufig keine Unterlagen über Schuldbuchforderungen besitzen bzw. aus Kostengründen (Verhältnis von Aufwand und Nutzen) von einer Auseinandersetzung Abstand nehmen. Bei den Schuldbuchstellen der Staatsbank Berlin (seit 15.9.1994 Kreditanstalt für Wiederaufbau – s. die VO zur Übertragung des Vermögens der Staatsbank Berlin auf die KfW vom 13.9.1994, BGBl. I S.2554) sind Schuldbuchforderungen mit besonderen Vermerken mit einem Bestand in Höhe von 13,2 Mio. DM auf 3.448 Konten erfaßt.
[122] Siehe oben Rdnr. 6ff.

Hilfen zur Eingliederung und Entschädigungen erhalten. Vergleichbare Leistungen an Vertriebene mit ständigem Wohnsitz im Gebiet der ehemaligen DDR wurden danach nicht gewährt. Diese Vertriebenen wollte der Gesetzgeber nach der Wiedervereinigung Deutschlands nicht in die Kriegsfolgengesetze einbeziehen, weil die mit diesen Leistungsgesetzen verfolgten Ziele der Eingliederung bei diesem Personenkreis mehr als 40 Jahre nach Abschluß der Vertreibungsmaßnahmen ebenfalls als erfüllt anzusehen sind. Auch die Gewährung von Entschädigungsleistungen nach den Kriegsfolgengesetzen hat der Gesetzgeber nicht vorgesehen, weil sowohl die Feststellung der vor mehr als 40 Jahren eingetretenen Schäden, als auch die Finanzierung derartiger Leistungen auf unüberwindbare Schwierigkeiten gestoßen wäre.[123] Da die nach dem LAG gewährten Entschädigungsleistungen zum größten Teil durch Ausgleichsabgaben der Bevölkerung finanziert worden sind, müßten für derartige Leistungen an Vertriebene im Beitrittsgebiet aus Gründen der Gleichbehandlung ebenfalls in den neuen Bundesländern Vermögensabgaben erhoben werden. Von der Erhebung einer derartigen Abgabe sah der Gesetzgeber jedoch ab, weil andernfalls nach seiner Einschätzung in unvertretbarer Weise der wirtschaftliche Aufschwung und die Anpassung der Lebensverhältnisse in den neuen Bundesländern an die der alten Länder behindert worden wäre.[124]

89   Statt einer individuellen Entschädigung erhalten deshalb die durch den Zweiten Weltkrieg und seine Folgen besonders betroffenen Vertriebenen der Erlebnisgeneration[125] in Anerkennung ihres Vertreibungsschicksals eine einmalige pauschalierte Zuwendung. Diese dient zugleich der innerstaatlichen Abgeltung aller Vermögensschäden und Verluste, die auf den Ereignissen und Folgen des Zweiten Weltkriegs beruhen.[126]

90   **Steuerrechtliche Folgeänderungen** enthalten Artikel 4 Nr. 1 und 2 EALG für das Einkommensteuergesetz, Artikel 5 Nr. 1 und 2 EALG für das Erbschaftsteuer- und Schenkungsteuergesetz, sowie Artikel 6 Nr. 1 EALG für das Bewertungsgesetz. Mit der Ergänzung des § 3 Nr. 7 EStG werden Leistungen nach dem VertrZuwG von der Einkommensteuer befreit. Die Ergänzung des § 13 Nr. 7 ErbStG stellt sicher, daß Ansprüche auf Leistungen aus öffentlichen Mitteln, die den Leistungen nach anderen Entschädigungsgesetzen entsprechen, wie diese steuerfrei bleiben. Gleiches gilt für die Ergänzung des § 111 Nr. 5 BewG.

91   Maßgeblich ist die Vertriebeneneigenschaft. Für Entschädigungen insbesondere für **Vermögensverluste in den Gebieten ostwärts von Oder und Neiße** enthält das VertrZuwG keine Regelungen. Der Ausschluß für diesen Personenkreis ergibt sich aus dem örtlichen Anwendungsbereich des Vertriebenenzuwendungsgesetzes auf das Beitrittsgebiet; nach der Vereinigung sind die in der ehemaligen DDR entzogenen Vermögenswerte nunmehr im Gebiet der Bundesrepublik Deutschland belegen. Die Bundesregierung will sich jedoch bemühen, im Rahmen der mit den ost- und südosteuropäischen

---

[123] BT-Drs. 12/7588, S. 46.
[124] Ebda.
[125] Siehe Kap. 6 Rdnr. 2.
[126] BT-Drs. 12/7588, S. 46.

Staaten geschlossenen Nachbarschaftsverträgen eine Regelung der gegenseitigen offenen Vermögensfragen zu finden.[127]

Aussiedler sind nach dem BVFG den Vertriebenen gleichgestellt (§ 1 Abs. 2 Nr. 3 BVFG). Daher ist z. B. auch ein deutscher Volkszugehöriger, der erst Ende der 60er Jahre aus Polen in die ehemalige DDR gekommen ist und dort seinen ständigen Wohnsitz begründete, anspruchsberechtigt. Von den Aussiedlern sind die Spätaussiedler i. S. d. § 4 BVFG abzugrenzen, die nicht zu den Vertriebenen nach § 1 BVFG zählen.

Ehemalige Kriegsgefangene, die nach ihrer Entlassung aus der Kriegsgefangenschaft nicht mehr an ihren früheren Wohnsitz im Vertreibungsgebiet zurückkehren konnten, gehören ebenfalls zu den Vertriebenen und sind anspruchsberechtigt. Im übrigen erhalten ehemalige deutsche Kriegsgefangene Entschädigung nach dem Kriegsgefangenenentschädigungsgesetz.[128]

Wer als **Evakuierter** im Krieg seine Heimat verlassen mußte und nicht wieder dorthin zurückkehrte, ist nicht Vertriebener und daher nicht Berechtigter, wenn er einen Kriegssachschaden erlitten hatte. Er hat Ansprüche nach dem Bundesevakuiertengesetz.[129] Der Grund für den Ausschluß dieser Personen ergibt sich aus § 1 VertrZuwG. Der Gesetzgeber wollte das besondere Schicksal eines Personenkreises würdigen, der sich während der Zeit des ehemaligen DDR-Regimes nicht zu seinem Vertreibungsschicksal und der früheren Heimat bekennen durfte und deshalb besonders betroffen war.

X. Kraftloserklärung von Reichsmark-Wertpapieren

In den **alten Bundesländern** diente die nach dem Zweiten Weltkrieg durchgeführte **Bereinigung des Wertpapierwesens**[130] dem Ziel, klare Rechtsverhältnisse wiederherzustellen und den Wertpapierhandel wieder in der gewohnten Weise zu ermöglichen. Denn das deutsche Wertpapierwesen hatte durch Kriegs- und Nachkriegsereignisse insbesondere deshalb nicht

---

[127] BMF, Dokumentation 8/94 von Oktober 1994, S. 14.
[128] Kriegsgefangenenentschädigungsgesetz vom 30. 1. 1954 in der Fassung vom 4. 2. 1987, zuletzt geändert am 20. 12. 1991 (BGBl. III 84–2), außer Kraft gesetzt durch Gesetz (Artikel 5) vom 21. 12. 1992, BGBl. I S. 2094.
[129] Bundesevakuiertengesetz vom 14. 7. 1953, BGBl. III, 241.
[130] Gesetz zur Bereinigung des Wertpapierwesens (WBG) vom 19. 8. 1949, WiGBl. S. 295, mehrfach geändert; Wertpapierbereinigungsschlußgesetz vom 28. 1. 1964, BGBl. I S. 45; Gesetz zur Bereinigung der auf Reichsmark lautenden Wertpapiere der Konversionskasse für deutsche Auslandsschulden vom 5. 3. 1955, BGBl. I S. 86; Gesetz zum Zweiten Abkommen vom 16. 8. 1960 zwischen der Bundesrepublik Deutschland und den Vereinigten Staaten von Nordamerika über gewisse Angelegenheiten, die sich aus der Bereinigung deutscher Dollarbonds ergeben vom 24. 6. 1961, BGBl. II S. 461; Landesgesetzgebung Berlin wegen des besonderen Viermächtestatus der geteilten Stadt, VOBl. für Groß-Berlin I 1949, S. 346 und GVOBl. Berlin 1951, S. 530; Gesetzgebung des Saarlandes als partielles Bundesrecht ABl. Saarland 1951, S. 1144; ABl. Saarland 1952, S. 702; ABl. Saarland 1954, S. 1296; ABl. Saarland 1962, S. 437.

mehr funktioniert, weil viele Inhaberpapiere vernichtet oder abhanden gekommen waren. Grundsätzlich fand die Wertpapierbereinigung auf Wertpapiere im Sinne des § 1 Abs. 1 DepotG Anwendung, die bis zum 8.5.1945 ausgestellt worden waren und deren Aussteller ihren Sitz bei Inkrafttreten des Wertpapierbereinigungsgesetzes am 1.10.1949 im Bundesgebiet hatten oder bis zum 31.12.1964 in das Bundesgebiet verlegt hatten (§ 1 WBG).[131] Die eigentliche Bereinigung erfolgte durch Umtausch von für kraftlos erklärten Wertpapieren gegen neue Papiere.[132] Die Wertpapierbereinigung im alten Bundesgebiet wurde zum Ende des Jahres 1964 abgeschlossen.[133]

96 Das EALG knüpft an die in den alten Bundesländern erfolgte Wertpapierbereinigung an und schließt in § 1 Abs. 3 Nr. 6 AusglLeistG die Gewährung von Ausgleichsleistungen für verbriefte Rechte, die der Wertpapierbereinigung unterlagen, aus.

97 Im übrigen gilt die Regelung des **Artikels 11**, die der notwendigen **Klarstellung** dient.[134] Im Beitrittsgebiet sind die Inhaber von Wertpapieren, die auf Reichsmark oder ihre Vorgängerwährungen lauteten, bis zum 2.10.1990 nicht in der Lage gewesen, aus diesen Wertpapieren Rechte als Gesellschafter oder andere durch diese Wertpapiere verbriefte Rechte auszuüben.[135] Soweit diese Wertpapiere nach 1949 im Bundesgebiet außerbörs-

---

[131] **Wertpapiere** im Sinne des Depotgesetzes (Neufassung vom 11.1.1995, BGBl. I S. 34) sind Aktien, Kuxen, Zwischenscheine, Reichsbankanteilscheine, Zins-, Gewinnanteil- und Erneuerungsscheine, auf den Inhaber lautende oder durch Indossament übertragbare Schuldverschreibungen, ferner andere Wertpapiere, wenn diese vertretbar sind, mit Ausnahme von Banknoten und Papiergeld.

[132] Grundsätzlich lief das **Bereinigungsverfahren in folgenden Schritten** ab: Die Wertpapiere einer der Bereinigung unterliegenden Wertpapierart wurden kraft Gesetzes kraftlos erklärt (§ 3 WBG). Innerhalb einer Ausschlußfrist von 6 Monaten mußten die Rechte aus einem für kraftlos erklärten Wertpapier bei einem Kreditinstitut angemeldet werden (§ 17 WBG). Der Anmelder mußte den Beweis führen, daß er Eigentümer des kraftlos gewordenen Wertpapiers war (§ 21 WBG); zum Beweis der erheblichen Tatsachen hatte er in erster Linie öffentliche Urkunden und Bankbescheinigungen beizubringen (§ 22 WBG). Über die Anmeldungen entschied die Prüfstelle oder das Landgericht – Kammer für Wertpapierbereinigung (§§ 24, 25 WBG). Nach Anerkennung der Anmeldung erhielt der Anmelder eine Gutschrift, durch die er Miteigentümer an der Sammelurkunde wurde, die an Stelle der für kraftlos erklärten Wertpapiere ausgestellt worden war (§§ 35, 36 WBG). Die Ausgabe neuer Einzelurkunden erfolgte für Aktien nach Maßgabe des Zweiten DM-Bilanzergänzungsgesetzes vom 20.12.1952, BGBl. I S. 824, für Schuldverschreibungen nach dem Zweiten Wertpapierbereinigungsergänzungsgesetz vom 20.8.1953, BGBl. I S. 940.

[133] Wertpapierbereinigungsschlußgesetz vom 28.1.1964, BGBl. I S. 45. Die nach Abschluß der Wertpapierbereinigung nicht beanspruchten Rechte gingen auf den Ausgleichsfonds über. Die verbleibenden Beträge durften nach §§ 10 und 11 dieses Gesetzes vom Präsidenten des Bundesausgleichsamtes für den Ausgleichsfonds veräußert werden. Im Hinblick auf die Teilung Deutschlands gewährten die Vorschriften der §§ 15 und 16 aus Billigkeitsgründen in Fällen unverschuldet versäumter Nachmeldefrist einen Anspruch gegen den Ausgleichsfonds auf Entschädigung in Geld.

[134] BT-Drs. 12/7588, S. 49.

[135] Ebda.

lich gehandelt worden sind, wurde mit ihrem Handel nicht über aktuell bestehende aktienrechtliche Gesellschafterrechte verfügt, sondern es wurden Hoffnungswerte auf künftige Entschädigungs- oder sonstige Restitutionsansprüche gehandelt. Es ist deshalb auch davon auszugehen, daß bei den später auf dem Liebhaber- und Sammlermarkt veräußerten und erworbenen derartigen Aktien die Übertragung von aktienrechtlichen Gesellschaftsrechten nicht Gegenstand von Einigung und Übergabe gewesen ist. Diese RM-Aktien und andere RM-Effekten aus der ehemaligen DDR hatten damit ihren Charakter als Wertpapiere verloren und waren für sich nicht mehr geeignet, die in den alten Urkundspapieren ursprünglich verbrieften Rechte zu verkörpern.[136]

Wer die in alten Effekten verlautbarten Rechte in Anspruch nehmen will, muß die **Beweislast** dafür tragen, daß er entweder bereits am 1.1. 1945 Eigentümer der Urkunde war oder die materiellen Rechte danach durch Rechtsnachfolge (z. B. Gesamtrechtsnachfolge, Abtretung) von einem Berechtigten erworben hat.[137] **98**

Die **Kraftloserklärung gemäß Abs. 1 beseitigt nicht etwaige Rechte am Papier.** Deshalb war ein Verfügungs- und Verwertungsrecht des Bundesamtes zur Regelung offener Vermögensfragen nach Ablauf einer angemessenen Frist festzulegen. Auch kraftlose Wertpapiere können noch Beweisfunktion für die Innehabung der früher durch sie verbrieften Rechte haben. Sie kann jedoch nicht für kraftlose Wertpapiere aus dem Bestand des Bundesamtes zur Regelung offener Vermögensfragen in Betracht kommen. Das Bundesamt darf daher die dort verwahrten kraftlosen Wertpapiere nur veräußern, wenn die Wertpapiere vorher Stück für Stück entwertet worden sind.[138] **99**

Ansprüche auf Herausgabe von Wertpapieren können nach Abs. 3 Satz 1 innerhalb einer Ausschlußfrist von 6 Monaten nach dem 1.12. 1994 geltend gemacht werden (vgl. Artikel 13 Satz 3 EALG). Wurde die Herausgabe nicht beantragt oder wurde sie bestandskräftig vom Bundesamt zur Regelung offener Vermögensfragen abgelehnt, können nach Abs. 3 Satz 2 diese Wertpapiere insbesondere veräußert werden; die Erlöse fließen dann gemäß Abs. 3 Satz 4 dem Entschädigungsfonds zu. **100**

---

[136] BT-Drs. 12/7588, S. 49.

[137] Für die dabei anzulegenden Maßstäbe kann auf die Grundsätze der Wertpapierbereinigung zurückgegriffen werden. Diese Grundsätze sind in den §§ 21 ff. WBG enthalten. Der Anspruchsteller muß danach insbesondere beweisen, daß er seit dem 1.1. 1945 infolge eines in der Zeit vom 1.1. bis zum 8.5. 1945 an der Börse oder im Bankenverkehr abgeschlossenen Rechtsgeschäftes rechtmäßiger Eigentümer des Wertpapiers ist, oder diese Rechtsstellung nach dem 1.1. 1945 durch rechtswirksame Maßnahmen der Behörden oder Besatzungsmächte erworben hatte. Der Beweis kann auch durch eine ununterbrochene Reihe bürgerlich-rechtlicher Rechtserwerbe von einer Person, die am 1.1. 1945 Eigentümer war, geführt werden. Diese Reihe gilt nach § 21 Abs. 1 Nr. 4 WBG auch dann als nicht unterbrochen, wenn ein Erwerb auf Vorschriften über den rechtsgeschäftlichen Erwerb vom Nichtberechtigten beruht, also gutgläubig im Sinne des § 932 BGB erfolgte. Siehe dazu BT-Drs. 12/7588, S. 49.

[138] BT-Drs. 12/7588, S. 49.

Kapitel 3
Das Entschädigungsgesetz

I. Vorbemerkung

1   Das Entschädigungsgesetz stellt den Kernbereich des EALG dar und regelt die Höhe und Art der schon im VermG enthaltenen Entschädigungsansprüche, insbesondere für Vermögensverluste nach 1949. Wesentlich ist, daß die weiteren Anspruchsgesetze innerhalb des EALG wegen der Höhe der durch sie gewährten Ansprüche weitgehend auf das EntschG Bezug nehmen.[1]

2   Eine besonders schwierige Teilproblematik, die bei der Beratung zum EALG zu lösen war, stellte die **Finanzierung** der Entschädigungs- und Ausgleichsleistungen dar. Hier waren Vorgaben zu beachten. In den Verhandlungen der beiden deutschen Staaten bestand Einvernehmen, daß die Entschädigungs- und Ausgleichsleistungen nicht aus allgemeinen Haushaltsmitteln und somit zu Lasten der Allgemeinheit der Steuerzahler aufgebracht werden sollen. Die Nr. 13c der Gemeinsamen Erklärung vom 15.6. 1990 sieht deshalb zur Befriedigung der Ansprüche auf Entschädigung in der Deutschen Demokratischen Republik die Einrichtung eines rechtlich selbständigen Entschädigungsfonds getrennt vom Staatshaushalt vor. Dieser Entschädigungsfonds wurde im Jahre 1991 gegründet.[2]

3   Als **weitere Rahmenbedingung** für die finanziellen und administrativen Möglichkeiten des Bundes und der Länder waren Lasten auf anderen Feldern der Wiedergutmachung zu sehen. Die Wiedergutmachung von Vermögensschäden und Nichtvermögensschäden wie z.B. der Verlust des Lebens, der Gesundheit, der Freiheit und die Beeinträchtigung des beruflichen Fortkommens müssen ein Mindestmaß an Ausgewogenheit aufweisen. Für das Erste und das Zweite SED-Unrechtsbereinigungsgesetz[3] zusammen werden Gesamtleistungen von 3,6 Mrd. DM im Zeitraum bis zum Jahre 2000 veranschlagt. Für den Aufbau Ost und die Angleichung der Lebensverhältnisse in Ost und West sind öffentliche Finanztransfers des Bundes

---

[1] Siehe Kap. 2 Rdnr. 42.

[2] Durch Gesetz vom 22. 3. 1991 (BGBl. I S. 766, 772) und Erlaß vom 29.7. 1991 des BMF (GMBl. S. 724) i.d.F. des Erlasses vom 7.10. 1991 (GMBl. S. 1042) ist dieser Entschädigungsfonds als nicht rechtsfähiges Sondervermögen des Bundes errichtet worden. Außer den Entschädigungen nach § 1 Abs. 1 EntschG sind aus ihm auch die Gegenleistungen gemäß § 7a VermG, Ersatzgrundstücke nach § 1 Abs. 2 EntschG, Erlösauszahlungen i.S.d. §§ 10 und 11 VermG, und Schadensersatzforderungen gemäß § 13 VermG zu finanzieren. Ferner sollen auch die Ausgleichsleistungen für nicht mehr rückgängig zu machende Enteignungen auf besatzungsrechtlicher bzw. besatzungshoheitlicher Grundlage (1945 bis 1949) aus dem Entschädigungsfonds finanziert werden; siehe im einzelnen Kap. 7.

[3] Siehe Kap. 2 Rdnr. 36 ff.

I. Vorbemerkung

seit 1991 in Höhe von ca. 370 Mrd. DM erbracht worden und sind auch noch künftig über 100 Mrd. DM jährlich bis auf weiteres zu erbringen.[4] Hinzu kommen rund **400 Mrd. DM als Verbindlichkeiten** der Treuhandanstalt, aus dem Währungsumtausch, aus Altschulden der Wohnungswirtschaft sowie des Kreditabwicklungsfonds, die im Erblastentilgungsfonds zusammengefaßt werden und aus dem Bundeshaushalt zu finanzieren sind.[5]

Wegen dieser Rahmenbedingungen hatte die Bundesregierung versucht, die Entschädigungs- und Ausgleichsleistungen haushaltsneutral zu finanzieren. Der **Entschädigungsfonds** sollte aus Beiträgen derjenigen Vermögensmassen und Personengruppen gespeist werden, die im Vergleich zu anderen durch den Einigungsvertrag besondere Vorteile erlangt haben. Dementsprechend war als wesentliches Element auch die Heranziehung der Rückgabeberechtigten vorgesehen.[6] Das **Konzept einer haushaltsneutralen Finanzierung** unter anderem durch Einführung einer Vermögensabgabe war aber politisch nicht durchsetzbar. Ausschlaggebend war die mangelnde Akzeptanz für eine Abgabe zu Lasten derer, die meist heruntergewirtschaftete Objekte zurückbekommen und ihre Finanzkraft auf deren Wiederherstellung und Modernisierung verwenden müssen. Außerdem hielten die neuen Bundesländer die Vermögensabgabe für nicht administrierbar, zumal die Steuerverwaltungen im Beitrittsgebiet im Aufbau begriffen sind und sich auf die Vereinnahmung der Hauptsteuerarten zu konzentrieren haben.

Die im Regierungsentwurf vorgesehen gewesene Vermögensabgabe hätte zu einer tendenziellen Annäherung der Wiedergutmachung durch Rückgabe und durch Geldleistung geführt. Nach ihrem Wegfall während der parlamentarischen Beratung konnte die entstandene **Wertschere zwischen beiden Arten der Wiedergutmachung** nur durch Anhebung der Entschädigungs- und Ausgleichsleistungen gemildert werden. Die wegen des Verzichts auf die Vermögensabgabe notwendig gewordene Erhöhung der Entschädigungs- und Ausgleichsleistungen bei Immobiliarvermögen verwendet das im Regierungsentwurf für die Vermögensabgabe entwickelte Instrumentarium.[7] Danach werden diese Leistungen nach dem Wert zum Stichtag 3.10. 1990 pauschal durch Rückgriff auf den **steuerlichen Einheitswert von 1935** bemessen, wobei dieser Einheitswert mit einem nach Grundstücksarten differenzierten Multiplikator vervielfältigt wird.

Die Erhöhung der Entschädigungs- und Ausgleichsleistungen führte zu einer Ausweitung des Entschädigungsvolumens. Zur Einhaltung des Finanzrahmens von knapp 15 Mrd. DM[8] mußten die höheren Leistungen unter sozialstaatlichen Gesichtspunkten einer **progressiven Kürzung** (Degression) unterworfen werden.[9] Gleichwohl besteht immer noch ein **Mehrbedarf des Entschädigungsfonds von 11 Mrd. DM.** Dieser Zusatzbetrag kann angesichts der derzeitigen Belastungen aus dem Bundeshaushalt erst ab 2004

---

[4] BT-Drs. 12/7588, S. 34.
[5] Ebda.
[6] BT-Drs. 12/4887, S. 31.
[7] BT-Drs. 12/4887, S. 14, 15.
[8] BT-Drs. 12/5503, S. 2.
[9] BT-Drs. 12/7588, S. 35.

zur Verfügung gestellt werden.[10] Daher können die Leistungen zunächst grundsätzlich nur durch Zuteilung von übertragbaren, unverzinslichen Schuldverschreibungen, die ab 1.1. 2004 fällig werden, erfüllt werden.[11]

II. Anspruchsgrundlagen

1. Ansprüche nach § 1 Abs. 1 EntschG

7   Die Vorschrift regelt zunächst den **Anwendungsbereich** des Gesetzes. Satz 1 zählt die zu entschädigenden Tatbestände des VermG auf; er tritt an die Stelle von § 9 Abs. 1 VermG. Es muß also ein **Ausschluß der Rückübertragung** des Eigentumsrechtes oder sonstiger Rechte an Vermögenswerten nach den Vorschriften der §§ 4 Abs. 1 und 2, 6 Abs. 1 Satz 1 und 11 Abs. 5 VermG oder aber die **Wahl einer Entschädigung** durch den Berechtigten im Sinne der §§ 7 Abs. 1 Satz 1 und 11 Abs. 1 Satz 2 VermG vorliegen. Nicht erfaßt sind Ansprüche nach § 10 VermG wegen verkaufter beweglicher Sachen, die nach §§ 3 Abs. 3 und 4 Abs. 2 und 3 VermG nicht zurückgegeben werden können. Insoweit bleibt es bei der Regelung in § 10 VermG.

8   Die Vorschrift muß in Zusammenhang mit den **weiteren Anspruchstatbeständen** der Absätze 1a und 2 sowie mit den Ausschlußtatbeständen in Absätzen 3 und 4, den Sonderregelungen in Artikel 2, 3, 8 und 9 EALG sowie mit den **Änderungen des VermG** in Artikel 10 EALG gesehen werden. In Bezug auf den Ausschluß von Rückübereignungs- und Rückübertragungsansprüchen nach §§ 4 Abs. 1 und 2, 6 Abs. 1 Satz 1 und 11 Abs. 5 VermG kommt es auf die **bestandskräftige Ablehnung angemeldeter Ansprüche** durch die zuständigen Stellen an. Dies folgt aus dem grundsätzlichen Antragserfordernis für alle Ansprüche nach dem VermG nach § 30 Abs. 1 VermG. Dieses umfaßt auch die Entschädigungsansprüche, wie diese nunmehr durch das EntschG geregelt werden. Nicht angemeldete Rückübereignungs- und -übertragungsansprüche führen nicht zu Entschädigungsansprüchen, auch wenn sie bei Antragstellung hätten abgelehnt werden müssen.

9   In bezug auf die **Ausübung des Wahlrechts** ist die Einführung einer **Fristenregelung** durch Änderung des § 8 Abs. 1 Satz 1 VermG in Artikel 10 EALG zu beachten. Das Wahlrecht wird durch diese neue Bestimmung für inländische Berechtigte bis zum Ablauf von sechs Monaten nach Inkrafttreten des EntschG zeitlich befristet. Das EntschG tritt nach Artikel 13 EALG am ersten Tage des auf die Verkündung (30.9. 1994 – Ausgabedatum des BGBl.) folgenden dritten Monats in Kraft. Das Wahlrecht kann mithin bis zum 31.5. 1995 ausgeübt werden. Für Berechtigte mit Wohnsitz außerhalb der Bundesrepublik Deutschland verlängert sich die Frist auf drei Jahre. Die Einführung der Befristung unterstreicht aus der Sicht der Bundesregierung die Bedeutung der Rückgabe enteigneter Vermögensobjekte.[12] Die wirklichen Motive dürften in einer gewollten Verwaltungsver-

---

[10] BT-Drs. 12/7593, S. 3.
[11] BT-Drs. 12/7588, S. 35.
[12] BT-Drs. 12/4887, S. 58.

einfachung und finanziellen Entlastung des Entschädigungsfonds zu suchen sein. Bedenken bleiben: Die Fristenregelung bedeutet faktisch einen Ausschluß des Wahlrechts für alle Fälle, in denen über das Bestehen von Rückübereignungsansprüchen nach § 3 VermG noch nicht abschließend entschieden worden ist.

2. Anspruch nach § 1 Abs. 1a EntschG

§ 1 Abs. 7 VermG regelt Ansprüche auf Rückgabe von Vermögenswerten in 10
Zusammenhang mit rechtsstaatswidrigen straf-, ordnungsstraf- oder verwaltungsrechtlichen Entscheidungen und macht die Rückgabe von der zuvor erfolgten **Aufhebung der rechtsstaatswidrigen Entscheidung** abhängig. Hier ist ein **zweistufiges Verfahren** vorgesehen.

Zunächst mußte die rechtsstaatswidrige Entscheidung aufgehoben wer- 11
den, wobei folgende Rechtsgrundlagen in Betracht kommen:

(a) Kassation nach §§ 311 bis 327 StPO-DDR,[13]
(b) Rehabilitierungsgesetz DDR,[14]
(c) Strafrechtliches Rehabilitierungsgesetz,[15]
(d) Wiederaufnahmeverfahren nach §§ 359ff. StPO,
(e) Aufhebung rechtsstaatswidriger Verwaltungsentscheidungen nach Artikel 19 Satz 2 EV (als lex specialis zu §§ 48 bis 51 VwVfG),
(f) Einzelentscheidungen der Russischen Föderation zur Rehabilitierung der Opfer von Unrechtsurteilen sowjetischer Militärtribunale.

Die Möglichkeit der Aufhebung rechtsstaatswidriger strafrechtlicher Ent- 12
scheidungen nach dem strafrechtlichen Rehabilitierungsgesetz beschränkt sich auf Entscheidungen eines deutschen Gerichts. Im Falle der Verurteilung durch ein ausländisches Gericht kann die Aufhebung nur durch Gerichte oder Behörden des ausländischen Staates vorgenommen werden. Bei Verurteilungen durch sowjetische Militärtribunale sind dies die Gerichte und Behörden der Nachfolgestaaten der UdSSR. Insoweit besteht bisher nur eine Möglichkeit der Antragstellung bei der Russischen Föderation über das Auswärtige Amt.

Mit Rücksicht auf die mit einer Rechtsverfolgung vor ausländischen Ge- 13
richten und Behörden verbundenen Schwierigkeiten eröffnet § 1 Abs. 1a EntschG den Betroffenen nunmehr die Möglichkeit, in einem Verfahren vor deutschen Stellen eine Entschädigung für im Zusammenhang mit dem ausländischen Urteil erfolgte Einziehungen von Vermögenswerten zu erhalten. Dazu ist eine **Bescheinigung nach § 10 Abs. 4 HHG** hinsichtlich der mit dem Urteil verbundenen Freiheitsentziehung vorzulegen.

Die Möglichkeit, die Aufhebung einer rechtsstaatswidrigen Entscheidung 14
vor einem ausländischen Gericht oder einer ausländischen Behörde zu be-

---

[13] Strafprozeßordnung DDR (StPO DDR) vom 29.6. 1990 (GBl. DDR I S.526) i.V.m. Artikel 18 Abs. 2 Einigungsvertrag und Artikel 4 Nr. 2 der ergänzenden Vereinbarung vom 18.9. 1990.
[14] Rehabilitierungsgesetz DDR (RehaG DDR) vom 6.9. 1990, GBl. DDR I S. 1459.
[15] Artikel 1 des 1. SED-Unrechtsbereinigungsgesetzes vom 29.10. 1992, BGBl. I S. 1814; siehe oben Kap. 2 Rdnr. 36.

treiben und im Falle der Aufhebung Rückübertragungsansprüche nach dem VermG geltend zu machen, bleibt davon unberührt. Erhaltene Entschädigungsleistungen stehen im Falle einer Rückübertragung des Vermögenswertes nach § 7a Abs. 2 Satz 3 VermG dem Entschädigungsfonds zu (§ 10 Abs. 1 Satz 1 Nr. 6 EntschG).[16]

3. Ansprüche nach § 1 Abs. 2 EntschG

15 a) **Mehrfache Enteignungen.** Nach § 3 Abs. 2 VermG wird die **Konkurrenz mehrerer Berechtigter**, die nacheinander von enteignenden Maßnahmen betroffen waren, dahin gelöst, daß derjenige, der als erster von solchen Maßnahmen betroffen wurde, als allein Berechtigter gilt. Dieser Grundsatz der Priorität schließt zeitlich später Betroffene aus. Praktisch wird diese Regelung vor allem bei Enteignungen von Opfern des Nationalsozialismus und bei sogenannten Doppelfluchtfällen.[17] Hier wird den später Enteigneten ein Entschädigungsanspruch eingeräumt, sofern sie den betroffenen Vermögenswert in **redlicher Weise** erworben hatten. Den Maßstab für die Redlichkeit bildet § 4 Abs. 2 VermG.[18]

16 b) **Ansprüche von Inhabern früherer dinglicher Rechte an Grundstücken.** Die Gläubiger eines früheren dinglichen Rechts an Grundstücken oder ihre Rechtsnachfolger (Begünstigte i. S. d. § 18b VermG) erhalten nach § 1 Abs. 2 Satz 2 EntschG einen Entschädigungsanspruch, sofern diese Rechte mangels Rückgabe des früher belasteten Vermögensgegenstandes oder wegen Rückgabe nach § 6 VermG (Rückübertragung von Unternehmen) nicht wieder begründet und auch nicht abgelöst werden.

17 Es handelt sich um den in §§ 18, 18a und b VermG sowie in der Hypothekenablöseanordnung[19] behandelten **Komplex der sogenannten untergegangenen Grundstücksbelastungen.** Soweit bei Überführung von Grundstücken in Volkseigentum Grundstücksbelastungen bestanden hatten, gingen diese nach dem Recht der ehemaligen DDR unter. Volkseigentum war grundsätzlich unveräußerlich und konnte auch nicht verpfändet oder belastet werden; die Belastbarkeit volkseigener Grundstücke wurde erst im Jahre 1990 teilweise eingeführt.[20] In bezug auf die untergegangenen dinglichen Rechte ist nach §§ 18ff. VermG bei Rückübertragung des Eigentums an den Berechtigten zugleich ein Ablösebetrag festzusetzen, der vom Berechtigten hinterlegt werden muß. Insoweit haben die früheren Gläubiger der dinglichen Rechte oder ihre Rechtsnachfolger nach § 18b VermG Herausgabeansprüche in bezug auf den auf ihr früheres Recht entfallenden Teil des Ablösebetrages. § 1 Abs. 2 Satz 3 und 4 EntschG stellen die **Akzessorietät** zwischen dem zu entschädigenden dinglichen Recht und der diesem zugrundeliegenden Forderung klar. Soweit diese Forderung erfüllt wor-

---

[16] BT-Drs. 12/7588, S. 36.
[17] Siehe *Zimmermann* in RVI B 115, Einf. AusglLeistG.
[18] Siehe Kap. 2 Rdnr. 54.
[19] Artikel 2 des 2. VermRÄndG vom 14.7.1992, BGBl. I S. 1257, 1265.
[20] 4. KreditVO DDR vom 2.3.1990, GBl. DDR I S. 114.

III. Anwendungsausschlüsse

den ist, entfällt der Entschädigungsanspruch. Soweit für das dingliche Recht eine Entschädigung zuerkannt wurde, erlischt die ihm zugrundeliegende Forderung mit der Bestandskraft der Entscheidung.

4. Ansprüche nach § 3 Abs. 5 EntschG

Die Vorschrift des § 3 Abs. 5 EntschG gibt vor allen den Pächtern land- und forstwirtschaftlicher Betriebe einen eigenen Entschädigungsanspruch. Der **Pächter eines land- und forstwirtschaftlichen Betriebes**, der selbst Eigentümer von lebendem oder totem Inventar oder auch von Betriebsgebäuden ist, hat Anspruch auf den Teil der Entschädigung, der dem Anteil der eingebrachten Vermögenswerte entspricht. Dieser Teil der Entschädigung geht dann zu Lasten des entschädigungsberechtigten Eigentümers. Der Anspruch des Pächters wird bei der Berechnung des Anspruchs des Eigentümers berücksichtigt. Die für die Vermögen- und Erbschaftsteuer sowie für den Lastenausgleich geltenden Teilungsvorschriften sind zur Ausführung dieser Vorschrift hinsichtlich des Pächters entsprechend anwendbar.[21]

18

5. Übersicht

19

Anspruchsgrundlage	Anspruchsinhalt
§ 1 Abs. 1 EntschG	Entschädigung für Vermögensverlust nach VermG durch Schuldverschreibungen
§ 1 Abs. 1 Satz 6 EntschG i. V. m. § 3 AusglLeistG	Entschädigung für Vermögensverlust nach dem VermG durch Landerwerb
§ 1 Abs. 1a EntschG	Entschädigung für Vermögensverluste durch Entscheidungen ausländischer Gerichte durch Schuldverschreibungen oder Landerwerb
§ 1 Abs. 2 EntschG	Entschädigung für den Verlust von dinglichen Rechten durch Schuldverschreibungen oder Landerwerb
§ 3 Abs. 5 EntschG	Entschädigung für Pächter land- und forstwirtschaftlicher Betriebe

III. Anwendungsausschlüsse

1. Ausschlußtatbestand nach § 1 Abs. 3 EntschG

Der in § 1 Abs. 3 EntschG enthaltene **Ausschluß von Entschädigungsleistungen** übernimmt wörtlich den bisherigen § 9 Abs. 1 Satz 2 VermG.[22]
Von der Regelung sind vor allem die Fälle betroffen, in denen **bebaute Grundstücke wegen Überschuldung** durch nicht kostendeckende Mieten

20

21

---

[21] Siehe z. B. § 12 Abs. 3 und 4 ErbStG.
[22] Siehe insoweit die Änderung des § 9 VermG durch Artikel 10 EALG, u. a. Streichung des Absatzes 1.

durch Eigentumsverzicht, Schenkung und Erbausschlagung **in Volkseigentum** übernommen wurden. Eigentümer von Mietwohngrundstücken waren verpflichtet, die in den Volkswirtschaftsplänen für ihr Grundstück enthaltenen Maßnahmen der Modernisierung, des Aus- und Umbaus sowie der Instandhaltung und Instandsetzung durchzuführen und die entsprechenden Verträge mit Baubetrieben oder bei Eigenleistungen durch die Mieter mit diesen abzuschließen.[23] Hintergrund war, daß das Eigentinteresse der Hauseigentümer an der Erhaltung und Instandsetzung ihrer Mietwohnhäuser wegen der bewußt auf dem Stand von 1936 festgehaltenen Mieten erlahmt war. Der Rat der Stadt oder der Gemeinde konnte daher nach § 16 Abs. 1 BaulandG die Durchführung von Baumaßnahmen anordnen oder diese Maßnahmen nach § 24 WLVO selbst in Auftrag geben. Er konnte die Aufnahme eines Krediters und die Eintragung eines Grundpfandrechts zu seiner Sicherung gegen den Willen des Eigentümers veranlassen und die Kreditrückzahlung von sich aus regeln.

22 Der Ausschluß von Entschädigungen für diese Fälle führt im Ergebnis zu einer entschädigungslosen Enteignung. Ein sachlicher Grund ist nicht erkennbar. Der **Anschein der Freiwilligkeit** durch privatrechtliche Rechtsgeschäfte der früheren Eigentümer (Eigentumsverzicht, Schenkung, Erbausschlagung) verdeckt lediglich die von der Verwaltung in der ehemaligen DDR bewußt herbeigeführte ökonomische Zwangslage, aus der heraus die Eigentümer veranlaßt wurden, sich ihres Rechtes rechtsgeschäftlich zu begeben. Nach Nr. 4 der Gemeinsamen Erklärung vom 15.6. 1990[24] sollen die Regelungen der Nr. 3 dieser Erklärung entsprechend auch für ehemals von den Berechtigten selbst oder in ihrem Auftrag verwaltete Hausgrundstücke gelten, die aufgrund ökonomischen Zwangs in Volkseigentum übernommen wurden. Die Nr. 3 der Erklärung behandelt die Restitution oder die Entschädigung. Es ist möglich, die hier angesprochenen Fälle unmittelbar unter die Nr. 4 der Gemeinsamen Erklärung zu subsumieren. Der Ausschluß jeglicher Entschädigungsansprüche für sie erscheint willkürlich und wäre vom BVerfG zu überprüfen. Die amtliche Begründung hebt für diese Ausnahme darauf ab, daß der Berechtigte sein Eigentum hier – wenn auch unter ökonomischen Zwang – letztlich aufgrund eigener Entscheidung aufgegeben hat. Es gehe nicht an, denjenigen, der sich seines Grundstücks unter dem Druck der wirtschaftlichen Verhältnisse entledigt hat, anders zu behandeln als denjenigen, der sein Grundstück unter den gleichen Rahmenbedingungen behalten hat.[25] Der Berechtigte soll in diesen Fällen deshalb lediglich die Möglichkeit erhalten, sein überschuldetes Grundstück zurückzuerhalten, wenn er dies wünscht und wenn dies noch möglich ist. Diese Argumentation übersieht, daß ein wirtschaftlicher Druck nicht in allen Fällen gleichmäßig auf alle Grundstückseigentümer ausgeübt wurde.

---

[23] § 15 Baulandgesetz DDR vom 15.6. 1984, GBl. DDR I S. 201 und § 20 Wohnraumlenkungsverordnung DDR (WLVO DDR) vom 14.9. 1967, GBl. DDR II S. 733, ersetzt durch VO vom 16.10. 1985, GBl. DDR I S. 301, geändert durch VO vom 14.12. 1988, GBl. DDR I S. 330.
[24] BGBl II S. 1237 – Anlage III zum Einigungsvertrag.
[25] BT-Drs. 11/7831 S. 8.

III. Anwendungsausschlüsse

2. Ausschlußtatbestände nach § 1 Abs. 4 EntschG

a) Entzogene Geldforderungen (Nr. 1). Die Vorschrift betrifft **private geld-** 23
werte Ansprüche i. S. d. § 5 EntschG. Gemeint sind damit entzogene Geldforderungen, für die als Bemessungsgrundlage der in DM umgewertete Nominalbetrag mit dem Faktor 1 gilt.[26] Gemeint sind Kontoguthaben, hypothekarisch oder anders gesicherte Forderungen, Hinterlegungsbeträge oder Geschäftsguthaben bei Genossenschaften.[27]

Für entzogene Geldforderungen wird die Entschädigung ausgeschlossen, 24
wenn der Schadensbetrag nach § 245 LAG 10.000 RM nicht übersteigt und für die dem Berechtigten oder seinem Rechtsvorgänger Ausgleichsleistungen nach dem LAG gewährt wurden.[28] Der Schadensbetrag nach § 245 LAG wird dabei gesetzestechnisch in Reichsmark ausgedrückt, auch wenn es sich um Schäden in der früheren DDR handelt, die in Mark der DDR zu messen sind. Das Umrechnungsverhältnis beträgt 1 zu 1. Im **Lastenausgleich** galten der einfache Einheitswert sowie eine einschneidende Degressionsregelung. Allerdings wurde der Schadensbetrag ab Schadenseintritt verzinst; die Degression setzte erst bei Schäden über 10.000 RM nachhaltig ein. Bei Schäden in Bezug auf Geldforderungen bis zu 10.000 RM bleibt die heutige Entschädigung regelmäßig hinter dem gewährten Lastenausgleich zurück. Die Anwendung der allgemeinen Anrechnungsvorschriften ergäbe Null-Beträge oder sogar Minus-Beträge. Die Ausschlußregelung dient der Verwaltungsvereinfachung durch Vermeidung unnötiger Verfahren.[29] Die Entschädigung nach dem EntschG und die lastenausgleichsrechtliche Rückforderung nach § 345 LAG werden von Gesetzes wegen pauschal miteinander verrechnet.

b) Bagatellschäden (Nr. 2). Für Vermögenswerte, die **keine betragsmäßig** 25
nachgewiesenen Geldbeträge sind, bei denen also der tatsächliche Schaden jetzt noch ermittelt werden muß, soll eine Wiedergutmachung nur stattfinden, wenn der ursprüngliche Schaden mindestens 1.000 Deutsche Mark erreichte. Gemeint sind dabei Deutsche Reichsmark und Mark der DDR.[30] Bei weit zurückliegenden Schadensereignissen läßt sich der Grundsatz der Verhältnismäßigkeit nur mit Hilfe einer solchen Mindestgrenze wahren.

Der **Ausschluß gilt für solche Fälle nicht**, in denen die Summe der Ansprü- 26
che die Grenze nicht erreicht. Dementsprechend wurde die Vorschrift gegenüber dem Regierungsentwurf im Hinblick auf diejenigen Fälle präzisiert, bei denen ein Berechtigter mehrere zu entschädigende Vermögensverluste erlitten hat, die jeweils für sich genommen die Bagatellgrenze von 1.000 DM nicht erreichen. Der Ausschluß gilt ferner nicht für buchmäßig

---

[26] BT-Drs. 12/7588, S. 36.
[27] Der Regierungsentwurf enthielt diese Regelung mit der generellen Formulierung „Vermögenswerte", BT-Drs. 12/4887, S. 7.
[28] Siehe Kap. 2 Rdnr. 10 ff.
[29] BT-Drs. 12/4887, S. 32.
[30] BT-Drs. 12/7588, S. 36.

nachgewiesene Geldforderungen, weil diese im Rahmen der Vorabregelung bedient wurden oder werden.[31]

27 c) Pauschalentschädigungen aufgrund zwischenstaatlicher Abkommen (Nr. 3). Die Nr. 3 soll Doppelentschädigungen verhindern. Vermögensverluste, die im Rahmen von Pauschalentschädigungsabkommen abschließend geregelt worden sind, können keinen nochmaligen Entschädigungsanspruch auslösen. Die Regelung berücksichtigt § 8 Abs. 8 lit. b VermG hinsichtlich zwischenstaatlicher Entschädigungsvereinbarungen der DDR. Derartige Abkommen bestanden zwischen der DDR und folgenden Staaten:[32]

(a) Abkommen zwischen der Sozialistischen Föderativen Republik Jugoslavien und der DDR vom 22. 5. 1965,
(b) Abkommen zwischen der Republik Finnland und der DDR zur Regelung vermögensrechtlicher und finanzieller Fragen vom 3. 10. 1984,
(c) Abkommen zwischen dem Königreich Schweden und der DDR zur Regelung vermögensrechtlicher Fragen vom 24. 10. 1986,[33]
(d) Vertrag zwischen der Republik Österreich und der DDR zur Regelung offener vermögensrechtlicher Fragen vom 21. 8. 1987,[34]
(e) Abkommen zwischen Dänemark und der DDR zur Regelung vermögensrechtlicher und finanzieller Fragen vom 3. 12. 1987.

28 Entsprechende Abkommen der Bundesrepublik Deutschland werden nach dem Wortlaut des Gesetzes von § 1 Abs. 8 lit. b VermG nicht erfaßt. Die Vorschrift des § 1 Abs. 4 Nr. 3 EntschG bezieht diese Abkommen nunmehr in die Regelung ein. Insoweit besteht ein Abkommen mit den Vereinigten Staaten von Nordamerika zur Regelung bestimmter Vermögensansprüche aus dem Jahre 1992.[35]

3. Verweisung auf das NS-VEntschG

29 Die Vorschrift verweist auf das NS-Verfolgtenentschädigungsgesetz in Artikel 3 EALG. Für verfolgungsbedingte Vermögensverluste der Opfer des NS-Unrechtsregimes gilt nach § 1 Abs. 6 VermG dieses Gesetz entsprechend.[36] Die Berechtigten haben vermögensrechtliche Ansprüche nach dem VermG, wobei die Anspruchsvoraussetzungen und die Entschädigungsleistungen unter Berücksichtigung der rückerstattungsrechtlichen Normierungen zu konkretisieren sind.

---

[31] Vgl. BMF-Erlaß zur Aufhebung der Vorabregelung vom 25. 10. 1994, abgedruckt bei *Gallenkamp/Kreuer/Löbach/Möser* Teil A 1 Nr. 120.
[32] Abgedruckt bei *Fieberg* (VermG) Anhang II 4 bis 7.
[33] Siehe dazu auch OLG Rostock, ZOV 1994, 495 und VG Berlin, ZOV 1994, 503.
[34] Siehe dazu auch Österreichischer VGH, ZOV 1993, 48.
[35] Abkommen vom 13. 5. 1992, BGBl. II S. 1223.
[36] Siehe Kap. 2 Rdnr. 47, 65 ff. und Kap. 5.

IV. System der Bemessungsgrundlagen

1. Rechtsgrundlagen

Die Vorschriften der §§ 3 bis 5 EntschG regeln die Bemessungsgrundlagen für die Berechnung der Entschädigung bei den unterschiedlichen Vermögensarten und bestimmen damit zugleich auch den **Anwendungsbereich** der jeweiligen Vorschrift. Sie legen ferner den Zeitpunkt fest, der als **Stichtag für die Bemessung** der Vermögensgegenstände angewendet werden soll. Es kommt auf **Werte an, wie sie im Zeitpunkt der Schädigung** vorlagen. Hierfür war die Überlegung maßgebend, daß Besserstellungen von zu entschädigenden Personen im Vergleich zu dem Kreis anderer ehemaliger Eigentümer vermieden werden sollten, bei dem in der ehemaligen DDR eine allgemeine und aus sachlichen Gründen angeordnete Enteignung gegen Entschädigung nach den dafür maßgeblich gewesenen Vorschriften der ehemaligen DDR durchgeführt worden ist.[37] Die nunmehr nach dem EntschG zu entschädigenden Alteigentümer, denen keine Entschädigung nach den Bestimmungen der ehemaligen DDR gewährt wurde, sollen nicht mehr erhalten, als die früher in der DDR entschädigten ehemaligen Eigentümer als Entschädigung erhalten haben.[38] Den **Maßstab bilden steuerliche Einheitswerte**, wie diese zuletzt vor dem schädigenden und rechtsstaatswidrigen Eingriff in die Eigentümerbefugnisse des zu entschädigenden Personenkreises festgestellt waren. Fehlt es an solchen Einheitswerten, kommt es nach den Maßgaben der einzelnen Vorschriften auf Ersatzwerte an.

Die zeitliche Festlegung auf den Wert des Vermögensgegenstandes im Zeitpunkt der Schädigung bestimmt zugleich auch das anzuwendende **steuerliche Bewertungsrecht**. Steuerliche Einheitswerte waren zuletzt zum 1.1. 1935 nach den Vorschriften des Reichsbewertungsgesetzes bestimmt worden.[39]

Eine Festsetzung von Einheitswerten **nach dem Bewertungsgesetz DDR**[40] **ist nicht umfassend erfolgt**. Die Bewertung nach den Vorschriften dieses Gesetzes galt nicht für alle Vermögen und Vermögensgegenstände. Grundsätzlich **ausgenommen** waren folgende Bereiche:

(a) Staatsorgane und staatliche Einrichtungen,
(b) volkseigene Betriebe und Kombinate, die Vereinigungen Volkseigener Betriebe und andere Organe und Einrichtungen der volkseigenen Wirtschaft sowie die der volkseigenen Wirtschaft gleichgestellten Betriebe,
(c) sozialistische Genossenschaften,
(d) Betriebe mit staatlicher Beteiligung.

---

[37] Entschädigungsgesetz DDR vom 25.4. 1960, GBl. DDR I S.257 i.V.m. Richtlinie vom 4.5. 1960, abgedruckt in Gesamtdeutsches Institut, S.58 – Dokument 18.
[38] BT-Drs. 12/4887, S.30; BT-Drs. 12/7588, S.26.
[39] Reichsbewertungsgesetz (RBewG) vom 16.10. 1934, RGBl. I S.1035 i.V.m. den Durchführungsbestimmungen vom 2.2. 1935 (RBewDB 1935), RGBl. I S.81 und den Verordnungen der Landesfinanzämter vom 17.12. 1934 in RMBl. S.785 bis 822.
[40] Bewertungsgesetz DDR (BewG DDR) i.d.F. vom 18.9. 1970 – bekannt gemacht in Sonderdruck Nr.64 GBl. DDR vom 2.11. 1970.

Für diese Rechtsträger volkseigenen Vermögens[41] kam die Festsetzung von Einheitswerten **nur in bestimmten gesetzlich geregelten Ausnahmefällen** in Betracht, wobei in solchen Fällen Einheitswerte **ausschließlich für den Grundbesitz** festzusetzen waren. Dies bedeutet im Ergebnis, daß für die hier interessierenden Enteignungsfälle i. d. R. keine Einheitswerte vorliegen, die nach dem BewG der ehemaligen DDR festgesetzt worden sind. Denn durch die Enteignungen wurde das jeweilige Vermögen regelmäßig in Eigentum des Volkes überführt und solchen Rechtsträgern in Rechtsträgerschaft zugewiesen, auf die der Ausschluß der Anwendbarkeit des BewG DDR in aller Regel zutraf.

33   Daher werden die Bemessungsgrundlagen nach dem RBewG zu bestimmen sein, das ohne diese Einschränkungen auf alle Vermögensarten Anwendung fand.[42] Dies ergibt der Umkehrschluß aus der ausdrücklichen Anordnung der Anwendung einzelner Vorschriften des BewG-DDR in § 3 Abs. 3 Satz 1 EntschG. Demgegenüber enthält § 3 Abs. 1 Satz 1 a. E. nur die Formulierung „Einheitswert", ohne den Zusatz des anzuwendenden Gesetzes.

2. Einheitswerte

34   **a) Begriff.** Der Begriff Einheitswert ist ein steuerlicher Begriff. Er gehört in den Bereich der besonderen steuerlichen Bewertungsvorschriften des Zweiten Teils des RBewG, wie diese **für bestimmte Steuerarten** anzuwenden waren. Das RBewG nennt dazu in § 18 die Vermögensteuer, die Grundsteuer, die Gewerbesteuer, die Erbschaftsteuer und die Grunderwerbsteuer. In § 19 zählt das Gesetz die Vermögensarten auf, die nach den Vorschriften des Zweiten Teils des RBewG zu bewerten waren. Es handelte sich um folgendes Vermögen:

(a) Land- und forstwirtschaftliches Vermögen,
(b) Grundvermögen,
(c) Betriebsvermögen,
(d) Sonstiges Vermögen.

35   Das RBewG sieht sodann in § 20 eine Definition der Einheitswerte vor. Danach galten Werte, die nach den Vorschriften des Ersten Abschnitts ge-

---

[41] Das gesamtgesellschaftliche Volkseigentum bedurfte zu seiner Ausübung eines besonderen Rechtsinstituts. Dies war die **Rechtsträgerschaft**. Es handelt sich dabei um eine Statusbezeichnung für die Berechtigung zum Besitz, zur Nutzung und zur Verfügung von bzw. über volkseigene Grundstücke. Die Rechtsträgerschaft war normativ geregelt (Anordnung über die Rechtsträgerschaft an volkseigenen Grundstücken vom 7.7. 1969, GBl. DDR II S. 433). Rechtsträger konnten nur sein volkseigene Betriebe und Kombinate sowie Vereinigungen solcher Betriebe und Kombinate, staatliche Organe und Einrichtungen, sozialistische Genossenschaften und gesellschaftliche Organisationen sowie die ihnen unterstehenden Betriebe und Einrichtungen entsprechend besonderer Festlegung des Ministers der Finanzen der ehemaligen DDR (§ 2 der Anordnung).

[42] Anders wohl *Gallenkamp/Kreuer/Löbach/Möser* Teil B 2 Nr. 400 Rdnr. 50 ff., die von der uneingeschränkten Anwendbarkeit des BewG-DDR ausgehen.

sondert festzustellen waren, als Einheitswerte. Der Erste Abschnitt umfaßt die Vorschriften der §§ 20 bis 66, in denen die Bewertung folgender Vermögensarten behandelt wird:

(a) Land- und forstwirtschaftliches Vermögen,
(b) Grundvermögen,
(c) Betriebsvermögen.

Mithin gab es Einheitswerte auch nur zu diesen drei Kategorien von Vermögen. Trotz dieser speziellen Bewertungsregelungen zum Einheitswert galten ergänzend auch die allgemeinen Bewertungsvorschriften des RBewG. Dabei ragt die Grundsatzvorschrift des § 10 RBewG heraus. Danach war bei Bewertungen der **gemeine Wert** zugrundezulegen, soweit nichts anderes bestimmt ist (Abs. 1). In Abs. 2 der Vorschrift findet sich die gesetzliche Definition des gemeinen Wertes. Dieser wird durch den Preis bestimmt, der im gewöhnlichen Geschäftsverkehr nach der Beschaffenheit des Wirtschaftsguts bei einer Veräußerung zu erzielen wäre. Dabei sind alle Umstände, die den Preis beeinflussen, zu berücksichtigen, nicht jedoch ungewöhnliche oder persönliche Verhältnisse. 36

Die Vorschrift des § 10 RBewG geht auf § 137 der Abgabenordnung von 1919 zurück. Der in dieser Bestimmung verwendete Begriff des gemeinen Wertes stammt aus Teil I, Titel 2, § 112 des Preußischen Allgemeinen Landrechts von 1794. Er hatte dort allerdings einen anderen Sinngehalt, indem damit der Nutzen gemeint war, den eine Sache jedem Besitzer gewähren kann. Demgegenüber veränderte das steuerliche Bewertungsrecht des Deutschen Reichs den Begriffsinhalt in der Weise, daß der Wertbegriff sich nicht mehr an dem Nutzen der Sache für einen Besitzer ausrichtete, sondern an dem für sie **bei einer Veräußerung erzielbaren Preis**. Damit wurden Gesichtspunkte des Marktes in den Wertbegriff integriert. 37

Die Regelungen des § 10 RBewG wurden in § 9 des jetzt gültigen Bewertungsgesetzes übernommen.[43] Der auch in den jetzt gültigen steuerlichen Bewertungsvorschriften verwendete Begriff des gemeinen Wertes umschreibt, was auf dem Gebiet der Verkehrswertbestimmung von Grundstücken mit dem Verkehrswert nach § 194 BauGB gemeint ist. Die Definition des Verkehrswerts in § 194 BauGB stimmt inhaltlich mit der Definition des gemeinen Wertes in § 10 Abs. 2 RBewG und § 9 Abs. 2 BewG überein.[44] 38

b) Feststellungszeitpunkte für den Einheitswert. Zu den Zeitpunkten der Feststellung von Einheitswerten sah das RBewG drei mögliche Feststellungsarten vor. Dies waren: 39

(a) Hauptfeststellung (§ 21 RBewG),
(b) Neufeststellung (§ 22 RBewG),
(c) Nachfeststellung (§ 23 RBewG).

---

[43] Neufassung des Bewertungsgesetzes (BewG) vom 1.2.1991, BGBl. I S. 230, zuletzt geändert durch das EALG am 27.9.1994, BGBl. I S. 2624.
[44] Siehe unten Rdnr. 52.

40 Hiervon interessiert die **Hauptfeststellung** nach § 21 RBewG. Sie war in Zeitabständen von sechs Jahren für die wirtschaftlichen Einheiten des land- und forstwirtschaftlichen Vermögens und des Grundvermögens, für die Betriebsgrundstücke und für die Gewerbeberechtigungen durchzuführen. Dreijährige Intervalle für die Hauptfeststellung galten für die wirtschaftlichen Einheiten des Betriebsvermögens. Auf der Grundlage gesetzlicher Ermächtigungen hatte der Reichsminister der Finanzen Durchführungsbestimmungen erlassen.[45] Nach § 1 RBewDB 1935 hatte eine **Hauptfeststellung der Einheitswerte auf den 1.1. 1935** zu erfolgen. Auf die so festgestellten Einheitswerte 1935 kommt es im Rahmen des § 3 EntschG an.

41 c) **Bewertungsvorschriften für land- und forstwirtschaftliches Vermögen.** Die Feststellung der Einheitswerte für land- und forstwirtschaftliches Vermögen war in den Vorschriften der §§ 28 bis 49 RBewG geregelt. Nach § 28 RBewG unterteilte sich diese Vermögensgruppe in folgende Untergruppen:

(a) landwirtschaftliches Vermögen (§§ 29 bis 44 RBewG),
(b) forstwirtschaftliches Vermögen (§§ 45 und 46 RBewG),
(c) Weinbauvermögen (§ 47 RBewG),
(d) gärtnerisches Vermögen (§ 48 RBewG),
(e) übriges land- und forstwirtschaftliches Vermögen (§ 49 RBewG).

42 Ergänzend waren die Bestimmungen der §§ 4 bis 31 RBewDB 1935 heranzuziehen, wobei § 30 die Arten des übrigen land- und forstwirtschaftlichen Vermögens definierte (Fischzucht und Teichwirtschaft, Binnenfischerei, Wanderschäfereien, Bienenzucht – Imkereien).

43 Ferner waren **ergänzend** die Vorschriften des **Bodenschätzungsgesetzes**[46] heranzuziehen. Das RBewG bedurfte zu seiner Durchführung für das land- und forstwirtschaftliche Vermögen einer Ergänzung auf dem Gebiet der Schaffung von Hilfsmitteln, welche die Überleitung von Werten für die Vergleichsbetriebe zu den übrigen Betrieben erleichtern und sichern sollten.[47] Hierzu sah das BodSchätzG eine umfassende Neuschätzung des gesamten Kulturbodens nach einheitlichen Gesichtspunkten vor. Für Ackerland und Grünland wurden Schätzungsrahmen mit einer Einteilung nach Klassen vorgesehen. Daneben gab es Wertzahlen als Verhältniszahlen, indem diese Zahlen das Verhältnis der Ertragsfähigkeit von Bodenflächen eines Betriebes zu den Flächen eines Betriebes mit den ertragsfähigsten Bodenflächen ausdrückten. Für Ackerland und Grünland gab es zwei derartige Wertzahlen (Bodenzahl und Ackerzahl sowie Grünlandgrundzahl und Grünlandzahl). Diese Zahlen berücksichtigten unterschiedliche Bodengestaltungen sowie verschiedene klimatische und sonstige Beschaf-

---

[45] Durchführungsbestimmungen zum RBewG für die Bewertung des Vermögens nach dem Stand vom 1.1. 1935 (RBewDB 1935) vom 2.2. 1935, RGBl. I S. 81.
[46] Gesetz über die Schätzung des Kulturbodens (Bodenschätzungsgesetz – BodSchätzG) vom 16.10. 1934, RGBl. I S. 1050 und RStBl. S. 1306.
[47] Amtliche Begründung zum BodSchätzG in RStBl. 1935, S. 301.

IV. System der Bemessungsgrundlagen 93

fenheiten mit Auswirkung auf den Ertrag. Als Ausführungsvorschriften zum BodSchätzG ergingen Durchführungsbestimmungen.[48]

d) Bewertungsvorschriften für Grundvermögen. Die Bewertung des Grund- **44** vermögens richtete sich nach den §§ 50 bis 53 RBewG. Nach § 53 RBewG waren unbebaute Grundstücke mit dem gemeinen Wert i. S. d. § 10 RBewG anzusetzen. Das jetzt gültige Bewertungsgesetz sieht dies so nicht mehr vor. Auch hier waren die Bestimmungen der RBewDB 1935 ergänzend heranzuziehen, wobei sich die maßgebenden Regelungen in den §§ 32 bis 46 fanden. Es wurde nach **Grundstückshauptgruppen** wie folgt unterschieden (§ 32 RBewDB 1935):

(a) Mietwohngrundstücke (mehr als 80 v. H. Wohnzwecken dienend ohne Einfamilienhäuser),
(b) Geschäftsgrundstücke (mehr als 80 v. H. eigenen oder fremden gewerblichen oder öffentlichen Zwecken dienend),
(c) Gemischt genutzte Grundstücke (teils Wohn- und gewerblichen oder öffentlichen Zwecken dienend),
(d) Einfamilienhäuser (Wohngrundstücke mit einer Wohnung),
(e) Sonstige bebaute Grundstücke.

Zu den **Bewertungsmaßstäben** sah § 33 RBewDB 1935 die Bewertung von **45** Mietwohngrundstücken und gemischt genutzten Grundstücken mit einem Vielfachen der Jahresrohmiete vor, während alle übrigen bebauten Grundstücke mit dem gemeinen Wert zu bemessen waren. Die Jahresrohmiete war nach § 34 RBewDB 1935 um Zahlungen der Mieter für anteilige Betriebskosten zu bereinigen. Nach § 36 hatten die Präsidenten der Landesfinanzämter die Vervielfältiger für die Jahresrohmieten festzusetzen, wobei dies in Form von Verordnungen zu geschehen hatte, die im RMBl. zu veröffentlichen waren (§ 39 RBewDB 1935). Für Erbbaurechte sah § 46 RBewDB 1935 eine Sonderregelung vor. **Verordnungen der Präsidenten der Landesfinanzämter** über die Bewertung bebauter Grundstücke sind 1934 ergangen.[49]

e) Bewertungsvorschriften für Betriebsvermögen. Das Betriebsvermögen **46** war nach den Vorschriften der §§ 54 bis 66 RBewG zu bewerten. Ergänzend waren die §§ 47 bis 55 RBewDB 1935 heranzuziehen.

---

[48] Durchführungsbestimmungen zum Bodenschätzungsgesetz (BodSchätzDB) vom 12. 2. 1935, RGBl. I S. 198 und RStBl. S. 303.
[49] Verordnungen der Präsidenten der Landesfinanzämter über die Bewertung bebauter Grundstücke vom 17. 12. 1934, RMBl. Nr. 49/1934 vom 20. 12. 1934 (S. 785 bis 822) Berlin, Brandenburg, Darmstadt, Düsseldorf, Hamburg, Hannover, Karlsruhe, Kassel, Köln, Königsberg i. Pr., Magdeburg, Münster, Nordmark, Schlesien, Stettin, Stuttgart, Thüringen, Weser-Ems, München, Nürnberg, Würzburg sowie Dresden und Leipzig. Von diesen dürften in dem hier interessierenden Gesamtzusammenhang Berlin, Brandenburg, Magdeburg, Stettin, Thüringen, Dresden und Leipzig von Interesse sein.

47 f) **Übersicht.** Synopse der Rechtsgrundlagen zur Einheitswertermittlung

Bewertungsgegenstand	§§ RBewG (§§ RBewDB)	§§ BewG-DDR
Land- und forstwirtschaftliches Vermögen a) Landwirtschaftliches Vermögen b) forstwirtschaftliches Vermögen c) Weinbauvermögen d) Gärtnerisches Vermögen e) übriges land- und forstwirtschaftliche Vermögen	28–49 a) 29–44 (4–18) b) 45, 46 (19–21) c) 47 (22–25) d) 48 (26–29) e) 49 (30–31)	28–49 (ohne 34–36, 41–44, 46) a) 29–40 b) 45 c) 47 d) 48 e) 49

Grundvermögen
a) bebaute Grundstücke
  – Mietwohngrundstück
  – Geschäftsgrundstück
  – Gemischt genutzte Grundstücke
  – Einfamilienhaus
  – Sonstige
b) unbebaute Grundstücke
	50–53 (32–54 RBewDV)
	a) 50–52 (32–43)
	
	b) 53 (44–46)
		50–53
		a) 50–52
		
		b) 53

Betriebsvermögen	54–66 (47–55 RBewDV)	54–66; ohne 60, 61
Sonstiges Vermögen	67–77 (56–74)	67–69, 73–75, 77

V. Bemessungsgrundlage für Grundvermögen sowie land- und forstwirtschaftliches Vermögen

1. Einheitswerte als Ausgangspunkt der Bemessung

48 a) **System der Anpassungsfaktoren.** Nach § 3 Abs. 1 Satz 1 EntschG ist als Bemessungsgrundlage für die Entschädigung vom zuletzt festgestellten Einheitswert auszugehen. Wegen der nur ausnahmsweise gegebenen Anwendbarkeit des BewG DDR auf die hier in Betracht kommenden Grundstücke war dies in der Regel der **zum 1.1.1935 festgestellte Einheitswert**.[50]

49 Die Anlegung des steuerlichen Einheitswerts führt zu einer Berücksichtigung der **Beschaffenheit** des zu entschädigenden Vermögensgegenstandes. Dies sind tatsächliche Gegebenheiten, die nach allgemeiner Auffassung Auswirkungen auf den Wert haben. Bei Grundstücken ist zum Beispiel die Größe, Bebauungsweise, Lage, Bodenqualität, Verkehrslage u.ä. zu berücksichtigen (§§ 31 Abs. 3, 45 Abs. 4 und 5 RBewG i.V.m. § 37 RBewDB 1935). Die Berücksichtigung der unterschiedlichen Beschaffenheiten von Vermögenswerten über die Einheitswerte war aber nicht so gemeint, daß damit eine umfassende Entschädigung im Sinne eines sämtliche Besonderheiten des Einzelfalles berücksichtigenden vollen Schadensersatzes ge-

---

[50] Siehe oben Rdnr. 34 ff.

V. Bemessungsgrundlage für Grundvermögen

währt werden sollte.[51] Dieser **Einheitswert wird je nach Grundstücksart mit einem Faktor multipliziert.** Dabei handelt es sich um folgende Faktoren:

(a) land- und forstwirtschaftliche Grundstücke = das 3 fache,
(b) Mietwohngrundstücke mit mehr als zwei Wohnungen = das 4,8 fache,
(c) gemischtgenutzte Grundstücke, die zu mehr als 50 v. H. Wohnzwecken dienen = das 6,4 fache,
(d) Geschäftsgrundstücke, Mietwohngrundstücke mit zwei Wohnungen, gemischtgenutzte Grundstücke, die nicht zu mehr als 50 v. H. Wohnzwecken dienen, Einfamilienhäuser, sonstige bebaute Grundstücke = das 7 fache,
(e) unbebaute Grundstücke = das 20 fache.

b) Gründe für die Erhöhung der Faktoren. Die **Anpassungsfaktoren für die steuerlichen Einheitswerte** sind im Vergleich zum Regierungsentwurf erhöht worden. Dieser sah insoweit noch für alle Grundstücksarten einen einheitlichen Faktor von 1,3 vor, mit dem die Einheitswerte multipliziert werden sollten. Die im Regierungsentwurf vorgesehene gewesene Regelung wurde mit dem Hinweis begründet, daß in der DDR bei der Bemessung des preisrechtlich zulässigen Höchstpreises, der sowohl für genehmigte Grundstücksverkäufe als auch für die Bemessung der Enteignungsentschädigungen maßgebend war, bei bebauten Grundstücken im Ergebnis eine dem Einheitswert entsprechende Größe ermittelt wurde, die je nach Erhaltungszustand des Gebäudes bis zu 30 v. H. über oder unter diesem liegen konnte.[52]

Entscheidend dürfte für den im Regierungsentwurf vorgesehen gewesenen einheitlich niedrigen Faktor von 1,3 aber gewesen sein, daß die **Konzeption einer haushaltsneutralen Finanzierung** u. a. durch Einführung einer **Vermögensabgabe** geplant war.[53] Diese Abgabe hätte im Ergebnis die **Wertschere** zwischen der Rückgabe enteigneter Vermögensgegenstände an die früheren Eigentümer und den niedrigen Entschädigungen auf der Grundlage von nur geringfügig erhöhten steuerlichen Einheitswerten verkleinert. Durch den Fortfall der politisch nicht durchsetzbar gewesenen Vermögensabgabe klaffte diese Wertschere weit auseinander und war zu verringern, um die verfassungsrechtlich notwendige Beachtung des Sozialstaatsgebots und des Gleichbehandlungsgrundsatzes sicherzustellen.[54] Es ist aber die

---

[51] BT-Drs. 12/4887, S. 33.
[52] Ebda.
[53] BT-Drs. 12/4887, S. 13, 40.
[54] Das **Bundesverfassungsgericht** hat die gegen Nr. 1 Satz 1 der Gemeinsamen Erklärung gerichteten Verfassungsbeschwerden durch Urteil vom 23. 4. 1991 verworfen und hinsichtlich der etwaigen staatlichen Ausgleichsleistungen unter Bezugnahme auf seine Rechtsprechung zur Wiedergutmachung von Kriegsfolgen festgestellt, der Gesetzgeber könne, da er für Enteignungen nach 1949 Regelungen zugunsten der Geschädigten getroffen habe, auf Ausgleichsleistungen für Enteignungen auf besatzungsrechtlicher oder besatzungshoheitlicher Grundlage nicht völlig verzichten. Er habe jedoch einen weiten Gestaltungsraum, bei dessen Ausfüllung er an das Sozialstaatsprinzip und den Gleichheitssatz gebunden sei. Dabei müßten die Wiedergutmachungsregelungen im Ganzen ausgewogen sein und dürften nicht zu einer einseitigen Bevorzugung von Geschädigten mit Vermögensschäden führen, insbesondere nicht

Frage, ob eine solche Kompensation tatsächlich erreicht wurde; hieran kann gezweifelt werden. Denn ohne die Vermögensabgabe haben solche Alteigentümer, die Restitutionsansprüche nach dem VermG erfolgreich durchsetzen konnten, ihr früheres Vermögen zurückerhalten. Dieses hat nunmehr je nach seiner tatsächlichen Beschaffenheit einen Wert, wie er sich am jeweils örtlichen Grundstücksmarkt und sonstigen Märkten ausrichtet. An dieser Wertvorgabe des Vermögenszuwachses auf der Seite rückgabeberechtigter Alteigentümer ist zu messen, ob die in § 3 Abs. 1 Satz 1 EntschG vorgesehenen erhöhten Faktoren zur Steigerung steuerlicher Einheitswerte 1935 die gewollte Kompensation bewirken.

52 **c) Ausrichtung der Faktoren an Verkehrswerten zum Stichtag 3.10.1990.** Die Faktoren in § 3 Abs. 1 Satz 1 EntschG orientierten sich nach der amtlichen Begründung an angenommenen Verkehrswerten mit Stichtag 3.10.1990.[55] Gegen eine solche Annahme ist nichts einzuwenden; sie ist vom Denkansatz her richtig, **solange die Verkehrswerte richtig angelegt wurden.** Bei den Verkehrswerten von Grundstücken handelt es sich nicht um steuerliche Einheitswerte. Der Begriff Verkehrswert ist in § 194 BauGB gesetzlich definiert. Danach wird der Verkehrswert eines Grundstücks durch den **Preis** bestimmt, der in dem Zeitpunkt, auf den sich die Ermittlung bezieht, im gewöhnlichen Geschäftsverkehr nach den rechtlichen Gegebenheiten und tatsächlichen Eigenschaften, der sonstigen Beschaffenheit und der Lage des Grundstücks oder des sonstigen Gegenstands der Wertermittlung ohne Rücksicht auf ungewöhnliche oder persönliche Verhältnisse zu erzielen wäre. Der Verkehrswert ist in Anwendung der Vorschriften der Verordnung über Grundsätze für die Ermittlung der Verkehrswerte von Grundstücken vom 6.12.1988 (WertV 88) zu bestimmen.[56] Es handelt sich um einen am Grundstücksmarkt orientierten Wert. Dieser Wert trifft vergleichsweise genau den Vermögenszuwachs auf der Seite solcher Alteigentümer, denen die früher enteigneten Grundstücke nach den Bestimmungen des VermG zurückgegeben wurden.

53 **d) Der Grundstücksmarkt in den neuen Bundesländern zum Stichtag 3.10. 1990.** Es kommt also darauf an, ob die Verkehrswerte mit Stand 3.10.1990 einem Vielfachen der steuerlichen Einheitswerte von 1935 entsprechen, wie diese Faktoren in § 3 Abs. 1 Satz 1 EntschG festgelegt wurden. Das ist aber nicht der Fall. **Die Verkehrswerte von Grundstücken in den neuen Bundesländern lagen am 3.10.1990 erheblich höher.** Insoweit gibt es einige Hinweise in den Materialien zum EntschG dazu, daß die Bundesregierung die Einheitswerte 1935 selber als besonders niedrig angesehen hat. Zunächst

---

zu einer abgesonderten Befriedigung für diejenigen, deren Objekte zufällig noch verfügbar sind. Allerdings dürfe auf den Staatsbankrott der DDR einerseits und auf die finanziellen Lasten der deutschen Vereinigung andererseits Rücksicht genommen werden. (BVerfG, NJW 1991, 1597ff.; DVBl. 1991, 1575ff.; DÖV 1991, 600ff.).

[55] BT-Drs. 12/7588, S. 37.
[56] Siehe dazu im einzelnen *Zimmermann/Heller* (Verkehrswert) Kap. A.1 und Kap. A.3.

V. Bemessungsgrundlage für Grundvermögen

ist auf die Begründung zu Abs. 1 Satz 2 zu verweisen, in der auf die geringe Höhe der Einheitswerte mit Blick auf die Gebäudeentschuldungssteuer eingegangen wird.[57] Ferner ist die im Regierungsentwurf vorgesehen gewesene nur teilweise Anrechnung von Verbindlichkeiten wegen der geringen Höhe von Einheitswerten, welche die tatsächliche Preisentwicklung nicht wiedergäben, hervorzuheben.

Das gefundene Ergebnis der **Unangemessenheit der Anpassungsfaktoren für steuerliche Einheitswerte** 1935 in § 3 Abs. 1 Satz 1 EntschG läßt sich auch mit statistischen Daten und einem Vergleich der steuerlichen Einheitswerte 1964 in den alten Bundesländern mit den steuerlichen Einheitswerten 1935 belegen. Im Durchschnitt des Bundesgebiets (alte Bundesländer) erreichten die Einheitswerte 1964 das 8,26fache der Einheitswerte von 1935.[58] Deutlicher wird der Anstieg der Grundstückswerte in den alten Bundesländern, wenn die Kaufwerte des Jahres 1990 in die Betrachtung einbezogen werden. Die Kaufwerte für baureifes Land sind von durchschnittlich 18,46 DM/qm im Jahre 1964 auf 136,46 DM/qm im 4. Quartal 1990 gestiegen.[59] Dies entspricht einer Wertsteigerung von 1964 bis 1990 um rund 739 v. H. Dies bedeutet eine Steigerung gegenüber den Einheitswerten von 1935 um das 61fache bis zum 4. Quartal 1990. Ein ähnliches Bild läßt sich auch beim Baupreisindex beobachten. Der Preisindex für den Neubau von Wohngebäuden (Basis 1913 = 100) stieg von 131,3 im Jahre 1935 auf 1.777,5 im November 1990.[60] Dies bedeutet eine Steigerung der Baukosten von 1935 auf das Jahr 1990 um das 13,5fache. 54

Diese statistische Auswertung von Marktdaten in den alten Bundesländern durch das Statistische Bundesamt läßt sich heranziehen, um die Vervielfältiger des steuerlichen Einheitswertes von 1935 in § 3 Abs. 1 Satz 1 EntschG auf ihre Plausibilität hin zu überprüfen, wenn die Verkehrswerte der Grundstücke am 3. 10. 1990 der Maßstab sein sollen, an dem sich der Gesetzgeber ausrichten wollte.[61] Jedenfalls hat die Bundesregierung diese statistischen Daten herangezogen, um in ihrem Entwurf für das Vermögensabgabegesetz die Notwendigkeit einer solchen Abgabe zu begründen.[62] Mit Blick hierauf erscheint es durchaus vertretbar, diese statistischen Daten nunmehr auch in die Betrachtung der Angemessenheit der Steigerungsfaktoren in § 3 Abs. 1 Satz 1 EntschG einzubeziehen. 55

Dies erscheint auch aus einem anderen Blickwinkel sachgerecht. Auch wenn der Grundstücksmarkt in den neuen Bundesländern erst ab etwa Frühjahr/Sommer 1990 begann, sich nach freien Marktregeln zu entwickeln, so gab es in den neuen Bundesländern jedenfalls zum Stichtag 3. 10. 1990 einen funktionierenden solchen Grundstücksmarkt. Daß dieser Markt am 3. 10. 1990 noch nicht in der gleichen Weise transparent und überschaubar war, wie der Grundstücksmarkt in den alten Bundesländern, 56

---

[57] Siehe auch Rdnr. 62.
[58] Siehe Statistisches Bundesamt 1979, Fachserie 14, Reihe 7.5.2.
[59] Statistisches Bundesamt, Fachserie 17, Reihe 5.
[60] Statistisches Bundesamt, Fachserie 17, Reihe 4.
[61] BT-Drs. 12/7588, S. 37.
[62] BT-Drs. 12/7588, S. 44.

steht dem nicht entgegen. Das vorhandene Marktgeschehen in den neuen Bundesländern wurde von Anfang an beobachtet und erfaßt. Die Auswertung des dabei gewonnenen Materials an Marktdaten erforderte aber Zeit, sodaß erstmals im Jahre 1991 vom Ring Deutscher Makler (RDM) ausgewählte Marktdaten mitgeteilt werden konnten.[63] Die **Grundstückspreise richteten sich dabei nach dem Preisniveau am Grundstücksmarkt in den alten Bundesländern aus.** Unterschiede der Grundstücke in den neuen Bundesländern zu solchen in den alten Bundesländern wurden durch Abschläge ausgeglichen.

57 Dies läßt sich ferner auch an den Vorschriften des DM-BilG[64] zur Bewertung von Grundstücken beispielhaft aufzeigen und nachweisen. Nach **§ 9 Abs. 1 DM-BilG** war der Grund und Boden in den Bilanzen mit seinem Verkehrswert anzusetzen, wobei die Preisentwicklung im gesamten Währungsgebiet der Deutschen Mark bis zur Erstellung der Eröffnungsbilanz berücksichtigt werden durfte. Nach Satz 2 der Vorschrift konnten hierzu die vom Ministerium für Wirtschaft der DDR empfohlenen Richtwerte herangezogen werden. Dabei handelt es sich um die sogenannte **85-DM-Richtlinie des Ministeriums für Wirtschaft der ehemaligen DDR**. Dieses veröffentlichte im Sommer 1990 Hinweise zur vorläufigen Bewertung von Grund und Boden.[65] Diese Hinweise wurden **im Herbst 1990 von der Treuhandanstalt in Berlin als Richtlinie** an ihre Kapitalgesellschaften weitergegeben, wobei die nach den Hinweisen des Ministeriums für Wirtschaft ermittelten Verkehrswerte **als untere Wertgrenze** bezeichnet wurden.[66]

58 Die 85-DM-Richtline geht von der Überlegung aus, daß im Gebiet der neuen Bundesländer die letzte Erfassung des Bodens auf das Jahr 1935 mit Werten von 1 RM bis 100 RM/qm zurückgeht, und daß ein freier Grundstücksmarkt in der ehemaligen DDR nicht stattfand. Zur Bestimmung eines Preisniveaus für Grundstücke leitete die Richtlinie **Bodenpreise für Grundstücke in den neuen Bundesländern aus Vergleichspreisen für Grundstücke in den alten Bundesländern** ab. Sie legte einen Ausgangswert für das Gebiet der alten Bundesländer in Höhe von 85,00 DM/qm als Durchschnittswert der Jahre 1985 bis 1989 nach dem Niedrigstwertprinzip zugrunde. Dieser Ausgangswert war dann zur Anpassung an die unterschiedlichen Verhältnisse in den neuen Ländern und die Grundstücksbeschaffenheiten mit Koeffizienten zu multiplizieren, die entweder als Konstante oder als Intervalle vorgegeben waren, um spezifische Standortbedin-

---

[63] Immobilienpreisspiegel 1991 des Rings Deutscher Makler (RDM) vom 31.7.1991.

[64] Gesetz über die Eröffnungsbilanz in Deutscher Mark und die Kapitalneufestsetzung – D-Markbilanzgesetz – DM-BilG – im Einigungsvertrag, Anlage II, Kapitel III, Sachgebiet D, Abschnitt I – BGBl. II 1990, S. 885, 1169, neu bekannt gemacht am 4.8.1994, BGBl. I S. 1842.

[65] Hinweise „Zur vorläufigen Bewertung von Grund und Boden" in Regierungspressedienst der ehemaligen DDR Nr. 30 – ISSN 0863–2804 – vom 31.7.1990.

[66] Richtlinie der THA für die Ausübung von Ansatz- und Bewertungswahlrechten bei der Aufstellung der DM-Eröffnungsbilanz und Anforderungen an den Prüfbericht von Herbst 1990, dort zu § 9 DM-BilG.

V. Bemessungsgrundlage für Grundvermögen

gungen zu berücksichtigen. Im einzelnen handelte es sich um folgende Anpassungsfaktoren: Territorialstruktur nach Ländern (0,6–1,5); Baulandarten (0,4–1,5); Gemeindegrößenklassen (0,4–3,5); Geschäfts- und Industrielage (0,5–2,5); Erschließung und Infrastruktur (0,5–1,25); spezielle Wertmerkmale (0,3–1,5).

Die Hinweise des Ministeriums für Wirtschaft der ehemaligen DDR wurden nicht nur zur Bewertung von Grundstücken bei der Erstellung von DM-Eröffnungsbilanzen verwendet, sondern auch bei der **Ermittlung von Verkehrswerten von Grundstücken in den neuen Bundesländern** zum Zwecke des Verkaufs. Das gilt auch für den Bereich der **Finanzverwaltung des Bundes und der Länder**, soweit es um den Verkauf bundeseigener Grundstücke im Jahre 1990 ging. Erst mit einem Erlaß von Januar 1991 an die Oberfinanzdirektionen ordnete der BMF an, daß diese Hinweise für die Ermittlung von Verkehrswerten von zu veräußernden bundeseigenen Grundstücken nicht mehr anzuwenden waren.[67] Hintergrund der Anordnung war, daß die Anwendung der Hinweise des ehemaligen Ministeriums für Wirtschaft zu Verkehrswerten führte, die im Vergleich zum Preisniveau am Grundstücksmarkt, wie er sich bis Herbst/Winter 1990 in den neuen Bundesländern entwickelt hatte, zu niedrig waren. Dies lag unter anderem an dem niedrigen Ausgangswert von 85 DM/qm, der auf dem Niedrigstwertprinzip beruhte und einen Durchschnittswert der Jahre 1985 bis 1989 zugrundelegte, also Marktgeschehen in den alten Bundesländern, das im Herbst 1990 zeitlich längst überholt gewesen war und die wirkliche Grundstücksmarktlage nicht mehr wiedergab. Die Grundstückspreise hatten sich in den alten Bundesländern bis Herbst/Winter 1990 weiterentwickelt. Daß die Grundstückspreise in den neuen Bundesländern **bereits im Winter 1990** stark an die entsprechenden höheren Grundstückspreise in den alten Bundesländern angenähert waren, läßt sich auch dem Immobilienpreisspiegel 1991 des Rings Deutscher Makler entnehmen. Der RDM veröffentlichte erstmals am 31.7. 1991 in seinem Immobilienpreisspiegel 1991 Grundstücksmarktdaten für 13 Groß- und Mittelstädte in den neuen Ländern, wobei das erhobene Datenmaterial das Marktgeschehen in den neuen Bundesländern bis zum 31.3. 1991 einschließlich umfaßte.[68]

Diese Entwicklung des Grundstücksmarktes in den neuen Bundesländern läßt sich auch an den **Grundstücksmarktberichten der örtlichen Gutachterausschüsse in den neuen Ländern** nachvollziehen. Diese Gutachterausschüsse waren zwar im Jahre 1990 noch nicht in der Lage, Bodenrichtwerte bekanntzugeben. Sie stellten aber ihre jeweiligen Kaufpreissammlungen aus den ihnen zu übersendenden Kopien aller beurkundeten Verträge über Grundstückskäufe und sonstigen Verfügungen über Grundstücke zusammen. Damit war bei diesen Gutachterausschüssen nach und nach ein Datenbestand über das Geschehen am Grundstücksmarkt in den neuen Ländern vorhanden. Die Auswertung nahm Zeit in Anspruch, sodaß erstmals im Frühjahr 1992 das Bundesland Sachsen-Anhalt einen Grundstücks-

---

[67] Erlaß BMF – VI C 1 – VV 2030–17/90 – vom 7.1. 1991 – veröffentlicht in GuG 1991, 168.
[68] Immobilienpreisspiegel 1991 des Rings Deutscher Makler vom 31.7. 1991.

marktbericht herausgeben konnte.⁶⁹ Die Gutachterausschüsse in den übrigen neuen Bundesländern folgten entsprechend nach und veröffentlichten etwas später gleichfalls solche Berichte. Diese Berichte zeigen ebenfalls auf, daß die Grundstückspreise in den neuen Bundesländern sich sehr schnell an das Niveau der Grundstücksmärkte in den alten Bundesländern angeglichen hatten.

61   e) **Ergebnis.** Die Anpassungsfaktoren in § 3 Abs. 1 Satz 1 EntschG, mit denen die steuerlichen Einheitswerte 1935 an die Verkehrswerte von Grundstücken in den neuen Bundesländern zum Stichtag 3.10. 1990 angeglichen werden sollten, erreichen dieses Ziel nicht. Das Niveau der Verkehrswerte von Grundstücken in den neuen Bundesländern lag zum Stichtag 3.10. 1990 erheblich höher als das in § 3 Abs. 1 Satz 1 EntschG bezeichnete Vielfache von Einheitswerten zum 1.1. 1935.

2. Gebäudentschuldungssteuer

62   Nach § 3 Abs. 1 Satz 2 EntschG ist den steuerlichen Einheitswerten 1935 der Betrag hinzuzurechnen, der für die Ablösung der sogenannten **Gebäudeentschuldungssteuer** gezahlt wurde. Soweit dieser Betrag nicht mehr bekannt ist, sollen die Einheitswerte nach Satz 3 pauschal um ein Fünftel erhöht werden.⁷⁰ Die amtliche Begründung zum Regierungsentwurf hebt zu dieser Regelung hervor, daß die **Einheitswerte von 1935** für einen Teil der Grundstücke wegen der Belastung mit der sog. Hauszinssteuer **besonders niedrig bewertet** waren.⁷¹ Bei dieser Steuer handelte es sich um eine Sondersteuer, die als Gebäudeentschuldungssteuer im Jahre 1926 zur Deckung des allgemeinen Finanzbedarfs der Länder und Gemeinden eingeführt worden war.⁷² Zur Durchführung dieses Gesetzes ergingen verschiedene Verordnungen.⁷³ Die Belastung der Grundstücke mit dieser Gebäudeentschuldungssteuer war **bei der Feststellung der steuerlichen Einheitswerte zum 1.1. 1935 nach §§ 37, 42 RBewDB 1935 wertmindernd** zu berücksichtigen. Nach einer Verordnung aus dem Jahre 1942⁷⁴ war diese Steuer ab dem 1.1. 1943 nicht mehr zu erheben und mit einem einmaligen Abgeltungsbetrag in Höhe des Zehnfachen des Jahresbetrages der Gebäudeentschuldungssteuer abzugelten.

---

⁶⁹ Bericht über den Grundstücksmarkt im Land Sachsen-Anhalt 1991, herausgegeben von der Geschäftsstelle des oberen Gutachterausschusses beim Ministerium des Innern in Magdeburg.
⁷⁰ BT-Drs. 12/7588, S. 37.
⁷¹ BT-Drs. 12/4887, S. 33.
⁷² Gesetz über den Geldentwertungsausgleich bei bebauten Grundstücken vom 26.5. 1926, RGBl. I S. 251.
⁷³ Dritte Verordnung des Reichspräsidenten zur Sicherung von Wirtschaft und Finanzen und zur Bekämpfung politischer Ausschreitungen vom 6.10. 1931, RGBl. I S. 537 sowie Vierte Verordnung des Reichspräsidenten zur Sicherung von Wirtschaft und Finanzen und zum Schutze des inneren Friedens vom 8.12. 1931, RGBl. I S. 699.
⁷⁴ Verordnung über die Aufhebung der Gebäudeentschuldungssteuer vom 31.7. 1942, RGBl. I S. 501.

3. Ersatzeinheitswerte

Fehlt es an steuerlichen Einheitswerten oder sind diese nicht mehr bekannt, können, soweit sie ermittelt worden sind, **Ersatzeinheitswerte nach dem Beweissicherungs- und Feststellungsgesetz** herangezogen werden (§ 3 Abs. 2 EntschG). Das BFG ist nach dem Einigungsvertrag von dem Inkrafttreten des Bundesrechts im Beitrittsgebiet ausgenommen.[75]

63

Über Anträge nach dem BFG, die bis zu seinem Außerkrafttreten im Juli 1992 rechtswirksam gestellt worden waren, ist weiter nach den Bestimmungen des BFG zu entscheiden gewesen. Dabei waren bei der Anwendung der §§ 26 bis 42 BFG über die Organisation und das Verfahren die entsprechenden Vorschriften des Lastenausgleichsgesetzes in der ab 31. 7. 1992 gültigen Fassung[76] anzuwenden.

64

Die Verfahren nach dem BFG waren **teils vom Bund, teils von den Ländern** durchzuführen. Soweit eine Zuständigkeit des Bundes gegeben war, oblag die Durchführung dem Präsidenten des Bundesausgleichsamtes. Im Bereich der Länder, Gemeinden und Gemeindeverbände waren die mit der Durchführung des Dritten Teils des Lastenausgleichsgesetzes betrauten Dienststellen zuständig. Bei den Landesausgleichsämtern wurden Auskunftstellen eingerichtet. Hierzu erging eine Verordnung der Bundesregierung.[77] Danach hatten die Landesausgleichsämter Berlin, Niedersachsen und Schleswig-Holstein Auskunftstellen am Sitz des Landesausgleichsamtes einzurichten. Soweit Ersatzeinheitswerte von der Ausgleichsverwaltung festgestellt worden sind, werden sie den Ämtern zur Regelung offener Vermögensfragen zugänglich gemacht.

65

Vorschriften für die Ermittlung des Ersatzeinheitswertes nach dem BFG (§ 3 Abs. 2 EntschG)

66

Vermögensart	BFDV	i.V.m. FeststellungsDV
Wirtschaftliche Einheiten des **landwirtschaftlichen Vermögens**	§ 2 und Anlage 1 2. BFDV (Zweite Verordnung zur Durchführung des Beweissicherungs- und Feststellungsgesetzes vom 13. März 1967, zuletzt geändert am 23. Juni 1978 (BGBl. III 625-1-2)	**Dritte** Verordnung zur Durchführung des Feststellungsgesetzes vom 24. Dezember 1954, zuletzt geändert am 13. August 1965 (BGBl. III 622-1-DV 3) ohne Anlage.
Wirtschaftliche Einheiten des **forstwirtschaftlichen Vermögens**	§ 3 und Anlagen 2 und 3 2. BFDV (Zweite Verordnung zur Durchführung des Beweissicherungs- und Feststellungsgesetzes vom 13. März 1967, zuletzt geändert am 23. Juni 1978 (BGBl. III 625-1-2)	**Zehnte** Verordnung zur Durchführung des Feststellungsgesetzes vom 15. April 1958, zuletzt geändert am 13. August 1965 (BGBl. III 622-1-DV 10) ohne Anlage 1 und 5.

---

[75] Einigungsvertrag, Anlage I, Kapitel II, Sachgebiet D, Abschnitt I Nr. 2, BGBl. II 1990, S. 885, 918; siehe im übigen Kap. 2 Rdnr. 28.
[76] Artikel 3a des Gesetzes vom 24. 7. 1992, BGBl. I S. 1389, 1394.
[77] Siehe 1. BFDV vom 4. 8. 1965, BGBl. I S. 727.

Vermögensart	BFDV	i.V.m. FeststellungsDV
Wirtschaftliche Einheiten des **gärtnerischen Vermögens**	§ 4 und Anlage 4 2. BFDV (Zweite Verordnung zur Durchführung des Beweissicherungs- und Feststellungsgesetzes vom 13. März 1967, zuletzt geändert am 23. Juni 1978 (BGBl. III 625–1-2)	**Vierzehnte** Verordnung zur Durchführung des Feststellungsgesetzes vom 10. März 1961, zuletzt geändert am 13. August 1965 (BGBl. III 622–1-DV 14) ohne Anlage 1.
Wirtschaftliche Einheiten des **Weinbauvermögens**	§ 5 und Anlage 5 2. BFDV (Zweite Verordnung zur Durchführung des Beweissicherungs- und Feststellungsgesetzes vom 13. März 1967, zuletzt geändert am 23. Juni 1978 (BGBl. III 625–1-2)	**Fünfzehnte** Verordnung zur Durchführung des Feststellungsgesetzes vom 10. Juli 1961, zuletzt geändert am 13. August 1965 (BGBl. III 622–1-DV 15) ohne Anlage 1.
Wirtschaftliche Einheiten des **Fischereivermögens**	§ 6 und Anlage 6 2. BFDV (Zweite Verordnung zur Durchführung des Beweissicherungs- und Feststellungsgesetzes vom 13. März 1967, zuletzt geändert am 23. Juni 1978 (BGBl. III 625–1-2)	**Sechzehnte** Verordnung zur Durchführung des Feststellungsgesetzes vom 14. Januar 1963, zuletzt geändert am 13. August 1965 (BGBl. III 622–1-DV 16) ohne Anlage 1.
Wirtschaftliche Einheiten der **landwirtschaftlichen Saatzuchtbetriebe**	§ 7 2. BFDV (Zweite Verordnung zur Durchführung des Beweissicherungs- und Feststellungsgesetzes vom 13. März 1967, zuletzt geändert am 23. Juni 1978 (BGBl. III 625–1-2)	**Neunzehnte** Verordnung zur Durchführung des Feststellungsgesetzes vom 21. Dezember 1964, zuletzt geändert am 25. März 1983 (BGBl. III 622–1-DV 19).
Wirtschaftliche Einheiten des **Grundvermögens**	§ 8 und Anlage 7 und 8 2. BFDV (Zweite Verordnung zur Durchführung des Beweissicherungs- und Feststellungsgesetzes vom 13. März 1967, zuletzt geändert am 23. Juni 1978 (BGBl. III 625–1-2)	**Fünfte** Verordnung zur Durchführung des Feststellungsgesetzes vom 17. Dezember 1955 (BGBl. III 622–1-DV 5) ohne Anlagen 1 und 2; Neunte Verordnung zur Durchführung des Feststellungsgesetzes vom 14. März 1957 (BGBl. III 622–1-DV 9) ohne Anlage 1.
Wirtschaftliche Einheiten des **Betriebsvermögens** im Sinne des Reichsbewertungsgesetzes vom 16. Oktober 1934 (RGBl. I S. 1035)	§§ 2 und 3 3. BFDV (Dritte Verordnung zur Durchführung des Beweissicherungs- und Feststellungsgesetzes vom 15. Mai 1970, zuletzt geändert am 23. Juni 1978 (BGBl. III 625–1-3)	**Sechste** Verordnung zur Durchführung des Feststellungsgesetzes vom 23. März 1956, zuletzt geändert am 23. Juni 1978 (BGBl. III 622–1-DV 6).
Wirtschaftliche Einheiten der **Gewerbeberechtigungen** im Sinne des Reichsbewertungsgesetzes vom 16. Oktober 1934 (RGBl. I S. 1035)	§ 4 3. BFDV (Dritte Verordnung zur Durchführung des Beweissicherungs- und Feststellungsgesetzes vom 15. Mai 1970, zuletzt geändert am 23. Juni 1978 (BGBl. III 625–1-3)	**Siebzehnte** Verordnung zur Durchführung des Feststellungsgesetzes vom 16. Juni 1964, zuletzt geändert am 25. März 1983 (BGBl. III 622–1-DV 17).

V. Bemessungsgrundlage für Grundvermögen

Bei der **Berechnung von Schäden** an land- und forstwirtschaftlichen Vermögen, Grundvermögen und Betriebsvermögen waren die Vorschriften des Feststellungsgesetzes[78] entsprechend anzuwenden. Es war nach diesen Vorschriften von den zuletzt festgestellten Einheitswerten nach dem RBewG auszugehen. Soweit solche Einheitswerte nicht festgestellt oder nachgewiesen werden konnten, kam es auf Ersatzeinheitswerte an, die zu ermitteln waren. Dabei wurde als Stichtag der Feststellung des Ersatzeinheitswertes auf den Zeitpunkt des konkreten Schadenseintrittes abgestellt. 67

Soweit **Ersatzeinheitswerte in dem Verfahren nach dem BFG unrichtig festgestellt** worden sein sollten, wäre die Ermittlung eines Hilfswertes i. S. d. § 3 Abs. 3 EntschG zu beantragen.[79] Dies ergibt sich nicht unmittelbar aus dem Gesetz, ist aber im Wege der Auslegung u. a. auch des (nicht mehr gültigen) BFG das richtige Ergebnis. Ersatzeinheitswerte nach dem BFG wurden in der Vergangenheit häufig auf der Grundlage unvollständiger Beweismittel und auch unvollständiger Sachverhaltskenntnis der Betroffenen festgestellt. Diesem Umstand, vor allem der Beweisnot Betroffener, trug § 41 BFG durch erweiterte Wiederaufnahmemöglichkeiten Rechnung. Danach konnten unanfechtbar oder rechtskräftig gewordene Entscheidungen jederzeit auf Antrag im Wege der Wiederaufnahme des Verfahrens korrigiert werden. Die Voraussetzungen für ein solches Wiederaufnahmeverfahren waren im Vergleich zu den entsprechenden Vorschriften des Vierten Buches der ZPO erleichtert. Es genügte, wenn neue Beweismittel verfügbar wurden, welche die getroffene Entscheidung in wesentlichen Punkten als unvollständig oder unrichtig erscheinen ließen. 68

4. Hilfswerte

Fehlt auch ein Ersatzeinheitswert oder sind die vorhandenen Werte z. B. wegen einer erheblichen Veränderung der tatsächlichen Verhältnisse des Grundstücks und unterbliebener Fortschreibung untauglich, so ermittelt die zuständige Behörde die Bemessungsgrundlage für die Entschädigung neu und selbständig.[80] Das Amt oder das Landesamt zur Regelung offener Vermögensfragen bildet in diesen Fällen **Hilfswerte nach Maßgabe des RBewG i. d. F. der in der früheren DDR geltenden bewertungsrechtlichen Vorschriften**. Der Zuschlag wegen der abgelösten Gebäudeentschuldungssteuer i. S. d. § 3 Abs. 1 EntschG ist in diesen Fällen ebenfalls zu tätigen.[81] 69

Die Regelung entspricht dem Gedanken der Bemessung der Entschädigung nach dem Wert des Objekts zur Zeit der Schädigung. Maßgebend sind das Bewertungsgesetz vom 18. September 1970 einschließlich der Richtlinie vom 3. Oktober 1975 des Ministeriums der Finanzen der DDR zur Vereinfachung des Bewertungsverfahrens und zur Ermittlung des Ein- 70

---

[78] Siehe Kap. 2 Rdnr. 27.
[79] siehe unten Rdnr. 69.
[80] Siehe zur Berechnung eines Hilfswertes für ein Einfamilienhausgrundstück *Christoffel*, VIZ 1995, 156 (Materialien).
[81] Siehe Rdnr. 62.

heitswertes des Grundvermögens.[82] Hierbei handelt es sich um eine von den früheren Regelungen gelöste selbständige Fortschreibungsregelung, die der Verwaltungsvereinfachung dient. Bei der **Anwendung der Vorschriften der ehemaligen DDR**, insbesondere der Richtlinien des Ministeriums der Finanzen der ehemaligen DDR, wird aber stets zu prüfen sein, ob und in welchem Ausmaß diese Bestimmungen zu Ergebnissen führen, die nach **rechtsstaatlichen Maßstäben** als nicht sachgerecht und einseitig zum Nachteil Betroffener führend angesehen werden müssen. Im Zweifel wird zur Vermeidung von Ungleichbehandlungen mit solchen Betroffenen, deren Vermögenswerte nach dem RBewG bewertet worden sind, nach den Maßstäben dieses Gesetzes vorgegangen werden müssen. In der steuerlichen Verwaltungspraxis der ehemaligen DDR wurde auch auf dem Gebiet der Festsetzung von steuerlichen Werten das erklärte Ziel verfolgt, in Privateigentum stehende gewerbliche Betriebe durch unrichtige Wertfestsetzungen in überhöhte Steuerverbindlichkeiten zu manövrieren und auf diesem Wege wirtschaftlich zu ruinieren. Derartigen Wertfestsetzungen durch Steuerbehörden der ehemaligen DDR kommt keine Bindungswirkung zu, weil sie rechtsstaatlichen Grundsätzen nicht entsprechen.[83] Die Anwendung von normativen Regelungen der ehemaligen DDR im Rahmen der Verfahren nach dem EntschG durch Behörden der Bundesrepublik Deutschland darf nicht dazu führen, daß rechtsstaatswidrige Zielsetzungen des sozialistischen Staates DDR wiederaufleben. Vorschriften der ehemaligen DDR dürfen deshalb niemals gedankenlos und unkritisch herangezogen werden. Sie sind in jedem Einzelfall von den zuständigen Bearbeitern in Behörden der Bundesrepublik Deutschland darauf zu überprüfen, ob die mit den normativen Regelungen der ehemaligen DDR erreichten Ergebnisse mit dem vereinbart werden können, was in Anwendung des sonstigen Rechts der Bundesrepublik Deutschland erreicht werden müßte.

5. Berechnungsbeispiele[84]

71 a) **Einfamilienhausgrundstück.** Der Alteigentümer eines rund 1000 qm großen, mit einem Einfamilienhaus bebauten Grundstücks verließ das Gebiet der DDR nach 1945. Sein Vermögen wurde gemäß § 1 der Verordnung über die Sicherung von Vermögenswerten[85] entschädigungslos enteignet und in Volkseigentum überführt. Der Alteigentümer erhielt Ende 1975 eine Hauptentschädigung nach dem LAG.[86] Das Grundstück wurde 1977 von einem DDR-Bürger redlich erworben, so daß eine Rückgabe an den Alteigentümer nach § 4 Abs. 2 VermG ausgeschlossen ist.

---

[82] Veröffentlicht bei Gallenkamp/Kreuer/Löbach/Möser Teil B 1 Nr. 355.
[83] BVerwG NJW 1992, 2907.
[84] Siehe zum Berechnungsschema unten Rdnr. 174; Beispiele nach „Ansprüche nach dem Entschädigungs- und Ausgleichsleistungsgesetz", herausgegeben vom Bundesamt zur Regelung offener Vermögensfragen – Pressestelle –, Berlin 1994, S. 35 ff.
[85] Siehe Kap. 1 Rdnr. 91.
[86] Siehe dazu Kap. 2 Rdnr. 19 und Kap. 3 Rdnr. 146 ff.

V. Bemessungsgrundlage für Grundvermögen

Der Einheitswert von 1935 betrug 28.000 DM.[87] Auf dem Grundstück lastete ein Hauszinssteuerabgeltungsdarlehen in Höhe von 2000 DM.[88] Zum Zeitpunkt der Schädigung lastete eine Hypothek eines Privatgläubigers in Höhe von 10000 RM auf dem Grundstück.[89] Der bestandskräftig festgesetzte Rückforderungsbetrag nach dem LAG beträgt 26.840 DM.

1. Einheitswert	28.000 RM
2. zuzüglich Hauszinssteuer-Abgeltungsbetrag	+ 2.000 RM
3. Zwischensumme	30.000 RM
4. Multipliziert mit Faktor	X Faktor 7
5. Zwischensumme	210.000 RM
6. abzüglich Verbindlichkeiten	− 10.000 RM
7. Zwischensumme	200.000 RM
8. RM zu DM = 1 zu 1	200.000 DM
9. Zwischensumme (=Ausgangsbetrag für die Kürzung)	200.000 DM
10. Abzüglich Summe der Kürzungsbeträge, soweit Zwischensumme Nr. 9 über 10000 DM	133.000 DM
11. Zwischensumme (gekürzter Entschädigungsbetrag)	67.000 DM
12. Abzüglich erhaltenem Lastenausgleich	− 26.840 DM
13. Zwischensumme	40.160 DM
14. Abrundung auf volle Tausend DM	40.000 DM
15. Höhe der Entschädigung	**40.000 DM**

b) **Mietwohngrundstück.** Der Alteigentümer eines mit einem Mietwohnhaus bebauten Grundstücks verließ das Gebiet der DDR nach 1945. Sein Vermögen wurde gemäß § 1 der Verordnung über die Sicherung von Vermögenswerten[90] entschädigungslos enteignet und später für den komplexen Wohnungsbau verwandt.[91] Der Alteigentümer erhielt Ende 1975 eine Hauptentschädigung nach dem LAG.[92] Eine Rückgabe des Grundstücks an den Alteigentümer nach § 5 i. V. m. § 4 Abs. 1 VermG ausgeschlossen.

Der Einheitswert von 1935 betrug 100.000 DM.[93] Auf dem Grundstück lastete ein Hauszinssteuerabgeltungsdarlehen in Höhe von 30000 DM.[94]

---

[87] Siehe Rdnr. 34 ff., 49 ff..
[88] Siehe Rdnr. 62.
[89] Siehe Rdnr. 129.
[90] Siehe Kap. 1 Rdnr. 91.
[91] Siehe zur Definition § 11 SachenRBerG, *Zimmermann/Heller*, SachenRBerG, Kap. 2 Rdnr. 43.
[92] Siehe dazu Kap. 2 Rdnr. 19 und Kap. 3 Rdnr. 146 ff.
[93] Siehe Rdnr. 34 ff., 49 ff.
[94] Siehe Rdnr. 62.

Zum Zeitpunkt der Schädigung lasteten Hypotheken von Privatgläubigern in Höhe von 30000 RM und 20000 DM auf dem Grundstück.[95] Der bestandskräftig festgesetzte Rückforderungsbetrag nach dem LAG beträgt 46.956 DM.

1. Einheitswert	100.000 RM
2. zuzüglich Hauszinssteuer-Abgeltungsbetrag	+ 30.000 RM
3. Zwischensumme	130.000 RM
4. Multipliziert mit Faktor	X Faktor 4,8
5. Zwischensumme	624.000 RM
6. abzüglich Verbindlichkeiten	− 50.000 RM
7. Zwischensumme	574.000 RM
8. RM zu DM = 1 zu 1	574.000 DM
9. Zwischensumme (=Ausgangsbetrag für die Kürzung)	574.000 DM
10. Abzüglich Summe der Kürzungsbeträge, soweit Zwischensumme Nr. 9 über 10000 DM;	436.000 DM
11. Zwischensumme (gekürzter Entschädigungsbetrag)	138.000 DM
12. Abzüglich erhaltenem Lastenausgleich	− 46.956 DM
13. Zwischensumme	91.044 DM
14. Abrundung auf volle Tausend DM	91.000 DM
15. Höhe der Entschädigung	**91.000 DM**

VI. Bemessungsgrundlage für Unternehmen

1. Einheitswerte als Ausgangspunkt der Bemessung

73 **a) Grundsatz.** Nach § 4 Abs. 1 Satz 1 EntschG bilden die im Hauptfeststellungszeitraum vor der Schädigung zuletzt **festgestellten Einheitswerte** der Unternehmen die Bemessungsgrundlage der Entschädigung für Unternehmen oder Anteilen an solchen. Grundsätzlich kann ein nach den Vorschriften des RBewG festgestellter Einheitswert nur bei einem Totalschaden unverändert übernommen werden. Bei einem Teilschaden ergibt sich zwangsläufig eine Abweichung. Da die Einheitswerte nur Grundlage für die Bemessung der Entschädigung sein sollen, können in Fällen offensichtlicher Fehlerhaftigkeit der Einheitswertfeststellung Ersatzeinheitswerte gebildet werden.[96]

74 **b) Hauptfeststellungszeitraum 1.1. 1935.** Der nach § 4 Abs 1 Satz 1 EntschG im maßgebliche Hauptfeststellungszeitraum vor der Schädigung

---
[95] Siehe Rdnr. 129.
[96] Siehe unten Rdnr. 89.

VI. Bemessungsgrundlage für Unternehmen 107

war nach § 21 RBewG i. V. m. § 1 RBewDB 1935 der 1.1. 1935. Soweit nach dem 1.1. 1935 Wertfortschreibungen durch Neufeststellungen und Nachfeststellungen i. S. d. §§ 22, 23 RBewG erfolgten, sind diese maßgebend. Unterblieb, insbesondere aus kriegsbedingten Gründen, eine Wertfortschreibung, obwohl die Fortschreibungsgrenzen des Bewertungsrechts überschritten waren, ist der maßgebliche Wert aus dem vorhandenen Einheitswert abzuleiten oder ein Ersatzeinheitswert festzustellen.

c) **Stichtag 31.12. 1952.** Die zeitliche Begrenzung anwendbarer Einheitswerte auf den Stichtag 31.12. 1952 entspricht der im Jahre 1969 durch das 21. Änderungsgesetz zum LAG eingeführten Regelung, wonach die Schadensberechnung bei Schäden nach dem 31.12. 1952 stets auf der Grundlage von Ersatzeinheitswerten durchzuführen war.[97] Hintergrund der Regelung war, daß das Bewertungsrecht und regelmäßig auch die Bewertungspraxis in Ost und West bis zum Ende des Jahres 1952 noch übereinstimmten. Ab dem Jahre 1953 kam es aber häufig zu Verfälschungen der tatsächlichen Vermögenslage seitens der DDR-Finanzämter insbesondere in Form willkürlicher Betriebsbewertungen, um Unternehmer durch rechtswidrig festgesetzte Steuerbelastung auch mit Hilfe des Abgabenrechts schließlich zur Aufgabe zu zwingen.[98] Außerdem entsprachen die in der DDR ab dem Jahre 1953 geltenden Vorschriften zur Rechnungslegung weder marktwirtschaftlichen Anforderungen noch den Erfordernissen des Handelsgesetzbuchs. Für die Anschaffungs- und Herstellungskosten waren staatliche Preisfestsetzungen durch Preisanordnungen maßgebend.[99] Aus diesen Gründen sind die seit 1953 in der DDR festgestellten Einheitswerte von Unternehmen für die Berechnung der Entschädigung nicht mehr verwertbar. Hingegen gelten für die auf normale Verhältnisse abstellenden Ersatzeinheitswerte der Ausgleichsverwaltung diese Einschränkungen nicht.[100] Hierzu ist allerdings darauf hinzuweisen, daß derartig **verfälschte Einheitswertfeststellungen in Einzelfällen auch vor dem 31.12. 1952** vorgekommen sind.[101]

75

2. **Vervielfältiger für Einheitswerte**

Der Einheitswert ist mit dem **Faktor 1,5** zu vervielfältigen. Nach der amtlichen Begründung konnte der im Regierungsentwurf vorgesehen gewesene Multiplikator von 1,0 mit Blick auf die Betriebsgrundstücke nicht unverän-

76

---

[97] Siehe zum FG Kap. 2 Rdnr. 27.
[98] BT-Drs. V/4184, S. 3; siehe auch Kap. 1 Rdnr. 83.
[99] Preisanordnung (PAO) Nr. 415 über die Forderung und Gewährung preisrechtlich zulässiger Preise vom 6.5. 1955, GBl. DDR I S. 330; Beschluß des Ministerrates der DDR über die Aufgaben und Verantwortlichkeit der Staats- und Wirtschaftsorgane auf dem Gebiet der Preise vom 7.7. 1966, GBl. DDR II S. 535; Anordnung Nr. 2 Pr. 2/2 über Preisantragsverfahren vom 10.7. 1970, GBl. DDR II – Sonderdruck Nr. 666.
[100] BT-Drs. 12/4887, S. 34.
[101] Hauptfeststellungszeitraum 1.1. 1950 – BVerwG NJW 1992, 2907.

dert bleiben, weil die entsprechenden Erhöhungsfaktoren bei sonstigen Grundstücken in § 3 Abs. 1 EntschG ebenfalls angehoben worden waren. Bei der Erhöhung auf das 1,5fache des Einheitswertes sei aber zu berücksichtigen gewesen, daß im Unternehmensbereich im Vergleich zur Restitution der Einheitswert eine sehr beachtliche Wiedergutmachung darstelle. Angesichts der schlechten Vermögens- und Ertragslage von Unternehmen dürfte der durchschnittliche Verkehrswert zum Stichtag 3.10. 1990 keineswegs höher liegen.[102] Hintergrund dieser Überlegungen war – wie bei der Festsetzung der Multiplikatoren der Einheitswerte für Grundstücke in § 3 Abs. 1 – die vom gedanklichen Ausgangspunkt her gesehen richtige Absicht, die **Wertschere zwischen Restitution und Entschädigung** durch eine Annäherung der Entschädigung an die Verkehrswerte mit Stand 3.10. 1990 zu verkleinern. Gleichwohl bleibt aber – ebenfalls wie bei § 3 Abs. 1 EntschG – eine Überprüfung dahin erforderlich, ob das angestrebte Ziel einer Verringerung der Wertschere mit dem Faktor 1,5 tatsächlich erreicht wurde.

77 **a) Niedrigerer Vervielfältiger im Regierungsentwurf.** Der Regierungsentwurf ging noch von einem Vervielfältiger in Höhe von 1,0 aus. Begründet wurde das mit dem Hinweis auf Abschnitt III c der Bewertungsrichtlinien vom 4.5. 1960 zum Entschädigungsgesetz der DDR vom 25.4. 1960.[103] Danach seien Betriebsgrundstücke mit ihrem zuletzt festgestellten steuerlichen Einheitswert zu bewerten gewesen; alle anderen Wirtschaftsgüter des Betriebsvermögens hätten mit ihrem jeweils aktuellen Wert Eingang in die in regelmäßigen Abständen (sog. Hauptfeststellungszeiträume) neu festgestellten oder fortgeschriebenen Einheitswerte gefunden.[104]

78 Es erscheint nur bedingt nachvollziehbar, daß der Anpassungsfaktor für die Einheitswerte nur deshalb 1,0 betragen soll, weil Richtlinien der ehemaligen DDR zu ihrem Entschädigungsgesetz angeblich auf den Einheitswert abstellen. Denn diese Betrachtungsweise läßt völlig außer Acht, daß es bei der Bemessung der Entschädigung **auch auf das Wertverhältnis zur Restitution** mit Stichtag 3.10. 1990 ankommt. Außerdem trifft diese Argumentation des Regierungsentwurfs gar nicht zu. Nach Abschnitt III c der Richtlinie vom 4.5. 1960 war Grundlage der Bewertung von Betriebsgrundstücken nicht der steuerliche Einheitswert. Vielmehr war nach Abs. 2 der Bestimmung Grundlage der Bewertung der Wert der Gebäude unter Berücksichtigung des baulichen Gesamtzustandes sowie der Bodenwert. In einem Klammerzusatz wird für die Wertermittlung auf den der steuerlichen Bewertung zugrundeliegenden Sachwert verwiesen, was aber nicht bedeutet, daß keine neue und eigenständige Bewertung aus Anlaß der Festsetzung von Entschädigungen stattfand. Hierzu sieht Abs. 3 der Vorschrift ausdrücklich die Berücksichtigung von eingetretenen Veränderungen vor.

79 Im übrigen ist die **Richtlinie vom 4.5. 1960 später durch andere Vorschriften der ehemaligen DDR ersetzt** worden. Dabei handelt es sich um folgende Bestimmungen auf dem Gebiet der Bestimmung von Grundstückswerten:

---

[102] BT-Drs. 12/7588, S. 37.
[103] BT-Drs. 12/4887, S. 8, 34.
[104] BT-Drs. 12/4887, S. 34.

VI. Bemessungsgrundlage für Unternehmen

(a) Preisverfügung Nr. 3/87 des Ministerrates der DDR – Leiter des Amtes für Preise – vom 30.4.1987 über die Bewertung von unbebauten und bebauten Grundstükken und Feststellung der Höhe der Entschädigung gemäß Entschädigungsgesetz – nicht veröffentlicht – „Nur für den Dienstgebrauch" – interne Veröffentlichung der Kammer der Technik der DDR – nebst Ergänzung vom 10.3.1990 gemäß Rundschreiben der Kammer der Technik in Informationsblatt 2/90 – ebenfalls nicht veröffentlicht,

(b) Grundsätze für die Anwendung der Preisverfügung Nr. 3/87 des Ministerrates der DDR – Leiter des Amtes für Preise – vom 30.4.1987 über die Bewertung von unbebauten und bebauten Grundstücken und Feststellung der Höhe der Entschädigung gemäß Entschädigungsgesetz vom 15.6.1984 (GBl DDR I S. 209) – nicht veröffentlicht – „Nur für den Dienstgebrauch" – interne Veröffentlichung der Kammer der Technik der DDR – nebst Ergänzung vom 10.3.1990 gemäß Rundschreiben der Kammer der Technik in Informationsblatt 2/90 – ebenfalls nicht veröffentlicht,

(c) Richtlinie des Bezirksfachausschusses Berlin der Wertermittlungssachverständigen „Hinweise zur Bewertung von Grundstücken im Bereich der Hauptstadt der DDR, Berlin" – Berlin, Juni 1987 – Stand 30.5.1987,

(d) Richtlinie des Bezirksfachausschusses Berlin der Bewertungssachverständigen „Bewertung bei Wiederverkäufen bebauter Grundstücke" – Berlin, Dezember 1987 – Stand 15.12.1987,

(e) Richtlinie des Bezirksfachausschusses Berlin der Wertermittlungssachverständigen „Ertragswertermittlungen für Mietgrundstücke im privaten Grundstücksverkehr" – Berlin, Januar 1988 – Stand 31.12.1987.

Nach diesen Vorschriften der ehemaligen DDR war nicht vom steuerlichen Einheitswert auszugehen, sondern von Werten, wie diese in Anwendung von Wertermittlungsverfahren festzustellen waren. Mithin kann der Hinweis auf die Richtlinie aus dem Jahre 1960 nicht als Begründung dafür dienen, daß steuerliche Einheitswerte nur mit dem Faktor 1,0 zu vervielfältigen sind, um die Wertverhältnisse am 3.10.1990 zu treffen.

Es kommt hinzu, daß der Regierungsentwurf noch die Einführung einer **Vermögensabgabe** vorsah, durch die das Konzept der haushaltsneutralen Finanzierung ermöglicht werden sollte. Diese Vermögensabgabe ist aber entfallen, sodaß auch von daher ein Faktor 1,0 nicht mehr angemessen war. Vor diesem Hintergrund stellt sich die Frage, ob **steuerliche Einheitswerte den Verkehrswerten mit Stand 3.10.1990** tatsächlich angenähert sind, wenn sie lediglich mit einem Faktor von 1,5 erhöht werden. Diese Frage dürfte zu verneinen sein.

b) Unternehmenswerte zum Stichtag 3.10.1990. Die amtliche Begründung hebt hervor, angesichts der schlechten Vermögens- und Ertragslage von Unternehmen liege der durchschnittliche Verkehrswert zum Stichtag 3.10.1990 keinesfalls höher als der 1,5fache steuerliche Einheitswert.[105] Zur Überprüfung dieser Aussage und zur Findung eines angemessenen Verhältnisses zwischen Restitution von und Entschädigung für Unternehmen erscheint ein Blick auf **Wertangaben** hilfreich, die **aus dem Bereich der Treuhandanstalt zur Privatisierung von Unternehmen** durch die Treuhandanstalt

---

[105] BT-Drs. 12/7588, S. 37.

und zu den Ausgaben der Anstalt gemacht worden sind. Die Treuhandanstalt hatte etwa 8.000 Kombinate und volkseigene Betriebe mit rund 32.000 Betriebsstätten zu verwalten. Vom 1.7. 1990 bis 31.5. 1994 wurden 14.160 Privatisierungen durchgeführt, die sich aus 6.089 vollständigen, 288 mehrheitlichen und 7.321 Teilprivatisierungen von Unternehmen sowie 462 Bergwerksrechten zusammensetzen. An Unternehmensliquidationen waren bis Ende Mai 1994 insgesamt 107 abgeschlossen und 3.292 noch in Bearbeitung.[106]

83 Von den 14.160 Privatisierungen bis Ende Mai 1994 sind bis Ende 1992 folgende durchgeführt worden:[107]

Unternehmensprivatisierungen durch die Treuhandanstalt bis Ende 1992			
	1.7. bis 31.12. 1990	1.1. bis 31.12. 1991	1.1. bis 31.12. 1992
Unternehmen	403	4.280	6.360
Privatisierungserlöse in Mrd DM	2,751	11,049	5,900
Durchschnittlicher Privatisierungserlös pro Unternehmen in Mio DM	6,8	2,6	1,0

84 Diese Zahlen lassen folgendes erkennen:

(a) Die Privatisierung begann in 1990 vergleichsweise zögerlich, gewann dann aber in 1991 Fahrt und war bis zum Ende 1992 weitgehend abgeschlossen. (Der zögerliche Beginn wird von der Treuhandanstalt in ihrem Firmenverzeichnis 03/1991 auf Seite IX mit dem Umstand erläutert, daß „westliches Management" erst ab Oktober 1990 zur Verfügung gestanden habe.)
(b) Die durchschnittlichen Erlöse pro Unternehmen haben stetig abgenommen. Dies erklärt sich nicht zuletzt damit, daß die „besten und wirtschaftlich leistungsfähigsten" Unternehmen am schnellsten verkauft werden konnten und auch die vergleichsweise höchsten Privatisierungserlöse erbracht haben.
(c) Es ist nicht möglich, die ehemals volkseigene Wirtschaft der früheren DDR pauschal über einen Kamm zu scheren und global von geringen Unternehmenswerten zu sprechen.

85 Dies wird auch durch die **Struktur der Ausgaben der Treuhandanstalt** seit Juli 1990 bestätigt. Es ist zwar richtig, daß die Treuhandanstalt erhebliche Mittel aufgewendet hat, um Unternehmen in ihrem Verantwortungsbereich zu sanieren. Nach eigenen Angaben der Treuhandanstalt ist bis zum Abschluß aller Aufgaben nach 1994 mit einem Gesamtaufwand von Bruttoausgaben (einschließlich Zinsausgaben) in Höhe von 343 Mrd DM zu rechnen, von denen etwa 68 Mrd DM durch Einnahmen der Anstalt gedeckt

---

[106] Beschlußempfehlung und Bericht 2. Untersuchungsausschuß Treuhandanstalt – BT-Drs. 12/8404, S. 58.
[107] Quelle: a) Offizielles Firmenverzeichnis der Treuhandanstalt, Stand März 1991, S. IX und X; b) Jahresabschlüsse der Treuhandanstalt zum 31.12. 1991 und 1992

VI. Bemessungsgrundlage für Unternehmen

sind. Hiervon entfallen etwa 80% = rund 268 Mrd DM auf Ausgaben der Sanierung und Umstrukturierung einschließlich der Altkreditentlastung im Rahmen von Privatisierung, Reprivatisierung und Sanierungsbegleitung durch die Treuhandanstalt selbst.[108] Dieser Gesamtaufwand ist aber zu relativieren, wenn man ihn auf einzelne Unternehmen beziehen will. Denn nicht jedes Unternehmen hatte den gleichen Bedarf an derartigen Maßnahmen.

Nach den Angaben der Treuhandanstalt in ihren Jahresabschlüssen 1991 und 1992 hatte sie für diese Aufgaben ohne Zinsausgaben für aufgenommene Kredite vom 1.7. 1990 bis zum 31.12. 1991 insgesamt rund 28 Mrd DM aufgewendet und vom 1.1. 1992 bis 31.12. 1992 rund 27 Mrd DM, insgesamt bis Ende 1992 rund 55 Mrd DM.[109] Diese zeitliche Verteilung der Sanierungsausgaben durch die Treuhandanstalt macht ebenfalls deutlich, daß **innerhalb ihres Unternehmensbestandes**, wie die Anstalt diesen am 1.7. 1990 übernommen hatte, **erhebliche qualitative Unterschiede** bestanden. Denn die Unternehmen, die in den Jahren 1990 und 1991 vergleichsweise schnell privatisiert werden konnten, haben an den Sanierungsausgaben der Treuhandanstalt einen vergleichsweise geringen Anteil gehabt. Wesentlicher Sanierungsbedarf bestand bei Problemfällen. Diese verursachten Kosten seit 1990 und bereiteten große Schwierigkeiten bei der Privatisierung, die dann meist auch nur sehr spät und nach mehrjährigen hohen finanziellen Aufwendungen der Treuhandanstalt möglich wurde.

Diese Betrachtung der Privatisierungsergebnisse durch die Treuhandanstalt führt zu dem Ergebnis, daß nicht einfach pauschal behauptet werden kann, die Unternehmenswerte zum Stichtag 3.10. 1990 seien keinesfalls höher gewesen als der 1,5fache steuerliche Einheitswert. Hier ist eine **differenzierte Betrachtung notwendig**, um zu verhindern, daß die Wertschere zwischen Restitution und Entschädigung unangemessen weit auseinanderklafft.

Eine solche differenzierte Betrachtung wäre auch möglich gewesen. Es steht nämlich das gesamte bewertungsrelevante Material der DM-Eröffnungsbilanzen nach dem DM-BilG und der weiteren unternehmensbezogenen Unterlagen zur Verfügung, um realistische Werte bei der Bemessung von Entschädigungen anzulegen. Daß dieser Weg nicht beschritten wurde, führt zu unangemessenen Benachteiligungen der zu entschädigenden Betroffenen im Vergleich zu solchen Alteigentümern, denen ihr früheres Betriebsvermögen zurückgegeben wurde. Dies ergibt sich auch aus den im Regierungsentwurf vorgesehen gewesenen Regelungen zur Vermögensabgabe bei restituierten Unternehmen. Hier wurde nicht auf steuerliche Einheitswerte abgestellt, sondern auf Zeitwerte der Unternehmen am 3.10. 1990 entsprechend den DM-Eröffnungsbilanzen. Soweit das sich aus diesen Bilanzen ergebende Eigenkapital das Sachanlagevermögen ohne Grundstücke überstieg, entstand nach § 26 DM-BilG eine Ausgleichsverbindlichkeit

---

[108] Treuhandanstalt, Daten und Fakten zur Aufgabenerfüllung der Treuhandanstalt, Januar 1994 und Beschlußempfehlung und Bericht 2. Untersuchungsausschuß Treuhandanstalt – BT-Drs. 12/8404, S. 248.

[109] Jahresabschlüsse 1991 und 1992 der THA, S. 11.

des Unternehmens gegenüber der Treuhandanstalt. Grundstücke waren in den Bilanzen mit ihrem Zeitwert am 1.7. 1990 anzusetzen, wobei „aufhellende Erkenntnisse über den zutreffenden Wert" durch Bilanzberichtigungen berücksichtigt werden sollten.[110] Das Eigenkapital, das sich in Rückgabefällen aus der **handelsrechtlichen Eröffnungsbilanz oder Rückgabebilanz** ergab, stellte nach den Vorstellungen des Regierungsentwurfs zum VermAbgG den **Substanzwert des Unternehmens** dar, der **Bemessungsgrundlage für die Ermittlung der jeweils zahlbaren Vermögensabgabe** sein sollte.[111] Wenn aber auf dem Gebiet geplant gewesener Steuern wirklichkeitsnah von zeitnahen Substanzwerten auszugehen war, ist schwer erklärbar, daß bei den Entschädigungsleistungen steuerliche Einheitswerte verwendet werden sollen. Die für die Regelung gegebenen Begründungen treffen nicht zu; das führt zu dem Schluß, daß unter Zurückstellung aller anderen Sachgesichtspunkte lediglich das Ziel verfolgt wurde, die Entschädigungsleistungen niedrig zu halten. Ob der vom BVerfG für die Entschädigungsregelung gesetzte Rahmen hier noch eingehalten wurde, muß deshalb mit einem Fragezeichen versehen werden. Hierbei darf nicht außer Acht gelassen werden, daß die Vermögensabgabe, wie sie ursprünglich nach dem Regierungsentwurf von den restitutionsberechtigten Alteigentümern erhoben werden sollte, nun nicht mehr erhoben wird.[112]

3. Ersatzeinheitswerte

89 Nach § 4 Abs. 1 Satz 2 EntschG kommt es auf festgestellte Ersatzeinheitswerte nach dem BFG an, wenn keine Einheitswerte festgestellt wurden oder solche nicht mehr bekannt sind, oder wenn Einheitswerte nach dem 31.12. 1952 festgestellt wurden. Die Regelung entspricht im wesentlichen der Vorschrift des § 3 Abs. 2 EntschG.[113]

4. Neuermittlung des Unternehmenswertes

90 **a) Unrichtig festgestellte Einheitswerte/Ersatzeinheitswerte.** Sofern festgestellte Einheitswerte oder Ersatzeinheitswerte unrichtig sind, soll nach § 4 Abs. 1 Satz 3 EntschG eine Wiederaufnahme des Feststellungsverfahrens und eine Neuermittlung des Unternehmenswertes zur Feststellung der Bemessungsgrundlage möglich sein. Die Wiederaufnahmegründe sind auf die Voraussetzungen des § 580 ZPO (Restitutionsklage) beschränkt.[114] Ferner muß die Wertabweichung mehr als ein Fünftel, mindestens aber 1.000 DM betragen. Die Neuermittlung des Unternehmenswertes hat nach den Maß-

---

[110] BT-Drs. 12/4887, S. 46.
[111] Siehe dazu § 5 Entwurf VermAbG – BT-Drs. 12/4887, S. 15, 16, 46.
[112] Siehe auch Rdnr. 81, 141.
[113] Siehe dazu Rdnr. 63 ff.
[114] Dazu zählt insbesondere, daß die Entscheidung sich auf verfälschte Urkunden gründete, die Enscheidung durch eine andere rechtskräftig aufgehoben wurde oder die Partei eine andere Urkunde auffindet oder benutzen kann, die eine ihr günstige Entscheidung herbeigeführt haben würde.

VI. Bemessungsgrundlage für Unternehmen

gaben von Abs. 2 zu erfolgen. Die Regelung entspricht § 3 Abs. 3 EntschG, erschwert im Vergleich zu dieser Bestimmung jedoch die Neufeststellung von Unternehmenswerten durch die Beschränkung auf Wiederaufnahmetatbestände i. S. d. § 580 ZPO.[115]

b) Fehlende Einheitswerte oder Ersatzeinheitswerte. Die Vorschrift des § 4 Abs. 2 EntschG behandelt wie in § 3 Abs. 3 EntschG die Problematik fehlender **verwertbarer** Einheitswerte oder Ersatzeinheitswerte. Die Regelung erfaßt deshalb beide Tatbestände, nämlich das Fehlen solcher Werte überhaupt oder ihre fehlende Verwertbarkeit wegen Unrichtigkeit. Hierfür wurde ein selbständiges Verfahren entwickelt. Aus Gründen der Verwaltungsvereinfachung wurde davon abgesehen, das auf die ungewöhnlichen Beweisschwierigkeiten zugeschnittene Verfahren des Lastenausgleichs anzuwenden.[116]   **91**

Bei der Feststellung der Ersatzwerte knüpft das vereinfachte Verfahren an die heute zumeist verfügbaren Bilanzen an. Es ist ein **pauschalierendes Verfahren**, bei welchem, wie seinerzeit im Lastenausgleich, Preisbereinigungen vorgenommen werden. Sind Bilanzen zum Regelstichtag nicht verfügbar, ist nach § 4 Abs. 2 Satz 2 a. E. EntschG auf andere Unterlagen von ähnlicher Beweiskraft zurückzugreifen. Derartige Unterlagen sind zum Beispiel Bilanzen zu einem früheren Stichtag, Betriebsprüfungsberichte, Gewerbesteuermeßbescheide oder Vermögensaufstellungen.[117] Hierzu dürften aber auch Geschäftsbücher mit Jahresabschluß nach § 238 HGB zu rechnen sein.   **92**

Reinvermögen im Sinne des § 4 Abs. 2 Satz 1 EntschG ist der Unterschiedsbetrag zwischen dem Anlage- und Umlaufvermögen auf der Aktivseite und den Schulden, die mit der Gesamtheit oder Teilen des Unternehmens in wirtschaftlichem Zusammenhang stehen. Der Begriff des Reinvermögens ist neu gebildet und nicht dem Bilanzrecht oder dem steuerlichen Bewertungsrecht entliehen (vgl. § 95 BewG zum Betriebsvermögen). Zur Auslegung der Begriffe Anlage- und Umlaufvermögen können die einschlägigen Vorschriften des HGB herangezogen werden (§ 266 Abs. 2 HGB), weil das steuerliche Bewertungsrecht eine solche Unterteilung nicht kennt. Diese handelsrechtlichen Auslegungsnormen erlangen auch dann Bedeutung, wenn keine nach diesen Begriffen gegliederte Bilanz vorliegt.   **93**

Die Gegenstände des **Anlage- und Umlaufvermögens**, auch wenn sie nicht unter diesen Begriffen in einer Bilanz enthalten sind, sind nach Maßgabe der **Nummern 1 bis 5** für die Ermittlung der Bemessungsgrundlage der Entschädigung festzustellen. Zur Auslegung der Regelungen können die jeweils einschlägigen Vorschriften des steuerlichen Bewertungsrechts herangezogen werden. Die Bewertung nach § 4 Abs. 2 EntschG wurde ausdrücklich als Ersatz für die fehlenden Einheits- bzw. Ersatzeinheitswerte normiert. Einschlägig sind vorrangig die Vorschriften des RBewG in der Fassung des BewG-DDR, wie sich aus der Verweisung auf § 3 Abs. 3 EntschG   **94**

---

[115] Zu § 3 Abs. 3 EntschG siehe oben Rdnr. 68 ff.
[116] BT-Drs. 12/4887, S. 34.
[117] BT-Drs. 12/4887, S. 34.

in § 4 Abs. 2 Nr. 1 EntschG ergibt. Hilfsweise können die Vorschriften des BewG angezogen werden. Darüberhinaus kann auch das DM-BilG Aufschluß geben, weil es ähnliche Probleme im Rahmen der DM-Eröffnungsbilanzen zu regeln hatte.[118]

95 **Nummer 1** nennt zunächst die **Betriebsgrundstücke**. Für die Abgrenzung zum sonstigen Grundbesitz sind die Grundsätze des RBewG und des BewG-DDR maßgeblich.[119] Wie die Betriebsgrundstücke sind nach Nummer 1 die **Mineralgewinnungsrechte** zu behandeln. In § 58 Abs. 1 RBewG werden Mineralgewinnungsrechte als Beispiel für Gewerbeberechtigungen genannt. Diese Vorschrift wurde in § 58 Abs. 1 BewG-DDR übernommen, jedoch ohne die beispielhafte Nennung der Mineralgewinnungsrechte. Sachlich hat sich dadurch nichts geändert. Mineralgewinnungsrechte gelten als Gewerbeberechtigungen, weil deren Ausübung allein schon ein Gewerbe begründen würde. Anstelle eines Buchwertes wird für **Betriebsgrundstücke** und **Mineralgewinnungsrechte** der Einheitswert oder dessen Ersatz zugrunde gelegt. Der Verweis auf § 3 Abs. 4 EntschG stellt klar, daß bei der hilfsweisen Ermittlung des Reinvermögens eines Unternehmens die Betriebsgrundstücke ggf. nach Abzug der auf ihnen lastenden langfristigen Verbindlichkeiten in voller Höhe zu berücksichtigen sind.[120]

96 Die **Nummer 2** regelt **Wertausgleichsposten**. Bei Gegenständen des Anlage- und Umlaufvermögens, die vor dem 8. 5. 1945 angeschafft oder hergestellt wurden, und für die sich infolge der Kriegsereignisse nicht ohne weiteres abschätzbare Wertverluste ergeben haben, wurden seinerzeit Wertausgleichsposten gebildet.[121] Diese hatten lediglich den Charakter von Gewinnkorrekturposten, denen keine Wirtschaftswerte zugrunde lagen. Sie sollen deshalb außer Betracht bleiben.[122]

97 Die **Nummer 3** knüpft an § 5 Abs. 1 EntschG an und schreibt die **Umwertung** von Forderungen, Wertpapieren und Geldbeständen im Verhältnis 2 zu 1 vor.[123]

98 Die **Nummer 4** erfaßt als **Auffangtatbestand** das sonstige, in den Nummern 1 und 3 nicht genannte Anlage- und Umlaufvermögen. Dabei wurde auf Regelungen des Lastenausgleichs zurückgegriffen. War eine detaillierte Preisbereinigung nicht möglich, sind im Lastenausgleich bei der Ermittlung der Ersatzeinheitswerte in der Regel pauschale Abzüge von 20 v. H. vorgenommen worden. Ein spezifischer Preisvergleich erschien im Rahmen der Regelungen der Entschädigungs- und Ausgleichsleistung aus Gründen der Verwaltungsökonomie nicht vertretbar. Die im Lastenausgleich entwickelte Regelung wurde deshalb verallgemeinert.[124]

---

[118] Zum DM-BilG siehe Rdnr. 57 ff.
[119] Siehe Rdnr. 46.
[120] BT-Drs. 12/7588, S. 37.
[121] Runderlaß vom 16. 1. 1947 Nr. 148 der Deutschen Zentralen Finanzverwaltung – Amtliches Mitteilungsblatt des Bundesausgleichsamtes Nr. 2/1981 S. 54.
[122] BT-Drs. 12/4887, S. 34.
[123] Siehe unten Rdnr. 111.
[124] Vgl. zum LAG Kap. 2 Rdnr. 19.

VI. Bemessungsgrundlage für Unternehmen

Die **Nummer 5** behandelt **Betriebsschulden**, die mit Forderungen, Wertpapieren und Geldbeständen in unmittelbaren Zusammenhang stehen. Sie sind wie diese im Verhältnis 2 zu 1 umzuwerten. Betriebsschulden, die mit dem sonstigem Anlage- und Umlaufvermögen im Sinne von Nummer 4 in unmittelbaren Zusammenhang stehen, sind entsprechend um 20 v.H. zu mindern. Diese vereinfachte Erfassung macht umfangreiche Einzelwertermittlungen entbehrlich.

Soweit kein unmittelbarer Zusammenhang zwischen den Wirtschaftsgütern nach Nummern 1, 3 und 4 und den Betriebsschulden (Nr. 5) besteht, sind die Betriebsschulden nur anteilmäßig den Wirtschaftsgütern zuzuordnen (§ 4 Abs. 2 Satz 3).[125]

c) Kleine Unternehmen (Familienbetriebe). Für die Fälle **kleiner Unternehmen** sieht § 4 Abs. 2 a EntschG eine **Korrekturmöglichkeit** vor. Gedacht ist vor allem an Handwerksbetriebe, weil bei diesen Unternehmen der Wert des zum Betriebsvermögen gehörenden Geschäftsgrundstücks den Wert des übrigen Betriebsvermögens erheblich übersteigen kann. Die Größe der in Betracht kommenden Betriebe wird nach der Zahl der Mitarbeiter gemessen, wobei 10 Mitarbeiter einschließlich mitarbeitender Familienmitglieder die obere Grenze bilden. Der Berechtigte hat in diesen Fällen ein **Wahlrecht** in Bezug auf die Bemessungsgrundlage. Auf Antrag ist der 7-fache Einheitswert des zum Betriebsvermögen gehörenden Geschäftsgrundstücks zuzüglich des sonstigen zu bewertenden Betriebsvermögens als Bemessungsgrundlage zu ermitteln.

Die Bezeichnung **Geschäftsgrundstück** ist nicht mit der des Betriebsgrundstücks identisch. Das Geschäftsgrundstück ist eine der Grundstückshauptgruppen des Grundvermögens (§ 32 RBewDB 1935). Es handelt sich um Grundstücke, die zu mehr als 80 v.H. eigenen oder fremden gewerblichen oder öffentlichen Zwecken dienen.

5. Schätzung der Bemessungsgrundlage

In den Fällen, in denen Einheitswerte oder Ersatzeinheitswerte fehlen und auch nicht nach § 4 Abs. 2 EntschG ermittelt werden können, muß die Bemessungsgrundlage nach § 4 Abs. 3 EntschG geschätzt werden. Als Anhaltspunkt für die Schätzung können die Verhältnisse bei vergleichbaren Unternehmen herangezogen werden. Soweit dies zweckmäßig ist, kann auf die für die Zwecke des Lastenausgleichs entwickelten Bewertungsverfahren zurückgegriffen werden.[126]

---

[125] BT-Drs. 12/7588, S. 37.
[126] BT-Drs. 12/4887, S. 34.

6. Übersicht

104 Bemessungsgrundlagen für Unternehmen

Verfahren	Vorschrift des EntschG
1. **Grundsatz:** Festgestellte Einheitswerte, wenn Enteignung vor dem 31.12.1952	§ 4 Abs. 1 Satz 1
2. **Ausnahmen**	
a) Ersatzeinheitswerte ermitteln	§ 4 Abs. 1 Satz 2 i. V. m. BFG.
b) Neufeststellung, wenn Einheitswerte oder Ersatzeinheitswerte – unrichtig sind oder – fehlen	aa) § 4 Abs. 1 Satz 3 i. V. m. § 580 ZPO bb) § 4 Abs. 2.
c) Schätzung, wenn Einheitswerte oder Ersatzeinheitswerte – fehlen oder – nicht ermittelbar sind	§ 4 Abs. 3

VII. Bemessungsgrundlage für Forderungen und Schutzrechte

1. Aufbau und Anwendungsbereich

105 Besondere Bemessungsgrundlagen für private geldwerte Ansprüche (Abs. 1), Ansprüche aus Lebensversicherungen (Abs. 3), wiederkehrende Nutzungen und Leistungen (Abs. 4) und Schutzrechte (Abs. 5), die nicht bereits in §§ 3 und 4 EntschG geregelt sind, erfaßt § 5 EntschG. Die Bezugnahme auf das Bewertungsrecht der DDR entspricht dem Grundsatz, daß es auf den Wert des entzogenen Vermögensgegenstandes zur Zeit des Eingriffs ankommt. Für alle Absätze gilt die Beschränkung des Abs. 2 hinsichtlich der Höhe des Anspruchs und der Art der Leistung.

106 Die Vorschrift ist im **Kontext mit § 1 Abs. 4 Nr. 1 EntschG** zu sehen. Danach wird keine Entschädigung für private geldwerte Ansprüche i. S. d. § 5 EntschG gewährt, bei denen der Schadensbetrag nach § 245 LAG insgesamt 10.000 RM nicht übersteigt, und für die dem Berechtigten oder seinem Gesamtrechtsvorgänger Ausgleichsleistungen nach dem LAG gewährt wurden, es sei denn, daß im Schadensbetrag nach dem LAG auch andere Vermögensverluste berücksichtigt worden sind.[127]

2. Bemessung bei privaten geldwerten Ansprüchen

107 § 5 Abs. 1 EntschG regelt die **Bemessungsgrundlage** für die Entschädigung von Forderungen und Rechten. Von einer **Entschädigung** im Zusammenhang mit Forderungen und anderen geldwerten Ansprüchen spricht das Ge-

---

[127] Siehe oben Rdnr. 24.

VII. Bemessungsgrundlage für Forderungen und Schutzrechte

setz, wenn diese Rechte nur noch buchmäßig vorhanden sind, eine Deckung aber fehlt. Dies betrifft die Fälle der Abführung von Kontoguthaben und sonstigen geldwerten Ansprüchen an den DDR-Staatshaushalt. Im Unterschied dazu geht es um **Rückgabe**, wenn die Deckung noch vorhanden ist (insbesondere beim kontoführenden Kreditinstitut).

Es muß sich um einen **privaten geldwerten Anspruch** handeln. Das Gesetz verwendet hier einen weiten Begriff, der funktionsgerecht auszulegen ist. Es geht um die dem Inhaber entzogenen Vermögenswerte, die ihren Niederschlag in einem verbuchten Geldbetrag gefunden haben und nicht zum Betriebsvermögen zählen, das nach § 4 EntschG zu bewerten ist.[128] Dies wird auch durch die beispielhafte Aufzählung verdeutlicht:

(a) Kontoguthaben,
(b) Hypothekarisch gesicherte Forderungen,
(c) Hinterlegungsbeträge,
(d) Geschäftsguthaben bei Genossenschaften.

Die **Enteignung durch Abführung an den Staatshaushalt** grenzt als Tatbestandsmerkmal den Anwendungsbereich ein. Es handelt sich insbesondere, aber nicht nur um die Enteignungen von Republikflüchtlingen seit 1952.[129] Im Einzelfall der Geltendmachung von Ansprüchen ist der entsprechende Sachverhalt darzutun.

Maßgebend ist der **im Zeitpunkt der Schädigung ausgewiesene buchmäßige Betrag**. Es kommt zeitlich auf die Enteignung durch Abführung an den Staatshaushalt an. Hierzu wird bei Republikflüchtlingen, die nach dem 10.6.1953 die DDR verlassen hatten, auf die entsprechenden Vorschriften der ehemaligen DDR aus dem Jahre 1958 abzustellen sein, insbesondere auf die die Anweisung Nr. 30/58 vom 27.9.1958, durch welche die Abführung an den Staatshaushalt überhaupt erst generell angeordnet wurde.[130] Buchmäßig ausgewiesen sind i.d.R. Beträge, die in Bankunterlagen und -belegen nachvollzogen werden können. Es genügen aber auch andere Belegunterlagen, insbesondere bei solchen geldwerten Vermögensansprüchen, für die Bankunterlagen nicht existieren.

Die **Umstellung auf Deutsche Mark im Verhältnis 2 zu 1** entspricht dem Vertrag über die Schaffung einer Währungs-, Wirtschafts- und Sozialunion zwischen der Bundesrepublik Deutschland und der Deutschen Demokratischen Republik vom 18.5.1990.[131]

Für in Reichsmark ausgewiesene Beträge, bei denen die **Schädigung vor dem 24.6.1948** erfolgte, verweist das Gesetz zur Berechnung der Bemessungsgrundlage auf § 2 Abs. 2 AusglLeistG.[132] Diese im Laufe der parlamentarischen Beratung neu eingefügte Bestimmung berücksichtigt, daß im Zuge der Aufhebung rechtsstaatswidriger Strafurteile mit Vermögenseinziehung derartige Fälle aus der Zeit vor der Währungsreform in der ehema-

---

[128] BT-Drs. 12/4887, S. 35.
[129] Siehe Kap. 1 Rdnr. 91 ff.
[130] Siehe Kap. 1 Rdnr. 98.
[131] Artikel 10 Abs. 5, BGBl. II 1990 S. 537.
[132] Siehe Kap. 4 Rdnr. 25.

ligen SBZ[133] mit entsprechenden Ansprüchen nach § 1 Abs. 7 VermG auftreten können.[134]

113 § 5 Abs. 1 Satz 3 EntschG enthält eine **Modifikation des anzuwendenden buchmäßigen Betrages**. Es können sich während der staatlichen Verwaltung Zu- und Abgänge ergeben und zu einem Saldo zugunsten des Berechtigten geführt haben. Wenn der bei Aufhebung der staatlichen Verwaltung oder am 31. 12. 1992 ausgewiesene buchmäßige Betrag höher ist, als der im Zeitpunkt der Schädigung, soll der höhere Betrag gelten. Dies soll aber nicht für Überschneidungen mit Restitutionen gelten. Überschneidet sich die Entschädigung eines Kontoguthaben zum Beispiel mit der Rückübereignung eines Grundstücks, für das der Gegenwert dem Konto gutgeschrieben wurde, ist dieser Betrag (Gutschrift für den Gegenwert des Grundstücks) nicht entschädigungsfähig.[135]

114 § 5 Abs. 1 Satz 4 EntschG schließt die **rückwirkende Verzinsung** aus. Die Regelung bezieht sich auf Satz 3 und soll eine rückwirkende Verzinsung der darin angesprochenen höheren Beträge im Zeitpunkt der Aufhebung der staatlichen Verwaltung oder am 31. 12. 1992 ausschließen.

115 § 5 Abs. 1 Satz 5 EntschG regelt den **Abzug öffentlich-rechtlicher und privatrechtlicher Verbindlichkeiten**. Gemeint sind Kontobewegungen, die im Interesse des Berechtigten zur Begleichung von Verbindlichkeiten durchgeführt wurden. Öffentlich-rechtliche Verbindlichkeiten, die schon vor der Inverwaltungnahme angefallen waren, bleiben genauso abgezogen, wie eine danach angefallene Erbschaftsteuer. Das gleiche gilt für Zahlungen auf privatrechtliche Verbindlichkeiten, insbesondere auf Unterhaltsschulden des Kontoinhabers. Insoweit handelt es sich bei den Regelungen in Satz 5 um das Pendant zu Satz 3.

116 Die Regelung des § 5 Abs. 1 Satz 6 bezieht sich auf § 11 Abs. 5 VermG in der durch Artikel 10 EALG geänderten Fassung. Danach wird ein Ausgleich auch für die Fälle gewährt, in denen **staatlich verwaltete Geldvermögen aufgrund von Vorschriften diskriminierenden oder sonst benachteiligenden Charakters** gemindert wurden. Für solche Fälle nicht enteigneter Kontoguthaben bemißt sich die Entschädigung nach dem Unterschiedsbetrag zwischen dem buchmäßigen Betrag und dem Betrag, der bei der Aufhebung der staatlichen Verwaltung oder am 31. 12. 1992 ausgewiesen wurde.[136]

3. Bemessung bei Lebensversicherungsansprüchen

117 Nach § 5 Abs. 3 EntschG wird die Entschädigung für **Lebensversicherungen** grundsätzlich mit dem halbierten Rückkaufswert bemessen. Ist kein Rückkaufswert zu ermitteln, ist dieser hilfsweise mit einem Neuntel der in Reichsmark geleisteten oder einem Drittel der in Mark der Deutschen Notenbank geleisteten Beträge zu bemessen. Hinsichtlich der Reichsmarkbe-

---

[133] Verordnung der Deutschen Wirtschaftskommission über die Währungsreform in der SBZ vom 21. 6. 1948, ZVOBl. S. 220.
[134] BT-Drs. 12//7588, S. 38.
[135] BT-Drs. 12/4887, S. 35.
[136] BT-Drs. 12/7588, S. 38.

VII. Bemessungsgrundlage für Forderungen und Schutzrechte 119

träge lehnt sich die Regelung an die Vorschriften zur Währungsreform in der ehemaligen sowjetisch besetzten Zone Deutschlands an.[137]

Die **unterschiedlichen Währungsbezeichnungen** erklären sich historisch. 118 Von der Währungsreform im Jahre 1948 bis zum 31. 7. 1964 hieß die Währung der DDR Deutsche Mark der Deutschen Notenbank, vom 1.8. 1964 bis 31.12. 1967 Mark der Deutschen Notenbank und erst danach Mark der Deutschen Demokratischen Republik.

Zur Bemessungsgrundlage wird auf den **Rückkaufswert** abgestellt. Dies 119 lehnt sich an § 14 Abs. 4 RBewG und § 73 RBewDB 1935 sowie § 14 Abs. 4 BewG DDR an. Danach ist der Rückkaufswert der Betrag, zu dem das Versicherungsunternehmen nach seiner Satzung oder nach den Versicherungsbedingungen den Versicherungsschein zurückkaufen würde. Hierbei ist die Problematik gutgeschriebener Gewinnanteile zu beachten, die im Rückkaufswert enthalten sein können, jedoch auch außerhalb dieses Rückkaufswertes möglich sind.

4. Bemessung bei wiederkehrenden Nutzungen und Leistungen

§ 5 Abs. 4 EntschG regelt die Bemessung der Entschädigung bei **wieder-** 120 **kehrenden Nutzungen und Leistungen**. Das Gesetz zählt dazu beispielhaft Nießbrauch, Rentenansprüche, Altenteile auf und weist auf andere wiederkehrende Nutzungen und Leistungen hin. Für die **Wertermittlung** gelten durch den Verweis auf § 3 Abs. 3 EntschG die Vorschriften des RBewG in der Fassung des BewG DDR. Die einschlägigen Vorschriften finden sich §§ 15 bis 17 RBewG und BewG DDR. Ergänzend kommt es auch auf §§ 75, 76 RBewDB 1935 an. Die Bezugnahme auf das Bewertungsrecht der DDR entspricht dem Grundsatz, daß es auf den Wert des entzogenen Vermögensgegenstandes zur Zeit des Eingriffs ankommt.[138] Diese Vorschriften stellen sachlich eine Einheit dar und entsprechen einander inhaltlich. Sie regeln die Bewertung der verschiedenartigen Nutzungen und Leistungen und bestimmen den Ansatz der einzelnen Faktoren für diese Bewertung.

5. Bemessung bei Schutz- und Urheberrechten

Die Bemessung von **gewerblichen Schutzrechten, Urheberrechten und ver-** 121 **wandten Schutzrechten** richtet sich gemäß § 5 Abs. 5 EntschG nach durchschnittlichen Jahreserträgen und der tatsächlichen Laufzeit des Rechts nach der Schädigung. Der **Kapitalwert** ergibt sich aus der anzuwendenden Verzinsung und den Vervielfältigern in § 15 RBewG und BewG DDR.

Die **wesentlichen Eckwerte** der genannten steuerlichen Bewertungsvor- 122 schriften sind eine Verzinsung von 4 v. H. und als Höchstwert für den Gesamtwert das 25fache des Jahreswerts bei immerwährenden Nutzungen und Leistungen. Bei zeitlicher Beschränkung auf eine bestimmte Zeit

---

[137] Verordnung der Deutschen Wirtschaftskommission über die Währungsreform in der SBZ vom 21.6. 1948, ZVOBl S. 220.
[138] BT-Drs. 12/4887, S. 35.

kommt es auf die Restlaufzeit des Rechts nach dem schädigenden Eingriff an. Rechte mit unbestimmten Laufzeiten sind mit dem 12 1/2-fachen des Jahreswerts anzusetzen. Soweit die Dauer des Rechts durch das Leben von Personen bedingt war, kommt es auf die Vervielfältiger in § 16 RBewG bzw. BewG DDR an. Die Verwendung des Begriffs Kapitalwert bedeutet, daß die Rechte mit ihrem **steuerlichen Kapitalwert bezogen auf den Zeitpunkt der Schädigung** anzusetzen sind. Es finden die entsprechenden Vervielfältiger Anwendung, wobei aber auf die anwendbaren Zinssätze von vier v. H. zu achten ist.[139] Soweit der **Wert als gemeiner Wert** nachweislich geringer oder höher ist, muß der nachgewiesene Wert zugrunde gelegt werden.

6. Übersicht

Art des Gegenstandes	Bemessungsgrundlage im EntschG
1. Private geldwerte Ansprüche – auf RM und Schädigung vor 24.6.1948	Buchmäßiger Betrag 2 zu 1 auf DM umgestellt – § 5 Abs. 1 Satz 2 EntschG i.V.m. § 2 Abs. 2 AusglLeistG (Einschränkungen in § 3 Abs. 1 Satz 3, 4) Beachte Bagatellgrenze gem. § 1 Abs. 4 Nr. 1
2. Lebensversicherungsanspruch (nach dem 23.6.1948 enteignet)	§ 5 Abs. 3
3. Ansprüche aus wiederkehrenden Nutzungen und Leistungen (Nießbrauch, Rechten auf Renten, Altenteilen)	§ 5 Abs. 4 i. V. m. §§ 15–17 BewG-DDR
4. Gewerbliche Schutzrechte, Urheberrechte und verwandte Schutzrechte	§ 5 Abs. 5 i. V. m. § 15 Bew-DDR

VIII. System der Abzüge von den Bemessungsgrundlagen

124 Das EntschG sieht gemeinsame Vorschriften für Abzugsbeträge vor, die für die nach den verschiedenen Vermögensarten unterschiedlichen Bemessungsgrundlagen gleichermaßen gelten.[140]

125 Die Vorschrift des § 2 EntschG regelt das System der Berechnung von Ansprüchen nach dem Gesetz. Den Ausgangspunkt bilden nach Satz 1 die unterschiedlichen Bemessungsgrundlagen nach §§ 3 bis 5 EntschG. Diese heben grundsätzlich auf den Zeitpunkt der Schädigung und damals vorhandenen gewesene Werte ab. Von den so festzustellenden Bemessungsgrundlagen sind Abzüge zu tätigen. Hier zeigt § 2 Abs. 1 Satz 1 EntschG das **Zu-**

---

[139] Siehe insoweit die umfangreichen Tabellen und Beispiele des Finanzministeriums von Niedersachsen vom 10.4.1989, BStBl I S. 193.
[140] Vgl. Kap. 2 Rdnr. 42.

VIII. System der Abzüge von den Bemessungsgrundlagen

sammenwirken der verschiedenen **Vorschriften** auf, die bei der Berechnung der Entschädigung in Betracht kommen. Es handelt sich um Abzüge für Verbindlichkeiten (Nr. 1), erhaltene Gegenleistungen oder Entschädigungen (Nr. 2), den Zeitwert zurückgegebener Vermögensgegenstände (Nr. 3) und Kürzungsbeträge (Nr. 4). Hinsichtlich der in der Nr. 2 aufgeführten Gegenleistungen oder Entschädigungen handelt es sich um andere Leistungen als die in § 1 Abs. 4 Nr. 3 EntschG erwähnten Entschädigungsleistungen. Diese führen zum Ausschluß von Entschädigungsansprüchen. Satz 2 schreibt den **Abzug von Lastenausgleich** von der um die Abzugsbeträge nach Satz 1 bereinigten Bemessungsgrundlage vor.[141] Die gesetzliche Verrechnung von Lastenausgleichsleistungen findet mithin erst nach dem Abzug der Kürzungsbeträge gemäß § 7 EntschG statt.[142]

1. Abzüge für Verbindlichkeiten

Der Abzug von Verbindlichkeiten nach § 3 Abs. 4 EntschG trägt dem Gedanken Rechnung, daß nur der **Nettowert eines Vermögensgegenstandes** die Höhe der Entschädigung bestimmen kann. Daher mindern die langfristigen und mit Grundpfandrechten gesicherten Verbindlichkeiten die entschädigungsfähige Substanz.[143] Der Regierungsentwurf sah hierzu wie beim Lastenausgleich (§ 245 Satz 1 Nr. 2 LAG) einen nur hälftigen Abzug der Verbindlichkeiten vor. Maßgebend war dafür, daß die Einheitswerte trotz des generellen Preisstopps die damalige Kostenentwicklung z. B. bei Neubau oder Instandsetzungen nicht widerspiegeln.[144] Das Gesetz schreibt den vollständigen Abzug vor. Begründet wird dies mit den auf den Verkehrswert zum 3. 10. 1990 zielenden Multiplikatoren des Einheitswertes in § 3 Abs. 1 Satz 1 EntschG.[145] Im Hinblick darauf, daß diese Multiplikatoren die angestrebte Ebene der Verkehrswerte 1990 nicht erreichen, ist die Regelung unangemessen hart zum Nachteil der zu entschädigenden Betroffenen. § 3 Abs. 4 Satz 2 EntschG enthält eine gesetzliche widerlegliche Vermutung, die nur im Hinblick auf Tilgungsleistungen oder andere Erlöschensgründe i. S. d. §§ 362 ff. BGB widerlegt werden kann.[146]

126

Aufbaukredite werden nach § 3 Abs. 4 Satz 3 EntschG nur ausnahmsweise angerechnet. Zwar sind auch Aufbaukredite langfristige Verbindlichkeiten; ihr Abzug ist jedoch nur dann gerechtfertigt, wenn eine im Zusammenhang mit der Kreditaufnahme stehende Baumaßnahme zu einer Erhöhung des Einheitswertes geführt hat. Dies ist häufig nicht der Fall gewesen. Hinsichtlich der Berechnungsmethode verweist für diese Fälle Satz 4 auf § 18 Abs. 2 VermG.

127

---

[141] Siehe Kap. 2 Rdnr. 19 ff. und Rundschreiben zur Rückforderung oder anderweitigen Berücksichtigung von Lastenausgleichsleistungen bei Schadensausgleich (Rückforderungsrundschreiben) vom 21.3. 1994 des Präsidenten des Bundesausgleichsamtes (AZ.: II/1-LA 3481 (3482)-7/94).
[142] BT-Drs. 12/7588, S. 36.
[143] BT-Drs. 12/4887, S. 33.
[144] Ebda.
[145] BT-Drs. 12/4887, S. 37.
[146] Ebda.

128 Nach § 3 Abs. 4 Satz 5 EntschG mindern auch **Verpflichtungen zu wiederkehrenden Leistungen** (z. B. Reallasten nach §§ 1105 ff. BGB, Altenteilsrechte, Renten) den Entschädigungsanspruch. Solche Drittrechte sind mit ihrem Kapitalwert anzusetzen. Dieser bemißt sich nach den §§ 15–17 RBewG i. d. F. des BewG DDR.[147]

129 Nach § 3 Abs. 4 Satz 6 EntschG werden auch **sonstige dingliche Belastungen** durch beschränkte dingliche Rechte Dritter (Grunddienstbarkeiten, Nießbrauch, beschränkte persönliche Dienstbarkeiten, Wohnrechte, Altenteilsrechte) angerechnet.

130 Der Regierungsentwurf sah auch hier nur eine teilweise Anrechnung vor. Verpflichtungen zu wiederkehrenden Leistungen sollten nur mit der Hälfte ihres Kapitalwertes abgezogen werden, Altenteilsrechte mit höchstens zwei Dritteln des Objektwertes. Begründet wurde dies im Regierungsentwurf mit den Erfahrungen im Lastenausgleich. Danach würde ohne eine solche Grenze die Entschädigung fast oder ganz aufgezehrt werden.[148] Die volle Anrechnung in der Gesetz gewordenen Fassung führt zu eben solchen Konsequenzen, weil die Multiplikatoren i. S. d. § 3 Abs. 1 Satz 1 EntschG zu klein dimensioniert worden sind.

2. Abzüge für Gegenleistungen oder Entschädigungen

131 Die Vorschrift des § 6 Abs. 1 EntschG regelt **Tatbestände der Anrechnung**. Das VermG erfaßt nicht nur Zwangsmaßnahmen, bei welchen der Geschädigte überhaupt keine Entschädigung erhielt. Geregelt sind auch diejenigen Fälle, in welchen die Entschädigung diskriminierend niedrig bemessen wurde. Daher ist sowohl für den Bereich der Rückübereignung (§ 7 a VermG) als auch für die Entschädigung eine Anrechnungsvorschrift zur Vermeidung von Doppelzahlungen notwendig.[149]

132 Die Begriffe „**Gegenleistung oder Entschädigung**" meinen alle Leistungen aus Anlaß oder in Folge des Vermögensentzuges. Dazu gehören insbesondere Kaufpreise und Entschädigungen aller Art unabhängig von ihrer Rechtsgrundlage. Solche Entschädigungen sind zum Beispiel die nach dem Bundesentschädigungsgesetz oder nach dem Bundesrückerstattungsgesetz.[150] Erfaßt werden auch Surrogate, die an die Stelle der ursprünglichen Gegenleistung getreten sind, sowie Zinsen. Letztere sind, um Zweifel auszuschließen, im Gesetz ausdrücklich erwähnt, ohne daß damit ein Unterschied zur Herausgabe der Gegenleistung nach § 7 a VermG normiert wird.

133 Insbesondere im Hinblick auf die Rückgabe von sog. **Unternehmensstrümmern** nach § 6 Abs. 6 a VermG in der durch Artikel 10 EALG geänderten Fassung stellt § 6 Abs. 1 Satz 2 EntschG klar, daß die Anrechnung entfällt, wenn der Entschädigungsberechtigte die Gegenleistung herausgegeben oder herauszugeben hat.

---

[147] Abgedruckt bei *Gallenkamp/Kreuer/Löbach/Möser* Teil B 1 Nr. 350.
[148] BT-Drs. 12/4887, S. 33.
[149] Siehe zur Rückübertragung Kap. 2 Rdnr. 44 ff.
[150] Siehe Kap. 2 Rdnr. 31 f.

VIII. System der Abzüge von den Bemessungsgrundlagen

Voraussetzung für die Anrechnung ist, daß die **Gegenleistung dem Berechtigten auch tatsächlich zugeflossen ist** (§ 6 Abs. 1 Satz 3 EntschG). Diese Einschränkung ist allerdings ihrerseits eingeschränkt. Das Gesetz unterstellt den Erhalt der Gegenleistung durch den Berechtigten dann, wenn die Gegenleistung mit einer Verbindlichkeit des Berechtigten verrechnet wurde, die dieser auch in einem Rechtsstaat zu erfüllen gehabt hätte.

§ 6 Abs. 2 EntschG stellt klar, daß die nach dem VermG dem Unternehmen (in Liquidation) selbst zustehende Entschädigung auch um diejenigen Beträge zu kürzen ist, die zu einem früheren Zeitpunkt den Anteilseignern als Kaufpreis oder Entschädigung für die Veräußerung zugunsten des Volkseigentums oder als Entschädigung zugeflossen sind.

3. Abzüge für zurückgegebene Vermögensgegenstände

Die Vorschrift des § 4 Abs. 4 EntschG konkretisiert § 6 Abs. 7 Satz 3 des VermG. Die Regelung bestimmt die Berechnung der Höhe der Entschädigung nach § 2 Abs. 1 Nr. 3 und § 7 EntschG. Kann das Unternehmen nicht mehr zurückgegeben werden, wohl aber ein einzelner Vermögensgegenstand aus diesem, bestimmt sich die Entschädigung aus der Differenz zwischen der Gesamtentschädigung und dem heutigen Wert des zurückgegebenen einzelnen Vermögensgegenstandes. Bei letzterem ist der **Nettowert** anzusetzen. Es handelt sich dabei um den Wert, der um die vom Rückgabeberechtigten zu übernehmenden Schulden und um etwaige Rückzahlungsverpflichtungen gemindert wurde.

4. Kürzungsbeträge

a) Allgemeine Kürzung. Die Vorschrift des § 7 Abs. 1 EntschG enthält eine gestufte Degression der Entschädigungsbeträge. Vorbild ist die Regelung im Lastenausgleich. Sie beruht auf der Überlegung, daß vermögende Personen einen vergleichsweise höheren **Solidarbeitrag durch Kürzung** ihres Entschädigungsanspruchs leisten können.[151] Diese Überlegung ist sicherlich nicht falsch. Das Ergebnis der unter Einschluß der Degression in § 7 EntschG gefundenen Entschädigungsbeträge wird sich aber daran messen lassen müssen, ob das **Ziel einer dem Sozialstaatsprinzip und dem Gleichbehandlungsgrundsatz entsprechenden Entschädigungsregelung** erreicht wurde oder nicht. Hierbei kommt es auf das Zusammenwirken der Gesamtheit von Einzelregelungen an, die von der Minimierung von Bemessungsgrundlagen in §§ 3 bis 5 EntschG über die verschiedenartigen Anrechnungstatbestände und die Degression in § 7 EntschG bis hin zur zwangsweisen Kreditierung durch unverzinsliche Schuldverschreibungen in § 1 Abs. 1 EntschG reichen. Der danach wirtschaftlich noch verbleibende Rest einer Entschädigung ist im Verhältnis zur Restitution zu sehen und darauf zu überprüfen, ob die bestehende Wertschere sich noch in einem vertrebaren Rahmen bewegt.

Die Kürzungsbeträge wurden gegenüber dem Regierungsentwurf erhöht:

---

[151] BT-Drs. 12/4887, S. 36.

Vergleich der Degression in § 7 EntschG mit der Regelung im Regierungsentwurf[152]

Bereich der zu kürzenden Entschädigung	Kürzungsbeträge in v.H.	
– in TDM –	Regierungsentwurf	Gesetz
bis 10	–	–
10 bis 20	20	30
20 bis 30	20	40
30 bis 40	30	50
40 bis 50	30	60
50 bis 100	40	70
100 bis 300	50	80
300 bis 500	60	80
500 bis 1.000	70	85
1.000 bis 3.000	90	90
über 3.000	95	95
über 10.000	100	95

139 Der Vergleich beider Regelungen zeigt eine **überproportionale Erhöhung der Degression in den unteren Bereichen** von Entschädigungsbeträgen bis 100.000 DM. Hier wurde die Degression gegenüber dem Regierungsentwurf nahezu verdoppelt, während sich Unterschiede der Degressionssätze im Bereich zwischen 100.000 DM und 1.000.000 DM langsam verringern. Die Auswirkungen lassen sich an dem in der Begründung zum Regierungsentwurf aufgezeigten Berechnungsbeispiel plastisch aufzeigen:[153]

Vergleich der Auswirkungen der Kürzungsregelungen bei einer Bemessungsgrundlage von 100.000 DM

Bereich der Entschädigung	Regierungsentwurf		Gesetz	
– in TDM –	Kürzung i.v.H.	Verbleibender Betrag – in TDM –	Kürzung i.v.H.	Verbleibender Betrag – in TDM –
bis 10	–	10	–	10
10 bis 20	20	8	30	7
20 bis 30	20	8	40	6
30 bis 40	30	7	50	5
40 bis 50	30	7	60	4
50 bis 60	40	6	70	3
60 bis 70	40	6	70	3
70 bis 80	40	6	70	3
80 bis 90	40	6	70	3
90 bis 100	40	6	70	3
Verbleibender Betrag		70		47 (– 23 = – 33 %)

---

[152] BT-Drs. 12/4887, S. 9, 10.
[153] BT-Drs. 12/4887, S. 36.

VIII. System der Abzüge von den Bemessungsgrundlagen

In der **amtlichen Begründung** wird dazu hervorgehoben, bei der im Vergleich zum Regierungsentwurf für die Geschädigten erheblich günstigeren Bemessungsgrundlage erlange der sozialstaatliche Gesichtspunkt der Kürzung von Wiedergutmachungsleistungen bei besonders hohen Schadensbeträgen besondere Bedeutung. Die Kürzungsbeträge hätten daher gegenüber dem Regierungsentwurf erhöht werden müssen. Dabei seien die Häufigkeitskonzentration bei Ein- und Zweifamilienhäusern und das begrenzte Finanzierungsvolumen besonders zu berücksichtigen gewesen, so daß der Bereich zwischen 30.000 und 80.000 DM verstärkt in die Kürzung habe einbezogen werden müssen.[154]

140

Diese Begründung erscheint wenig tragfähig. Im Hinblick auf die im Vergleich zum Regierungsentwurf entfallene Vermögensabgabe steht und fällt die Argumentation mit der Angemessenheit oder Unangemessenheit der im Vergleich zum Regierungsentwurf erhöhten Bemessungsgrundlagen vor allem in § 3 EntschG. Insoweit kann aber nicht festgestellt werden, daß eine ausreichend große Erhöhung der Bemessungsgrundlagen vorgenommen wurde. Es erscheint auch widersprüchlich, in der Begründung einerseits auf den sozialstaatlichen Gesichtspunkt hoher Kürzungen bei hohen Entschädigungsbeträgen abzuheben, andererseits aber den Schwerpunkt solcher Kürzungen nicht im Bereich der hohen Entschädigungen zu setzen, sondern bei den vergleichsweise geringen Beträgen bis 100.000 DM. Nach Artikel 20 GG müßte die Degression unter sozialstaatlichen Gesichtspunkten anders ausgestaltet sein und dürfte ihren Schwerpunkt gerade nicht im Bereich der unteren Bemessungsgrundlagen haben, wo sie ihn nach der gesetzlichen Regelung jedoch hat. Der Hinweis auf fiskalische Interessen unter dem Gesichtspunkt der Häufigkeit von Anspruchstellern ist nicht völlig von der Hand zu weisen.[155] Indessen können fiskalische Erwägungen nicht daran vorbeiführen, daß letztlich eine Entschädigung gewährt werden muß, und zwar eine solche, bei der die **Wertschere zwischen Restitution und Entschädigung** nicht unangemessen weit auseinanderklafft. Dieses anzustrebende Ziel rückt auch durch die Kürzungsregelungen in § 7 EntschG in eine vergleichsweise weite Ferne. Der Gesichtspunkt der Häufigkeit von Anspruchstellern führt hier zu Systemwidrigkeiten und zu einer bedenklichen Ausweitung der Grenzen, die Artikel 3 GG setzt.

141

b) Kürzungen bei Anspruchshäufungen. Gem. § 7 Abs. 1 Satz 1 EntschG sind bei **Zusammenfassung mehrerer Entschädigungen**, die einem Berechtigten zustehen auf die Summe dieser mehreren Entschädigungen Absatz 1 anzuwenden. Die amtliche Begründung bezieht sich auf den Grundgedanken, daß derjenige, dem vergleichsweise viel zusteht, am ehesten eine Kürzung hinnehmen kann.[156] Auf die Zweifelhaftigkeit der Begründung wurde oben bereits hingewiesen.[157]

142

§ 7 Abs. 1 Satz 3 EntschG behandelt die Anspruchsberechtigung von Per-

143

---

[154] BT-Drs. 12/7588, S. 38.
[155] BVerfGE 84, 90.
[156] BT-Drs. 12/4887, S. 36.
[157] Siehe Rdnr. 141.

sonenmehrheiten. Hier wird auf die Verhältnisse im Zeitpunkt des Schadenseintritts abgestellt. Soweit der Vermögensgegenstand **im Zeitpunkt der Schädigung mehreren Berechtigten zu Bruchteilen oder zur gesamten Hand** zugestanden hat, wird jeder Anteil für sich betrachtet und entsprechend Abs. 1 gekürzt. Betroffen sind Fälle des Miteigentums i. S. d. §§ 1008 ff. BGB genauso, wie die verschiedenen Fallgestaltungen des Gesamthandseigentums (Gesellschaft bürgerlichen Rechts, OHG, KG, Gütergemeinschaft des Eherechts, nicht auseinandergesetzte Erbengemeinschaften).

144 **Rechtsnachfolger von Berechtigten** sind in § 7 Abs. 1 Satz 4 EntschG angesprochen. Der Begriff des Berechtigten ist hier mißverständlich gewählt worden; gemeint war die Rechtsnachfolge durch Erbschaft nach einem durch Eingriffe in sein Vermögen Geschädigten.[158] Dieser kann gar nicht berechtigt i. S. d. EntschG gewesen sein, weil es zu seinen Lebzeiten derartige Ansprüche noch gar nicht gab. War der Erblasser selbst der unmittelbar Geschädigte, erfolgte also der **schädigende Eingriff vor Eintritt des Erbfalls**, wird für die Bemessung der Entschädigung die Erbengemeinschaft als Einheit angesehen. Die Kürzung erfolgt einmalig hinsichtlich der wegen des schädigenden Eingriffs nicht vererbten Vermögensteile, die aber vererbt worden wären, wenn zum Beispiel eine Enteignung und Überführung in Eigentum des Volkes nicht stattgefunden hätte. Die Bestimmung ist auch auf die sonstigen Fälle des Gesamthandseigentums und auch des Miteigentums entsprechend anzuwenden.

145 Fälle, in denen dem Berechtigten **mehrere Entschädigungsansprüche** zustehen, für deren Bearbeitung **verschiedene Ämter oder Landesämter zur Regelung offener Vermögensfragen** zuständig sind, unterliegen der Regelung in § 7 Abs. 3 EntschG. Nur die zuletzt entscheidende zuständige Behörde kann die Kürzungstatbestände abschließend beurteilen und dann entscheiden. Die vorher von zuständigen Ämtern oder Landesämtern erteilten Bescheide ergehen aus diesem Grund nach § 32 Abs. 4 Satz 2 VermG in der durch Artikel 10 Nr. 15 EALG eingeführten Fassung unter dem Vorbehalt der Kürzungsentscheidung nach § 7 Abs. 3 EntschG; sie schaffen deshalb keine Vertrauenstatbestände.

5. Abzug von Lastenausgleich

146 Die Vorschrift des § 8 EntschG ist in Zusammenhang mit § 2 Abs. 1 Satz 2 EntschG zu sehen.[159] Sie regelt den Abzug von Lastenausgleich, der grundsätzlich als „Gegenleistung" angesehen wird.[160] Anders als die Regelung erhaltener Gegenleistungen oder Entschädigungen in § 6 werden die von der Ausgleichsverwaltung **bestandskräftig festgesetzten Rückforderungsbeträge** nach dem LAG erst nach Ermittlung der Bemessungsgrundlagen und den Abzügen von diesen sowie ferner erst nach den Kürzungen gemäß § 7 EntschG vom so ermittelten Entschädigungsbetrag abgezogen.

147 Diese **Konzeption des Abzugs von Lastenausgleich ist systemwidrig**, weil die

---

[158] BT-Drs. 12/4887, S. 36.
[159] Vgl. Kap. 2 Rdnr. 42 f. .
[160] BT-Drs. 12/4887, S. 36 und oben Rdnr. 131 ff.

VIII. *System der Abzüge von den Bemessungsgrundlagen* 127

Degression in § 7 EntschG vor dem Abzug des Lastenausgleichs stattfindet. Es kommt hinzu, daß der Lastenausgleich seinerseits bereits einer Degression unterlag und sich nunmehr noch einmal überproportional zum Nachteil der Geschädigten auswirkt. Unberücksichtigt ist ferner geblieben, daß die Sachverhalte bei Leistungen im Rahmen des Lastenausgleichs und bei der Entschädigung **nicht immer deckungsgleich** sind. Lastenausgleich umfaßte über den Ersatz für verlorenes Eigentum hinaus auch den Bereich des Nutzungsausfalls.

Es muß eine **Hauptentschädigung** nach §§ 243 ff. LAG gewährt worden **148** sein.[161] Der ihr zugrunde liegende Schadensbetrag i. S. d. §§ 245 ff. LAG muß die nach dem EntschG zu entschädigenden Vermögenswerte betreffen. **Empfänger der Leistungen nach dem LAG** muß der Berechtigte nach § 2 Abs. 1 VermG oder sein Gesamtrechtsvorgänger gewesen sein. Der Kreis der danach Berechtigten umfaßt natürliche oder juristische Personen, Personenhandelsgesellschaften oder deren Rechtsnachfolger sowie deren Gesamtrechtsvorgänger. Erfaßt sind insbesondere Erblasser bei natürlichen Personen oder sogenannte Vorgängergesellschaften bei späteren Umgründungen von juristischen Personen.

Fälle des **Verkaufs oder sonstigen Veräußerung oder Übertragung von Ver-** **149** **mögenswerten** stellen keine Gesamtrechtsnachfolge dar; es handelt sich dann um eine **Einzelrechtsnachfolge**. Der Abzug von Lastenausgleich, der dem Veräußerer vor der Übertragung gewährt worden ist, unterbleibt in solchen Fällen.

In Fällen des **Ausschlusses der Rückforderung nach § 349 Abs. 5 LAG** we- **150** gen Zeitablaufs unterbleibt der Abzug nach § 8 EntschG.[162]

Die Entschädigung nach dem Entschädigungsgesetz ist bei schon gewähr- **151** tem Lastenausgleich in der Sache eine „Restentschädigung". Für einen schon im Lastenausgleich berücksichtigten Schaden erhält der Betroffene die Differenz zwischen der jetzigen Entschädigung und der Lastenausgleichsleistung. Für den Verwaltungsvollzug im Bereich der Ausgleichsverwaltung ist indessen die ungekürzte Entschädigung, also der eingetretene Schadensausgleich, ins Auge zu fassen. Das Argument, die Entschädigung nach dem VermG sei kein Schadensausgleich im Sinne des Lastenausgleichsgesetzes, wird durch die Fiktion in § 349 Abs. 3 Satz 2 und in § 8 Abs. 1 Satz 2 EntschG abgeschnitten.[163]

Die Regelung in § 8 Abs. 2 EntschG war aus systematischen Gründen er- **152** forderlich, weil § 8 EntschG als Sondertatbestand für die Anrechnung von Lastenausgleich eine entsprechende Anwendung des § 6 Abs. 2 ohne ausdrückliche Vorschrift nicht zugelassen hätte.

6. Abrundungspflicht

Die Abrundung ist der letzte Schritt bei der Berechnung der Entschädi- **153** gung. Die Währungsbezeichnung mußte deshalb Deutsche Mark lauten.

---

[161] Siehe auch Kap. 2 Rdnr. 19, 23.
[162] Siehe Kap. 2 Rdnr. 25.
[163] BT-Drs. 12/7588, S. 38.

§ 2 Abs. 2 EntschG schreibt die Abrundung von Entschädigungsbeträgen auf volle Tausend Deutsche Mark oder das nächste Vielfache davon vor. Die Regelung bedeutet eine **Abrundungspflicht** auch dann, wenn Entschädigungsbeträge nur geringfügig unterhalb des nächsten vollen Tausenders liegen sollten. Auch ein Entschädigungsbetrag von beispielsweise 5.950 DM wäre danach auf 5.000 DM abzurunden. Mit allgemein üblichen Rundungsregeln hat das nur noch wenig zu tun. Zwar mag die vorgesehene pauschale Ermittlung mit Fehlergrenzen arbeiten, doch gilt dies nach oben wie nach unten. Daher ist die ausschließliche Abrundung nicht gerechtfertigt. Vielmehr handelt es sich um eine weitere Kürzungsbestimmung, die sich insbesondere bei niedrigen Entschädigungsleistungen überproportional hart auswirkt.

154 Die amtliche Begründung hebt darauf ab, die Abrundung auf volle Beträge von 1.000 DM entspreche dem Ausschluß von Schadensbeträgen nach § 1 Abs. 4 Nr. 2 EntschG und sei wegen der vorgesehenen pauschalen Ermittlung mit den dieser innewohnenden Fehlergrenzen gerechtfertigt.[164] Diese Argumentation übersieht jedoch, daß § 1 Abs. 4 Nr. 2 EntschG lediglich absolute Bagatellfälle im Auge hat, bei denen die Summe der Bemessungsgrundlagen für Vermögensverluste 1.000 RM/Mark der DDR nicht erreicht. Die in § 2 Abs. 2 EntschG eingeführte generelle Abrundungspflicht bedeutet im Ergebnis eine allgemeine Kürzung aller Entschädigungsleistungen. Mit dem Hinweis auf Bagatellfälle kann sie nicht begründet werden.

7. Übersicht

155 **Das System der Abzüge und Kürzungen**

Abzüge/Kürzungen	Vorschrift des EntschG
1. Verbindlichkeiten	§ 2 Abs. 1 Satz 1 Nr. 1, § 3 Abs. 4
a) Aufbaukredite	§ 3 Abs. 4 Satz 3 und 4
b) wiederkehrende Leistungen	§ 3 Abs. 4 Satz 5
c) sonstige dingliche Belastungen	§ 3 Abs. 4 Satz 6
2. Gegenleistungen oder Entschädigungen	§ 2 Abs. 1 Satz 1 Nr. 2, § 6 Abs. 1
3. Zurückgegebene Vermögensgegenstände	§ 2 Abs. 1 Satz 1 Nr. 3, § 4 Abs. 4
4. Lastenausgleich	§ 2 Abs. 1 Satz 2, § 8
5. Kürzungsbeträge	§ 2 Abs. 1 Satz 1 Nr. 4, § 7
a) Allgemeine Degression	§ 7 Abs. 1
b) Anspruchshäufung	§ 7 Abs. 2
c) mehrere Entschädigungsansprüche bei verschiedenen Ämtern	§ 7 Abs. 3
6. Abrundung	§ 2 Abs. 2

---

[164] BT-Drs. 12/7588, S. 37.

IX. Erfüllung der Entschädigungsansprüche

1. Grundsätzlich Erfüllung durch Schuldverschreibungen

Die §§ 1 und 5 EntschG i. V. m. mit der SchuV[165] regeln die Art und Weise der Erfüllung von Entschädigungsansprüchen. § 1 Abs. 1 EntschG regelt auch **teilweise den Inhalt** des Entschädigungsanspruchs.

Der Anspruch auf Entschädigung wird nicht in Geld, sondern durch **übertragbare Schuldverschreibungen des Entschädigungsfonds** über einen Nennwert von 1.000 DM oder einem ganzen Vielfachen davon erfüllt. Insoweit wurde der Regierungsentwurf entscheidend abgeändert; der Regierungsentwurf sah noch eine Entschädigung in Geld vor.[166] Die Änderung hat ausschließlich fiskalische Gründe. Sie steht in Zusammenhang mit der Aufgabe der im Regierungsentwurf noch vorgesehen gewesenen Vermögensabgabe zur Finanzierung des Entschädigungsfonds und mit der Erhöhung von Bemessungsgrundlagen für die Entschädigung im Vergleich zum Regierungsentwurf.[167] Im Ergebnis bedeutet diese Regelung eine **Zwangskreditierung** der an die Berechtigten zu leistenden Entschädigung. Diese erhalten wirtschaftlich vorerst keine Entschädigung sondern nur einen durch das EntschG konkretisierten Anspruch auf Entschädigung in Form einer Schuldverschreibung.

Die vorgesehene **Übertragbarkeit der Schuldverschreibungen** gemäß § 1 Abs. 1 Satz 2 EntschG mildert den Kreditierungseffekt nur unwesentlich. Denn natürlich werden diese Schuldverschreibungen wegen der besonders ungünstigen Zins- und Laufzeitbedingungen am Kapitalmarkt nur mit erheblichen Abzinsungsabschlägen vom Nennwert verkäuflich sein. Dies bedeutet, daß ein Entschädigungsberechtigter, sofern er den wirtschaftlichen Nutzen der Schuldverschreibung vor Ablauf ihrer gesetzlichen Laufzeit ziehen möchte, effektiv nur einen Bruchteil dessen erhält, was ihm als Entschädigung nominal zugebilligt wurde. Insbesondere bei lebensälteren Berechtigten führt dies zu einer Zwangslage. Denn diese Berechtigten werden die Auszahlung der Entschädigung möglicherweise überhaupt nicht mehr erleben und können nur durch Inkaufnahme erheblicher Abschläge vom Nennwert der Schuldverschreibungen diese am Kapitalmarkt zu verkaufen suchen.

Die Schuldverschreibungen sind gemäß § 1 Abs. 1 Satz 2 und 3 EntschG erst **ab 1. 1. 2004 mit 6 v. H. verzinslich**, wobei die Zinsen im Nachhinein fällig werden. Die Zinslosigkeit bis zum 1. 1. 2004 bedeutet eine erhebliche Minderung der Nominalansprüche. Sie reduziert die Verkehrsfähigkeit der Schuldverschreibungen am Kapitalmarkt. Denn eine Geldanlage zu marktunüblichen Konditionen in Bezug auf die Unverzinslichkeit ist unattraktiv

---

[165] Verordnung über die Erfüllung von Entschädigungs- und Ausgleichsleistungsansprüchen durch Begebung und Zuteilung von Schuldverschreibungen des Entschädigungsfonds (Schuldverschreibungsverordnung – SchuV –; siehe Anhang 3).
[166] BT-Drs. 12/4887, S. 7, 32.
[167] Siehe oben Rdnr. 137 ff.

und in der Konkurrenz zu anderen Geldanlagemöglichkeiten hoffnungslos unterlegen.

160 Die Schuldverschreibungen werden **ab 1.1. 2004 in fünf gleichen Jahresraten durch Auslosung getilgt**.[168] Dies bedeutet eine Laufzeit von bis zu fünfzehn Jahren seit Inkrafttreten des EntschG. Auch die im Vergleich zu anderen Möglichkeiten der Kapitalanlage sehr lange Laufzeit der Schuldverschreibungen schränkt ihre Verkehrsfähigkeit am Kapitalmarkt und damit die Möglichkeit für Berechtigte nach dem EntschG ein, durch Verkauf der Papiere in den Genuß der Entschädigung zu kommen.

2. Bewertung der durch Schuldverschreibungen erfüllten Entschädigungsansprüche

161 Die Entschädigung über unverzinsliche und erst ab 1.1. 2004 in fünf gleichen Jahresraten zu tilgende Schuldverschreibungen führt zu einer **erheblichen Kürzung der nominalen Entschädigungsbeträge**. Dies läßt sich an finanzmathematischen Rechnungen zu Barwerten von Kapital und Renten aufzeigen. Ein auf eine bestimmte Zeit verzinslich festgelegtes Kapital erreicht nach Ablauf der Zeit einen Endwert, in den Zins und Zinseszins eingegangen sind. In der Finanz- und Versicherungsmathematik werden zur rechnerischen Bestimmung der **Barwerte** von so festgelegtem Kapital **Abzinsungsfaktoren** verwendet. Unter Barwert eines erst in der Zukunft fällig werdenden Kapitalbetrags versteht man seinen Wert zu einem bestimmten gegenwärtigen Zeitpunkt, wobei dann eine Restlaufzeit bis zum künftigen Fälligkeitszeitpunkt und der Verzinsungsbetrag bis zur Fälligkeit rechnerische Größen zur finanzmathematischen Bestimmung des Barwerts bilden. Hierzu sind sogenannte Abzinsungsfaktoren errechnet und in Tabellenform für unterschiedliche Zinssätze und Laufzeiten gebräuchlich. Die Rechnung besteht dann folgender Formel:[169]

> Barwert = Kapitalbetrag mal Abzinsungsfaktor laut Tabelle

Anders ausgedrückt bedeutet der Barwert den Teilbetrag von 1 DM, der in der Zinsperiode (= Laufzeit) auf 1 DM angewachsen ist, wobei der erwähnte Betrag von 1 DM dem Betrag des Endkapitals entspricht.[170]

162 Die Abzinsungsfaktoren sind wie folgt in Tabellen veröffentlicht:[171]

---

[168] Einzelheiten siehe § 1 SchuV.
[169] *Stannigel/Kremer/Weyers*, S. 207 und 727.
[170] *Vogels*, S. 226.
[171] *Stannigel/Kremer/Weyers*, S. 727; *Vogels*, S. 234.

IX. Erfüllung der Entschädigungsansprüche

Abzinsungsfaktoren für Kapital bei unterschiedlichen Laufzeiten und Verzinsungssätzen (Auszug)

Laufzeit in Jahren	Abzinsungsfaktoren* bei unterschiedlicher Verzinsung			
	5 %	5,5 %	6 %	6,5 %
5	0,784	0,765	0,747	0,723
6	0,746	0,725	0,705	0,685
7	0,711	0,687	0,665	0,644
8	0,677	0,652	0,672	0,604
9	0,645	0,618	0,592	0,567
10	0,614	0,585	0,558	0,533
11	0,585	0,555	0,527	0,500
12	0,557	0,526	0,497	0,470
13	0,530	0,499	0,469	0,441
14	0,505	0,473	0,442	0,414
15	0,481	0,448	0,417	0,389

* 3. Stelle nach dem Komma gerundet

Da diese Abzinsungsfaktoren den Barwert von verzinslich festgelegtem **163** Kapital betreffen, bedarf es eines weiteren Denkschritts, um eine Vergleichbarkeit mit den unverzinslichen Schuldverschreibungen herzustellen. Dies ist aber möglich, indem der Nominalbetrag der Schuldverschreibung als Endbetrag des Kapitals am 1.1.2004 (Eintritt der Verzinslichkeit und Tilgung der ersten von 5 jährlichen Tranchen) angenommen wird. Die Unverzinslichkeit bedeutet nominal ein Verhältnis von 1 zu 1 der Kapitalbeträge zwischen 1994 (Verkündung des EntschG) und dem 1.1.2004 (Beginn der Tilgung). Daß dieses Verhältnis von 1 zu 1 wirtschaftlich und finanzmathematisch unrichtig ist, liegt bereits wegen der jährlichen Preissteigerungen (Inflation) auf der Hand. Die Abzinsungsfaktoren bilden dabei ein **Mittel der rechnerischen Quantifizierung** für den Wertverlust der Nominalbeträge bis zu ihrer Tilgung, indem bei Anlegung marktüblicher Kapitalzinsen errechenbar wird, in welchem Umfang das Hinausschieben der Fälligkeit von Entschädigungsleistungen ihren Nominalwert reduziert. Legt man den vom EntschG für die Zeit ab 1.1.2004 vorgesehene Verzinsung von 6 v.H. an, reduziert sich der Nominalbetrag der Entschädigungsleistungen durch das unverzinsliche Hinausschieben der Fälligkeit bis zum 1.1.2004 um rund die Hälfte.

Diese Regelung der Entschädigung über unverzinsliche Schuldverschreibungen des Entschädigungsfonds bedeutet eine **verdeckte Schere** zwischen den Entschädigungsansprüchen und der Situation solcher ehemaliger Eigentümer, die ihr Eigentum nach dem VermG zurückbekommen haben.

Diese **Schere** ist **gegenüber dem Regierungsentwurf neu**, weil dieser kein **164** unverzinsliches Hinausschieben der Fälligkeiten für Entschädigungsleistungen durch Schuldverschreibungen vorsah. Für sich alleine genommen kann aus ihr noch keine Unangemessenheit der durch das EntschG vorgesehenen Leistungen hergeleitet werden. Sie muß aber in die Betrachtung einbezogen werden, wenn es um die **Bewertung der Angemessenheit** der Entschädigungsleistungen der Höhe nach geht. Denn die gegenüber dem Regierungsentwurf erhöhten Bemessungsgrundlagen für Entschädigungsleistungen werden wirtschaftlich dadurch relativiert, daß die Zahlungs- und Fälligkeitsregelungen über das System der Schuldverschreibungen finanzmathematisch und wirtschaftlich zu ihrer Halbierung führt.

3. Ausnahmsweise Erfüllung in Geld

165 § 1 Abs. 1 Satz 5 EntschG des regelt die **Erfüllung** bestimmter Ansprüche **in Geld** ab Bestandskraft der jeweiligen Bescheide. Es handelt sich zunächst um Ansprüche auf „Herausgabe" einer Gegenleistung nach § 7a VermG. Das sind **Ansprüche auf Erstattung** eines vom Verfügungsberechtigten im Zusammenhang mit dem Erwerb des Eigentums an dem zurückzuübertragenden Vermögenswert an eine staatliche Stelle der DDR oder an einen Dritten gezahlten Kaufpreises (§ 7a Abs. 1 VermG). Der im Gesetzestext gewählte Begriff „Herausgabe" ist sprachlich falsch und leitet in die Irre; er dürfte auf einem redaktionellen Versehen beruhen. Erfaßt sind weiter **Schadensersatzansprüche** wegen Plichtverletzungen des staatlichen Verwalters nach § 13 VermG. Schließlich geht es noch um Ansprüche auf „Wertminderungen" nach § 7 VermG in der bis zum 22.7.1992 geltenden Fassung.[172] Auch hier ist die Gesetzesfassung sprachlich mißglückt. Gemeint sind Ansprüche auf **Wertausgleich wegen Wertminderungen**. Der genannte Stichtag enthält einen weiteren reaktionellen Fehler. Das Gesetz meint den 21.7.1992. Am 22.7.1992 trat bereits die Neufassung des § 7 VermG in Kraft.[173] Auch hier ist auf Änderungen der §§ 7 und 7a VermG durch Artikel 10 EALG hinzuweisen.

166 Die Vorschrift des **§ 5 Abs. 2 EntschG** ist in **Zusammenhang mit § 1 Abs. 1** zu sehen. Danach werden Entschädigungsansprüche durch Zuteilung von übertragbaren Schuldverschreibungen erfüllt. Ob im Rahmen der bestehenden Vorabregelung ein Berechtigter sein entzogenes Guthaben schon jetzt ganz oder teilweise ausbezahlt bekommen hat oder nicht, liegt nicht in seiner Hand, sondern hängt ausschließlich von der jeweiligen Verwaltungskapazität ab. Die Übernahme des Inhalts der Vorabregelung in das Entschädigungsgesetz verhindert, daß sich durch das Inkrafttreten dieses Gesetzes die Rechtslage zu Lasten der Betroffenen verschlechtert.[174] Die Leistung in Geld ist allerdings in doppelter Hinsicht begrenzt. Es kommt nur nach Maßgabe der verfügbaren Mittel des Entschädigungsfonds zu Geldzahlungen. Ferner sind solche Zahlungen auf bis zu 10.000 DM begrenzt.

4. Teilnahme am Landerwerbsprogramm nach dem AusglLeistG

167 § 1 Abs. 1 Satz 6 EntschG erstreckt die im Ausgleichsleistungsgesetz normierte Möglichkeit des **Landerwerbs** im Rahmen des Konzeptes der Verwertung ehemals volkseigener landwirtschaftlicher Flächen vom 16.11. 1992 für Berechtigte, denen land- oder forstwirtschaftliche Vermögenswerte entzogen wurden, auf Berechtigte nach dem Entschädigungsgesetz.[175]

---

[172] Abgedruckt in RVI, F 100.1.
[173] BGBl. I 1992, S. 1257 – Artikel 15.
[174] BT-Drs. 12/7588, S. 38.
[175] Siehe Kap. 4 Rdnr. 77 ff.

X. Verfahrensvorschriften

1. Entsprechende Anwendung des VermG

§ 12 Abs. 1 Satz 1 EntschG ordnet die entsprechende Anwendung der Bestimmungen des VermG an. Satz 2 begründet die Zuständigkeit der Ämter und Landesämter zur Regelung offener Vermögensfragen für die Entscheidung über die Höhe der **Entschädigung für Zweitgeschädigte**, deren Anspruch auf Rückgabe wegen des Vorrangs des vom Erstgeschädigten durchgesetzten Restitutionsanspruchs ausgeschlossen wurde.

168

Die Entschädigung wird **auf Antrag** des Betroffenen festgesetzt. Es erfolgt also keine automatische Festsetzung von Entschädigungen. Für den Antrag gilt nach § 12 Abs. 1 Satz 3 EntschG eine **Ausschlußfrist von sechs Monaten** ab Bestandskraft oder Rechtskraft der Entscheidung nach dem VermG. Die Vorschrift hat lediglich klarstellende Bedeutung. Das EntschG regelt nur die Höhe der dem Grunde nach schon im VermG enthaltenen Entschädigungsansprüche. Die im VermG vorgesehene Ausschlußfrist gilt für den vermögensrechtlichen Anspruch als solchen, mag sich dieser auf Restitution oder Entschädigung richten. Mithin soll die Ausschlußfrist in § 30a VermG auch für das EntschG gelten, das keine neue Antragsfrist eröffnet.[176] Satz 4 stellt allerdings klar, daß die Ausschlußfrist frühestens sechs Monate nach Inkrafttreten des EntschG am 1.12.1994 endet. Die Vorschrift dürfte nur wenig praktische Bedeutung haben. In der Regel werden der Zweitgeschädigte entsprechende Anträge bereits gestellt haben.

169

2. Abzuführende Beträge an den Entschädigungsfonds

Die Vorschrift des § 12 Abs. 2 EntschG behandelt das Verfahren der Abführung zugunsten des Entschädigungsfonds und die Festsetzung der abzuführenden Beträge.[177] Zuständig sind Stellen, die Fallgestaltungen der in § 10 Abs. 1 Satz 1 Nr. 3, 7, 8, 9 und 11 EntschG aufgeführten Art zu bearbeiten haben. Hier werden Aufgaben des Bundes auf Stellen der Länder und Gemeinden übertragen, was als sogenannte Organleihe grundsätzlich möglich ist. Die Inanspruchnahme der für das Verfahren nach dem VermG zuständigen Behörden ist aus Gründen der Verwaltungsvereinfachung notwendig.[178] Die Stellen verfügen über die für die Entscheidung erforderlichen Unterlagen und Informationen. Sie handeln als Vertreter des Entschädigungsfonds und nehmen dabei dessen Interessen wahr. Allerdings kann der Entschädigungsfonds den Abführungsbetrag auch selber festsetzen. Diese dem Entschädigungsfonds eröffnete Möglichkeit, die Entscheidung an sich zu ziehen, kann im Einzelfall zweckmäßig sein. Sie wird aber Ausnahme bleiben.

170

---

[176] BT-Drs. 12/7588, S. 40.
[177] Siehe Kap. 7 Rdnr. 17 ff.
[178] BT-Drs. 12/7588, S. 40.

XI. Prüfungsschema

171 **Ansprüche auf Entschädigung gem. §§ 1 Abs. 1, Abs. 1 a, Abs. 2 und 3 Abs. 5 EntschG**

1. **Anspruch auf Rückübertragung** nach § 3 Abs. 1 VermG
   a) Vermögenswert i. S. d. § 2 VermG
   b) Maßnahme i. S. d. § 1 VermG
   c) Überführung in Volkseigentum oder Veräußerung an Dritte
   d) Antrag des Berechtigten
   e) Ausschlußfrist gem. § 30 a VermG

2. **Ausschluß der Rückgabe** (§ 1 Abs. 1 Satz 1 EntschG)
   a) Rückgabe von der Natur der Sache nicht möglich (§ 4 Abs. 1 VermG)
   b) Redlicher Erwerb (§ 4 Abs. 2 VermG)
   c) Unvergleichbarkeit des Unternehmens mit dem früher enteigneten Unternehmen (§ 6 Abs. 1 Satz 1, Abs. 7 VermG)
   d) Minderung staatlich verwalteter Geldvermögen (§ 11 Abs. 5 VermG)

3. **Berechtigter hat Entschädigung gewählt** (§ 1 Abs. 1 Satz 1 EntschG)
   a) Rückübertragungsanspruch (§ 8 Abs. 1 VermG)
   b) Unternehmensrückgabe (§ 6 Abs. 7 VermG)
   c) Staatliche Verwaltung über Vermögenswerte (§ 11 Abs. 1 Satz 2 VermG)

4. **Bescheinigung nach HHG** (§ 1 Abs. 1 a EntschG)

5. **Entschädigung nach Maßgabe des EntschG nicht ausgeschlossen**
   a) NS-VEntschG als lex specialis in den Fällen des § 1 Abs. 6 VermG (§ 1 Abs. 5 EntschG)
   b) Vorrang von Ausgleichsleistungen nach dem LAG bei privaten geldwerten Ansprüchen (§ 1 Abs. 4 Nr. 1 EntschG)
   c) Vorrang von Leistungen aufgrund internationaler Abkommen (§ 1 Abs. 4 Nr. 3 EntschG)
   d) Ersatzgrundstück (§ 9 Satz 1 VermG)
   e) Erlös durch Veräußerung beweglicher Sachen (§ 10 Abs. 2 VermG)
   f) Geringwertige Vermögensverluste (§ 1 Abs. 4 Nr. 2 VermG)
   g) Erfüllung dinglich gesicherter Forderungen (§ 1 Abs. 2 Satz 3, 4 EntschG)
   h) Grundstücke i. S. d. § 1 Abs. 2 VermG (§ 1 Abs. 3 EntschG)

6. **Antrag des Berechtigten** (§ 12 Satz 1 EntschG i. V. m. §§ 30, 35 VermG)

7. **Ausschlußfrist** (§ 12 Satz 1 EntschG i. V. m. § 30 a VermG)

8. **Höhe der Entschädigung** (§§ 1 bis 8 EntschG)

9. **Erfüllung**
   a) Schuldverschreibungen (§ 1 Abs. 1 Satz 2 EntschG)
   b) Geldleistung (§§ 1 Abs. 1 Satz 5, 5 Abs. 2 EntschG)
   c) Landwerb (§ 1 Abs. 1 Satz 6 EntschG i. V. m. § 3 AusglLeistG)

10. **Verfahren**
    a) Zuständige Stellen (§ 12 Satz 1 EntschG i. V. m. §§ 22 bis 29, 33 Abs. 1, 35 VermG)
    b) Ablauf (§ 12 Satz 1 EntschG i. V. m. §§ 31 bis 34 VermG)
    c) Rechtsbehelfe (§ 12 Satz 1 EntschG i. V. m. §§ 36 bis 37, 38 a VermG)
    d) Kosten (§ 12 Satz 1 EntschG i. V. m. § 38 VermG)

XII. Berechnungsschema[179]

Berechnung für Entschädigungen in Form von Schuldverschreibungen[180]

	§§ des EntschG	Fundstelle (Rdnr.)
1. a) Einheitswert oder b) Ersatzeinheitswert oder c) Hilfswert d) Schätzung	3 Abs. 1 Satz 1	a) 34 ff., 48 ff., 73 ff. b) 63 ff., 89 c) 69 f., 90 ff. d) 103
2. ggf. zuzüglich Hauszinssteuer Abgeltungsbetrag	3 Abs. 1 Satz 2	62
3. Zwischensumme		
4. Multipliziert mit Faktor	3 Abs. 1 Satz 1, 4 Abs. 1	48 f., 76 ff.
5. Zwischensumme		
6. ggf. abzüglich a) Verbindlichkeiten b) erhaltene Gegenleistungen oder Entschädigungen	a) 3 Abs. 4 b) 6	a) 126 ff. b) 131 ff.
7. Zwischensumme		
8. ggf. Übertrag der Zwischensumme aus Nr. 1 bis 7 bei Mehrfachschädigungen		
9. Zwischensumme (= Ausgangsbetrag für die Kürzung)		
10. Abzüglich Summe der Kürzungsbeträge, soweit Zwischensumme Nr. 9 über 10000 DM a) – % aus Zwischensumme (Nr. 9) b) zuzüglich Hinzurechnungsbetrag	7	142 ff.
11. Zwischensumme		
12. ggf. abzüglich erhaltenem Lastenausgleich	8	146 ff.
13. Zwischensumme		
14. Abrundung auf volle Tausend DM	2 Abs. 2	153 f.
15. Höhe der Entschädigung		

---

[179] Veröffentlicht in „Ansprüche nach dem Entschädigungs- und Ausgleichsleistungsgesetz, herausgegeben vom Bundesamt zur Regelung offener Vermögensfragen, Berlin 1994, S. 41; siehe auch die Berechnungsbeispiele oben Rdnr. 71 und 72.

[180] Gilt auch für Ausgleichsleistungen, siehe Kap. 4 Rdnr. 23.

Kapitel 4
Das Ausgleichsleistungsgesetz

I. Vorbemerkung

1   Das AusglLeistG behandelt die **Wiedergutmachungsleistungen für besatzungshoheitliche Enteignungen** in der früheren SBZ. Die Rückgängigmachung dieser Enteignungstatbestände ist nicht möglich.[1] Die Regelung in § 1 AusglLeistG umschreibt die Anspruchsvoraussetzungen für Leistungen nach dem Gesetz. Art und Höhe der Ausgleichsleistungen bestimmen sich grundsätzlich nach den gleichen Maßstäben, die das EntschG für Entschädigungen nach dem Vermögensgesetz aufstellt. Allerdings führen nicht alle durch Maßnahmen auf besatzungsrechtlicher oder besatzungshoheitlicher Grundlage verursachten Schäden zu Ansprüchen nach dem Gesetz. Insoweit sehen die Absätze 3 und 4 des § 1 einen Katalog von Ausschlußtatbeständen vor, die zugleich auch die Abgrenzung zur sogenannten Kriegsfolgengeschädengesetzgebung beinhalten.[2] Das AusglLeistG sieht in § 3 ein Recht vor, in bestimmtem Umfang am **Flächenerwerbsprogramm** teilzunehmen. Ein Rückerwerbsrecht für die ehemaligen Eigentümer hinsichtlich ihres enteigneten Vermögens fehlt hingegen.

II. Anwendungsbereich und Ausschlußtatbestände

1. Besatzungshoheitliche Enteignungen

2   Die Vorschrift des § 1 Abs. 1 AusglLeistG begründet einen **Rechtsanspruch auf Ausgleichsleistungen** für Enteignungen auf besatzungsrechtlicher oder besatzungshoheitlicher Grundlage.[3] Der Gesetzgeber macht somit von dem Vorbehalt in der Nr. 1 der Gemeinsamen Erklärung der Regierungen beider deutscher Staaten vom 15. 6. 1990 Gebrauch.

3   Anspruchsberechtigt sind **natürliche Personen und deren Erben**. Die Erläuterung des Begriffs „ihre Erben" in Satz 1 durch den Zusatz „oder weiteren Erben (Erbeserben)" dient der Klarstellung.[4] Diese positive Aussage zum Kreis der Berechtigten **beinhaltet mehrere Ausschlüsse**. Zunächst werden juristische Personen grundsätzlich aus dem Kreis der Anspruchsberechtigten ausgeschlossen; der Grundsatz wird allerdings in Abs. 2 durchbrochen.

4   Die Regelung nimmt ferner **sonstige Rechtsnachfolger natürlicher Personen** von den Ansprüchen nach dem Gesetz ebenfalls aus, indem nur die Erben anspruchsberechtigt sein sollen.[5] Insbesondere ist die Einzelrechtsnachfol-

---

[1] Siehe Kap. 2 Rdnr. 61.
[2] Siehe Kap. 2 Rdnr. 6 ff.
[3] Siehe Kap. 2 Rdnr. 61.
[4] BT-Drs. 12/7588, S. 41.
[5] BT-Drs. 12/4887, S. 37.

II. Anwendungsbereich und Ausschlußtatbestände

ge durch rechtsgeschäftlichen oder sonstigen Erwerb von Anteilen an juristischen Personen ausgeschlossen. Wer also z.B. Anteilsrechte nach der besatzungshoheitlichen Enteignung einer Aktien-Gesellschaft käuflich erworben hat, dem steht kein Anspruch auf Ausgleichsleistungen zu. Die amtliche Begründung beruft sich hierzu auf das Sozialstaatsprinzip, das seinem Wesen nach nur für natürliche Personen gelten könne.[6] Der Gleichheitssatz stehe dem nicht entgegen. Die Beschränkung der Anspruchsberechtigung auf die hinter den Kapitalgesellschaften stehenden natürlichen Personen sei erforderlich, um dem damals von den Enteignungen Betroffenen und von einer Restitution ausgeschlossenen Anteilseigner die Ausgleichsleistung zu gewähren.[7] Die Einbeziehung juristischer Personen in den Kreis der nach dem VermG Berechtigten habe gleichfalls nicht dazu geführt, daß im AusglLeistG eine entsprechende Regelung hätte getroffen werden müssen. Der ordnungspolitische Zweck, der im Anwendungsbereich des Vermögensgesetzes zur Einbeziehung von juristischen Personen in den Kreis der Berechtigten geführt habe, sei angesichts des grundsätzlichen Rückgabeausschlusses und der Verweisung auf Ausgleich in Geld bei besatzungshoheitlichen Enteignungen im Rahmen des AusglLeistG nicht zu erfüllen.[8]

Der **Kreis der betroffenen Vermögenswerte**, für die eine Entschädigung gewährt wird, ist eingegrenzt. Es handelt sich um die in § 2 Abs. 2 VermG abschließend aufgezählten Vermögenswerte.[9] Es geht also um bebaute und unbebaute Grundstücke, rechtlich selbständige Gebäude und Baulichkeiten, Nutzungsrechte und dingliche Rechte an Grundstücken, bewegliche Sachen, gewerbliche Schutzrechte, Kontoguthaben und sonstige auf Geldzahlung gerichtete Forderungen sowie Eigentum und Beteiligungen an Unternehmen mit Sitz außerhalb der ehemaligen DDR. 5

2. Einziehung des Vermögens aufgrund Entscheidung eines ausländischen Gerichts

§ 1 Abs. 1a AusglLeistG entspricht § 1 Abs. 1a EntschG. Auf die Darlegungen insoweit wird verwiesen.[10] Satz 2 weist auf § 1 Abs. 7 VermG hin. Dies stellt klar, daß auch im Falle der Geltendmachung von Ausgleichsleistungen die Möglichkeit der Rückübertragung nach den Vorschriften des Vermögensgesetzes verbleibt, wenn die gerichtliche Entscheidung, die zur Vermögenseinziehung geführt hat, später doch noch aufgehoben werden sollte. Die Ausgleichsleistung ist dann nach den im VermG enthaltenen Regelungen zurückzuzahlen.[11] 6

---

[6] Ebda.
[7] Ebda.
[8] Ebda.
[9] Siehe Kap. 2 Rdnr. 45.
[10] Siehe Kap. 3 Rdnr. 10 ff.
[11] BT-Drs. 12/7588, S. 41.

3. Enteignung von Gesellschaftsvermögen

7 § 1 Abs. 2 AusglLeistG durchbricht hinsichtlich des **Gesellschafts- und Genossenschaftsvermögen** den Grundsatz in Abs. 1, wonach nur Enteignungen zum Nachteil natürlicher Personen ausgeglichen werden sollen. Es gilt als auszugleichender Eingriff, wenn bei besatzungsrechtlichen und besatzungshoheitlichen Enteignungen von Gesellschafts- und Genossenschaftsvermögen **Wertminderungen bei den Anteilen** an der Gesellschaft oder den Geschäftsguthaben der Genossenschaftsmitglieder eingetreten sind.

8 § 1 Abs. 2 Satz 2 AusglLeistG erstreckt die Ausgleichsberechtigung auf die Inhaber **früherer dinglicher Rechte an Grundstücken**, die bei den besatzungsrechtlichen oder besatzungshoheitlichen Enteignungen dieser Grundstücke untergingen. Der Hinweis auf § 18b VermG verdeutlicht die angesprochenen Tatbestände. Die Bezugnahme auf § 1 Abs. 2 Satz 3 und 4 EntschG in **Satz 3** stellt die Akzessorietät zwischen dem untergegangenen dinglichen Recht und der ihm zugrundeliegenden Forderung wieder her.

9 **Familienstiftungen und Familienvereine** sind in § 1 Abs. 2 Satz 4 AusglLeistG angesprochen. Im Falle der Enteignung des Vermögens solcher Familienstiftungen oder -vereine sind den an dem Vermögen Beteiligten Ausgleichsleistungen zu gewähren, wobei eine Beteiligung zur gesamten Hand zugrundezulegen ist. Hierzu wird auf die 18. FeststellungsDV ergänzend verwiesen.

4. Ausschlußtatbestände

10 Weitere Ausschlußtatbestände[12] regeln durch **negative Abgrenzung** § 1 Abs. 3, 4 und § 2 Abs. 7 AusglLeistG. Es geht hier um Schäden für die bereits besondere gesetzliche Regelungen im Zuge der sogenannten Kriegsfolgenschädengesetzgebung ergangen sind. Ansprüche nach dem AusglLeistG werden hier nicht gewährt, weil es bei der Nr. 1 der Gemeinsamen Erklärung vom 15.6.1990 nicht um Kriegs-, Kriegsfolgen- oder Währungsschäden geht.[13]

11 a) **Schäden nach dem RepG.** § 1 Abs. 3 Nr. 1 AusglLeistG behandelt die sogenannten Reparationsschäden i.S.d. § 2 RepG.[14] Hier geht es um die Wegnahme von Wirtschaftsgütern durch die Besatzungsmacht, um sie der fremden Volkswirtschaft zuzuführen. Daß die Wirtschaftsgüter der fremden Volkswirtschaft tatsächlich zugeführt wurden, ist nicht erforderlich. Es genügt die Wegnahme in der entsprechenden Absicht. Zum **Umfang dieser Schäden** gibt es keine verläßlichen Unterlagen. In die Kategorie der Reparationsschäden fallen aber sowohl die sogenannten **Demontagen** als auch die eigentlichen **Reparationslieferungen**. Beide Begriffe hatten im Sprachgebrauch der SMAD einen unterschiedlichen Sinngehalt.[15]

---

[12] Zu den genannten, wie § 1 Abs. 1 Satz 2 und Abs. 1a Satz 2 AusglLeistG.
[13] BT-Drs. 12/4887, S. 38.
[14] Siehe Kap. 2 Rdnr. 16.
[15] Siehe Kap. 1 Rdnr. 19, 21.

II. Anwendungsbereich und Ausschlußtatbestände

Auch die sogenannten **Restitutionsschäden** i.S.d. § 3 RepG begründen nach § 1 Abs. 3 Nr. 2 AusglLeistG keine Ausgleichsansprüche. Hier handelt es sich ebenfalls um Wegnahmen durch die oder auf Veranlassung der Besatzungsmacht, die allerdings anders motiviert waren, als die Reparationsleistungen. Es handelt sich um die **Rückführung von Gegenständen**, die tatsächlich oder auch nur angeblich aus Gebieten beschafft und fortgeführt worden waren, die früher von deutschen Truppen besetzt oder kontrolliert wurden.[16]

§ 1 Abs. 3 Nr. 3 AusglLeistG schließt die sogenannten **Zerstörungsschäden** i.S.d. § 4 RepG aus. Hier ging es um die Beschädigung oder Zerstörung von Wirtschaftsgütern zum Zwecke der Beseitigung des deutschen Wirtschaftspotentials oder um Wegnahmen aus anderen Gründen als Reparation und Restitution.[17]

b) Verluste im Sinne des AKG. Nach § 1 Abs. 3 Nr. 4 AusglLeistG werden Verluste an den im Allgemeinen Kriegsfolgengesetz genannten Vermögenswerten gleichfalls ausgeschlossen.[18]

c) Gläubigerverluste bei der Neuordnung des Geldwesens. Gläubigerverluste in Zusammenhang mit der Neuordnung des Geldwesens werden nach § 1 Abs. 3 Nr. 5 AusglLeistG ausgeschlossen. Es handelte sich dabei um allgemein gültige und nicht bestimmte Gruppen diskriminierende Regelungen. Insoweit ist zunächst auf die Währungsreform in der ehemaligen SBZ hinzuweisen.[19]

d) Verluste von Wertpapieren. Ebenfalls ausgeschlossen sind nach § 1 Abs. 3 Nr. 5 AusglLeistG Verluste an **verbrieften Rechten, die der Wertpapierbereinigung unterlagen** oder unterliegen. Hier handelt es sich um die Gesetzgebung auf dem Gebiet der allgemeinen Wertpapierbereinigung.[20]

§ 1 Abs. 3 Nr. 7 AusglLeistG schließt Verluste an auf ausländische Währung lautenden Wertpapieren (**Auslandsbonds**) gleichfalls aus.[21]

Die Vorschrift des § 1 Abs. 3 Nr. 8 AusglLeistG schließt Verluste an **Schuldverschreibungen von Gebietskörperschaften** aus.[22]

Durch die Verweisung auf § 1 Abs. 1 lit. c VermG schließt § 1 Abs. 3 Nr. 9 AusglLeistG **Ansprüche wegen der Altguthabenablösungsanleihe** aus. Es handelt sich um die Behandlung von Altguthaben in Reichsmark aus der Zeit vor dem 8. 5. 1945. Diese wurden entsprechend der Anordnung der Deut-

---

[16] Siehe Kap. 2 Rdnr. 16.
[17] Siehe Kap. 2 Rdnr. 16.
[18] Siehe Kap. 2 Rdnr. 6.
[19] Verordnung der Deutschen Wirtschaftskommission über die Währungsreform in der SBZ vom 21. 6. 1948, ZVOBl. S. 220.
[20] Siehe Kap. 2 Rdnr. 45.
[21] Siehe dazu Gesetz zur Bereinigung von deutschen Schuldverschreibungen, die auf ausländische Währung lauten (Bereinigungsgesetz für deutsche Auslandsbonds) vom 25. 8. 1952, BGBl. I S. 553.
[22] Siehe hierzu *Wasmuth* in RVI, B 100 § 1 VermG Rdnr. 408ff.

schen Wirtschaftskommission vom 23.9.1948[23] auf Antrag im Verhältnis 10 zu 1 in Anteilrechte an einer Altguthaben-Ablösungsanleihe umgewandelt. Allerdings wurden nicht alle Guthaben umgewertet. In Anwendung einer weiteren Anordnung zur Feststellung der Personen, Organisationen und Unternehmen, deren vor dem 9.5.1945 entstandene Guthaben erloschen sind, vom 25.9.1950[24] wurden Guthaben bestimmter Fallgruppen als erloschen behandelt. Sofern das Gesamtguthaben des Inhabers mehr als 3.000 RM betrug, blieb der abgewertete Betrag zur späteren Prüfung des rechtmäßigen Erwerbs gesperrt. Guthaben, die auf Kriegsgewinne und Spekulation zurückgeführt wurden, erloschen ebenso wie Guthaben von Kriegs- und Naziverbrechern oder Guthaben von verbotenen Organisationen und Rüstungsbetrieben. Ansprüche insoweit sind durch die Verordnung vom 27.6.1990[25] geregelt. Diese Vorschriften gehen dem AusglLeistG vor.

20 **e) Ansprüche von Gebietskörperschaften.** Durch die Verweisung auf § 1 Abs. 8 lit. d VermG schließt § 1 Abs. 3 Nr. 9 AusglLeistG auch Ansprüche von Gebietskörperschaften im Beitrittsgebiet aus, soweit diese Ansprüche vom Kommunalvermögensgesetz[26] erfaßt sind. Auch hier sollen die Bestimmungen des Spezialgesetzes den Vorrang vor dem AusglLeistG haben.

21 **f) Werthaltige Ansprüche aus Forderungen und Anteilsrechten.** § 2 Abs. 7 AusglLeistG enthält einen Ausschlußtatbestand für Ansprüche aus Forderungen oder Anteilsrechten. Die Vorschrift betrifft deshalb die Ansprüche nach § 2 Abs. 2 bis 6 AusglLeistG. Forderungen, die wieder werthaltig geworden sind, soll der Anspruchsberechtigte durchsetzen; da er dies im Einzelfall kann (Werthaltigkeit), besteht in solchen Fällen keine Veranlassung zu Ausgleichsleistungen nach dem AusglLeistG. Maßgeblich ist dabei zum einen die rechtliche Durchsetzbarkeit, an der es etwa auch bei einer zu erwartenden Einrede der Verjährung mangelt. Ist die rechtliche Durchsetzbarkeit zwar gegeben, fehlt es aber an der tatsächlichen Möglichkeit der Durchsetzung des Anspruchs, so findet der Ausschlußtatbestand ebenfalls keine Anwendung.

22 **g) Verstoß des Berechtigten gegen die Grundsätze der Rechtsstaatlichkeit.** Die Vorschrift des § 1 Abs. 4 AusglLeistG soll verhindern, daß diejenigen, welche die Hauptverantwortung für die jetzt zu revidierenden Unrechtsmaßnahmen tragen, das AusglLeistG zu ihren Gunsten in Anspruch nehmen. Entsprechende Ausschlüsse finden sich in allen vergleichbaren gesetzlichen Regelungswerken wie z.B. im Bundesentschädigungsgesetz oder im Lastenausgleichsgesetz. Auch wer sich nach den in den westlichen Besatzungszonen geltenden Maßstäben wegen Verbrechen gegen die Menschlichkeit oder Kriegsverbrechen schuldig gemacht hat, kann keine Wieder-

---

[23] ZVOBl. 1948, S. 475.
[24] GBl. DDR I 1950, S. 1059.
[25] GBl. DDR I 1990, S. 543, geändert durch das Kontoguthabenumstellungsgesetz vom 24.7.1992, BGBl. I S. 1389.
[26] Kommunalvermögensgesetz vom 6.7.1990, GBl. DDR I S. 660.

III. Art, Höhe und Bemessung der Ausgleichsleistung 141

gutmachung im Rahmen des AusglLeistG erhalten.[27] Die Vorschrift wurde im Laufe der parlamentarischen Beratung um den Hinweis auf Rechtsvorgänger erweitert. Die Einfügung stellt klar, daß auch die Unwürdigkeit des Rechtsvorgängers des Berechtigten zum Ausschluß des Anspruchs auf Ausgleichsleistung führt.[28]

III. Art, Höhe und Bemessung der Ausgleichsleistung

1. Leistungen aus dem Entschädigungsfonds

Durch den Hinweis in § 2 Abs. 1 Satz 1 AusglLeistG, daß Ausgleichsleistungen aus dem Entschädigungsfonds zu erbringen sind, stellt die Vorschrift die **Leistungsart durch Leistungen in Geld** grundsätzlich klar. Allerdings sind keine sofortigen Geldzahlungen gemeint, sondern die Zuteilung von Schuldverschreibungen des Entschädigungsfonds. Der Hinweis auf Leistungen und Erfüllung nach Maßgabe der §§ 1 und 9 EntschG bedeutet die Übernahme der inhaltlichen Leistungsbeschränkungen in § 1 Abs. 1 und 4 EntschG. Hervorzuheben sind die Ausgleichsleistung durch unverzinsliche Schuldverschreibungen (§ 1 Abs. 1 Sätze 2 und 3 EntschG) und die besonderen Ausschlußtatbestände des § 1 Abs. 4 EntschG.[29] 23

Die Regelung des § 2 Abs. 1 Satz 3 AusglLeistG findet ihre Entsprechung in § 7 Abs. 2 EntschG, wonach Kürzungen der Entschädigungsleistung beim **Zusammentreffen von Ansprüchen für mehrere Vermögenswerte** auf die Summe dieser Ansprüche anzuwenden sind.[30] Dadurch wird diese Situation zum Nachteil von Anspruchsberechtigten nach dem AusglLeistG verschärft, indem hier die Addierung von Ansprüchen nach dem AusglLeistG und dem EntschG vorgeschrieben wird, bevor die rechnerischen Kürzungen nach § 7 EntschG stattfinden. Dies erscheint systemwidrig, weil unterschiedliche Anspruchsberechtigungen nach verschiedenen Leistungsgesetzen zum Zwecke der Kürzung zusammengeführt werden. 24

2. Privatrechtliche geldwerte Ansprüche

Die Vorschrift des § 2 Abs. 2 AusglLeistG findet ihre Entsprechung in § 5 Abs. 1 Satz 2 EntschG, durch die für in Reichsmark ausgewiesene Beträge auf § 2 Abs. 2 AusglLeistG verwiesen wird.[31] Bei den privaten geldwerten und nicht in Einheitswerten enthaltenen Ansprüchen handelt es sich um die gleichen wie die in § 5 Abs. 1 EntschG beispielhaft aufgezählten Rechte.[32] Durch die Währungsbezeichnung *Reichsmark* ist klargestellt, daß es sich um geldwerte Ansprüche aus der **Zeit vor der Währungsreform in der** 25

---

[27] BT-Drs. 12/4487, S. 38.
[28] BT-Drs. 12/7588, S. 41.
[29] BT-Drs. 12/7588, S. 38.
[30] Siehe Kap. 3 Rdnr. 142 ff.
[31] Siehe Kap. 2 Rdnr. 143 f.
[32] Siehe Kap. 2 Rdnr. 140.

ehemaligen **SBZ** handeln muß. Hier ist zunächst zu berechnen, in welcher Höhe diese Guthaben oder Forderungsrechte nach der Währungsreform in der sowjetischen Besatzungszone Fortbestand gehabt hätten. Nur insoweit ist ein ausgleichspflichtiger Schaden im Sinne von § 1 AusglLeistG anzunehmen. Bei dieser Ermittlung werden allerdings nicht die détaillierten und teilweise die Gläubiger mit Wohnsitz außerhalb dieses Gebietes diskriminierenden Vorschriften zur Währungsreform in der ehemaligen SBZ angewendet; es ist eine pauschalierte Berechnung der Ansprüche vorgesehen.[33]

26 Die Bemessungsgrundlage für die Enteignung von **Lebensversicherungsansprüchen** ist in § 5 Abs. 3 EntschG geregelt.[34] Diese Regelung erfaßt Lebensversicherungsansprüche in ihrem Bestand nach dem 23.6.1948 (Währungsreform). Für Lebensversicherungsansprüche, die vor der Währungsreform enteignet wurden, ist keine Bemessungsgrundlage vorgesehen. Zur Begründung wird dargetan, in dieser Zeit seien auch die nicht enteigneten Lebensversicherungen in der Regel nicht werthaltig gewesen.[35]

3. Bemessung von Ansprüchen in DDR-Währung

27 § 2 Abs. 3 AusglLeistG entspricht inhaltlich § 5 Abs. 1 Satz 1 EntschG.[36] Die **Währungsbezeichnung** *Deutsche Mark der Deutschen Notenbank* stellt den Zeitraum klar. Von der Währungsreform im Jahre 1948 bis zum 31.7.1964 hieß die Währung der DDR *Deutsche Mark der Deutschen Notenbank*, vom 1.8.1964 bis 31.12.1967 *Mark der Deutschen Notenbank* und erst danach *Mark der Deutschen Demokratischen Republik*. Geldwerte Ansprüche, die auf Deutsche Mark der Deutschen Notenbank lauten, also einen Nennwert in der nach der Währungsreform gültigen Währung haben, werden mit 50% ihres Nennbetrages zum Zeitpunkt der Enteignung bemessen.

4. Bemessung bei Wertpapieren

28 § 2 Abs. 4 AusglLeistG regelt die Bemessungsgrundlage für in **Wertpapieren** verbriefte Forderungen wie Schuldverschreibungen, Obligationen, Schatzanweisungen, Pfandbriefe u.ä. Im Interesse einer möglichst zügigen und einfachen Durchführung der Entschädigungsverfahren knüpft die Regelung an die Ergebnisse der Wertermittlung für die Durchführung des BFG[37] an. Die Ausgleichsverwaltung hat in einer Liste der Wertpapiere und Anteilsrechte deren Werte bereits in großer Zahl veröffentlicht. Es handelt sich dabei um Werte, die auf der Grundlage von Steuerkurswerten oder amtlichen Kurswerten ermittelt wurden. Soweit solche Werte fehlen, müssen sie nach diesen Grundsätzen noch ermittelt oder, wenn dies nicht mehr möglich ist, geschätzt werden.[38]

---

[33] BT-Drs. 12/4887, S. 39.
[34] Siehe Kap. 3 Rdnr. 117.
[35] BT-Drs. 12/4887, S. 39.
[36] Siehe Kap. 3 Rdnr. 73 ff.
[37] Siehe Kap. 2 Rdnr. 28.
[38] BT-Drs. 12/4887, S. 39.

III. Art, Höhe und Bemessung der Ausgleichsleistung

Voraussetzung für eine Schadensfeststellung ist, daß die Wertpapiere 29
nicht anderen, vorgehenden Regelungen unterliegen. Dies ist grundsätzlich der Fall, wenn sie der **Wertpapierbereinigung** oder der **Auslandsbondsregelung** in den 11 alten Bundesländern unterliegen (§ 1 Abs. 3 Nr. 6, 7 AusglLeistG).[39]

Maßgeblicher Stichtag für die Schadensfeststellung an in Wertpapieren 30
verbriefen Forderungen ist der 1.1.1945. Da aus kriegsbedingten Gründen eine Vermögensteuerveranlagung, und insbesondere eine Hauptveranlagung auf diesen Tag, nicht stattgefunden hat, muß so verfahren werden, als ob der Wertpapierinhaber auf den 1.1.1945 neu veranlagt oder nachveranlagt worden wäre. Es kommt deshalb grundsätzlich auf die Steuerkurswerte zum 1.1.1940 an.[40] Ist ein Steuerkurswert nicht festgesetzt worden, kommt es auf den amtlich notierten Börsenkurs am 31.12.1939 an. Fehlt es auch daran, ist vom Nennwert auszugehen.

Nach § 2 Abs. 4 Satz 2 AusglLeistG beträgt die Ausgleichsleistung für auf 31
Reichsmark lautende Wertpapiere 5 v. H. der Bemessungsgrundlage. Die Regelung lehnt sich an die Lösung in Abs. 2 für privatrechtliche geldwerte Ansprüche an.

5. Kappungsgrenze

§ 2 Abs. 5 AusglLeistG führt eine Kappungsgrenze ein. Die Ausgleichs- 32
leistungen für entzogene **geldwerte Forderungen nach den Absätzen 2 bis 4** sind auf einen Höchstbetrag begrenzt. Diese Regelung bewirkt, daß Bemessungsgrundlagen oberhalb von 200.000 Reichsmark unberücksichtigt bleiben. Dies erscheint zweifelhaft. Die amtliche Begründung verweist zunächst auf die Regelung der Entschädigung für Betriebsvermögen.[41] Dies ist nur teilweise richtig, weil § 5 Abs. 2 EntschG nur bestimmt, daß Entschädigungsansprüche nach Maßgabe der verfügbaren Mittel des Entschädigungsfonds bis zum Betrag von 10.000 DM in Geld erfüllt werden (und nicht in unverzinslichen Schuldverschreibungen). Ein Abschneiden jeglicher Ansprüche oberhalb von 10.000 DM findet im EntschG deshalb gerade nicht statt. Die Regelung in § 5 Abs. 2 EntschG kann deshalb auch nicht als Begründung dafür dienen, daß Ausgleichsansprüche nach § 2 Abs. 5 AusglLeistG in ihrer Summe 10.000 DM nicht übersteigen dürfen. Der weitere Hinweis in der amtlichen Begründung, eine solche Obergrenze sei angesichts der auch in den Währungsreformen von 1948 zum Ausdruck gekommenen sozialen Modifikationen geboten gewesen,[42] überzeugt eher.

---

[39] Siehe oben Rdnr. 16f.
[40] Beilage zum Deutschen Reichsanzeiger Nr. 110 vom 23.1.1940, geändert in Nr. 110 vom 14.5.1940, Nr. 74 vom 28.3.1942, Nr. 118 vom 24.5.1943 und Nr. 100 vom 3.5.1944.
[41] BT-Drs. 12/4887, S. 39.
[42] Ebda.

6. Anteilsrechte an Unternehmen

33 Die Vorschrift des § 2 Abs. 6 AusglLeistG behandelt Anteilsrechte an Unternehmen. Durch die Verweisung auf § 4 EntschG werden dessen entsprechende Regelungen für das AusglLeistG herangezogen.[43]

34 Im übrigen ist nach § 2 Abs. 7 AusglLeistG zu prüfen, ob der privatrechtliche geldwerte Anspruch vor Bescheiderteilung **wieder werthaltig** geworden und deshalb eine **Ausgleichsleistung ausgeschlossen** ist.[44]

7. Übersicht

35

Art des Gegenstandes	Bemessungsgrundlage (§§ des AusglLeistG)	Ausschluß- und Vorgehende Regelungen (§§ des AusglLeistG)
1. **Private geldwerte Ansprüche** a) auf RM b) auf DM der Deutschen Notenbank	 a) 2 Abs. 2, Abs. 5 (5 Abs. 1 Satz 2 EntschG) b) 2 Abs. 2, Abs. 5 (5 Abs. 1 Satz 2 EntschG)	2 Abs. 7
2. **Wertpapiere** a) auf RM. b) auf Mark der Deutschen Notenbank	 a) 2 Abs. 4 Satz 1 i. V. m. 16 BFG, 17 FG; davon 5 % (2 Abs. 4 Satz 2, Abs. 5) b) 2 Abs. 4 Satz 3, Abs. 5	1 Abs. 3 Nr. 6, 7; 2 Abs. 7
3. **Lebensversicherungsanspruch**	2 Abs. 1 Satz 2 i. V. m. 5 Abs. 3 EntschG	
4. **Unternehmensanteil**	2 Abs. 6 i. V. m. 4 EntschG	2 Abs. 7

IV. Flächenerwerb

1. Allgemeines

36 Die Vorschrift des § 3 AusglLeistG ermöglicht die Wahl einer Sachentschädigung im Bereich der Land- und Forstwirtschaft. Ergänzend gilt die Flächenerwerbsverordnung[45] Dies geschieht allerdings nicht durch

---

[43] Siehe Kap. 3 Rdnr. 73 ff.
[44] Siehe oben Rdnr. 21.
[45] Verordnung über den Erwerb land- und forstwirtschaftlicher Flächen, das Verfahren sowie den Beirat nach §§ 3 und 4 Ausgleichsleistungsgesetz (Flächenerwerbsverordnung – FlErwV –; siehe Anhang 4).

IV. Flächenerwerb

Gewährung eines Rechtsanspruchs auf Ausgleich in Land, sondern in **privatrechtlicher Form durch Ermöglichung des Ankaufs von Flächen**. Dabei ist die mit der Privatisierung ehemals volkseigener land- und forstwirtschaftlicher Grundstücke betraute Stelle in ihrem Ermessen durch detaillierte Vorgaben eingeengt.[46] Über § 1 Abs. 1 Satz 6 EntschG gilt die Ankaufmöglichkeit auch für Berechtigte nach jenem Gesetz. Verwenden 90 % der von Enteignungen land- und forstwirtschaftlicher Flächen auf besatzungshoheitlicher Grundlage Betroffenen ihre Ausgleichsleistung zum Landerwerb, können auf diese Weise rd. 500.000 ha land- und forstwirtschaftlicher Flächen, das sind rd. 20 % der enteigneten und rd. 27 % bei der Treuhandanstalt/BVS noch verfügbaren land- und forstwirtschaftlichen Fläche, erworben werden.[47] Die Vorschrift war bereits vor dem Regierungsentwurf zum AusglLeistG und auch danach während der parlamentarischen Beratung heftig umstritten. Zum Verständnis ist ein Blick auf die Landwirtschaft im Beitrittsgebiet und auf die Privatisierungs- und Verpachtungspolitik der Treuhandanstalt/BVS in Bezug auf die von ihr verwalteten land- und forstwirtschaftlichen Flächen notwendig.

2. Land- und forstwirtschaftliche Flächen im Beitrittsgebiet

a) Zustand im Zeitpunkt der Wiedervereinigung. Von der Gesamtfläche der 37 ehemaligen DDR in der Größenordnung von rund 108.000 qkm oder 10,8 Mio ha waren nach statistischen Daten zum Jahre 1989 etwas weniger als die Hälfte, nämlich rund 49.000 qkm oder 4,9 Mio ha, Ackerland und Dauerkulturen.[48] Die land- und forstwirtschaftlich genutzten Flächen verteilten sich wie folgt auf die verschiedenen Nutzungsarten:

Land- und forstwirtschaftlich genutzte Flächen in der ehemaligen DDR im Jahre 1989[49]

Nutzungsart	Fläche in ha
Ackerland	4.676.000
Dauerkulturen	237.000
Dauerwiesen und Dauerweiden	1.258.000
Waldflächen (Forsten und Holzungen)	2.983.000
Gesamt	**9.154.000**

Von diesen Flächen wurden im Jahre 1989 5.436.000 ha von 3.844 Landwirt- 38 schaftlichen Produktionsgenossenschaften bewirtschaftet, wobei 1.580.000 Menschen in diesen LPG als Mitglieder oder ständige Mitarbeiter beschäftigt waren.[50] Diese Zahlen weichen von statistischen Angaben der ehemaligen DDR zur Struktur ihrer landwirtschaftlichen Betriebe (ohne Forstwirt-

---

[46] BT-Drs. 12/7588, S. 41.
[47] Ebda.
[48] Statistisches Bundesamt, DDR 1990, S. 15.
[49] Statistisches Bundesamt, DDR 1990, S. 35.
[50] Statistisches Bundesamt, DDR 1990, S. 36.

schaft) ab. Nach Angaben des Statistischen Amtes der DDR teilte sich die **landwirtschaftliche Bodennutzung** strukturell wie folgt auf:

Struktur der landwirtschaftlichen Betriebe in der ehemaligen DDR im Jahre 1989[51]

– Art der Betriebe Produktion in Mrd Mark	Zahl	Flächen in ha	Beschäftigte
Genossenschaften (LPG), davon			
– insgesamt 63,8	4.530	5.075.000	694.900
– Pflanzenproduktion 23,7	1.164	4.987.000	306.900
– Tierproduktion 33,2	2.851	73.000	343.600
– Gärtnerische Produktion 1,5	199	15.000	
– Sonstige 5,4	316	–	44.400
Volkseigene Güter und Betriebe, davon			
– insgesamt 14,9	580	464.000	124.800
– Pflanzenproduktion 2,1	152	408.000	46.200
– Tierproduktion 5,1	312	39.000	49.100
– Volkseigene Betriebe 7,7	116	17.000	29.500
Gesamt Genossenschaften und volkseigene Betriebe 78,7	5.110	5.539.000	819.700
Private Landwirt- einschl. Kirchengüter 4,8	3.558	335.000	5.500
Persönliche Nutzung 2,9	–	297.000	–
Gesamt Landwirtschaft 86,4	8.668	6.171.000	825.200

Die Struktur zeigt auf, daß rund 90 % der landwirtschaftlichen Nutzfläche von den 4.530 Landwirtschaftlichen Produktionsgenossenschaften und 580 Volkseigenen Gütern sowie staatlichen Betrieben bewirtschaftet wurden. Pflanzen- und Tierproduktion waren getrennt. Die durchschnittliche LPG-Pflanzenproduktion bewirtschaftete 4.500 ha mit 265 Beschäftigten. Die Viehhaltung erfolgte in darauf spezialisierten Betrieben. Dem stehen landwirtschaftliche Vollerwerbsbetriebe im „alten" Bundesgebiet mit durchschnittlich 30 ha ohne Trennung zwischen Pflanzen- und Tierproduk-

---

[51] Statistisches Jahrbuch DDR – wiedergegeben in BT-Drs. 12/6854 (Materialien zur Deutschen Einheit und zum Aufbau in den neuen Bundesländern – Bericht der BReg. vom 8.2.1994), Anlage 156, S. 511.

tion und einem Personaleinsatz gegenüber, der nur etwa halb so groß ist, wie bei den landwirtschaftlichen Betrieben in der ehemaligen DDR.[52]

b) Von der Treuhandanstalt/BvS übernommene Flächen der Land- und Forstwirtschaft. Nach vergleichsweise frühen eigenen Angaben von März 1991 hatte die Treuhandanstalt „nach derzeitigen Unterlagen 17,2 Mrd qm landwirtschaftliche Nutzfläche (überwiegend in LPG-Nutzung) und 19,6 Mrd qm Forstfläche übernommen", wobei von der Forstfläche 14,5 Mrd qm an öffentliche Eigentümer rückübereignet werden sollten.[53] Diese frühen Zahlenangaben der Treuhandanstalt entsprechen 1,72 Mio ha landwirtschaftlich genutzter Fläche und 1,96 Mio ha Forstflächen. Die genannten Mengen machen rund 28 % der gesamten landwirtschaftlich genutzten Fläche in den neuen Bundesländern aus und etwa 66 % der dort befindlichen Forstflächen. Bereinigt man die Forstflächen um die 1,45 Mio ha, die an öffentliche Eigentümer rückübereignet werden sollten, verbleiben rund 0,51 Mio ha Forstflächen für andere Privatisierungen. 39

Nach amtlichen Angaben der Bundesregierung von Februar 1994 verfügt die Treuhandanstalt über etwa 1,9 Mio ha landwirtschaftlich genutzte Flächen, von denen etwa 0,6 Mio ha an Länder, Kommunen und frühere Eigentümer zurückzugeben sind, so daß rund 1,3 Mio ha landwirtschaftliche Flächen, die im wesentlichen aus den Enteignungen im Zuge der Bodenreform stammen, als zu privatisierender Bestand verbleiben.[54] Diese Angabe wird im Bericht des 2. Untersuchungsausschusses „Treuhandanstalt" mit der Maßgabe bestätigt, daß von den rund 1,3 Mio ha landwirtschaftliche Flächen etwa 0,3 Mio ha von ehemals Volkseigenen Gütern und rund 1,0 Mio ha bis zur Wende von LPG'en bewirtschaftet wurden.[55] Hinsichtlich der Forstflächen gibt die Bundesregierung einen Bestand von 1,95 Mio ha an, von denen etwa 770.000 ha zu privatisieren seien.[56] Nach den Mengenangaben in der amtlichen Begründung zu noch verfügbaren Flächen bei der Treuhandanstalt entsprechen rd. 500.000 ha land und forstwirtschaftlicher Flächen etwa 27 % der bei der Treuhandanstalt noch verfügbaren land- und forstwirtschaftlichen Fläche.[57] Dies bedeutet, daß bei der Treuhandanstalt mit Stand Mai 1994 noch rund 1,85 Mio ha land- und forstwirtschaftlicher Flächen zur Verfügung standen. 40

3. Privatisierungsaufgaben der Treuhandanstalt/BvS in bezug auf übernommene Flächen der Land- und Forstwirtschaft

a) Rechtsgrundlagen. Rechtsgrundlage und konzeptionelle Leitlinie für die Privatisierung land- und forstwirtschaftlicher Flächen sind das Treu- 41

---

[52] BT-Drs. 12/6854 aaO., S. 139.
[53] Offizielles Firmenverzeichnis der Treuhandanstalt, 1. Ausgabe 1991, Redaktionsschluß März 1991, S. XIII.
[54] BT-Drs. 12/6854 aaO., S. 147.
[55] BT-Drs. 12/8404 – Beschlußempfehlung und Bericht des 2. Untersuchungsausschusses „Treuhandanstalt", S. 467.
[56] BT-Drs. 12/6854 aaO., S. 147.
[57] BT-Drs. 12/7588, S. 41.

handgesetz mit seinen Änderungen aus dem Jahre 1994[58] und Richtlinien, die von der Treuhandanstalt erlassen wurden.[59]

42 Die **rechtliche Qualität der Treuhandrichtlinien** dürfte der von verwaltungsinternen Anweisungen entsprechen. Der Erlaß solcher Verwaltungsvorschriften unterhalb der Ebene von Gesetzen und Verordnungen ist im GG in den Vorschriften der Artikel 83 ff. GG geregelt. Danach genügt die allgemeine Zuständigkeit der erlassenden Stelle, Angelegenheiten dieser Art zu regeln, soweit nicht besondere Zuständigkeitsregelungen getroffen worden sind. Die Treuhandanstalt/BVS als bundesunmittelbare Körperschaft des öffentlichen Rechts unter der Fachaufsicht des BMF nimmt im Rahmen ihres Gesamtauftrages nach dem TreuhG staatliche Aufgaben wahr. Die Privatisierung, Umstrukturierung und Sanierung der ehemals volkseigenen Wirtschaft der früheren DDR ist eine staatliche Aufgabe. Die Treuhandanstalt/BVS wird im Rahmen der Erfüllung dieser gesetzlichen Aufgabe als Behörde tätig. Sie kann deshalb zur Durchführung ihrer Aufgaben auch Verwaltungsbestimmungen oder interne Richtlinien erlassen. Diese sind innerhalb der Treuhandanstalt/BVS verbindlich. Sie haben außerdem eine Bindung des Verwaltungsermessens dort zur Folge, wo die Anstalt innerhalb ihrer gesetzlichen und organisatorischen Zuständigkeit als Behörde Ermessensentscheidungen zu treffen hat.

---

[58] Gesetz zur abschließenden Erfüllung der verbliebenen Aufgaben der Treuhandanstalt vom 9.8.1994, BGBl. I S. 2062. Dazu sind folgende Rechtsverordnungen der BReg ergangen:
a) Verordnung zur Übertragung von liegenschaftsbezogenen Aufgaben und Liegenschaftsgesellschaften der Treuhandanstalt (Treuhandliegenschaftsübertragungsverordnung – TreuhLÜV) vom 20.12.1994, BGBl. I S. 3908. Es handelt sich um die Übertragung der liegenschaftsbezogenen Aufgaben auf das Bundesministerium der Finanzen, das diese im Einvernehmen mit dem Bundesministerium für Wirtschaft und dem jeweils betroffenen weiteren Bundesministerium wahrnimmt. Ferner werden die Geschäftsanteile der Treuhandanstalt an der im HR AG Berlin-Charlottenburg unter HRB 36064 eingetragenen Liegenschaftsgesellschaft der Treuhandanstalt mbH mit Sitz in Berlin mit Wirkung vom 31.12.1994 auf den Bund übertragen.
b) Verordnung zur Übertragung von unternehmensbezogenen Aufgaben und Unternehmensbeteiligungen der Treuhandanstalt (Treuhandunternehmensübertragungsverordnung – TreuUntÜV) vom 20.12.1994, BGBl. I 3910. Es handelt sich um die Übertragung der Aufgaben mit Wirkung vom 30.12.1994 auf das Bundesministerium der Finanzen sowie um die Übertragung der Geschäftsanteile Treuhandanstalt an der im HR AG Berlin-Charlottenburg unter HRB 53659 eingetragenen Beteiligungs-Management-Gesellschaft Berlin mbH in Berlin (BMGB) auf den Bund.
c) Verordnung über die Umbenennung und die Anpassung von Zuständigkeiten der Treuhandanstalt (Treuhandumbenennungsverordnung – TreuUmbenV) vom 20.12.1994, BGBl. I S. 3913. Es handelt sich um die Umbenennung der Treuhandanstalt in **Bundesanstalt für vereinigungsbedingte Sonderaufgaben (BVS)** sowie um Zuständigkeitsregelungen und die Regelung des Inkrafttretens am 1.1.1995.

[59] BT-Drs. 12/8404 – Beschlußempfehlung und Bericht des 2. Untersuchungsausschusses „Treuhandanstalt", S. 467; BT-Drs. 12/6854 aaO., S. 147.

An solchen Richtlinien wurden durch die Treuhandanstalt zwei erlassen:[60] 43

(a) Richtlinie für die Veräußerung von Sondervermögen Land- und Forstwirtschaft einschließlich des Abschlusses von Pachtverträgen durch die Niederlassungen der Treuhandanstalt, gültig seit 27.11. 1990, beschlossen durch den Gesamtvorstand;
(b) Richtlinie für die Durchführung der Verwertung und Verwaltung volkseigener land- und forstwirtschaftlicher Flächen, gültig seit dem 22.6. 1992, beschlossen durch den Verwaltungsrat.

b) Die seit November 1992 gültigen Richtlinien. Das neue Verwertungskon- 44
zept der Treuhandanstalt wurde am 16.11. 1992 verabschiedet. Es wird auch „Bohl-Papier" genannt und sieht folgende Phasen der Privatisierung vor:[61]

(a) Langfristige Verpachtung der Treuhandflächen;
(b) Landerwerbs- und Siedlungsprogramm (etwa vom Wirtschaftsjahr 1995/1996 an);
(c) Verwertung der Restflächen (Beginn ist noch nicht festgelegt – Zeitstand BT-Drs. 12/8404–29.8. 1994).

Hinsichtlich der Verpachtung sieht die neue Richtlinie eine **Regelzeit von** 45
12 Jahren vor. Der Zuschlag soll grundsätzlich nach der Geeignetheit des Betriebskonzepts und der beruflichen Qualifikation des Antragstellers oder seines Betriebsleiters erteilt werden. Bei gleichwertigen Geboten haben Bodenreformopfer und andere früher selbständige Landwirte und deren Erben (**Wiedereinrichter**) und am 3.10. 1990 ortsansässige **Neueinrichter** sowie solche Neueinrichter den Vorrang vor LPG-Nachfolgeunternehmen, deren Pachtantrag sich auf Flächen bezieht, die sie jetzt schon bewirtschaften. An dritter Stelle nach den LPG-Nachfolgeunternehmen stehen Neueinrichter, die am 3.10. 1990 nicht ortsansässig waren, soweit sie bisher keine Treuhandflächen gepachtet haben. Bei Konkurrenzen zwischen Wiedereinrichtern und ortsansässigen Neueinrichtern sollen die Bodenreformopfer „im Sinne eines Interessenausgleichs berücksichtigt werden". Die Existenz bestehender Betriebe darf nicht dadurch ernsthaft gefährdet werden, daß ihnen bisher bewirtschaftete Flächen entzogen werden. Die Pächter sind zur Selbstbewirtschaftung verpflichtet; Ausnahmen können für eine Übergangszeit zugelassen werden. Zur Teilnahme am Landerwerbs- und Siedlungsprogramm berechtigte Pächter erhalten eine Kaufoption.[62]

Das **Landerwerbsprogramm** sieht vor, daß Bodenreformopfer und andere 46
Enteignete ohne Restitutionsansprüche auf Antrag für die Entschädigung in Geld Treuhandflächen einschließlich der aufstehenden Gebäude erhalten. Der Naturalausgleich soll möglichst auf dem früheren Grundeigentum des Antragstellers erfolgen, darf aber den Wert der Geldentschädigung nicht übersteigen. Bei einer Weiterveräußerung innerhalb von 20 Jahren

---

[60] BT-Drs. 12/8404 aaO., S.182; Die Überprüfung der Richtlinie von 1992 führte zu einem neuen Verwertungskonzept: BT-Drs. 12/8404 aaO. S.467 und S.515.
[61] BT-Drs. 12/8404 aaO., S.467, 468; Friedrich *Bohl* ist Bundesminister für besondere Aufgaben und Chef des Bundeskanzleramtes.
[62] BT-Drs. 12/8404 aaO., S.147.

Kapitel 4. Das Ausgleichsleistungsgesetz

soll ein etwaiger Mehrerlös an die Treuhandanstalt/BvS abgeführt werden.[63]

47   Nach dem **Siedlungsprogramm** sollen Wiedereinrichter und die am 3.10. 1990 ortsansässigen Neueinrichter, die in der ersten Phase Treuhandflächen gepachtet haben, diese Fläche zu vergünstigten Konditionen kaufen können. Gefördert werden nur Betriebe, deren Ausstattung mit eigenen Flächen unter 50 v. H. der Gesamtwirtschaftsfläche liegt. Daneben ist eine noch nicht bestimmte Obergrenze vorgesehen. Bodenreformopfer können zusätzlich zum Landerwerbsprogramm auch Flächen nach dem Siedlungsprogramm erwerben, sofern sie bereit sind, diese Flächen auch weiterhin langfristig zu verpachten. Die Förderung des Erwerbs durch verbilligte Ankaufspreise wird in solchen Fällen aber erheblich gekürzt, weil die Pflicht zur Selbstbewirtschaftung der Flächen entfällt.[64]

48   Die **Verwertung von Restflächen** erfolgt nach Abschluß des Landerwerbs- und Siedlungsprogramms. Vorgesehen ist der Verkauf solcher Restflächen zum Verkehrswert.[65] Es wird hinsichtlich der ehemals Volkseigenen Güter und der Forstflächen um besondere Verwertungsgrundsätze ergänzt, die den Besonderheiten dieser Bereiche Rechnung tragen.[66]

49   **c) Handeln der Treuhandanstalt/BvS durch privatrechtlich organisierte Gesellschaften.** Die Treuhandanstalt hat sich zur Bewältigung der Privatisierungsaufgaben sogenannte Treuhand-Gesellschaften gegründet und diesen die Durchführung der Privatisierung übertragen. Es handelt sich um folgende Kapitalgesellschaften in der Form der Rechtsform der GmbH:

(a) Gesellschaft zur Privatisierung des Handels mbH (GPH) in Berlin – Gründung 1991 – 100 %-Anteil der Treuhandanstalt, später Beteiligungs-Management-Gesellschaft mbH in Berlin;
(b) Treuhand-Liegenschaftsgesellschaft mbH (TLG) in Berlin – Gründung 1991 – 100 %-Anteil der Treuhandanstalt/BvS;
(c) Bodenverwertungs- und Verwaltungsgesellschaft mbH (BVVG) in Berlin – 25 %-Anteil der Treuhandanstalt/BvS und 75 %-Anteil von drei Bankinstituten.

50   Auf diese Gesellschaften hat die Treuhandanstalt/BvS die Durchführung der Privatisierung in der Weise ausgelagert, daß die Gesellschaften an Stelle der Treuhandanstalt/BvS mit den Investoren verhandeln und mit ihnen auch die notwendigen Verträge abschließen.

51   Von diesen 3 Gesellschaften ist die **BVVG für den Bereich des land- und forstwirtschaftlichen Vermögens zuständig**, das der Treuhandanstalt/BvS durch die 3. DVO zum Treuhandgesetz zunächst zur treuhänderischen Verwaltung übertragen wurde, aber ebenfalls zu privatisieren ist, soweit es sich nicht um Grundstücke und sonstiges Vermögen des Bundes, der Länder, Kommunen sowie von Kapitalgesellschaften in der Land- und Forstwirtschaft handelt.

---

[63] BT-Drs. 12/8404 aaO., S. 467 und BT-Drs. 12/6854 aaO., S. 147.
[64] Ebda.
[65] BT-Drs. 12/8404 aaO., S. 468.
[66] BT-Drs. 12/8404 aaO., S. 467 und BT-Drs. 12/6854 aaO., S. 147.

IV. Flächenerwerb

Die rechtliche Zulässigkeit der Wahrnehmung staatlicher Aufgaben durch nicht öffentliche Stellen ist umstritten. Grundsätzlich sind staatliche Aufgaben durch staatliche Behörden wahrzunehmen. Indessen gibt es aber auch das Rechtsinstitut der *Beleihung* einer privatrechtlich organisierten Stelle mit öffentlichen Aufgaben. Der Bund hat sich zu seiner Aufgabenerledigung im Rahmen seiner ihm zustehenden Organisationsgewalt die Treuhandanstalt als bundesunmittelbare Anstalt geschaffen, bzw. diese im Jahre 1990 von der ehemaligen DDR gegründete Anstalt nach Maßgabe des Einigungsvertrages übernommen. Die Treuhandanstalt führte die Bundesaufgabe Privatisierung der ehemals volkseigenen DDR-Wirtschaft durch. Im Rahmen dieser bundesrechtlichen Aufgabenerfüllung durch die Treuhandanstalt/BvS ist es zulässig, daß die Treuhandanstalt/BvS privatrechtlich organisierte rechtsfähige Gesellschaften mit Teilen der Aufgabenwahrnehmung betraut. 52

Dies wird durch das bereits erwähnte Änderungsgesetz zum Treuhandgesetz aus dem Jahre 1994 bestätigt. Das Gesetz fügt u. a. einen neuen § 23 c in das Treuhandgesetz ein, wonach die Vorschriften des Rechtsberatungsgesetzes nicht verletzt sind, soweit Dritte, die von der Treuhandanstalt mit der Durchführung von Aufgaben beauftragt sind, Rechtsangelegenheiten der Treuhandanstalt/BvS besorgen. Mit diesen Dritten sind die Treuhand-Gesellschaften gemeint. 53

Allerdings haben die mit der Aufgabenwahrnehmung betrauten Treuhand-Gesellschaften bei der Erfüllung ihres Auftrags die gleichen Rechtssätze zu beachten, wie diese für die Treuhandanstalt/BvS und die Bundesregierung gelten. Insbesondere sind die von der Treuhandanstalt/BvS erlassenen **Richtlinien** zur Durchführung der Privatisierung von land- und forstwirtschaftlichen Grundstücken und Vermögen auch für die BVVG **verbindlich**. In diesem Zusammenhang hat die BVVG Amtspflichten zu beachten, deren Verletzung zu Amtshaftungsansprüchen nach Art. 34 GG, § 839 BGB führen kann. 54

d) Rechtsweg bei Privatisierungsentscheidungen der Treuhandanstalt/BvS bzw. der BVVG.
Zur Frage, welcher Rechtsweg offen steht, wenn Privatisierungsentscheidungen der Treuhandanstalt/BvS im Streit sind, gibt es bisher nur eine **uneinheitliche Rechtsprechung**. Im Bereich des land- und forstwirtschaftlichen Vermögens wird es dabei um die Frage gehen, ob die Treuhandanstalt/BVS bzw. jetzt ihre Nachfolgeorganistation BvS oder die BVVG mit einem bestimmten Bewerber Pachtverträge oder Kaufverträge über Land zu Recht abgelehnt haben. 55

Zunächst haben verschiedene Bezirksgerichte den **Verwaltungsrechtsweg bejaht** und dazu festgestellt, daß die Treuhandanstalt/BvS bei der Entscheidung über Privatisierungen keinen privatrechtlichen Entscheidungsspielraum habe, sondern pflichtgemäßes Ermessen ausüben müsse, wie es durch die Präambel zum Treuhandgesetz und durch seine Vorschriften inhaltlich bestimmt werde.[67] Das Kammergericht Berlin hat im Dezember 56

---

[67] StadtBezG Berlin-Mitte DtZ 1990, 288; BezG Chemnitz, NJ 1991, 463.

1990 den Zivilrechtsweg ebenfalls verneint, weil es sich um ein öffentlich-rechtliches Rechtsverhältnis handele, für das der Verwaltungsrechtsweg gegeben sei.[68] Auch das VG Berlin hat im Dezember 1990 so entschieden.[69]

57 **Demgegenüber** hat aber das OVG Berlin im Januar 1991 den **Verwaltungsrechtsweg verneint**, weil die Tätigkeit der Treuhandanstalt/BVS nach der gesetzgeberischen Entscheidung im Treuhandgesetz ausdrücklich zivilrechtlich konzipiert sei. Dies stehe der Annahme einer öffentlich-rechtlichen Streitigkeit entgegen.[70] Das VG Berlin hat diese Rechtsprechung des OVG Berlin in der Folgezeit übernommen.[71] In die gleiche Richtung gehen Entscheidungen des Kammergerichts von Mai 1991[72] und des BezG Dresden.[73] Diese widersprüchliche Rechtsprechung ist noch nicht durch Entscheidungen des BGH oder des BVerwG bereinigt worden.

58 Die frühe Rechtsprechung aus dem Jahre 1990, durch die der Verwaltungsrechtsweg bejaht wurde, erscheint als die richtige. Sie hält sich an die **tradierten Lehren und Theorien vom Verwaltungshandeln**. Demgegenüber erscheinen die in der neueren Rechtsprechung für die Zuständigkeit der Zivilgerichte gegebenen Begründungen nicht überzeugend, was nicht zuletzt auch mit einem Hinweis auf die zitierte erste Entscheidung des VG Berlin von Dezember 1990, in der noch eine andere Auffassung vertreten wurde, belegbar wäre. Der **gesetzliche Privatisierungsauftrag** in Bezug auf die ehemals genossenschaftliche und volkseigene Landwirtschaft in der früheren DDR ist **öffentlich-rechtlicher Natur**, enthält zugleich aber auch eine privatrechtliche Komponente, indem es zum Vollzug der Verwaltungsentscheidung über die Privatisierung des Abschlusses privatrechtlicher Verträge bedarf. Die Privatisierung der land- und forstwirtschaftlichen Flächen erfolgt nach den abgestimmten Konzeptionen in der ersten Phase durch den Abschluß längerfristiger Pachtverträge, die einen Verkauf der Flächen an die Pächter in späteren Phasen vorbereiten. Dieser privatrechtliche Vollzug vorangegangener interner Entscheidungen über die Durchführung einer Privatisierung ist nicht notwendigerweise Aufgabe einer Verwaltung, wurde aber und wird von der Treuhandanstalt/BVS selber wahrgenommen, soweit sie damit nicht die BVVG beauftragt hat.

59 Der privatrechtliche Vollzug von Entscheidungen der Treuhandanstalt/BVS über die Durchführung einer Privatisierung im Einzelfall durch Verpachtung kann deshalb nicht isoliert für sich allein betrachtet werden. Die dem Privatrecht zuzuordnende Verpachtung land- und forstwirtschaftlicher Flächen ist in **ein dem öffentlichen Recht zuzurechnendes Gesamtverhältnis** eingebettet. Es handelt sich dabei um die Sonderrechtstheorie oder auch Zweistufentheorie zur Mehrphasigkeit der Aufgabenwahrnehmung der Verwaltung. Die Theorie versteht die Grundentscheidung der Verwaltung

---

[68] KG, NJW 1991, 360.
[69] VG Berlin, NJW 1991, 376.
[70] OVG Berlin, NJW 1991, 715.
[71] VG Berlin, NJW 1991, 1971 und 1969.
[72] KG, VIZ 1991, 37.
[73] BezG Dresden, DtZ 1992, 220.

im Vorfeld einer privatrechtlichen Vollzugshandlung als Sonderrecht des Staates.[74] Ein derartiges *zweistufiges Verwaltungsverfahren* ist bereits aus anderen Bereichen bekannt. Hier können das Subventionsrecht, das Anstaltsrecht und auch die Reprivatisierung von gemeindlichem Bauland nach § 89 BauGB erwähnt werden. Diesen Verfahren ist das öffentlich-rechtliche Grundverhältnis zwischen Bürger und staatlicher oder kommunaler Verwaltung gemeinsam. In diesem öffentlich-rechtlichen Grundverhältnis wird zunächst hoheitlich darüber entschieden, ob eine Subvention gewährt oder gemeindliches Bauland reprivatisiert werden soll. Der Vollzug einer solchen Verwaltungsentscheidung vollzieht sich dann in privatrechtlichen Formen, wie zum Beispiel durch einen notariellen Kaufvertrag über das zu privatisierende Gemeindeland oder durch einen Darlehnsvertrag, wenn eine Subvention in der Form eines begünstigten Darlehns gegeben wird.

4. Berechtigte Personen

Berechtigter für den Flächenerwerb ist, wer nach § 3 AusglLeistG oder nach § 1 Abs. 1 Satz 6 EntschG land- und forstwirtschaftliche Flächen erwerben kann. Berechtigt können sein natürliche und juristische Personen des Privatrechts. **60**

a) Natürliche Personen. Der in **§ 3 Abs. 2 Satz 1 AusglLeistG** verwendete Begriff **natürliche Personen** als positive Definition des Kreises der Berechtigten bedeutet grundsätzlich einen Ausschluß juristischer Personen von der Regelung des § 3, soweit nicht § 3 wiederum Ausnahmen von diesem Ausschluß vorsieht. Daß – anders als in § 1 Abs. 1 Satz 1 AusglLeistG – kein Hinweis auf Erben oder Erbeserben gegeben wird, bedeutet nicht, daß Erben ausgeschlossen wären. Der Hinweis auf die Erben und Erbeserben in § 1 Abs. 1 AusglLeistG diente der Klarstellung und schloß sonstige Rechtsnachfolger natürlicher Personen von den Ansprüchen auf Ausgleichsleistung aus. Diese Klarstellung in Bezug auf Rechtsnachfolger natürlicher Personen konnte in § 3 nicht wiederholt werden, weil der Kreis der nach § 3 Berechtigten weiter gefaßt ist. Dies folgt nicht zuletzt auch aus § 1 Abs. 1 Satz 6 EntschG, welche Vorschrift Ansprüche der nach dem EntschG Berechtigten nach § 3 AusglLeistG ebenfalls begründet. Mithin können die Rechtsnachfolger natürlicher Personen die Ansprüche nach § 3 AusglLeistG ebenfalls geltendmachen, insbesondere auch Einzelrechtsnachfolger, die z. B. als Pächter an die Stelle des ursprünglich Berechtigten getreten sind, es sei denn, daß in ihrer Person besondere subjektive Ausschlußgründe gegeben sind. Der Entwurf der FlErwV sieht in § 1 Abs. 4 vor, daß als **Wiedereinrichter auch Erben und Erbeserben des ursprünglichen Betriebsinhabers** gelten. Diese können nach der vorgesehenen Bestimmung die Flächenerwerbsmöglichkeit an den Ehegatten, an Verwandte in gerader Linie oder an Verwandte zweiten Grades in der Seitenlinie des Berechtigten übertragen. **61**

---

[74] BVerwGE 7, 180; 41, 127.

62 Bei den Begriffen Wiedereinrichter und Neueinrichter in § 3 Abs. 2 Satz 1 AusglLeistG handelt es sich um solche aus den seit November 1992 gültigen Privatisierungsrichtlinien der Treuhandanstalt. Diese Begriffe werden nunmehr im AusglLeistG übernommen und zugleich inhaltlich beschrieben, also definiert.

63 Der Hinweis bei den **Wiedereinrichtern** auf die *Wieder*einrichtung ihres *ursprünglichen Betriebes* macht deutlich, daß hier die sogenannten **Bodenreformopfer genauso gemeint sind, wie solche Berechtigte**, die von 1945 bis 1949 im Zuge der sogenannten **Sequesterenteignungen** und auch **nach der Gründung der ehemaligen DDR** ihren landwirtschaftlichen Betrieb durch entschädigungslose Enteignung verloren haben. Denn § 1 Abs. 1 Satz 6 EntschG erstreckt die Erwerbsmöglichkeit nach § 3 AusglLeistG auch auf solche Berechtigte, die Ansprüche nach dem EntschG geltend machen können.

64 Nach **§ 3 Abs. 2 Satz 3 AusglLeistG** liegt eine **Wiedereinrichtung auch dann** vor, wenn die Rückgabe des ursprünglichen Betriebes nicht möglich ist und der neue Betrieb auf anderen Flächen eingerichtet wurde. Ferner werden die besatzungsrechtlichen und besatzungshoheitlichen Enteignungen ausdrücklich als Gegenstand des Wiedereinrichterbegriffs erwähnt. Das bedeutet aber nicht, daß nur besatzungsrechtlich oder -hoheitlich enteignete Personen Wiedereinrichter sein könnten. Hierzu heißt es in der **Begründung zu dem Entwurf des § 1 Abs. 4 der FlErwV**, die Regelung in bezug auf die Erben und Erbeserben verdeutliche, daß als Wiedereinrichter der ursprüngliche Betriebsinhaber sowie dessen Erben zu verstehen seien. Eine solche Auslegung des Wiedereinrichterbegriffs findet jedoch in der gesetzlichen Regelung des § 3 Abs. 2 Satz 3 AusglLeistG keine Stütze.

65 Eine weitere Gruppe berechtigter natürlicher Personen ergibt sich aus **§ 3 Abs. 5 Satz 1 AusglLeistG**. Es handelt sich um enteignete frühere Eigentümer land- und forstwirtschaftlicher Flächen, die keine Rückgabeansprüche haben und nicht nach § 3 Abs. 1 und 2 AusglLeistG berechtigt sind. Für diesen Kreis von Berechtigten sieht § 3 des Entwurfs der FlErwV weitere Einschränkungen vor, die über die Regelungen im Gesetz hinausgehen. Diese Anspruchsberechtigten sollen nach dem Verordnungsentwurf landwirtschaftliche Flächen nur für den Teil ihrer Ausgleichsleistung erwerben können, der sich auf den Verlust von land- und forstwirtschaftlichem Vermögen bezieht. Soweit ein Berechtigter Ausgleichsleistungen nur für den Verlust forstwirtschaftlicher Flächen erhalten hat, soll er nach dem Verordnungsentwurf landwirtschaftliche Flächen überhaupt nicht erwerben können. Zur Begründung wird lediglich auf § 3 Abs. 5 Satz 6 AusglLeistG verwiesen, welche Vorschrift durch die in der vorgesehenen Verordnung konkretisiert werde. Der Gesetzestext gibt dafür aber eine Grundlage nicht her; dies gilt jedenfalls hinsichtlich der Beschränkung der Erwerbsmöglichkeit auf bestimmte Teile des Ausgleichsanspruchs.

66 Erfolgt die **Bewirtschaftung in der Form einer Personengesellschaft**, muß der Berechtigte **unbeschränkt haftender Gesellschafter** sein. Die Gestaltungsformen richten sich nach allgemeinem Recht, so daß Gestaltungsformen nach BGB und HGB in Betracht kommen. Ausgeschlossen sind aber Gestaltungen, durch die eine unbeschränkte Gesellschafterhaftung des Berechtigten entfällt, wie das beim Kommanditisten einer Kommanditgesellschaft nach § 161 Abs. 1 HGB der Fall wäre. Rechtsgeschäftliche Haftungsbeschränkungen, wie sie bei Abschluß einzelner Verträge mit Dritten in Zusammenhang mit der Führung des Betriebes vereinbart werden können, berühren die grundsätzliche Haftung als Gesellschafter nicht. Es ist deshalb unschädlich, wenn in Allgemeinen Geschäftsbedingungen oder in Einzelabreden bestimmte Haftungsrisiken beschränkt werden.

Das Merkmal der **Ortsansässigkeit** ist nach allgemeinem Recht auszulegen. Hier kommt es auf die Begründung eines Wohnsitzes i. S. d. § 7 BGB in der Weise an, daß der eingerichtete landwirtschaftliche Betrieb Lebensmittelpunkt des Berechtigten ist. Dies bedeutet nicht, daß der Berechtigte „auf dem Hof" oder Betriebsgelände wohnen muß. Es genügt, daß der landwirtschaftliche Betrieb von der Wohnung des Berechtigten aus in angemessener Zeit erreicht werden kann. Der Berechtigte kann deshalb auch außerhalb des Dorfes wohnen, in dessen Gemarkung der Betrieb belegen ist, sofern nur die Erreichbarkeit des Betriebes in angemessener Zeit gewahrt bleibt. Die Ortsansässigkeit muß im Zeitpunkt der Antragstellung noch vorliegen. Sonstige zeitliche Voraussetzungen hinsichtlich der Ortsansässigkeit sind bei Wiedereinrichtern nicht notwendig. Insbesondere muß der Wohnsitz, durch den das Merkmal der Ortsansässigkeit erfüllt wird, bei Wiedereinrichtern nicht bereits am 3.10.1990 begründet gewesen sein. 67

Zur Ortsansässigkeit bestimmt der Entwurf der FlErwV in § 2 Abs. 2 **generell für alle Berechtigten i. S. d. § 3 Abs. 2 AusglLeistG**, daß diese ihren Hauptwohnsitz bis spätestens 30.9.1998 nach Abschluß des langfristigen Pachtvertrages in die Nähe der Betriebsstätte verlegen müssen, soweit das nicht bereits geschehen ist. Der Entwurf schreibt außerdem vor, daß der in die Nähe der Betriebsstätte verlegte Hauptwohnsitz auf die Dauer von 20 Jahren dort beibehalten werden muß. Der Begriff des Hauptwohnsitzes wird in § 1 Abs. 3 Satz 2 des Entwurfs der Verordnung als Lebensmittelpunkt des Berechtigten, bei Verheirateten der Familie, definiert. Bei juristischen Personen des Privatrechts gilt als Hauptwohnsitz der Betriebssitz. 68

Bei **Neueinrichtern** muß die **Ortsansässigkeit bereits am 3.10.1990** vorgelegen haben. Hierzu heißt es in § 1 Abs. 3 des Entwurfs der FlErwV, daß die Ortsansässigkeit der Neueinrichter und Inhaber von Anteilen i. S. d. § 3 Abs. 2 Satz 2 und 4 AusglLeistG gegeben ist, wenn dieser Personenkreis den Hauptwohnsitz am 3.10.1990 im Beitrittsgebiet hatte. Auf einen Hauptwohnsitz in der Nähe der Betriebsstätte soll es also für diesen Kreis von Berechtigten nicht ankommen. Neueinrichter sind auch solche Landwirte, deren Familien bis zum 3.10.1990 keine wie auch immer geartete Beziehung zum Beitrittsgebiet hatten, und die sich erst im Zuge der Wiedervereinigung entschlossen hatten, in das Beitrittsgebiet zu gehen um dort einen eigenen landwirtschaftlichen Betrieb neu zu beginnen. 69

§ 3 Abs. 2 Satz 4 AusglLeistG eröffnet einer neuen Gruppe die Möglichkeit der Teilnahme am Flächenerwerb. Es handelt sich um die **Gesellschafter der in Satz 2 geregelten juristischen Personen** des Privatrechts. Auch wenn der Begriff Gesellschafter nicht näher erläutert wird, ergibt sich aus den weiteren besonderen Bedingungen, daß **nur natürliche Personen als Gesellschafter gemeint** sind. Dies folgt aus den Erfordernissen der Ortsansäs- 70 sigkeit am 3.10.1990 und noch eindeutiger aus der geforderten hauptberuflichen Tätigkeit in der Gesellschaft (juristischen Person des Privatrechts). Auch wenn Fallgestaltungen dahin möglich sind, daß Gesellschafter natürliche und juristische Personen waren oder sind, so steht der Flächenerwerb den juristischen Personen trotz ihrer Gesellschafterstellung nicht zu. Erforderlich ist die Bereitschaft zur Verlängerung der Pachtverträge über die Flächen bis zu einer Gesamtlaufzeit von 18 Jahren und zur Haftung mit den Flächen für die Verbindlichkeiten der Gesellschaft.

71 **b) Juristische Personen.** Die Regelung des § 3 Abs. 2 Satz 2 AusglLeistG erstreckt das Flächenerwerbsprogramm auf **juristische Personen des Privatrechts**, wobei aber bestimmte Voraussetzungen erfüllt sein müssen. Gemeint sind hier ehemalige LPG, die nach § 23 LwAnpG unter Wechsel ihrer Rechtsform auch in rechtsfähige Kapitalgesellschaften umgewandelt werden konnten (GmbH, Aktiengesellschaft). Abgesehen von der Grundvoraussetzung des Vorliegens eines Pachtvertrages mit der juristischen Person und der Führung eines landwirtschaftlichen Betriebs auf den Pachtflächen müssen die Anteilswerte zu 75 v.H. von natürlichen Personen gehalten werden, die bereits am 3.10.1990 ortsansässig waren. Ferner muß die Vermögensauseinandersetzung i.S.d. §§ 44ff. LwAnpG nach den Feststellungen der zuständigen Landesbehörde ordnungsgemäß durchgeführt worden sein. Bis zur Bestandskraft des Bescheides über die Durchführung des Auseinandersetzungsverfahrens bleibt der Vorrang des Pächters gem. § 3 Abs. 5 Satz 8 AusglLeistG gewahrt.

72 Hierzu bestimmt der Entwurf der FlErwV in § 2 Abs. 3, daß juristische Personen des Privatrechts die Erwerbsmöglichkeit nur dann wahrnehmen können, wenn die zuständige Landesbehörde die ordnungsgemäße Durchführung des Auseinandersetzungsverfahrens bestätigt hat. Bis zur Bestandskraft des Bescheides über die Durchführung des Auseinandersetzungsverfahrens bleibt der Vorrang des Pächters nach § 3 Abs. 5 Satz 8 AusglLeistG gewahrt. Die vorgesehene Regelung in der FlErwV soll bewirken, daß juristische Personen des Privatrechts auch vor bestandskräftigem Abschluß der Auseinandersetzungsverfahren am Flächenerwerbsprogramm teilnehmen können, indem die zuständige Landesbehörde lediglich die Einleitung des Auseinandersetzungsverfahrens nach dem LwAnpG und seine ordnungsgemäße Durchführung bestätigen muß, nicht aber den bestandskräftigen Abschluß des Verfahrens.

Übersicht: Berechtigte Personen 73

Person	Ansprüche nach §§ des AusglLeistG
1. (Echte) Wiedereinrichter	3 Abs. 1, Abs. 2 Satz 1 (Erwerb landwirtschaftlicher Flächen) 3 Abs. 4 (Erwerb zusätzlicher Waldflächen) 3 Abs. 8 lit. a (Erwerb forstwirtschaftlicher Flächen) 3 Abs. 9 (Erwerb landwirtschaftlicher Flächen)
2. (Personen-Gesellschafter-) Wiedereinrichter	3 Abs. 1, Abs. 2 Satz 1 (Erwerb landwirtschaftlicher Flächen) 3 Abs. 4 (Erwerb zusätzlicher Waldflächen) 3 Abs. 9 (Erwerb landwirtschaftlicher Flächen)
3. (Unechte) Wiedereinrichter	3 Abs. 2 Satz 3 (Erwerb landwirtschaftlicher Flächen) 3 Abs. 4 (Erwerb zusätzlicher Waldflächen) 3 Abs. 5 Satz 1 (Erwerb landwirtschaftlicher Flächen) 3 Abs. 9 (Erwerb landwirtschaftlicher Flächen)
4. Neueinrichter	3 Abs. 1, Abs. 2 Satz 1 (Erwerb landwirtschaftlicher Flächen) 3 Abs. 4 (Erwerb zusätzlicher Waldflächen) 3 Abs. 8 Satz 1 lit. b (Erwerb forstwirtschaftlicher Flächen) 3 Abs. 9 (Erwerb landwirtschaftlicher Flächen)
5. (Personen-Gesellschafter-) Neueinrichter	3 Abs. 1, Abs. 2 Satz 1 (Erwerb landwirtschaftlicher Flächen) 3 Abs. 8 Satz lit. c i. V. m. Abs. 5 Satz 1 (Erwerb forstwirtschaftlicher Flächen) 3 Abs. 9 (Erwerb landwirtschaftlicher Flächen)
6. (Unechte) Neueinrichter	3 Abs. 8 Satz 1 lit. c i. V. m. Abs. 5 Satz 1 (Erwerb forstwirtschaftlicher Flächen)
7. Gesellschafter einer juristischen Person	3 Abs. 2 Satz 4 i. V. m. Satz 2 (Erwerb landwirtschaftlicher Flächen) 3 Abs. 9 (Erwerb landwirtschaftlicher Flächen)
8. Juristische Person privaten Rechts	3 Abs. 1, Abs. 2 Satz 2 (Erwerb landwirtschaftlicher Flächen) 3 Abs. 4 (Erwerb zusätzlicher Waldflächen) 3 Abs. 9 (Erwerb landwirtschaftlicher Flächen)
9. Berechtigte mit Anspruch auf Entschädigung nach dem EntschG	1 Abs. 1 Satz 6 EntschG i. V. m. 3 AusglLeistG

5. Anspruchsgrundlagen

Das AusglLeistG enthält 4 Ansprüche auf den Erwerb von land- und 74 forstwirtschaftliche Flächen, die über § 1 Abs. 1 Satz 6 EntschG entsprechend für Ansprüche nach dem EntschG gelten:

Übersicht: Ansprüche auf Flächenerwerb

Vorschrift im AusglLeistG	Anspruchsinhalt	Einschränkungen/ Erweiterungen
(1) § 3 Abs. 1, Abs. 2	Erwerb von ehemals volkseigenen, von der THA zu privatisierende **landwirtschaftliche Flächen**, die der Berechtigte langfristig gepachtet hat	Einschränkungen in § 3 Abs. 2, 3 und 7
(2) § 3 Abs. 4	**Zusätzlicher Erwerb von** ehemals volkseigenen, von der THA zu privatisierende **Waldflächen** zur Ergänzung des landwirtschaftlichen Betriebs	– Erweiterung zu § 3 Abs. 1 – Einschränkungen in § 3 Abs. 4
(3) § 3 Abs. 5, Abs. 6	Erwerb von ehemals volkseigenen, von der THA zu privatisierende **landwirtschaftliche Flächen und Waldflächen**, die nicht nach § 3 Abs. 1 bis 4 beansprucht werden.	– Erweiterung zu § 3 Abs. 1, 4 – Einschränkungen in § 3 Abs. 5 und Abs. 6
(4) § 3 Abs. 8	Erwerb von ehemals volkseigenen, von der THA zu privatisierende **Waldflächen**, wenn keine landwirtschaftlichen Flächen nach § 3 Abs. 1 bis 7 erworben werden	– Erweiterung zu § 3 Abs. 5 – Einschränkungen in § 3 Abs. 8
(5) § 3 Abs. 9	Erwerb von ehemals volkseigenen, von der THA zu privatisierende **landwirtschaftliche Flächen**, die bis zum 31.12.2003 nicht nach § 3 Abs. 1 bis 5 veräußert wurden	– Erweiterung zu § 3 Abs. 1 bis Abs. 5 – Einschränkungen in § 3 Abs. 9 Satz 4

75 **a) Anspruch auf Erwerb landwirtschaftlicher Flächen.** Nach § 3 Abs. 1 AusglLeistG wird für Pächter von ehemals volkseigenen landwirtschaftlichen Flächen, die von der Treuhandanstalt/BVS zu privatisieren sind, die grundsätzliche Möglichkeit des Erwerbs der Pachtflächen eröffnet, wobei die Einzelheiten in den folgenden Absätzen 2 bis 4 und 7 geregelt sind. Diese Regelungen im AusglLeistG schreiben die grundsätzlichen programmatischen Vorgaben des Landwerbs- und Siedlungsprogramms der Treuhandanstalt/BVS im Rahmen ihres Privatisierungskonzepts von November 1992 fest, nehmen aber den Bereich der Flächen aus, die früher nicht volkseigen waren.[75] Der Entwurf der FlErwV der Bundesregierung sieht hierzu in § 1

---

[75] Diese Regelung bezieht sich auf eine Besonderheit des Rechts der ehemaligen DDR zu den Landwirtschaftlichen Produktionsgenossenschaften. Das von den LPG genutzte Land gehörte unterschiedlichen Eigentümern (*Oehler*, S. 37). Hintergrund ist, daß das Recht der LPG (LPG-Gesetz und Musterstatuten) als Hauptrechtsgrundlage ein sogenanntes genossenschaftliches Nutzungsrecht an den eingebrachten Flä-

IV. Flächenerwerb

Abs. 2 ergänzend vor, daß es sich bei den betroffenen Flächen ausschließlich um die nach der 3. Durchführungsverordnung zum TreuhG der Treuhandanstalt zugewiesenen landwirtschaftlichen Flächen einschließlich der Flächen der ehemals volkseigenen Güter handelt, deren Vermögen der Treuhandanstalt nach § 1 der 3. DVO zum THG zur treuhänderischen Verwaltung übertragen worden ist. Als landwirtschaftliche Flächen gelten auch Gartenbauflächen, Weinbauflächen und Flächen der Binnenfischerei. Diese Aufzählung weiterer Nutzungsarten soll klarstellen, daß sich die Erwerbsmöglichkeit nicht nur auf landwirtschaftliche Flächen „im engeren Sinne" bezieht. Der **Begriff der landwirtschaftlichen Fläche** soll weit ausgelegt werden, so daß „im weiteren Sinne" auch Gartenbau-, Weinbau- und Binnenfischereiflächen darunter fallen. Ausdrücklich ausgenommen werden allerdings in der zitierten Bestimmung der vorgesehenen Rechtsverordnung Flächen für die Wohnbebauung, gewerbliche Nutzung, Naturschutz, Straßenbau oder sonstige außerland- und forstwirtschaftlich Zwecke, soweit die Umwidmung tatsächlich stattgefunden hat oder die Flächen Gegenstand laufender Planverfahren sind.

Es muß ein langfristiger Pachtvertrag über derartige Flächen vorliegen. **76** Der – bezogen auf das Inkrafttreten des AusglLeistG – in der Zukunft liegende Stichtag 1.10. 1996 eröffnet die Möglichkeit des Abschlusses neuer Pachtverträge bis zu diesem Termin, auf welche die Regelungen des § 3 ebenfalls anzuwenden wären. Dies berücksichtigt nicht zuletzt auch den vergleichsweise großen Bestand an land- und forstwirtschaftlichen Flächen, wie er der Treuhandanstalt bzw. BVS bei Inkrafttreten des AusglLeistG immer noch zur Verfügung stand und zu privatisieren ist. Hierzu sieht der Entwurf der FlErwV in § 2 Abs. 1 vor, daß ein Pachtverhältnis i. S. d. § 3 Abs. 1 AusglLeistG vorliegt, wenn ein **spätestens am 1.10. 1996 wirksam gewordener und für mindestens als sechs Jahre geschlossener Pachtvertrag** über von der Treuhandanstalt zu privatisierende landwirtschaftliche Flächen **ungekündigt besteht**. Die **Unterverpachtung** wird in dem Entwurf der FlErwV ausdrücklich ausgenommen.

---

chen vorsah, die im Zuge der Zwangskollektivierung von den Mitgliedern der Genossenschaft in diese eingebracht wurden. Die eingebrachten Flächen verblieben bei dieser Rechtskonstruktion im Privateigentum der einbringenden Genossenschaftsmitglieder (§ 18 LPG-Gesetz). Auf der Grundlage dieses als Institut sui generis angesehenen genossenschaftlichen Nutzungsrechts (*Oehler*, S. 41) konnten die LPG sowohl wirtschaftliche Maßnahmen durchsetzen als auch soziale Anliegen des Wohnungsbaus und der Erholungsnutzung, ohne daß die Eigentumsverhältnisse am Boden dem Grenzen setzten; diese blieben davon unberührt. Neben den in Privateigentum der Genossenschaftsmitglieder verbliebenen Flächen nutzten die LPG auch volkseigene Flächen, zu denen ihnen die Rechtsträgerschaft verliehen oder auf andere Weise eine Nutzungsberechtigung zugewiesen worden war. Hinzu kommen Flächen, die in das Eigentum der insoweit rechtsfähigen LPG übergegangen waren oder an denen auf privatrechtlicher Grundlage Nutzungsrechtsverhältnisse begründet wurden. Es kommt also für das in § 3 geregelte Flächenerwerbsprogramm darauf an, aus den Beständen an landwirtschaftlichen Flächen, die von der BVVG für die Treuhandanstalt verwaltet werden, die herauszusuchen, die zur Zeit der ehemaligen DDR in Volkseigentum überführt worden waren.

77 Hinsichtlich des **Abschlusses neuer Pachtverträge** kommt es auf den Privatisierungsauftrag nach dem THG und die Richtlinien der Treuhandanstalt von November 1992 an. Bei evtl. Streitigkeiten mit der Treuhandanstalt bzw. ihrer Rechtsnachfolgerin BVS und der BVVG um den Abschluß solcher Verträge ist nach der inzwischen im Raum Berlin wohl herrschenden Rechtsprechung der Zivilrechtsweg gegeben.

78 Voraussetzung ist neben dem Vorliegen eines Pachtvertrages (§ 3 Abs. 1 AusglLeistG) das **Vorhandensein eines eingerichteten landwirtschaftlichen Betriebes**. Es muß also nach dem Abschluß des Pachtvertrages durch den Berechtigten ein selbständiger landwirtschaftlicher Betrieb **neu** begonnen worden sein. Dabei ist nicht erforderlich, daß dieser Betrieb auf den gleichen Flächen eingerichtet wurde, die dem Berechtigten oder seinem Rechtsvorgänger vor der entschädigungslosen Enteignung in der Zeit von 1945 bis 1990 gehört haben bzw. Gegenstand seines früheren Betriebs gewesen sind. Notwendig ist lediglich, daß der Berechtigte auf der Grundlage eines Pachtvertrages als selbständiger landwirtschaftlicher Unternehmer auf den Pachtflächen einen landwirtschaftlichen Betrieb errichtet hat. Dazu genügt auch die Fortführung eines bereits vorhanden gewesenen Betriebes, den der Berechtigte übernommen hat und unter seiner eigenen unternehmerischen Verantwortlichkeit weiterführt. Erforderlich ist weiter, daß der neu eingerichtete Betrieb noch besteht und bewirtschaftet wird. Der Betrieb darf also nicht etwa inzwischen wieder aufgegeben und eingestellt worden sein.

79 Der Berechtigte muß den **Betrieb selbst bewirtschaften**. Dies schließt die Verpachtung bzw. Unterverpachtung des Betriebes aus. Zulässig ist aber die Beschäftigung von Personal und eines Verwalters oder Betriebsleiters, um die Bewirtschaftung sicherzustellen, sofern nur der Berechtigte die unternehmerische Gesamtverantwortung für seinen Betrieb behält.

80 **aa) Anspruch auf den Erwerb landwirtschaftlicher Flächen von natürlichen Personen.** Natürliche Personen sind:

– **Wiedereinrichter (§ 3 Abs. 1, Abs. 2 Satz 1):**

(1) Langfristiger, d.h. ungekündigter, auf mehrere Jahre abgeschlossener, Pachtvertrag von ehemals volkseigenen, von der THA/BVS zu privatisierenden Flächen am 1.10.1996 und
(2) ursprünglichen Betrieb wieder eingerichtet (Bestätigung der zuständigen Landwirtschaftsbehörde bzw. des zuständigen Amtes/Landesamtes zur Regelung offener Vermögensfragen über die Wiedereinrichtung des ursprünglichen Betriebes, ggf. Bestätigung der Erbfolge nach dem ursprünglich Berechtigten) und
(3) ortsansässig (Meldebescheinigung über einen Hauptwohnsitz in der Nähe der Betriebsstelle) und
(4) allein und selbst bewirtschaften (Bestätigung durch zuständige Landwirtschaftsbehörde über die Selbstbewirtschaftung oder ein die Selbstbewirtschaftung voraussetzender Förderungsbescheid)
(5) Erwerb o.g. Flächen (Benennen; dazu Flächen benennen, die im Eigentum des Berechtigten stehen):

IV. Flächenerwerb

- Größe bis 600.000 EMZ
- soweit ein Eigentumsanteil von 50 v. H. der landwirtschaftlich genutzten Fläche nicht überschritten wird, wobei die nach § 3 Abs. 5 zustehenden oder erworbenen Flächen anzurechnen sind
(6) Kaufpreis gem. § 3 Abs. 7

– **(Unechter) Wiedereinrichter (§ 3 Abs. 1, Abs. 2 Satz 3i. V. m. Satz 1):** 81

(1) Langfristiger, d. h. ungekündigter, auf mehrere Jahre abgeschlossener, Pachtvertrag von ehemals volkseigenen, von der THA/BVS zu privatisierenden Flächen am 1.10.1996 und
(2) ursprünglichen land- und forstwirtschaftlicher Betrieb von der Rückgabe ausgeschlossen (Bestätigung des zuständigen Amtes/Landesamtes zur Regelung offener Vermögensfragen über die Wiedereinrichtung des ursprünglichen Betriebes, ggf. einschließlich des Nachweises über den Vermögensverlust i. S. d. § 1 Abs. 1, Abs. 3, Abs. 6, Abs. 7 oder Abs. 8 lit. a VermG, und ggf. Bestätigung der Erbfolge nach dem ursprünglich Berechtigten) und
(3) ortsansässig (Meldebescheinigung über einen Hauptwohnsitz in der Nähe der Betriebsstelle) und
(4) allein und selbst bewirtschaften (Bestätigung durch zuständige Landwirtschaftsbehörde über die Selbstbewirtschaftung oder ein die Selbstbewirtschaftung voraussetzender Förderungsbescheid)
(5) Erwerb o. g. Flächen (Benennen; dazu Flächen benennen, die im Eigentum des Berechtigten stehen):
- Größe bis 600.000 EMZ
- soweit ein Eigentumsanteil von 50 v. H. der landwirtschaftlich genutzten Fläche nicht überschritten wird, wobei die nach § 3 Abs. 5 zustehenden oder erworbenen Flächen anzurechnen sind
(6) Kaufpreis gem. § 3 Abs. 7

– **Neueinrichter (§ 3 Abs. 1, Abs. 2 Satz 1):** 82

(1) Langfristiger, d. h. ungekündigter, auf mehrere Jahre abgeschlossener, Pachtvertrag von ehemals volkseigenen, von der THA/BVS zu privatisierenden Flächen am 1.10.1996 und
(2) einen Betrieb neu eingerichtet (Bestätigung des zuständigen Landwirtschaftsamtes über die Neueinrichtung des ursprünglichen Betriebes)
(3) Ortsansässigkeit des Betriebsinhabers am 3.10.1990 im Beitrittsgebiet (Bestätigung des zuständigen Landwirtschaftsamtes) und
(4) ortsansässig (Meldebescheinigung über einen Hauptwohnsitz in der Nähe der Betriebsstelle) und
(5) allein und selbst bewirtschaften (Bestätigung durch zuständige Landwirtschaftsbehörde über die Selbstbewirtschaftung oder ein die Selbstbewirtschaftung voraussetzender Förderungsbescheid)
(6) Erwerb o. g. Flächen (Benennen; dazu Flächen benennen, die im Eigentum des Berechtigten stehen):
- Größe bis 600.000 EMZ
- soweit ein Eigentumsanteil von 50 v. H. der landwirtschaftlich genutzten Fläche nicht überschritten wird, wobei die nach § 3 Abs. 5 zustehenden oder erworbenen Flächen anzurechnen sind
(7) Kaufpreis gem. § 3 Abs. 7

Kapitel 4. Das Ausgleichsleistungsgesetz

83 – (Personen-Gesellschafter-) Wiedereinrichter (§ 3 Abs. 1, Abs. 2 Satz 1):

(1) Langfristiger, d. h. ungekündigter, auf mehrere Jahre abgeschlossener, Pachtvertrag von ehemals volkseigenen, von der THA/BVS zu privatisierenden Flächen am 1.10.1996 zwischen der Personengesellschaft und der BVS und
(2) ursprünglichen Betrieb wieder eingerichtet (Bestätigung der zuständigen Landwirtschaftsbehörde bzw. des zuständigen Amtes/Landesamtes zur Regelung offener Vermögensfragen über die Wiedereinrichtung des ursprünglichen Betriebes, ggf. Bestätigung der Erbfolge nach dem ursprünglich Berechtigten; Vorlage des der Verpachtung zugrundeliegenden, ggf. auch den Zeitpunkt des Kaufantrags fortgeschriebenen Betriebskonzepts) und
(3) ortsansässig (Meldebescheinigung über einen Hauptwohnsitz in der Nähe der Betriebsstelle) und
(4) Selbst bewirtschaften als unbeschränkt haftender Gesellschafter in einer Personengesellschaft (Nachweis der zum Zeitpunkt des Kaufantrags geltenden Beteiligungsregelung, Nachweis über die unbeschränkte Haftung des Bewerbers als Gesellschafter, Nachweis über die Einigung mit den berechtigten Mitgesellschaftern betreffend die Ausübung der Erwerbsmöglichkeit nach § 3 AusglLeistG, Negativbescheinigung der nicht berechtigten Mitgesellschafter)
(5) Erwerb o. g. Flächen (Benennen; dazu Flächen benennen, die im Eigentum des Berechtigten und der Gesellschaft stehen):
– Größe bis 600.000 EMZ (insgesamt für alle Gesellschafter)
– soweit ein Eigentumsanteil von 50 v. H. der landwirtschaftlich genutzten Fläche nicht überschritten wird, wobei auf den Eigentumsanteil die der Gesellschaft und ihren Gesellschaftern gehörenden Flächen sowie die nach § 3 Abs. 5 zustehenden oder erworbenen Flächen anzurechnen sind
(6) Kaufpreis gem. § 3 Abs. 7

84 – (Personen-Gesellschafter-) Neueinrichter (§ 3 Abs. 1, Abs. 2 Satz 1):

(1) Langfristiger, d. h. ungekündigter, auf mehrere Jahre abgeschlossener, Pachtvertrag von ehemals volkseigenen, von der THA/BVS zu privatisierenden Flächen am 1.10.1996 zwischen der Personengesellschaft und der BVS und
(2) einen Betrieb neu eingerichtet (Bestätigung der zuständigen Landwirtschaftsbehörde Einrichtung eines Betriebes und die Ortsansässigkeit der Gesellschaft als Betriebsinhaber am 3.10.1990 im Beitrittsgebiet; Vorlage des der Verpachtung zugrundeliegenden, ggf. auch den Zeitpunkt des Kaufantrags fortgeschriebenen Betriebskonzepts) und
(3) ortsansässig (Meldebescheinigung über einen Hauptwohnsitz in der Nähe der Betriebsstelle) und
(4) Selbst bewirtschaften als unbeschränkt haftender Gesellschafter in einer Personengesellschaft (Nachweis der zum Zeitpunkt des Kaufantrags geltenden Beteiligungsregelung, Nachweis über die unbeschränkte Haftung des Bewerbers als Gesellschafter, Nachweis über die Einigung mit den berechtigten Mitgesellschaftern betreffend die Ausübung der Erwerbsmöglichkeit nach § 3 AusglLeistG, Negativbescheinigung der nicht berechtigten Mitgesellschafter)
(5) Erwerb o. g. Flächen (Benennen; dazu Flächen benennen, die im Eigentum des Berechtigten und der Gesellschaft stehen):
– Größe bis 600.000 EMZ (insgesamt für alle Gesellschafter)

– soweit ein Eigentumsanteil von 50 v. H. der landwirtschaftlich genutzten Fläche nicht überschritten wird, wobei auf den Eigentumsanteil die der Gesellschaft und ihren Gesellschaftern gehörenden Flächen sowie die nach § 3 Abs. 5 zustehenden oder erworbenen Flächen anzurechnen sind
(6) Kaufpreis gem. § 3 Abs. 7

– **Gesellschafter einer juristischen Person privaten Rechts** 85
(§ 3 Abs. 2 Satz 4 i. V. m. Satz 2, Abs. 3 Satz 3, 4):

(1) Langfristiger, d. h. ungekündigter, auf mehrere Jahre abgeschlossener, Pachtvertrag von ehemals volkseigenen, von der THA/BVS zu privatisierenden Flächen am 1.10.1996 zwischen der Juristischen Person und der BVS und
(2) allein und selbst bewirtschaften (Bestätigung durch zuständige Landwirtschaftsbehörde über die Selbstbewirtschaftung oder ein die Selbstbewirtschaftung voraussetzender Förderungsbescheid; Vorlage des der Verpachtung zugrundeliegenden, ggf. auch den Zeitpunkt des Kaufantrags fortgeschriebenen Betriebskonzepts)
(3) Ortsansässigkeit im Beitrittsgebiet am 3.10.1990 (Bestätigung durch die zuständige Landwirtschaftsbehörde)
(4) Erwerb o. g. Flächen (Benennen; dazu Flächen benennen, die im Eigentum des Berechtigten und der Gesellschaft stehen)
– in der Größe der von der juristischen Person nicht ausgeschöpften Obergrenze von 600.000 EMZ nach näherer Bestimmung durch die Gesellschaft und
– soweit ein Eigentumsanteil von 50 v. H. der landwirtschaftlich genutzten Fläche nicht überschritten wird, wobei auf den Eigentumsanteil die der juristischen Person und ihren Gesellschaftern gehörenden Flächen sowie die nach § 3 Abs. 5 zustehenden oder erworbenen Flächen anzurechnen sind
(5) Selbst bewirtschaften als unbeschränkt haftender Gesellschafter der juristischen Person (Nachweis der zum Zeitpunkt des Kaufantrags geltenden Beteiligungsregelung, Nachweis über die Einigung mit den berechtigten Mitgesellschaftern betreffend die Ausübung der Erwerbsmöglichkeit nach § 3 AusglLeistG, Negativbescheinigung der nicht berechtigten Mitgesellschafter)
(6) Hauptberufliche Tätigkeit des Bewerbers in der Gesellschaft (Bestätigung der zuständigen Landwirtschaftsbehörde)
(7) Verpflichtungserklärung zur Verlängerung des zwischen der juristischen Person und der Privatisierungsstelle geschlossenen Pachtvertrages bis zu einer Gesamtlaufzeit von 18 Jahren
(8) Verpflichtungserklärung, für Verbindlichkeiten der Gesellschaft mit den erworbenen Flächen zu haften.
(9) Kaufpreis gem. § 3 Abs. 7

bb) **Anspruch auf den Erwerb landwirtschaftlicher Flächen von Juristischen** 86
Personen privaten Rechts (§ 3 Abs. 1, Abs. 2 Satz 2, Abs. 3). Eine Anspruchsberechtigung von juristischen Personen des privaten Rechts ist unter folgenden Voraussetzungen gegeben:

(1) Langfristiger, d. h. ungekündigter, auf mehrere Jahre abgeschlossener, Pachtvertrag von ehemals volkseigenen, von der THA/BVS zu privatisierenden Flächen am 1.10.1996 und
(2) allein und selbst bewirtschaften (Bestätigung durch zuständige Landwirtschaftsbehörde über die Selbstbewirtschaftung oder ein die Selbstbewirtschaftung voraussetzender Förderungsbescheid; Vorlage des der Verpachtung zu-

grundeliegenden, ggf. auch den Zeitpunkt des Kaufantrags fortgeschriebenen Betriebskonzepts)
(3) Erwerb o.g. Flächen (Benennen; dazu Flächen benennen, die im Eigentum des Berechtigten stehen):
– Größe bis 600.000 EMZ
– soweit ein Eigentumsanteil von 50 v.H. der landwirtschaftlich genutzten Fläche nicht überschritten wird, wobei auf den Eigentumsanteil die der juristischen Person und ihren Gesellschaftern gehörenden Flächen sowie die nach § 3 Abs. 5 zustehenden oder erworbenen Flächen anzurechnen sind
(4) Vermögensauseinandersetzung gem. §§ 44 ff. LwAnpG nach Feststellung durch die zuständige Landesbehörde ordnungsgemäß durchgeführt (Bestätigung durch die zuständige Landesbehörde) und
(5) Anteilswerte an juristischer Person werden zu mehr als 75 v.H. von natürlichen Personen gehalten (Nachweis, bei Aktiengesellschaften z.B. durch Aktienbuch; Verpflichtungserklärung des Kaufbewerbers, alljährlich die Gesellschafterlisten, Mitgliederlisten gem. § 40 GmbHG bzw. § 30 GenG vorzulegen oder als AG nachzuweisen, daß die Anteilswerte weiterhin zu mehr als 75 v.H. in Händen natürlicher Personen sind, die am 3.10. 1990 ortsansässig waren) und
(6) diese natürliche Personen waren am 3.10. 1990 ortsansässig (Bestätigung der Landwirtschaftsbehörde)
(7) Kaufpreis gem. § 3 Abs. 7

87 **b) Anspruch auf Hinzuerwerb von Waldflächen.** Die Berechtigten i.S.d. § 3 Abs. 2 Satz 1 bis 3 AusglLeistG können gemäß § 3 Abs. 4 AusglLeistG auch **ehemals volkseigene Waldflächen** erwerben. Die Menge ist auf die Obergrenze von bis zu 100 ha begrenzt. Der Walderwerb findet **zusätzlich zum Erwerb landwirtschaftlicher Flächen** statt. Notwendig ist der Nachweis einer sinnvollen Ergänzung des landwirtschaftlichen Betriebs durch das bereits vorgelegte Betriebskonzept (für den landwirtschaftlichen Betrieb). Ferner ist nachzuweisen, daß der landwirtschaftliche Betrieb im wesentlichen auf eigenen oder mindestens für 12 Jahre gepachteten Flächen wirtschaftet.

88 **Natürliche Personen** (ohne Gesellschafter einer juristischen Person) **und juristische Personen** können diesen Anspruch geltend machen.

89 Es gelten dieselben Voraussetzungen wie beim Anspruch auf den Erwerb landwirtschaftlicher Flächen (oben a). Zusätzlich müssen folgende Merkmale gegeben sein:

> (...)
> (1) Benennung der Waldflächen, die der Kaufbewerber erwerben will und die ihm bereits gehören
> (2) Vorlage eines Betriebskonzeptes, aus dem sich ergibt, daß der Zuerwerb von Waldflächen eine sinnvolle Ergänzung des landwirtschaftlichen Betriebsteils darstellt
> (3) Betrieb wirtschaftet im wesentlichen auf eigenen oder für mindestens 12 Jahre gepachteten Flächen (Bestätigung der zuständigen Landwirtschaftsbehörde)

90 **c) Anspruch auf Erwerb von Restflächen.** Nach § 3 Abs. 5 AusglLeistG können solche land- und forstwirtschaftliche Flächen erworben werden, die nicht

für einen Erwerb nach § 3 Abs. 1 bis 4 AusglLeistG benötigt werden, und zwar durch solche **natürlichen Personen**, die nicht nach § 3 Abs. 1 und 2 AusglLeistG berechtigt sind. Es handelt sich mithin um einen Teil der sogenannten Restflächenverwertung i. S. d. Treuhandrichtlinien von November 1992.[76]

Berechtigte sind nach § 3 Abs. 5 Satz 1 AusglLeistG natürliche Personen. Als weitere Voraussetzung muß die Entziehung von land- oder forstwirtschaftlichem Vermögen ohne Möglichkeit der Rückgabe des ursprünglichen Betriebes oder die Enteignung solcher Vermögen auf besatzungsrechtlicher bzw. besatzungshoheitlicher Grundlage vorliegen. Ferner dürfen die nach § 3 Abs. 5 AusglLeistG Berechtigten **im Falle von besatzungsrechtlichen oder besatzungshoheitlichen Enteignungen nicht bereits nach den Abs. 1 und 2 berechtigt** sein. Die Erwerbsmöglichkeit ist auf ehemals volkseigene und zu privatisierende Flächen beschränkt, die nicht für einen Erwerb nach den Abs. 1 bis 4 benötigt werden. 91

Die räumliche Lage der anzubietenden Flächen spielt ebenfalls eine Rolle (§ 3 Abs. 5 Satz 4 und 5 AusglLeistG). Soweit das ehemalige Eigentum auf diese Weise nicht zurückerworben werden kann, sollen Flächen aus dem ortsnahen Bereich angeboten werden. Allerdings besteht **kein Rechtsanspruch auf die Zuteilung bestimmter Flächen**. 92

Schließlich sind gemäß § 3 Abs. 5 Satz 7 AusglLeistG **Ausschlußfristen** zu beachten. Die nach § 3 Abs. 5 Satz 1 AusglLeistG Berechtigten müssen der für die Privatisierung zuständigen Stelle innerhalb einer Frist von sechs Monaten seit Bestandskraft des Ausgleichsleistungs- oder Entschädigungsbescheides mitteilen, daß sie an der Erwerbsmöglichkeit nach Abs. 5 teilnehmen wollen. 93

Die Erwerbsberechtigung nach § 3 Abs. 5 AusglLeistG ist nach Maßgabe des § 3 Abs. 5 Satz 9 und 10 **übertragbar**. Die Erwerbsmöglichkeit kann auf den Ehegatten und auf Verwandte sowie innerhalb von Erbengemeinschaften auf ein Mitglied übertragen werden. Bei Erbengemeinschaften ist außerdem die Aufteilung auf mehrere Mitglieder zulässig. 94

Die Vorschrift des § 3 Abs. 6 AusglLeistG enthält weitere Beschränkungen des Landerwerbs nach Abs. 5, indem sie das **Verhältnis zwischen dem Erwerber von Flächen und einem möglichen Pächter** solcher Flächen regelt. Der Erwerber von Flächen muß sich bereit erklären, das bestehende Pachtverhältnis über die Flächen bis zu einer Gesamtlaufzeit von 18 Jahren zu verlängern. Soweit die privatisierende Stelle sich gegenüber dem Pächter zur Veräußerung an ihn verpflichtet hatte, können die Flächen nur mit Zustimmung des Pächters veräußert werden.[77] 95

Die Erwerbsberechtigung ist unter folgenden Vorraussetzungen gegeben:

- **Früherer Eigentümer landwirtschaftlicher Flächen (§ 3 Abs. 5, Abs. 6):** 96

    (1) Entzug land- oder forstwirtschaftlichen Vermögens und Rückgabe des ursprünglichen land- und forstwirtschaftlichen Betriebs aus rechtlichen oder tatsächlichen Gründen ausgeschlossen oder

---

[76] Siehe Rdnr. 45 ff.
[77] BT-Drs. 12/7588 und BT-Drs. 12/7832 sowie 12/8413.

Entzug solcher Vermögenswerte durch Enteignung auf besatzungsrechtlicher oder besatzungshoheitlicher Grundlage (Bestätigung des zuständigen Amtes/ Landesamtes zur Regelung offener Vermögensfragen über die Wiedereinrichtung des ursprünglichen Betriebes, ggf. einschließlich des Nachweises über den Vermögensverlust i.S.d. § 1 Abs.1, Abs.3, Abs.6, Abs.7 oder Abs.8 lit. a VermG, und ggf. Bestätigung der Erbfolge nach dem ursprünglich Berechtigten) und
(2) Berechtigung: Ggf. Nachweise über die Übertragung der Erwerbsmöglichkeiten auf Verwandte gem. § 3 Abs.5 Satz 9 AusglLeistG; als Mitglied einer Erbengemeinschaft ggf. Nachweis der zustehenden bzw. zu übertragenen Erbanteile (§ 3 Abs.5 Satz 10)
(3) Nicht-Berechtigung nach § 3 Abs.1 und Abs.2
(4) Erwerb ehemals volkseigener von der THA/BVS zu privatisierende landwirtschaftliche Flächen, die
– nicht für den Erwerb nach § 3 Abs.1 bis 4 in Anspruch genommen werden (Erklärung)
– verfügbar sind (§ 3 Abs.6 Satz 2)
– bis zur halben Ausgleichsleistung nach § 2 Abs.1 Satz 2 EntschG, höchstens bis zu 300.000 EMZ
– möglichst am ortsnahen Bereich des ehemaligen Eigentums liegen
(5) Ausschlußfrist 6 Monate nach Bestandskraft des Ausgleichs- oder Entschädigungsbescheides
(6) Verpflichtung, bestehende Pachtverträge über die zu erwerbenden Flächen bis zu einer Gesamtlaufzeit von 18 Jahren zu verlängern (§ 3 Abs.6 Satz 1)
(7) Ggf. Zustimmung des Pächters (§ 3 Abs.6 Satz 2)
(8) Kaufpreis gem. § 3 Abs.7

97 – Früherer Eigentümer forstwirtschaftlicher Flächen (§ 3 Abs.5, Abs.6):

(1) Entzug land- oder forstwirtschaftlichen Vermögens und
Rückgabe des ursprünglichen land- und forstwirtschaftlichen Betriebs aus rechtlichen oder tatsächlichen Gründen ausgeschlossen oder
Entzug solcher Vermögenswerte durch Enteignung auf besatzungsrechtlicher oder besatzungshoheitlicher Grundlage (Bestätigung des zuständigen Amtes/ Landesamtes zur Regelung offener Vermögensfragen über die Wiedereinrichtung des ursprünglichen Betriebes, ggf. einschließlich des Nachweises über den Vermögensverlust i.S.d. § 1 Abs.1, Abs.3, Abs.6, Abs.7 oder Abs.8 lit. a VermG, und ggf. Bestätigung der Erbfolge nach dem ursprünglich Berechtigten) und
(2) Berechtigung: Ggf. Nachweise über die Übertragung der Erwerbsmöglichkeiten auf Verwandte gem. § 3 Abs.5 Satz 9 AusglLeistG; als Mitglied einer Erbengemeinschaft ggf. Nachweis der zustehenden bzw. zu übertragenen Erbanteile (§ 3 Abs.5 Satz 10)
(3) Nicht-Berechtigung nach § 3 Abs.1 und Abs.2
(4) Erwerb ehemals volkseigener von der THA/BVS zu privatisierende Waldflächen, die
– nicht für den Erwerb nach § 3 Abs.1 bis 4 in Anspruch genommen werden (Erklärung)
– verfügbar sind (§ 3 Abs.6 Satz 2; Zustimmung des Pächters)
– bis zur Höhe der verbleibenden Ausgleichsleistung
– möglichst am ortsnahen Bereich des ehemaligen Eigentums liegen
(5) Grundsätzlich kein Erwerb landwirtschaftlicher Flächen (§ 3 Abs.5 Satz 6)

IV. Flächenerwerb

(6) Ausschlußfrist 6 Monate nach Bestandskraft des Ausgleichs- oder Entschädigungsbescheides
(7) Verpflichtung, bestehende Pachtverträge über die zu erwerbenden Flächen bis zu einer Gesamtlaufzeit von 18 Jahren zu verlängern (§ 3 Abs. 6 Satz 1)
(8) Ggf. Zustimmung des Pächters (§ 3 Abs. 6 Satz 2)
(9) Kaufpreis gem. § 3 Abs. 7

d) Anspruch auf Erwerb von forstwirtschaftlichen Flächen. Ehemals volkseigene forstwirtschaftliche Flächen können in einer Größenordnung von bis zu 1.000 ha gemäß § 3 Abs. 8 AusglLeistG ausschließlich erworben werden. Diese Möglichkeit wird einem begrenzten Personenkreis unter einschränkenden Voraussetzungen eröffnet. Es handelt sich **ausschließlich um natürliche Personen**, sodaß juristische Personen – anders als in § 3 Abs. 1 AusglLeistG – ausscheiden. Es werden drei Gruppen genannt. Es handelt sich zunächst um **Wiedereinrichter** forstwirtschaftlicher Betriebe, die ortsansässig sind oder in Zusammenhang mit der Wiedereinrichtung ortsansässig werden. Eine zweite Gruppe bilden **Neueinrichter** forstwirtschaftlicher Betriebe, die bereits am 3.10.1990 ortsansässig waren. Die dritte Gruppe bilden **Berechtigte im Sinne des Abs. 5**, die einen neu oder wieder eingerichteten forstwirtschaftlichen Betrieb allein oder in der Form einer Personengesellschaft als unbeschränkt haftender Gesellschafter selber bewirtschaften. Voraussetzung ist aber, daß diese Berechtigten keine landwirtschaftlichen Flächen nach § 3 Abs. 1 bis 7 AusglLeistG erwerben. 98

Hierzu sieht der Entwurf der FlErwV einige Ergänzungen vor:

Der **Begriff des Wiedereinrichters** wird in § 4 Abs. 1 des Entwurfs **abweichend** vom Gesetz definiert. Es handelt sich nach der vorgesehenen Bestimmung um natürliche Personen oder deren Erben, welche **die ursprünglichen forstwirtschaftlichen Flächen nach dem VermG zurückerhalten** haben oder nach Durchführung der Vermögensauseinandersetzung nach dem 6. Abschnitt sowie § 64a LwAnpG wieder eigenbetrieblich bewirtschaften und durch Zuerwerb von Forstflächen nach § 3 Abs. 8 AusglLeistG erweitern wollen. Als Wiedereinrichter sollen nach dem Verordnungsentwurf auch solche am 3.10.1990 ortsansässigen natürlichen Personen gelten, die Eigentümer von Waldflächen sind und ihr Waldeigentum durch Zuerwerb von Waldflächen nach § 3 Abs. 8 AusglLeistG erweitern wollen. Diese vorgesehene Regelung soll den Erwerb von Waldflächen nach § 3 Abs. 8 Satz 1 lit. a auf den Zuerwerb von Waldflächen begrenzen. Für die Erweiterung des Wiedereinrichterbegriffs auf solche Personen, die zwar am 3.10.1990 ortsansässig waren und Eigentümer von Waldflächen sind, jedoch einen ursprünglich eigenen forstwirtschaftlichen Betrieb nicht wieder eingerichtet haben müssen, fehlt eine Begründung. Mit dem Gesetzeswortlaut läßt sich diese geplante Regelung nicht vereinbaren. 99

Zur **Ortsansässigkeit** der Wiedereinrichter heißt es in § 4 Abs. 2 des Entwurfs, daß natürliche Personen ortsansässig i. S. d. § 3 Abs. 8 Satz 1 lit. a und b werden, wenn ihr Hauptwohnsitz im Beitrittsgebiet liegt oder in Zusammenhang mit der Wiedereinrichtung dauerhaft dorthin verlegt wird. Hinsichtlich des Neueinrichters wird bestimmt, daß der Hauptwohnsitz am 100

3.10. 1990 im Beitrittsgebiet begründet gewesen sein muß. Die Regelung weicht von der bei den Pächtern landwirtschaftlicher Flächen ab, indem keine Nähe des Wohnsitzes zum (forstwirtschaftlichen) Betrieb gefordert wird. Der Grund liegt darin, daß bei forstwirtschaftlichen Betrieben – anders als bei landwirtschaftlichen – keine Notwendigkeit besteht, den Wohnsitz nahe beim Betrieb zu haben. Für Wiedereinrichter, die noch keinen Wohnsitz im Beitrittsgebiet haben, besteht deshalb nur die Verpflichtung zum Umzug in das Beitrittsgebiet, nicht aber zum Umzug in die Nähe des forstwirtschaftlichen Betriebes.

101 Hinsichtlich der Berechtigten nach § 3 Abs. 5, wie diese **in § 3 Abs. 8 lit. c AusglLeistG** angesprochen sind, bestimmt § 4 Abs. 3 des Entwurfs der FlErwV näher, daß es sich um natürliche Personen handelt, die land- und forstwirtschaftliche Flächen durch Zwangsmaßnahmen nach § 1 Abs. 1, 3, 6, 7 oder 8 lit. a VermG verloren haben und diese nicht wieder zurückerhalten können, oder deren Erben.

102 Zu **Erbengemeinschaften** sieht § 4 Abs. 4 des Entwurfs der FlErwV die Möglichkeit vor, die Erwerbsmöglichkeit auf ein Mitglied zu übertragen oder auf mehrere Mitglieder aufzuteilen. Erbengemeinschaften können somit am Flächenerwerb nur einmal teilnehmen.

103 Die Erwerbsmöglichkeit ist jedoch nach § 3 Abs. 8 Satz 4 AusglLeistG von der Vorlage eines **Betriebskonzeptes** abhängig, das die Gewähr für eine ordnungsgemäße forstwirtschaftliche Bewirtschaftung bieten muß. Hinsichtlich etwaiger Betriebsleiter wird der Nachweis von **Qualifikationen für die Leitung eines forstwirtschaftlichen Betriebes** verlangt. Diese Regelung bedeutet im Umkehrschluß auch, daß ein Berechtigter, der den Betrieb allein bewirtschaften will, ebenfalls über solche Qualifikationen verfügen muß. Hinsichtlich der **beruflichen Qualifikationen** kommt es auf die entsprechenden Regelungen des **Berufsbildungsgesetzes**[78] und der ausfüllenden **Verordnungen des BML**[79] an. Wesentlich ist, daß es keine Berufszugangsregelungen gibt, sondern ausschließlich Vorschriften, die eine Fachausbildung zum Forstwirt (Forstfacharbeiter) sowie weiterführende Ausbildungen zum Meister in diesem Beruf regeln, ohne daß aber die abgelegte Meisterprüfung Voraussetzung für die Führung eines entsprechenden Betriebes wäre. Berufliche Qualifikationen, die vor dem 3.10. 1990 in der ehemaligen DDR erworben wurden, werden weiter anerkannt.

104 Anspruch auf den Erwerb forstwirtschaftlicher Flächen haben:

– **Wiedereinrichter (§ 3 Abs. 8 Satz 1 lit. a):**

(1) Wiedereinrichtung des ursprünglichen im Beitrittsgebiet gelegenen forstwirtschaftlichen Betriebs bzw. des forstwirtschaftlichen Teils eines land- und forstwirtschaftlichen Betriebs, § 3 Abs. 8 Satz 2 (Bestätigung der zuständigen Landwirtschaftsbehörde bzw. des zuständigen Amtes/Landesamtes zur Rege-

---

[78] BGBl I 1969, S. 1112.
[79] Verordnungen des BML, BGBl. I 1974, S. 453 und 1975, S. 1925; Verordnung über die Berufsausbildung zum Landwirt/zur Landwirtin vom 31.1. 1995, BGBl. I S. 168 und Verordnung über die Eignung der Ausbildungsstätte für die Berufsausbildung zum Landwirt/zur Landwirtin vom 31.1. 1995, BGBl. I S. 179.

IV. Flächenerwerb

lung offener Vermögensfragen über die Voraussetzungen der Wiedereinrichtung und der Berechtigung nach § 1 Abs. 1, 3, 6 oder 7 VermG sowie § 1 AusglLeistG) und
(2) ortsansässig oder
im Zusammenhang mit Wiedereinrichtung ortsansässig werden (Meldebestätigung über die Ortsansässigkeit im Beitrittsgebiet)
(3) Erwerb ehemals von der THA/BVS zu privatisierende Waldflächen bis 1000 ha (Benennen)
(4) Nichterwerb landwirtschaftlicher Flächen nach § 3 Abs. 1 bis 7 AusglLeistG (Erklärung und Verzicht)
(5) Vorlage eines Betriebskonzeptes für die gewünschte Fläche, das Gewähr für eine ordnungsgemäße Bewirtschaftung bietet (Es sollte sich daraus ergeben: Betriebsleiter, Einhaltung der forst- und jagdrechtlichen Vorschriften des Bundes oder des Landes, sonstige Betriebsziele, Investitionen, Finanzierungsnachweise, geplanter Hiebsatz; ggf. Verpflichtung, forstliches Betriebsgutachten zu erbringen)
(6) Qualifikation des Betriebsleiters
(7) Kaufpreis gem. § 3 Abs. 8 Satz 6 i. V. m. § 3 Abs. 7

– **(Unechter) Wiedereinrichter (§ 3 Abs. 8 Satz 1 lit a, Satz 2 i. V. m. § 3 Abs. 2):** 105

(1) Rückgabe des ursprünglichen forstwirtschaftlichen Betriebs aus rechtlichen oder tatsächlichen Gründen ausgeschlossen oder Entzug forstwirtschaftlicher Vermögenswerte durch Enteignung auf besatzungsrechtlicher oder besatzungshoheitlicher Grundlage
(2) Erwerb ehemals von der THA/BVS zu privatisierende Waldflächen bis 1000 ha (Benennen)
(3) Nichterwerb landwirtschaftlicher Flächen nach § 3 Abs. 1 bis 7 AusglLeistG (Erklärung und Verzicht)
(4) Vorlage eines Betriebskonzeptes für die gewünschte Fläche, das Gewähr für eine ordnungsgemäße Bewirtschaftung bietet (Es sollte sich daraus ergeben: Betriebsleiter, Einhaltung der forst- und jagdrechtlichen Vorschriften des Bundes oder des Landes, sonstige Betriebsziele, Investitionen, Finanzierungsnachweise, geplanter Hiebsatz; ggf. Verpflichtung, forstliches Betriebsgutachten zu erbringen)
(5) Qualifikation des Betriebsleiters
(6) Kaufpreis gem. § 3 Abs. 8 Satz 6 i. V. m. § 3 Abs. 7

– **Neueinrichter (§ 3 Abs. 8 Satz 1 lit. b):** 106

(1) Neueinrichtung eines forstwirtschaftlichen Betriebs bzw. des forstwirtschaftlichen Teils eines land- und forstwirtschaftlichen Betriebs, § 3 Abs. 8 Satz 2 (Bestätigung der zuständigen Landwirtschaftsbehörde) und
(2) ortsansässig am 3. 10. 1990 im Beitrittsgebiet (Meldebestätigung über die Ortsansässigkeit im Beitrittsgebiet)
(3) Erwerb ehemals von der THA/BVS zu privatisierende Waldflächen bis 1000 ha (Benennen)
(4) Nichterwerb landwirtschaftlicher Flächen nach § 3 Abs. 1 bis 7 AusglLeistG (Erklärung und Verzicht)
(5) Vorlage eines Betriebskonzeptes für die gewünschte Fläche, das Gewähr für eine ordnungsgemäße Bewirtschaftung bietet (Es sollte sich daraus ergeben: Betriebsleiter, Einhaltung der forst- und jagdrechtlichen Vorschriften

des Bundes oder des Landes, sonstige Betriebsziele, Investitionen, Finanzierungsnachweise, geplanter Hiebsatz; ggf. Verpflichtung, forstliches Betriebsgutachten zu erbringen)
(6) Qualifikation des Betriebsleiters
(7) Kaufpreis gem. § 3 Abs. 8 Satz 6 i. V. m. § 3 Abs. 7

107 – **(Unechter) Neueinrichter (§ 3 Abs. 8 Satz 1 lit. c i. V. m. § 3 Abs. 5 Satz 1):**

(1) Entzug land- oder forstwirtschaftlichen Vermögens und
Rückgabe des ursprünglichen land- und forstwirtschaftlichen Betriebs aus rechtlichen oder tatsächlichen Gründen ausgeschlossen oder
Entzug forstwirtschaftlicher Vermögenswerte durch Enteignung auf besatzungsrechtlicher oder besatzungshoheitlicher Grundlage
(2) Neueinrichtung eines forstwirtschaftlichen Betriebs bzw. des forstwirtschaftlichen Teils eines land- und forstwirtschaftlichen Betriebs, § 3 Abs. 8 Satz 2 (Bestätigung des zuständigen Landwirtschaftsamtes)
(3) allein selbst bewirtschaften (Bestätigung durch zuständige Landwirtschaftsbehörde) und
(4) Erwerb ehemals von der THA/BVS zu privatisierende Waldflächen bis 1000 ha (Benennen)
(5) Nichterwerb landwirtschaftlicher Flächen nach § 3 Abs. 1 bis 7 AusglLeistG (Erklärung und Verzicht)
(6) Vorlage eines Betriebskonzeptes für die gewünschte Fläche, das Gewähr für eine ordnungsgemäße Bewirtschaftung bietet (Es sollte sich daraus ergeben: Betriebsleiter, Einhaltung der forst- und jagdrechtlichen Vorschriften des Bundes oder des Landes, sonstige Betriebsziele, Investitionen, Finanzierungsnachweise, geplanter Hiebsatz; ggf. Verpflichtung, forstliches Betriebsgutachten zu erbringen)
(7) Qualifikation des Betriebsleiters
(8) Kaufpreis gem. § 3 Abs. 8 Satz 6 i. V. m. § 3 Abs. 7

108 – **(Personen-Gesellschafter-) Neueinrichter (§ 3 Abs. 8 Satz 1 lit. c i. V. m. Abs. 5 Satz 1):**

(1) Entzug land- oder forstwirtschaftlichen Vermögens und
Rückgabe des ursprünglichen land- und forstwirtschaftlichen Betriebs aus rechtlichen oder tatsächlichen Gründen ausgeschlossen oder
Entzug forstwirtschaftlicher Vermögenswerte durch Enteignung auf besatzungsrechtlicher oder besatzungshoheitlicher Grundlage
(2) Neueinrichtung eines forstwirtschaftlichen Betriebs bzw. des forstwirtschaftlichen Teils eines land- und forstwirtschaftlichen Betriebs, § 3 Abs. 8 Satz 2 (Bestätigung des zuständigen Landwirtschaftsamtes)
(3) allein selbst bewirtschaften als unbeschränkt haftender Gesellschafter in einer Personengesellschaft (Bestätigung durch zuständige Landwirtschaftsbehörde über Selbstbewirtschaftung; Nachweis der zum Zeitpunkt des Kaufantrags geltenden Beteiligungsregelung, Nachweis über die unbeschränkte Haftung des Bewerbers als Gesellschafter, Nachweis über die Einigung mit den berechtigten Mitgesellschaftern betreffend die Ausübung der Erwerbsansprüche und Negativbescheinigung der nicht berechtigten Mitgesellschafter) und
(4) Erwerb ehemals von der THA/BVS zu privatisierende Waldflächen bis 1000 ha (Benennen)

(5) Nichterwerb landwirtschaftlicher Flächen nach § 3 Abs. 1 bis 7 AusglLeistG (Erklärung und Verzicht)
(6) Vorlage eines Betriebskonzeptes für die gewünschte Fläche, das Gewähr für eine ordnungsgemäße Bewirtschaftung bietet (Es sollte sich daraus ergeben: Betriebsleiter, Einhaltung der forst- und jagdrechtlichen Vorschriften des Bundes oder des Landes, sonstige Betriebsziele, Investitionen, Finanzierungsnachweise, geplanter Hiebsatz; ggf. Verpflichtung, forstliches Betriebsgutachten zu erbringen)
(7) Qualifikation des Betriebsleiters
(8) Kaufpreis gem. § 3 Abs. 8 Satz 6 i. V. m. § 3 Abs. 7

e) **Zusätzlicher Flächenerwerb.** Eine zusätzliche Möglichkeit des Flächenerwerbs für den Fall, daß zu privatisierende ehemals volkseigene landwirtschaftliche Flächen nicht bis zum 31.12. 2003 veräußert werden konnten, wird in § 3 Abs. 9 AusglLeistG eingeräumt. Solche dann noch vorhandene Flächen können im Wege des sogenannten Nachschlags von den Berechtigten bis zu Obergrenzen von 800.000 bzw. 400.000 Ertragsmeßzahlen erworben werden. 109

Entsprechende **Anträge müssen bis zum 30. 6. 2004** gestellt worden sein. Hinsichtlich der Ankaufspreise gilt § 3 Abs. 7 AusglLeistG entsprechend.[80] 110

Zusätzlicher Flächenerwerb nach § 3 Abs. 9 111

(1) Keine Veräußerung von ehemals von der THA/BVS zu privatisierenden landwirtschaftlichen Flächen nach § 3 Abs. 1 bis Abs. 5 bis zum 31.12. 2003
(2) Berechtigte gem. § 3 Abs. 1 bis Abs. 5
(3) Kaufantrag bis 30. 6. 2004 (Zugang bei der für die Privatisierung zuständigen Stelle)
(4) Nichterwerb landwirtschaftlicher Flächen nach § 3 Abs. 1 bis 7 AusglLeistG (Erklärung und Verzicht)
(5) Erwerb der o. g. Flächen:
– Obergrenze für Erwerb nach § 3 Abs. 3 und § 3 Abs. 9 Satz 1 = 800.000 EMZ insgesamt
– Obergrenze für Erwerb nach § 3 Abs. 5 und § 3 Abs. 9 Satz 1 = 400.000 EMZ insgesamt
(6) Kaufpreis gem. § 3 Abs. 9 Satz 3 i. V. m. § 3 Abs. 7

f) **Anspruchskonkurrenz.** Die nicht auszuschließende **Konkurrenz zwischen Erwerbsberechtigten nach § 3 Abs. 1 bis 4 und solchen nach § 3 Abs. 5 AusglLeistG** behandelt § 3 Abs. 5 Satz 8 AusglLeistG. Sofern Flächen nach Abs. 5 beansprucht werden, für die Erwerbsberechtigungen nach den Abs. 1 bis 4 vorliegen, haben letztere den Vorrang. Dieser Vorrang muß aber innerhalb einer Frist ausgeübt werden, indem der nach den Abs. 1 bis 4 vorrangig Erwerbsberechtigte der für die Privatisierung zuständigen Stelle innerhalb von sechs Monaten mitteilen muß, welche Flächen er bevorrechtigt erwerben möchte. Verstreicht die Frist, verfällt die Bevorrechtigung im Vergleich zu den Berechtigten nach Abs. 5. 112

---

[80] Siehe Rdnr. 126 ff.

172   Kapitel 4. Das Ausgleichsleistungsgesetz

113   Zu **Konkurrentensituationen** mehrerer Bewerber um den Erwerb von Forstflächen **nach § 3 Abs. 8 AusglLeistG** äußert sich § 4 Abs. 5 des Entwurfs der FlErwV. Es wird dabei zwischen der Konkurrenz von Berechtigten mit sonstigen Bewerbern und der Konkurrenz zwischen mehreren Berechtigten unterschieden. Maßstab ist immer die Güte des vorzulegenden Betriebskonzepts. Wer das bessere Betriebskonzept vorlegen kann, erhält den Vorrang. Bei im wesentlichen gleichwertigen Betriebskonzepten haben Berechtigte den Vorrang vor sonstigen Bewerbern. Bei im wesentlichen gleichwertigen Betriebskonzepten mehrerer Berechtigter soll derjenige den Vorrang haben, dem die Fläche früher überwiegend gehörte.

114   Konkurrieren Ansprüche des Berechtigten und sonstiger Interessenten **nach § 3 Abs. 8 AusglLeistG um dieselbe Waldfläche**, wird das bessere Betriebskonzept entscheiden.[81]

6. Flächenmäßige Obergrenzen

115   a) **Obergrenze für Ansprüche nach § 3 Abs. 1, Abs. 2 AusglLeistG.** Berechtigte nach § 3 Abs. 1, Abs. 2 AusglLeistG können nur bis zu den in § 3 Abs. 3 AusglLeistG geregelten Obergrenzen landwirtschaftliche Flächen erwerben. Der Grund liegt bei der begrenzten Menge der zur Verfügung stehenden Flächen und bei den Preisvergünstigungen, wie diese in § 3 Abs. 7 AusglLeistG vorgesehen sind.[82]

116   Bezugsgröße für die Bestimmung von Grenzen sind **nicht die üblichen Flächenmaße** (ha, ar und qm), sondern eine ertragsbezogene Größe, nämlich die sogenannte **Ertragsmeßzahl (EMZ)**. Hierbei handelt es sich um eine Bezugsgröße aus dem steuerlichen Bewertungsrecht. Sie wurde ohne Verwendung des Begriffs Ertragsmeßzahl bereits durch § 34 des RBewG als Verhältniszahl eingeführt. Entscheidend war das Verhältnis Ertragsfähigkeit der Böden eines zu bewertenden Betriebes zur Ertragsfähigkeit der Böden des sogenannten Reichsspitzenbetriebes mit den höchsten Ertragswerten (100 = Reichsspitzenwert). Die Verhältniszahl wurde in einem Vom-Hundert-Satz (des Reichsspitzenwertes 100) ausgedrückt und auf den Hektar Fläche bezogen.

117   Das RBewG bedurfte zu seiner Durchführung für das land- und forstwirtschaftliche Vermögen einer Ergänzung auf dem Gebiet der Schaffung von Hilfsmitteln, welche die Überleitung von Werten für die Vergleichsbetriebe zu den übrigen Betrieben erleichtern und sichern sollten. Hierzu wurde das **Bodenschätzungsgesetz**[83] erlassen. Das BodSchätzG sah eine umfassende Neuschätzung des gesamten Kulturbodens nach einheitlichen Gesichtspunkten vor.[84]

---

[81] Einzelheiten siehe FlErwV.
[82] Siehe Rdnr. 127 ff.
[83] Gesetz über die Schätzung des Kulturbodens (Bodenschätzungsgesetz – BodSchätzG) vom 16.10.1934, RGBl. I S. 1050 und RStBl. S. 1306).
[84] Für Ackerland und Grünland wurden Schätzungsrahmen mit einer Einteilung nach Klassen vorgesehen. Daneben gab es Wertzahlen als Verhältniszahlen, indem diese Zahlen das Verhältnis der Ertragsfähigkeit von Bodenflächen eines Betriebes

IV. Flächenerwerb 173

Die **Ergebnisse der Bodenschätzung** wurden nach § 5 Abs. 2 BodSchätzG **118**
in das Liegenschaftskataster übernommen. Sie können also dort regelmäßig
festgestellt werden. Die Ertragsmeßzahlen gehören zu diesen in das Liegenschaftskataster aufzunehmenden Daten. Sie stellen das Produkt aus
den bei der Bodenschätzung festgestellten Acker- und Grünlandzahlen
und der Größe der Bodenflächen in Ar dar, für die sie ermittelt wurden.
Aus Gründen der einfacheren Handhabbarkeit werden die auf der Basis
Ar ermittelten Ertragsmeßzahlen in Hektar umgerechnet. Die maßgeblichen Bewertungsvorschriften des Reichs gelten – in inzwischen veränderter Form – in BewG und BodSchätzG als Bundesrecht weiter.

Soweit **Ertragsmeßzahlen im Einzelfall fehlen** sollten, sind sie entspre- **119**
chend den Bestimmungen des BewG/RBewG und des BodenSchätzG zu
bestimmen. Hierbei kommt es auf die vorhandenen Daten und Aussagen
im Katasterbestand sowie in den Darstellungen der Schätzergebnisse in
Karten und Büchern an. Dies sind nach den Anweisungen für die technische Durchführung der Bodenschätzung[85] folgende Unterlagen:

(a) Meßtischblatt oder Gemeindekarte,
(b) Feldkarte,
(c) Schätzungsurkarte,
(d) Hilfskarte,
(e) Feldschätzungsbuch,
(f) Schätzungsbuch.

Dabei werden die Bodenklassen landwirtschaftlicher Nutzflächen in vier- **120**
stelligen Zahlencodes wiedergegeben. Diese sagen etwas über die Bodenart, Zustandsmerkmale, Bodenstufen, geologische Entstehungsart des Bodens, Klimaverhältnisse und Wasser-/Grundwasserverhältnisse aus.[86]

Für eine **bestimmte Gruppe von Berechtigten** stellt § 3 Abs. 3 Satz 1 Ausgl- **121**
LeistG eine grundsätzliche **Obergrenze** von 600.000 Ertragsmeßzahlen auf.
Es handelt sich um die sogenannten Wiedereinrichter und die Neueinrichter i. S. d. § 3 Abs. 2 Satz 1 AusglLeistG sowie um juristische Personen des
Privatrechts (ehemalige LPG) i. S. d. § 3 Abs. 2 Satz 2 AusglLeistG. Nach
§ 3 Abs. 3 Satz 2 AusglLeistG können die Gesellschafter von Betrieben in
der Form einer Personengesellschaft gemäß § 3 Abs. 2 Satz 1 AusglLeistG
in ihrer Gesamtheit Flächen bis zu der Obergrenze von 600.000 Ertragsmeßzahlen erwerben.

---

zu den Flächen eines Betriebes mit den ertragsfähigsten Bodenflächen ausdrückten.
Für Ackerland und Grünland gab es zwei derartige Wertzahlen (Bodenzahl und Akkerzahl sowie Grünlandgrundzahl und Grünlandzahl). Diese Zahlen berücksichtigten
unterschiedliche Bodengestaltungen sowie verschiedene klimatische und sonstige Beschaffenheiten mit Auswirkung auf den Ertrag (Amtliche Begründung zum BodSchätzG, RStBl. 1935, S. 301). Als Ausführungsvorschriften zum BodSchätzG ergingen Durchführungsbestimmungen (Durchführungsbestimmungen zum Bodenschätzungsgesetz – BodSchätzDB vom 12. 2. 1935, RGBl. I S. 198 und RStBl. S. 303).
[85] Technische Anweisung für die Bodenschätzung (BodSchätzTechnAnw) vom 3. 5. 1935, RStBl. S. 303.
[86] Siehe wegen der Einzelheiten *Stannigel/Kremer/Weyers*, S. 630 und *Rösch/Kurandt*, S. 63.

122 Soweit juristische Personen des Privatrechts (ehemalige LPG) die Obergrenze von 600.000 Ertragsmeßzahlen **nicht ausgeschöpft** haben, können die nach § 3 Abs. 2 Satz 4 AusglLeistG berechtigten Gesellschafter die verbleibenden Ertragsmeßzahlen nach näherer Bestimmung durch die Gesellschaft erwerben. Es sind dies Gesellschafter, die bereits am 3.10. 1990 ortsansässig waren, hauptberuflich in der Gesellschaft tätig sind und außerdem die besonderen Verpflichtungen nach § 3 Abs. 2 Satz 4 AusglLeistG übernehmen wollen.

123 Die Regelung in § 3 Abs. 3 Satz 4 AusglLeistG enthält eine **weitere Einschränkung**, die nicht auf die Menge des Landes abhebt, sondern auf den **Eigentumsanteil der Berechtigten** an den von ihnen bewirtschafteten Flächen. Der Eigentumsanteil darf insgesamt 50 v. H. der landwirtschaftlich genutzten Fläche nicht übersteigen. In den Fällen der Gesellschaften sind auf den Eigentumsanteil die Eigentumsanteile der Gesellschaft und ihrer Gesellschafter anzurechnen. Die Anrechnungspflicht gilt auch in Bezug auf Flächen, die als sogenannte Restflächen nach § 3 Abs. 5 AusglLeistG veräußert werden.

124 Hierzu sieht § 2 Abs. 5 und 6 des Entwurfs der FlErwVO erhebliche Sonderregelungen vor. Zunächst kommt es nach Abs. 5 für die Feststellung des nach § 3 Abs. 3 Satz 3 AusglLeistG maßgeblichen Eigentumsanteils **auf das am 1.10. 1994 vorhandene Eigentum** an landwirtschaftlich genutzter Fläche **und auf die am 1.10. 1996 bewirtschaftete landwirtschaftliche Fläche** an. Dabei sind nach dem Entwurf auch solche Flächen zu berücksichtigen, die außerhalb des Beitrittsgebiets liegen. Nach § 2 Abs. 6 des Verordnungsentwurfs sollen Umwandlungen landwirtschaftlicher Unternehmen nach den Vorschriften des Umwandlungsgesetzes[87] oder nach § 38 a des Landwirtschaftsanpassungsgesetzes,[88] die nach Abschluß eines langfristigen Pachtvertrages vorgenommen werden, den Grund und die Höhe des Erwerbsanspruches unberührt lassen. Im Fall der Umwandlung zur Aufnahme sollen die durch die Umwandlung übertragenen Vermögensteile für die Zwecke des Flächenerwerbs dem Rechtsträger zugerechnet werden. Die bewirtschaftete Fläche soll nach den Verhältnissen vor der Umwandlung ermittelt werden. Zur Begründung für diese Regelung heißt es lapidar, daß in § 2 Abs. 6 Auswirkungen von nach Abschluß eines langfristigen Pachtvertrages geschlossenen Umwandlungen auf die Teilnahme am Flächenerwerb ausgeschlossen würden. Eine Begründung dafür, daß dieser Ausschluß nur für die Umwandlungsfälle gelten soll, nicht aber zugleich auch für andere Berechtigte, fehlt.

125 **b) Obergrenze für Ansprüche nach § 3 Abs. 5 AusglLeistG.** Hinsichtlich des Anspruch aus § 3 Abs. 5 legt § 3 Abs. 5 Satz 2 und 3 AusglLeistG Obergrenzen der Erwerbsmöglichkeit fest. Die Begrenzungsregelung ist je nach der Art der Flächen zweifach, indem der Erwerb landwirtschaftlicher Flächen nur bis zur Höhe der halben Ausgleichsleistung nach § 2 Abs. 1 EntschG, höchstens aber bis zu 300.000 Ertragsmeßzahlen möglich ist. Waldflächen

---

[87] Umwandlungsgesetz vom 28.10. 1994, BGBl I S. 3210.
[88] Landwirtschaftsanpassungsgesetz i.d.F. vom 3.7. 1991, BGBl I S. 1418, zuletzt geändert durch Gesetz vom 28.10. 1994, BGBl. I S. 3210.

IV. Flächenerwerb

sollen bis zur Höhe der verbleibenden Ausgleichszahlung erworben werden können. Die Begrenzung durch die Ausgleichsleistung gilt dann nicht, wenn diese zum Erwerb von Flächen nach den Abs. 1 und 2 verwendet wurde.

Diese Regelung betrifft nur **Berechtigte nach dem EntschG**, weil besatzungsrechtlich oder -hoheitlich enteignete Personen am Erwerbsprogramm nach Abs. 5 nicht neben dem Flächenerwerb nach den Abs. 1 und 2 teilnehmen können.

7. Ankaufspreise für Flächen

Die Vorschrift des § 3 Abs. 7 AusglLeistG regelt die **Kaufpreise** für den Flächenerwerb. Hierbei kommen grundsätzlich zwei Wertkategorien zum Tragen, nämlich einmal die **heutigen Verkehrswerte** und zum anderen die im Vergleich dazu erheblich niedrigeren **Einheitswerte 1935**. **126**

a) **Kaufpreise für landwirtschaftliche Flächen. aa) Bodenwerte.** § 3 Abs. 7 Satz 1 AusglLeistG stellt für den Erwerb landwirtschaftlicher Flächen auf den **steuerlichen Einheitswert 1935** ab. Der Ansatz des dreifachen Einheitswertes 1935 entspricht der Entschädigungsregelung in § 3 Abs. 1 Nr. 1 EntschG. Dies bedeutet eine **erhebliche Verbilligung der Ankaufspreise** im Vergleich zu den heutigen Verkehrswerten. Diese Verbilligung war politisch beabsichtigt. Ihr stehen allerdings Beschränkungen der Verfügungsfreiheit durch die Pflicht zur Verlängerung bestehender Pachtverträge nach § 3 Abs. 6 AusglLeistG und das Veräußerungsverbot nach § 3 Abs. 10 AusglLeistG gegenüber. **127**

Hier ist allerdings eine **entscheidende Modifikation durch die beabsichtigte Flächenerwerbsverordnung** zu beachten. In § 5 Abs. 1 des Entwurfs zu dieser Verordnung wird bestimmt, daß der Kaufpreis für landwirtschaftliche Flächen ohne die wesentlichen Bestandteile der zu erwerbenden Fläche (aufstehende Gebäude und Anlagen) durch Vervielfachung der Ertragsmeßzahlen mit dem Faktor 0,70 DM ermittelt werden soll. Sofern keine Ertragsmeßzahlen vorliegen, sollen diese geschätzt werden. Bei Flächen, die dem Weinbau oder der Teichwirtschaft dienen, wird als Kaufpreis der dreifache Einheitswert 1935 verordnet. **Hof- und Gebäudeflächen** sind mit dem Verkehrswert anzusetzen. **128**

Zur Begründung für diese von § 3 Abs. 7 AusglLeistG erheblich abweichenden Regelungen zur Bestimmung der Kaufpreise beruft sich der Verordnungsgeber auf die entsprechende Ermächtigung in § 4 Abs. 3 Satz 1 Nr. 1 AusglLeistG. Danach können abweichende Maßstäbe in Anlehnung an die Bodenqualität zugrundegelegt werden. Die im Entwurf der Flächenerwerbsverordnung vorgesehene Berechnungsmethode soll eine flächenspezifische Kaufpreisermittlung ermöglichen. Der zur Berechnung verwendete Faktor von 0,70 DM beruht auf durchschnittlichen Werten für den dreifachen Einheitswert 1935 und durchschnittlichen Ertragsmeßzahlen (EMZ) nach folgender Formel: **129**

$$3.000 \text{ DM} : 4.300 \text{ EMZ} = 0,70 \text{ DM}$$

Bezüglich der Weinbau- und Teichwirtschaftsflächen fehlt es an Ertragsmeßzahlen, weil eine Bodenschätzung i. S. d. Bodenschätzungsgesetzes insoweit nicht durchgeführt wurde. Hier bleibt es deshalb beim dreifachen steuerlichen Einheitswert 1935.

130 Das Vorschreiben des **Verkehrswertes für Hof- und Gebäudeflächen** hebt die in § 3 Abs. 7 AusglLeistG grundsätzlich vorgesehen gewesene Verbilligung für die Hof- und Gebäudeflächen auf. Es handelt sich um den Verkehrswert von Grundstücken i. S. d. § 194 BauGB, also um die Kaufpreise, wie sie am Grundstücksmarkt für die Flächen erzielt werden können. Die Verkehrswerte sind dann in Anwendung der Wertermittlungsverordnung (WertV 88)[89] zu bestimmen. Hierbei kommt es nach §§ 3 und 5 WertV 88 u. a. auf die Zustandsmerkmale der Grundstücke an. Dazu zählen auch rechtliche Belastungen der Grundstücke. Als eine solche wertrelevante Belastung i. S. d. gültigen Rechts der Verkehrswertbestimmung von Grundstücken sind auch die Beschränkungen der Eigentümerbefugnisse des Flächenerwerbers zu sehen, wie diese durch die oben erwähnten Beschränkungen der Verfügungsfreiheit durch die Pflicht zur Verlängerung bestehender Pachtverträge nach § 3 Abs. 6 AusglLeistG und das relative Veräußerungsverbot nach § 3 Abs. 10 AusglLeistG bestehen. Dies muß zu erheblichen Abschlägen vom Verkehrswert führen, den das Grundstück ohne diese Beschränkungen hätte.

131 Außerdem kann durchaus die Frage aufgeworfen werden, ob die Grundstücke überhaupt einen Verkehrswert im üblichen Sinne haben. Denn sie dürfen nach § 3 Abs. 10 Satz 1 AusglLeistG vor Ablauf von 20 Jahren seit dem Erwerb ohne Genehmigung der BVS als Rechtsnachfolger der Treuhandanstalt nicht veräußert werden. Dieses Veräußerungsverbot schränkt die Verkehrsfähigkeit der Grundstücke am Grundstücksmarkt im Vergleich zum Normalfall erheblich ein. Wenn aber die Grundstücke dem Grundstücksmarkt nur in dieser Weise eingeschränkt zur Verfügung stehen, kann ein Preis für ihre Veräußerung, wie er den Inhalt der Definition des Verkehrswertes in § 194 BauGB ausmacht, schwerlich festgestellt werden.

132 Es kommt hinzu, daß § 3 Abs. 10 Satz 2 AusglLeistG die Erteilung einer Genehmigung zur Veräußerung der Grundstücke davon abhängig macht, daß der den Erwerbspreis übersteigende Veräußerungserlös der Treuhandanstalt bzw. der BVS zufließt. Diese Regelung muß zwangsläufig zu Marktverfälschungen führen. Denn wenn ein Grundstückseigentümer die erworbenen Flächen veräußern muß oder möchte, hat er kein eigenes wirtschaftliches Interesse mehr daran, einen marktgerechten Kaufpreis mit dem Käufer auszuhandeln. Denn er muß den Teil eines so ausgehandelten Kaufpreises an die BVS abführen, der den ursprünglichen Erwerbspreis übersteigt. Wer als Eigentümer solcher Grundstücke in der Lage ist, verkaufen zu müs-

---

[89] Verordnung über Grundsätze für die Ermittlung der Verkehrswerte von Grundstücken – Wertermittlungsverordnung, WertV – vom 6. 12. 1988, BGBl. I S. 2209 sowie Grundsätze für die Ermittlung des Verkehrswerts von Grundstücken im Beitrittsgebiet des Bundesministers der Finanzen vom 7. 1. 1991 – VI C – VV 2030–17/90 BAnz Nr. 221 a vom 25. 11. 1992 – S. 110.

sen, wird dies „der Einfachheit halber" zu einem Preis tun, der dem ursprünglichen Erwerbspreis entspricht. Der Aufwand und die Mühe, in den Verhandlungen mit dem Käufer einen höheren Preis durchzusetzen, lohnt sich für ihn wirtschaftlich ja überhaupt nicht. Das bedeutet de-facto, daß den Grundstücken für die Dauer von 20 Jahren die wirtschaftliche Option genommen worden ist, an der allgemeinen Preisentwicklung auf dem Grundstücksmarkt teilzunehmen.

bb) Werte für aufstehende Gebäude und sonstige wesentliche Bestandteile 133
i. S. d. § 94 BGB. § 3 Abs. 7 Satz 2 AusglLeistG bringt eine Besonderheit für **aufstehende Gebäude.** Hier können Zu- oder Abschläge nach Empfehlungen des Beirats i. S. d. § 4 festgesetzt werden, wobei der Verkehrswert mitberücksichtigt werden soll.

Auch hierzu sieht § 5 Abs. 2 des Entwurfs der Flächenerwerbsverordnung 134
erhebliche Modifikationen vor. Für den Erwerb von Gebäuden, Gewächshäusern, sonstigen Glasflächen, Obstbäumen, Hopfenanlagen, Baumschulgewächsen, Spargelanlagen oder Weihnachtsbaumkulturen zusammen mit den landwirtschaftlichen Flächen sieht die geplante Regelung vor, daß der Kaufpreis sich nach dem **Verkehrswert dieser Gebäude, Anlagen und Anpflanzungen** und dem Wert richtet, wie er nach § 5 Abs. 1 des Verordnungsentwurfs für die Fläche ohne solche Bestandteile zu bestimmen ist.

Diese Regelung ist systemwidrig und entspricht auch nicht dem gültigen 135
Recht. Die aufstehenden Gebäude, Anlagen und Anpflanzungen sind wesentliche Bestandteile der Grundstücke i. S. d. § 94 Abs. 1 BGB, auf denen sie sich befinden. Sie können nach § 93 BGB nicht Gegenstand besonderer Rechte sein. Es ist also nicht möglich, daß an ihnen vom Eigentum am Grundstück getrenntes Eigentum eines anderen als des Grundstückseigentümers besteht. Mithin haben sie auch **keinen vom Verkehrswert des Grundstücks gesonderten Verkehrswert.** Der Verkehrswert von Grundstücken ist in § 194 BauGB gesetzlich definiert. Danach wird der Verkehrswert durch den Preis bestimmt, der in dem Zeitpunkt, auf den sich die Ermittlung bezieht, im gewöhnlichen Geschäftsverkehr nach den rechtlichen Gegebenheiten und tatsächlichen Eigenschaften, der sonstigen Beschaffenheit und der Lage des Grundstücks oder des sonstigen Gegenstands der Wertermittlung ohne Rücksicht auf ungewöhnliche oder persönliche Verhältnisse zu erzielen wäre. Der Verkehrswert betrachtet den Markt und zielt begrifflich auf den Verkauf des Grundstücks ab. Durch den Kaufvertrag wird der Verkäufer nach § 433 Abs. 1 BGB verpflichtet, dem Käufer die Sache zu übergeben und ihm das Eigentum an ihr zu verschaffen. Das ist aber bei aufstehenden Gebäuden und Anlagen sowie Anpflanzungen auf einem Grundstück wegen ihrer Eigenschaft, wesentliche Bestandteile des Grundstücks zu sein, rechtlich unmöglich. Sie können nur zusammen mit dem Grundstück veräußert werden.

Einen vom Grundstückswert gesonderten eigenen Verkehrswert können 136
nur solche aufstehenden Bauwerke, Anlagen und Anpflanzungen haben, die als **Scheinbestandteile des Grundstücks i. S. d. § 95 BGB** anzusehen sind. Die besonderen Voraussetzungen dafür können im Einzelfall durchaus gegeben sein, müssen aber konkret festgestellt werden. Auch das ZGB DDR

von 1975 ging in seinen Regelungen zum Recht der Sachen grundsätzlich von der Einheit des Grundstücks mit den aufstehenden Bauwerken aus. In § 467 ZGB DDR werden Sachen und wesentliche Bestandteile definiert. Danach sind Sachen bewegliche Gegenstände, Grundstücke und Gebäude. Nach Abs. 2 sind wesentliche Bestandteile solche Teile, die so miteinander verbunden sind, daß sie nicht getrennt werden können, ohne die Sache zu zerstören oder ihren wirtschaftlichen Zweck erheblich zu beeinträchtigen. Abs. 3 stellt klar, daß wesentliche Bestandteile nicht Gegenstand besonderer Rechte sein können. Dem entspricht auch die Regelung in § 295 Abs. 1 ZGB DDR, wonach das Eigentum am Grundstück den Boden und die mit dem Boden fest verbundenen Gebäude und Anlagen sowie die Anpflanzungen umfaßt.[90] Dies wurde in der Rechtsprechung der Gerichte in der ehemaligen DDR weiter dahin verdeutlicht, daß vom Grundstückseigentümer selbst errichtete und fest mit dem Boden verbundene Baulichkeiten nicht losgelöst vom Eigentum am Boden in das Eigentum Dritter übertragen werden durften.[91] Zu sogenannten Überbaufällen ohne ausreichende rechtliche Grundlage für die Überbauung des fremden Grundstücks ergingen verschiedentlich Entscheidungen dahin, daß die so errichteten Anlagen und Bauwerke mit dem Eigentum am fremden Grundstück zusammenfielen und Eigentum des Grundstückseigentümers wurden.[92]

137 Soweit Lage, Größe und Ausgestaltung der Gebäude nicht mit den betrieblichen Erfordernissen übereinstimmen, läßt § 5 Abs. 2 des Entwurfs der Flächenerwerbsverordnung **Abschläge vom Verkehrswert der Gebäude in Höhe bis zu 20 v. H.** zu. Auch hier wird der Begriff Verkehrswert fälschlich verwendet. Denn die aufstehenden Gebäude haben als wesentliche Bestandteile des Grundstücks keinen eigenen Verkehrswert, der von dem des Grundstücks getrennt werden könnte.

138 Das grundsätzliche Vorsehen von Abschlägen dafür, daß Lage, Größe und Ausgestaltung aufstehender Gebäude auf den landwirtschaftlichen Flächen betrieblichen Erfordernissen nicht entsprechen, entspricht allgemeinen Bewertungsregeln. Es gehört zu den wertbestimmenden Merkmalen eines Grundstücks, wenn die auf ihm befindliche Bebauung der vorgesehenen Grundstücksnutzung nicht entspricht. In krassen Fällen kann ein Abriß mit erheblichen Kosten notwendig sein, um die Nutzung des Grundstücks überhaupt erst zu ermöglichen. Welchen Werteinfluß derartige Situationen im Einzelfall auf den Verkehrswert des Grundstücks haben, muß konkret bestimmt werden. Die pauschale Vorgabe von 20 v. H. „des Verkehrswerts der Gebäude" ist unbrauchbar, weil es den „Gebäudeverkehrswert" nicht gibt.

139 cc) **Miterwerb von Wohn- und Wirtschaftsgebäuden auf Verlangen der Privatisierungsstelle.** Nach § 5 Abs. 3 des Entwurfs der Flächenerwerbsverordnung kann die Privatisierungsstelle verlangen, daß Wohn- und Wirtschaftsgebäude miterworben werden müssen, die aufgrund des räumlichen Zusam-

---

[90] OG, NJ 1984, 428.
[91] OG, NJ 1984, 164.
[92] OG, NJ 1984, 204; 1985, 340; 1986, 254 und 255.

menhangs mit den nach § 3 AusglLeistG zu erwerbenden Flächen anderweitig nicht verwertet werden können. Die vorgesehene Regelung kann nur bedeuten, daß neben den nach § 3 AusglLeistG zu erwerbenden Flächen weitere Grundstücke auf Verlangen der Privatisierungsstelle gekauft werden müssen, auf denen sich diese anderweitig nicht verwertbaren Wohn- und Wirtschaftsgebäude befinden. Denn diese Bauwerke sind in aller Regel nach § 94 BGB wesentliche Bestandteile der Grundstücke, auf denen sie sich befinden. Sie können nicht getrennt vom Eigentum am jeweiligen Grundstück übereignet und erworben werden.

b) Kaufpreise für Waldflächen. § 3 Abs. 7 Sätze 3 bis 5 AusglLeistG befaßt **140** sich mit den Kaufpreisen für Waldflächen. Soweit der Anteil hiebsreifer Bestandsflächen weniger als 10 v. H. beträgt, ist der dreifache steuerliche Einheitswert 1935 anzulegen. Beträgt der Anteil hiebsreifer Bestandsflächen 10 v. H. oder mehr, kommt es insoweit auf den Verkehrswert an. In jedem Fall ist der Zustand des Waldes zu berücksichtigen. Hierzu kommt es auf genaue Feststellungen des befaßten Gutachters zum Befundsachverhalt an. Waldschäden und ihr Ausmaß sind regelmäßig werterheblich; der Umfang vorhandener Waldschäden im Beitrittsgebiet ist groß.[93] Soweit Waldflächen bereits in den Jahren 1995 und 1996 erworben werden, sind Preisabschläge von bis zu 200 DM/ha zulässig. Die **Verkehrswerte von Waldflächen** sind ebenfalls nach der WertV 88 sowie ergänzend nach den Waldwertermittlungsrichtlinien[94] festzustellen.

§ 3 Abs. 7 Satz 6 AusglLeistG ermöglicht es der privatisierenden Stelle zu **141** verlangen, daß der zum Ankauf Berechtigte solche Flächen zum Verkehrswert mitübernimmt, die anderweitig nicht verwertbar wären. Bei der Bestimmung der Verkehrswerte solcher anderweitig nicht verwertbarer Flächen kommt es wesentlich darauf an, in welcher Weise diese fehlende anderweitige Verwertbarkeit sich wertmindernd auswirkt.

Auch zu den Kaufpreisen für Waldflächen macht der Entwurf der **Flä-** **142** **chenerwerbsverordnung abweichende Vorgaben.** Der Entwurf für die Verordnung unterteilt wie das Gesetz danach, ob der Anteil hiebsreifer Bestände weniger oder mehr als 10 v. H. beträgt.

Zunächst definiert der Entwurf in § 6 Abs. 2 die **hiebsreifen Waldbestände.** **143** Danach sind hiebsreif alle Waldbestände, die älter als die Umtriebszeit abzüglich 20 Jahre sind. Als Umtriebszeiten werden für die verschiedenen Holzartengruppen Werte vorgegeben (Fichte = 100 Jahre, Kiefer = 130 Jahre, Buche und Laubhölzer mit hohem Umtrieb = 140 Jahre, Eiche = 180 Jahre, Laubhölzer mit niedrigem Umtrieb = 80 Jahre). Zur Begründung für diese Festsetzungen bezieht sich der Entwurf auf die für die neuen Bundesländer geltenden Waldbaurichtlinien und auf durchschnittliche Produktionsziele bei den jeweiligen Baumarten.

---

[93] Waldzustandsbericht der Bundesregierung von Dezember 1994, BT-Drs. 13/146 und BR-Drs. 1143/94.
[94] Richtlinien für die Ermittlung und Prüfung des Verkehrswerts von Waldflächen und für Nebenentschädigungen (Waldwertermittlungsrichtlinien 1991 – WaldR 91), BAnz Nr. 100a vom 6.6. 1991.

144 Soweit die **hiebsreifen Bestände mehr als 10 v.H.** ausmachen, beläßt es der Entwurf in seinem § 6 Abs. 3 bei der in § 3 Abs. 7 Satz 5 AusglLeistG vorgesehenen Regelung. Es soll also für diese hiebsreifen Bestände der Verkehrswert angesetzt werden. Dieser entspricht dem nach den WaldR 91 ermittelten Abtriebswert zuzüglich dem örtlichen Bodenwert.

145 Anders ist das aber bei solchen Waldflächen, deren Anteil an **hiebsreifen Flächen weniger als 10 v.H.** entspricht. Hier sieht der Entwurf der Flächenerwerbsverordnung in § 6 Abs. 1 eine erhebliche Modifikation gegenüber der Regelung in § 3 Abs. 7 Satz 3 AusglLeistG vor. Das Gesetz stellt insoweit auf den dreifachen steuerlichen Einheitswert 1935 ab und bestimmt außerdem, daß der gegenwärtige Waldzustand beachtet werden müsse. Der Verordnungsentwurf hebt demgegenüber auf die 10. FeststellungsDV[95] ab, sieht aber dazu besondere Maßgaben vor.

146 Zunächst sollen Daten über den gegenwärtigen Waldzustand dem **Datenspeicher Waldfonds** entnommen werden. Hierbei handelt es sich um eine Datensammlung, die seit etwa Anfang der siebziger Jahre in der ehemaligen DDR vom Organisations- und Rechenzentrum Forstwirtschaft (ORZ Forst) in Potsdam aufgebaut wurde. Die Datensammlung erfolgte dezentral auf der Ebene der 15 Bezirke der ehemaligen DDR durch die früheren VEB Datenverarbeitungszentrum. Der für die gesamte ehemalige DDR beim ORZ Forst in Potsdam geführte Datenbestand wurde nach der Wiedervereinigung Deutschlands **am 3.10. 1990 von den Behörden der fünf neuen Länder übernommen und auf der Grundlage eigener Landesvorschriften weitergeführt.** Im Falle des Bundeslandes Brandenburg ist nach § 40 des Landeswaldgesetzes[96] die Landesanstalt für Forstplanung des Landes Brandenburg in Potsdam unter der Fachaufsicht der Abteilung Forstwirtschaft des Landwirtschaftsministeriums des Landes für die Weiterführung des Waldfonds zuständig. Die Zuständigkeit beschränkt sich aber auf den räumlichen Bereich des Landes Brandenburg. Die Datenbestände über Waldflächen in den 4 anderen neuen Ländern, wie diese am 3.10. 1990 in Potsdam vorhanden waren, wurden an Behörden dieser Länder abgegeben. Diese anderen neuen Länder führen den Waldfonds jeweils für ihr Gebiet auf der Grundlage eigener Landesvorschriften weiter oder nicht. Mithin gibt es keinen Waldfonds an sich, sondern nur einen solchen für das Gebiet eines neuen Bundeslandes. Im Falle der Landesanstalt für Forstplanung des Landes Brandenburg werden regelmäßig Daten über Waldzustände an die Forstbehörden des Landes mitgeteilt. Darüberhinaus erteilt das Landesamt Auskünfte an Behörden auf der Grundlage des VwVfG des Landes. Privatpersonen können bei Vorliegen eines berechtigten Interesses ebenfalls Auskünfte erhalten.

---

[95] Zehnte Verordnung zur Durchführung des Feststellungsgesetzes (10. FeststellungsDV) vom 15.4. 1958, BGBl. I S.279, bezüglich ihrer Anlagen wiederholt geändert, zuletzt nach Maßgabe des Gesetzes vom 13.3. 1986, BGBl. I S.357. Siehe Kap. 2 Rdnr. 27 zum FG und Kap. 3 Rdnr. 98 zu den FeststellungsDV.

[96] Waldgesetz des Landes Brandenburg (Landeswaldgesetz Bbg.) i.d.F. vom 17.6. 1991, GVBl. Bbg I S.213.

IV. Flächenerwerb

Zur **Feststellung der Wertgruppen** nach § 2 Abs. 3 Nr. 3 der 10. FeststellungsDV schreibt § 6 Abs. 1 des Entwurfs der Flächenerwerbsverordnung vor, daß das **Kreisverzeichnis mit Angabe von Wertgruppen** in der Spalte 4 der Anlage 2 zur 2. BFDV[97] heranzuziehen ist. Hier wird im Einzelfall zu beachten sein, in welchem Umfang dieses Kreisverzeichnis inzwischen durch Verwaltungs- und Gebietsreformen in den neuen Ländern überholt ist und noch zutrifft. 147

Wesentlich ist die Anordnung in § 6 Abs. 1 des Entwurfs der Flächenerwerbsverordnung, daß **Abschläge wegen Bestandesschäden** z. B. durch Harzung, neuzeitliche Waldschäden oder Schälschäden nicht zulässig sein sollen. Diese Regelung erscheint bedenklich, weil werterhebliche Umstände unbeachtlich sein sollen. 148

Der **Kaufpreis** soll dann nach § 6 Abs. 1 des Entwurfs der Flächenerwerbsverordnung **grundsätzlich das Dreifache** des auf diese Weise ermittelten Werts betragen. 149

Zur Begründung für diese geplanten Regelungen in dem Entwurf der Flächenerwerbsverordnung wird darauf hingewiesen, daß sich durch die lange Zeitspanne zwischen Wegnahme und Flächenerwerb teilweise einschneidende Wertänderungen ergeben haben. Deshalb könne der Einheitswert 1935 nicht die Grundlage für die heutigen Werte sein. Dies trifft wohl zu. Dennoch wird sich der Verordnungsgeber fragen lassen müssen, aus welchen Gründen dann die Entschädigungen, wie diese nach dem EntschG und dem AusglLeistG geleistet werden sollen, nicht auf die gleiche Weise bestimmt werden. Denn dort wird als Bemessungsgrundlage der steuerliche Einheitswert 1935 zugrundegelegt, obwohl die betroffenen Grundstücke und Flächen genau die gleiche Wertsteigerung erfahren haben, die jetzt, wo es bei der Festsetzung von Verkaufspreisen für Waldflächen geht, vom Staat zugunsten seiner eigenen fiskalischen Interessen in Anspruch genommen wird. Hier liegt wieder einer der inhaltlichen Widersprüche vor, an denen die Ausgestaltung der Entschädigung innerhalb des EALG krankt. 150

Hinsichtlich der **Abschläge vom Kaufpreis** sieht der Entwurf der Verordnung in seinem § 6 Abs. 4 ebenfalls Änderungen gegenüber der Gesetzeslage vor. Nach § 3 Abs. 7 Satz 4 können Abschläge bis zu 200 DM/ha vorgenommen werden, wenn Waldflächen in den Jahren 1995 und 1996 erworben werden. Demgegenüber läßt der Entwurf der Verordnung einen Abschlag vom 200 DM/ha nur noch dann zu, wenn der Kaufantrag vor dem 1.1.1996 abgegeben wurde. Wird der Antrag zwischen dem 1.1. und dem 31.12.1996 abgegeben, reduziert sich der zulässige Abschlag auf 100 DM/ha. Dies bedeutet **de-facto eine Ausschlußfrist bis zum 31.12.1995** für Kaufanträge, wenn der im Gesetz vorgesehene Abschlag von 200 DM/ha erhalten bleiben soll. Im übrigen sieht § 6 Abs. 5 des Entwurfs vor, daß der **Kaufpreis nach den Abschlägen 600 DM/ha nicht unterschreiten** darf. Dies bedeu- 151

---

[97] Zweite Verordnung zur Durchführung des Beweissicherungs- und Feststellungsgesetzes (2. BFDV) vom 13.3.1967, BGBl. I S. 291, zuletzt geändert nach Maßgabe des Gesetzes vom 23.6.1978 in BGBl. I S. 785. Siehe Kap. 2 Rdnr. 28 zum BFG und Kap. 3 Rdnr. 98 zu den BFDV.

tet einen Ausschluß der Abschläge dann, wenn geringwertige Waldflächen mit Werten, die nicht über 600 DM/ha liegen, erworben werden sollen.

152 c) **Übersicht: Ermittlung des Kaufpreises.**

Landwirtschaftliche Flächen	Grundsatz: EMZ X 0,70 DM
– Hof- und Gebäudefläche	Verkehrswert
– Weinbaufläche	Dreifacher Einheitswert 1935
– Fläche Teichwirtschaft	Dreifacher Einheitswert 1935
– Sonstige Bestandteile (z. B. Gewächshäuser, Obstbäume, Weihnachtsbaumanpflanzung)	Verkehrswert (ggf. Abschläge bei Abweichungen der Lage, Größe und Ausgestaltung der Gebäude von den betrieblichen Erfordernissen)
Waldfläche	Grundsatz: Dreifacher Wert nach Maßgabe der 10.FeststellungsDV i. V. m. FlErwV und 2. BFDV, mindestens jedoch 600 DM/ha (ggf. Abschläge bei frühzeitiger Antragstellung)
– **hiebsreife Bestände**, die einen Anteil von 10 v. H. überschreiten	Verkehrswert gem. WaldR 91
– **Waldflächen bis 10 ha im Einzelfall**	Pauschhektarsatz gem. Anlage 3 zur 2. BFDV
– **sonstige Bestandteile**	Verkehrswert (ggf. Abschläge nach Maßgabe der FlErwV)

153 d) **Fälligkeit.** Der Kaufpreis wird nach der Mitteilung des Notars, daß die Eigentumsumschreibung gesichert ist, fällig. In Härtefällen sieht die FlErwV die Vereinbarung einer Stundung vor.

8. Veräußerungsverbot

154 Die Vorschrift des § 3 Abs. 10 AusglLeistG enthält einen grundsätzlichen Genehmigungsvorbehalt der privatisierenden Stelle bei Veräußerungen von Flächen für die Zeit von 20 Jahren. Dies bedeutet ein Veräußerungsverbot, das zu seiner Wirksamkeit auf Antrag der Privatisierungsstelle in das Grundbuch (Abteilung II) mit folgendem Wortlaut einzutragen ist:[98]

> „Veräußerungsverbot mit Genehmigungsvorbehalt gemäß § 3 Absatz 10 Ausgleichsleistungsgesetz".

155 Genehmigungen für Verkäufe innerhalb der Sperrfrist dürfen nur erteilt werden, wenn der den Erwerbspreis übersteigende Veräußerungserlös an die Treuhandanstalt/BVS oder ihre Rechtsnachfolger abgeführt wird.

---

[98] Einzelheiten regelt die FlErwV.

9. Genehmigung nach dem Grundstücksverkehrsgesetz

Aus Gründen der Verwaltungsvereinfachung gelten gemäß § 3 Abs. 11 AusglLeistG Genehmigungspflichten nach dem Grundstücksverkehrsgesetz[99] für Verkäufe im Rahmen des Flächenerwerbsprogramms nicht. Die Verkäufe werden nicht anders behandelt, als Verkäufe durch den Bund.[100]

156

10. Rückabwicklung des Kaufvertrages

Grundsätzlich gelten für den Abschluß des Vertrages die Vorschriften des BGB. Nach Maßgabe der FlErwV soll die Privatisierungsstelle in bestimmten Fällen des Wegfalls von Anspruchsvoraussetzungen die **Rückabwicklung verlangen**. Dazu zählen insbesondere gravierende Änderungen in der Zusammensetzung der Gesellschafter einer juristischen Person oder eine erhebliche Abweichung vom Betriebskonzept oder wenn der Erwerb auf falschen Angaben des Bewerbers beruht.[101] Zur Überprüfung dieses Anspruchs der Privatisierungsstelle muß bereits im Kaufvertrag vereinbart werden, daß die entsprechenden Voraussetzungen (jährlich) nachgewiesen werden[102] und daß der Erwerber sich verpflichtet, z. B. Nutzungsänderungen, Betriebsaufgabe oder Veräußerungen von Flächen der Privatisierungsstelle anzuzeigen. In Härtefällen sie die FlErwV ein Absehen von der Rückabwicklung vor.

157

11. Verfahren zur Durchführung des Flächenerwerbsprogramms

Nach § 4 Abs. 1 AusglLeistG sind bei den nach dem Treuhandgesetz für die Privatisierung zuständigen Stellen **Beiräte als Schlichtungsstelle** einzurichten. Nach der zur Zeit des Inkrafttretens des AusglLeistG gültigen Organisationsstruktur und Aufgabenverteilung wird es nur einen Beirat geben, der bei der Treuhandanstalt/BVS oder der BVVG in Berlin angesiedelt ist und mithin überregional tätig sein wird. Die Formulierung „Beiräte" im Gesetzestext läßt bewußt die Option künftiger Organisations- und Zuständigkeitsänderungen bei der Treuhandanstalt bzw. ihrer Rechtsnachfolgerin offen. Der Beirat wird paritätisch von Bund und vom Land benannt. Solange es wegen der Zuständigkeit der Treuhandanstalt/BVS und der BVVG in Berlin als privatisierende Stelle nur einen Beirat in Berlin gibt, besteht Regelungsbedarf in Bezug auf die Beteiligung aller 5 neuen Länder und des Landes Berlin.[103] Der Beirat soll dem **Interessenausgleich**

158

---

[99] Gesetz über Maßnahmen zur Verbesserung der Agrarstruktur und zur Sicherung land- und forstwirtschaftlicher Betriebe (Grundstücksverkehrsgesetz-GrdstVG) vom 28.7.1961, BGBl. I S.1091, 1652, 2000, zuletzt geändert am 1.7.1987, BGBl. I 1986 S.2191.
[100] Einzelheiten siehe FlErwV.
[101] Zur Zusammensetzung der Gesellschafter siehe Rdnr. 70, zum Betriebskonzept siehe Rdnr. 103.
[102] Nachweise sind z.B. Gesellschafterlisten gem. § 40 GmbHG, Mitgliederlisten nach § 30 GenG, Auszug des Aktienbuchs gem. § 67 AktG.
[103] Einzelheiten siehe FlErwV.

dienen und bei der Konkurrenz mehrere Bewerber um den Erwerb der gleichen Fläche angerufen werden können. Zusätzlich kann das Land, aber nur dieses, den Beirat in Verpachtungsfällen anrufen, wenn die Privatisierungsstelle von einem Entscheidungsvorschlag des Landes abweichen will. Der Beirat hat **keine Entscheidungskompetenz**, kann aber **Empfehlungen** aussprechen. Diese Empfehlungen binden die für die Privatisierung zuständige Stelle nicht, führen aber zu einem Begründungszwang, wenn von ihnen abgewichen wird.

159 Übersicht: **Verfahrensschritte bei der Privatisierungsstelle**[104]

> (a) Prüfung des Kaufantrags und der Berechtigung
> (b) Ggf. Fristsetzung nach § 3 Abs. 5 Satz 8 AusglLeistG
> (c) Bestimmung der Flächen
> (d) Bestimmung des Kaufpreises
> (e) Stellungnahme der zuständigen Landwirtschaftsbehörde
> (f) Einvernehmen mit der BVS
> (g) Übersendung des Vertragsentwurfs oder der Ablehnungsmitteilung an den Bewerber; Unterrichtung der Landwirtschaftsbehörde
> (h) Ggf. Beteiligung des Beirats auf Initiative des Berechtigten oder der Landwirtschaftsbehörde
> (i) Bestätigung oder Ablehnung durch den Beirat

V. Rückgabe beweglicher Sachen

1. Allgemeines

160 Die Vorschrift des § 5 AusglLeistG behandelt die **Rückgabe beweglicher Sachen**, die nicht in einen Einheitswert einbezogen sind, und stellt insoweit den Grundsatz der Rückgabe auf. Hier handelt es sich um eine Regelung, die **von der Systematik her nicht in das AusglLeistG gehört**. Die Rückgabe früher enteigneter Gegenstände betrifft einen Gegenstand des VermG; die mit § 5 AusglLeistG vom Gesetzgeber vorgenommene Regelung hätte deshalb durch entsprechende Änderung des § 1 Abs. 8 lit. a VermG innerhalb des Artikel 10 EALG normiert werden können und sollen. Denn Gegenstand des AusglLeistG sind nicht Rückgabeansprüche wegen durch Enteignung entzogener Vermögensgegenstände, sondern Ausgleichsleistungen dafür, daß früheren Eigentümern ihr Eigentum nicht zurückgegeben wird. Dieser Bruch im gedanklichen System des Rechts zur Regelung offener Vermögensfragen wird in den amtlichen Begründungen nicht behandelt. Weshalb der Regelungsgegenstand des § 5 AusglLeistG dort und nicht im Zuge der mit Artikel 10 EALG ohnehin vorgenommenen Änderung des VermG behandelt wurde, bleibt deshalb offen. Daß der Komplex der Rückgabe beweglicher Sachen im EALG geregelt wurde und nicht im VermG, steht der Wirksamkeit des § 5 AusglLeistG indes nicht entgegen.

161 Die Rückgabe früher enteigneter beweglicher Sachen ist, soweit sie nach bisherigem Recht möglich war, im VermG geregelt. Nunmehr wird im Aus-

---

[104] Einzelheiten siehe FlErwV.

V. Rückgabe beweglicher Sachen

glLeistG zusätzlich zu den vorhandenen Regelungen des VermG ein **neuer Rückgabetatbestand** eingeführt. Dies bedeutet, daß einer Gruppe früherer Eigentümer Rückgabeansprüche eingeräumt wurden, die solche Ansprüche bisher nicht hatte. Es handelt sich dabei um die besatzungsrechtlich und besatzungshoheitlich enteigneten Eigentümer, den nach § 1 Abs. 8 lit. a VermG überhaupt keine Restitutionsansprüche zustanden, auch nicht solche in Bezug auf bewegliche Sachen. Dies ist auch der erklärte Wille des Gesetzgebers gewesen. Nach den amtlichen Begründungen sollte die **Rückübertragung der auf besatzungsrechtlicher bzw. besatzungshoheitlicher Grundlage enteigneten beweglichen Sachen** geregelt werden. Der Grundsatz des Restitutionsausschlusses gilt somit nicht mehr für das Mobiliarvermögen.[105]

Angesichts der amtlicherseits bisher stets und stringent vertretenen Auffassung, die Umkehr besatzungsrechtlicher und besatzungshoheitlicher Enteignungen sei nicht möglich gewesen, weil die Bundesrepublik Deutschland sich gegenüber der früheren Sowjetunion verpflichtet habe, diese Enteignungen in ihrem Bestand zu respektieren, ist die Regelung in § 5 AusglLeistG schon bemerkenswert. Denn sie bedeutet eine zumindest teilweise Abkehr der Bundesregierung von ihrer bisher immer vertretenen (auch vor dem BVerfG) Auffassung, an den besatzungshoheitlichen Enteignungen könne nichts geändert werden. Hier bestand Erläuterungsbedarf, der auch bei der Vorbereitung des AusglLeistG gesehen wurde. Nach den amtlichen Begründungen nutzte der Gesetzgeber hier Auslegungsspielraum der Gemeinsamen Erklärung vom 15. 6. 1990 zugunsten der früheren Eigentümer.[106]

Diese Aussage in den amtlichen Begründungen ist mindestens interessant, wenn nicht sogar verblüffend. Zunächst einmal taucht mit den Regelungen des § 5 AusglLeistG erstmals eine **Aufspaltung der besatzungsrechtlichen und besatzungshoheitlichen Enteignungen** danach auf, welche Vermögensgegenstände auf diese Weise enteignet wurden. Dabei werden **unterschiedliche Rechtsfolgen an diese Enteignungen in Bezug auf ihren Fortbestand** geknüpft. Nur noch die besatzungsrechtlichen und besatzungshoheitlichen Enteignungen von unbeweglichen Sachen bleiben weiter unumkehrbar. Die gleichen Enteignungen bei beweglichen Sachen dagegen werden durch das AusglLeistG für revisibel erklärt, indem für sie der Grundsatz der Rückgabe gilt.

Bedeutsam ist dabei vor allem die Bezugnahme auf den **angeblichen Spielraum bei der Auslegung der Gemeinsamen Erklärung** vom 15. 6. 1990. Dabei ist nicht besonders, daß die Gemeinsame Erklärung überhaupt ausgelegt wurde. Denn sie ist genauso auslegbar, wie jede andere Vereinbarung auch. Bemerkenswert ist hingegen, wie die Bundesregierung die Gemeinsame Erklärung auf einmal auslegt und dafür einen entsprechenden Spielraum für sich in Anspruch nimmt. Betrachtet man die Gemeinsame Erklärung vom 15. 6. 1990 unvoreingenommen, ist der von der Bundesregierung behauptete und für sich in Anspruch genommene Auslegungsspielraum jedenfalls aus der Gemeinsamen Erklärung selbst nicht zu erkennen.

---

[105] BT-Drs. 12/4887, S. 39.
[106] BT-Drs. 12/4887, S. 39 und BT-Drs. 12/7588, S. 44.

Die entsprechende Passage in der Gemeinsamen Erklärung findet sich in der Nr. 1. Der Wortlaut ist eindeutig und schließt die Rückgängigmachung der besatzungsrechtlichen und besatzungshoheitlichen Enteignungen schlechthin aus. Eine Differenzierung dieser Enteignungen nach Vermögensarten in bewegliche und unbewegliche Sachen ist in der Formulierung nicht angesprochen. Mithin hätte Veranlassung bestanden, in den amtlichen Begründungen zu erläutern, wie die behauptete Auslegungsmöglichkeit begründet werden kann. Daran fehlt es aber.

165 Dieser Befund führt unmittelbar zu der weiteren und eigentlich spannenden Frage, **mit welcher Begründung die Rückgängigmachung der Enteignung unbeweglicher Sachen im Wege der Auslegung weiter abgelehnt werden kann.** Diese Frage ist nicht schlüssig zu beantworten. Es bleibt der einstweilen zur Kenntnis zu nehmende Befund, daß mit § 5 AusglLeistG eine Aufspaltung der besatzungsrechtlichen und besatzungshoheitlichen Enteignungen danach erfolgt, ob sie bewegliche oder unbewegliche Sachen betraffen. Welche Rechtsfolge hieran zu knüpfen wäre, ist ebenfalls von Interesse. Zunächst liegt ein Verstoß gegen die Gemeinsame Erklärung vom 15.6.1990 vor. Fraglich ist aber, ob dies zu beachtlichen Weiterungen führt. Die Schlußfolgerung, es müßten nunmehr alle besatzungsrechtlichen und besatzungshoheitlichen Enteignungen rückgängig gemacht werden, weil dies bei den Enteignungen beweglicher Sachen durch § 5 AusglLeistG bereits so geregelt worden ist, dürfte unbegründet sein. Sie scheitert schon an der Erwägung, daß ein einmal begangener Fehler nicht dazu zwingt, weitere Fehler ebenfalls zu begehen. Umgekehrt dürfte aber auch die Annahme unbegründet sein, § 5 AusglLeistG sei wegen des Verstoßes gegen die Gemeinsame Erklärung vom 15.6.1990 verfassungswidrig und deshalb nichtig. Denn der Inhalt der Gemeinsamen Erklärung enthält keine Rechtssätze von Verfassungsrang. Auch aus dem mit Artikel 4 Nr. 5 des Einigungsvertrages neu eingeführten Artikel 143 GG läßt sich eine grundgesetzliche Verpflichtung nicht herleiten, besatzungsrechtliche und besatzungshoheitliche Enteignungen nicht wieder rückgängig zu machen. Der neue Grundgesetzartikel stellt in seinem Abs. 3 lediglich fest, daß eine Nichtrückübereignung als nicht verfassungswidrig anzusehen ist. Darüberhinaus enthält er aber keine grundgesetzliche Verpflichtung dahin, Rückübereignungen zu unterlassen. Artikel 143 Abs. 3 GG bringt lediglich eine Duldung von Nichtrückübereignungen zum Ausdruck, fordert diese aber nicht.

166 Der **Verstoß gegen die Gemeinsame Erklärung** durch die Regelungen in § 5 AusglLeistG ist im Grunde **nicht justiziabel.** Das Mittel der Verfassungsbeschwerde scheidet aus, weil keine grundgesetzlichen Normen verletzt wurden. Hinsichtlich möglicher internationaler Rechtsprobleme fehlt es am Kläger. Die DDR ist in der Bundesrepublik Deutschland aufgegangen. Die UdSSR gibt es inzwischen ebenfalls nicht mehr.

167 Über die wirklichen Hintergründe der Regelungen in § 5 AusglLeistG enthalten die amtlichen Begründungen – wie sehr häufig – nichts oder nur sehr wenig. Die Vorschrift war sehr umstritten und wurde wiederholt verändert. Letztlich führt die alte Frage nach dem cui bono in die Nähe der Wahrheit. **Von Vorteil ist die Regelung für den Fiskus, denn es müssen keine Ausgleichsleistungen gezahlt werden.** Soweit wirklich wertvolle Gegenstän-

de, etwa Kunstgegenstände, entschädigt werden müßten, vermeidet die grundsätzliche Rückgabe die Entschädigung bzw. Ausgleichszahlung. Daß die Gegenstände gleichwohl ohne Gegenleistung bei den derzeitigen Eigentümern oder Besitzern verbleiben, ist durch die Vorschrift des § 5 Abs. 2 AusglLeistG sichergestellt. Hier allerdings sind durchaus Anrufungen des BVerfG vorstellbar.

2. Anspruchsvoraussetzungen

Gemäß § 5 Abs. 1 AusglLeistG sind bewegliche Sachen zurückzuübertragen. Dies gilt aber nur für solche **bewegliche Sachen, die nicht in einen Einheitswert einbezogen** waren. Hier kommt es auf die Vorschriften zum steuerlichen Einheitswert im RBewG an.[107] Damit sind alle beweglichen Sachen von der Regelung ausgeschlossen, die zu land- und forstwirtschaftlichem Vermögen, zu Grundvermögen oder zu Betriebsvermögen gehörten.[108] Es verbleiben die Gegenstände, die Teil des von diesen drei genannten Vermögensarten getrennten Privatvermögens der von Enteignungen Betroffenen waren. § 5 Abs. 1 Satz 2 AusglLeistG übernimmt die Regelungen in § 4 Abs. 1 Satz 1 und Abs. 2 Satz 1 VermG, wobei allerdings die zeitliche Begrenzung des redlichen Erwerbs auf die Zeit nach dem 8. 5. 1945 entfällt.

168

3. Sonderregelung für Kulturgut

Eine besondere Regelung für **Kulturgut** befindet sich in § 5 Abs. 2 AusglLeistG. Was unter diesem Begriff zu verstehen ist, wird nicht näher bestimmt, abgesehen davon, daß der Gegenstand zur Ausstellung für die Öffentlichkeit bestimmt sein muß. Auch dieses weitere Tatbestandsmerkmal ist unbestimmt. Denn es wird nicht gesagt, **nach welchen Maßstäben welche Stelle festgelegt hat**, daß der betreffende Gegenstand als Kulturgut zur Ausstellung für die Öffentlichkeit bestimmt sein soll.

169

Einen **Hinweis zur Auslegung gibt der Einigungsvertrag** in der Anlage I bei Kapitel II, Sachgebiet B, Abschnitt II, Nr. 4.[109] Danach wurde dem § 22 des Gesetzes zum Schutze deutschen Kulturgutes gegen Abwanderung[110] ein neuer Abs. 5 angefügt. Nach dieser Bestimmung bleibt die Ausfuhr von Kulturgut, das unter der Herrschaft des Kulturschutzgesetzes der DDR[111] registriert wurde, genehmigungspflichtig, bis über seine Eintragung in das nach dem bundesdeutschen Kulturschutzgesetz zu führende „Verzeichnis national wertvollen Kulturguts und national wertvoller Archive" entschieden worden ist. Es kommt also zunächst darauf an, ob der betreffende Gegenstand nach dem DDR-Kulturschutzgesetz als schutzwürdig anzusehen war und tatsächlich auch von den dafür zuständigen DDR-Stellen so einge-

170

---

[107] Siehe Kap. 3 Rdnr. 34 ff.
[108] Siehe Kap. 3 Rdnr. 41 ff.
[109] BGBl II 1990, S. 914.
[110] BGBl III-224-2.
[111] GBl. DDR I 1980, S. 191.

ordnet sowie in die entsprechenden Kulturschutzverzeichnisse der ehemaligen DDR eingetragen wurde.

171 Nach § 1 Abs. 1 Satz 2 des Kulturschutzgesetzes DDR diente der Schutz des Kulturgutes der Erhaltung, Erschließung und Pflege des nationalen Kulturerbes und der Entwicklung einer traditionsreichen sozialistischen Nationalkultur. Nach § 2 dieses Gesetzes waren die zum Kulturgut gehörenden Kategorien durch Rechtsvorschrift näher zu bestimmen. Derartige Rechtsvorschriften sind als Erste bis Vierte Durchführungsbestimmung zum Kulturschutzgesetz DDR ergangen.[112]

172 Das weitere Merkmal der **Bestimmung zur Ausstellung für die Öffentlichkeit** muß sich unmittelbar aus äußeren Umständen des Sachverhalts ergeben. Das ist zum Beispiel bei Museumsbeständen der Fall, aber auch bei solchen Gegenständen, die zum Zwecke der Ausstellung für die Öffentlichkeit von anderen Stellen als Museen erworben wurden.

173 Die Vorschrift begründet einen **unentgeltlichen öffentlichen Nießbrauch für die Zeit von 20 Jahren**. Gemeint ist damit der in §§ 1030 bis 1067 BGB geregelte Nießbrauch an Sachen, der auch dem Staat und öffentlichen Einrichtungen zustehen kann. Mit dem Begriff des *öffentlichen* Nießbrauchs wird **keine neue Kategorie des Nießbrauchs im Sachenrecht des BGB** geschaffen. Zum Ausdruck gebracht werden sollte nur eine **Zweckbindung** dahin, daß der Nießbrauch zugunsten öffentlicher Ausstellungs- oder Forschungszwecke begründet wird. Der Nießbrauch entsteht kraft Gesetzes, was aber keine Neuerung darstellt. Denn auch nach der Systematik des BGB und anderer Gesetze kann der Nießbrauch kraft Gesetzes entstehen, wenngleich es sich dabei immer um besonders geregelte Ausnahmetatbestände handelt.[113]

174 Nach Ablauf der **Frist von 20 Jahren endet der unentgeltliche Nießbrauch**, jedoch kann der Nießbrauchberechtigte die Fortsetzung des Nießbrauchs gegen angemessenes Entgelt verlangen. Wurde das Kulturgut mehr als zwei Jahre der Öffentlichkeit nicht zugänglich gemacht, endet der Nießbrauch auf Antrag des Berechtigten, es sei denn daß die oberste Landesbehörde triftige Gründe für die Nichtzugänglichkeit und das Fortbestehen der Zweckbestimmung feststellt. Diese Formulierung ist mißverständlich. Der Antrag des Berechtigten hat keine rechtsgestaltende Wirkung dahin, daß durch ihn der Nießbrauch erlischt. Vielmehr ist der Antrag als ein solcher auf rechtsgeschäftliche Aufhebung des Nießbrauchs aufzufassen, der vom Nießbrauchsberechtigten nur abgelehnt werden kann, wenn von der obersten Landesbehörde „triftige Gründe" für das Fortbestehen des Nießbrauchs vorgebracht werden.

175 Die Regelungen gelten auch für die wesentlichen **Teile der Ausstattung eines denkmalgeschützten und der Öffentlichkeit zugänglichen Gebäudes**.

176 Die **Regelungen** des § 5 Abs. 2 AusglLeistG erscheinen **bedenklich**. Nach dem Grundsatz von der Verhältnismäßigkeit der Mittel hätte es für den angestrebten Zweck, sogenannte Kulturgüter unentgeltlich in Besitz und Nutzung der Museen zu behalten, ausgereicht, wenn ein entsprechendes schuldrechtliches Nutzungsverhältnis begründet worden wäre. Dies hätte

---

[112] GBl DDR I 1980, S. 213; 1982, S. 144 und 432; 1984; S. 319.
[113] §§ 900 Abs. 2, 1033, 1075 Abs. 1 BGB, § 68 FlurbG, § 51 Abs. 1 Nr. 1 BauGB.

zum Beispiel die Leihe nach §§ 598 ff. BGB sein können. Hier statt der für den Zweck ausreichenden Leihe den Nießbrauch als das umfassende Nutzungsrecht vorzusehen, schießt bei weitem über das Ziel hinaus. Dem Nießbraucher steht zum Beispiel das Recht zu, die Nießbrauchsache zu vermieten. Dies aber ist zumindest dann unangemessen, wenn der Nießbraucher im Verhältnis zum Eigentümer der Sache unentgeltlich berechtigt sein soll.

Darüberhinaus erscheint es bedenklich, einen Rückgabeanspruch an den früheren Eigentümer einerseits zuzugestehen, diesen Anspruch andererseits aber durch seine Ausgestaltung in § 5 Abs. 2 AusglLeistG inhaltlich derart auszuhöhlen, daß wirtschaftlich de-facto eine Null-Leistung an den Berechtigten dabei herauskommt. Daß zugleich die Ausgleichsleistung nach dem AusglLeistG entfällt, die ohne den inhaltlich leeren Rückgabeanspruch hätte beansprucht werden können, läßt die hinter der ganzen Regelung stehende fiskalische Motivation aufscheinen. 177

Der Verweis auf § 10 VermG in § 5 Abs. 3 AusglLeistG gleicht die Handhabung an die Rückgabe beweglicher Sachen nach dem VermG an und ist rechtlich nicht zu beanstanden. Die Regelung zu den Aufwendungen des Nießbrauchers bedeutet eine notwendige Ergänzung der entsprechenden Regelungen in §§ 1041 ff. BGB. Sie stellt klar, daß der Nießbraucher **alle** Aufwendungen für das Kulturgut zu tragen hat, einschließlich solcher, die nach den Regeln des BGB der Eigentümer einer Nießbrauchsache zu tragen hätte. 178

VI. Verfahrensregelungen

Die Verfahrensregelungen finden sich in § 6 AusglLeistG. Die Ansprüche nach dem Gesetz sind nach Absatz 1 Satz 1 grundsätzlich bei den **Ämtern zur Regelung offener Vermögensfragen** geltend zu machen. Das Bundesamt oder die Landesämter zur Regelung offener Vermögensfragen sind in solchen Fällen zuständig, in denen sie nach § 22 Satz 4 bis 6, § 25 Abs. 1 und § 29 VermG für die Entscheidung über die Rückgabe des enteigneten Vermögensgegenstandes zuständig wären. 179

Bereits gestellte und noch anhängige Anträge nach dem VermG, die sich auf besatzungsrechtliche und besatzungshoheitliche Enteignungen beziehen, gelten als Anträge nach dem AusglLeistG und brauchen deshalb nicht wiederholt zu werden. 180

Die **Antragsfrist endet mit Ablauf des 31. 5. 1995**. Die Frist wird durch einen Klammerzusatz als Ausschlußfrist gekennzeichnet, so daß bei Fristversäumnis keine Wiedereinsetzung in den vorigen Stand nach § 233 ZPO möglich ist. 181

Gemäß § 6 Abs. 2 AusglLeistG gelten die Bestimmungen des Vermögensgesetzes für die Durchführung des AusglLeistG entsprechend. Dies betrifft alle Vorschriften des VermG, wobei allerdings die Regelungen zur Verordnungsermächtigung nach § 40 VermG und zum Schiedsgericht nach § 38a VermG durch die Spezialvorschriften in § 4 Abs. 1 und 2 AusglLeistG verdrängt werden. 182

VII. Prüfungsschema: Ansprüche auf Leistungen nach dem AusglLeistG

183

1. **Natürliche Person** (§ 1 Abs. 1 AusglLeistG)
   a) Mitglieder von Gesellschaften/Genossenschaften (§ 1 Abs. 2 Satz 1 AusglLeistG)
   b) Begünstigte i. S. d. § 18 b Abs. 1 Satz 1 VermG (§ 1 Abs. 2 Satz 2 AusglLeistG)
   c) Beteiligte an Familienstiftung/Familienverein (§ 1 Abs. 2 Satz 4 AusglLeistG, 18. FeststellungsDV)
   d) Erben und weitere Erben (§ 1 Abs. 1 Satz 1 a. E. AusglLeistG)
2. **Vermögenswert** i. S. d. § 2 Abs. 2 VermG
3. **Verlust des Vermögenswertes durch Enteignung**
   a) auf besatzungsrechtlicher oder auf besatzungshoheitlicher Grundlage
   b) im Beitrittsgebiet
   c) entschädigungslos
4. **Bescheinigung nach HHG** (§ 1 Abs. 1 a AusglLeistG)
5. **Ausschluß von Ausgleichsansprüchen**
   a) Vorrang des VermG (§ 1 Abs. 1, Abs. 1 a Satz 2 AusglLeistG i. V. m. § 1 Abs. 7 VermG)
   b) Vermögenswerte i. S. d. AKG (§ 1 Abs. 3 Nr. 4 AusglLeistG i. V. m. § 1 AKG)
   c) Schäden i. S. d. RepG (§ 1 Abs. 3 Nr. 1 bis 3 AusglLeistG i. V. m. §§ 2 bis 4 RepG)
   d) Gläubigerverluste (§ 1 Abs. 3 Nr. 5 AusglLeistG)
   e) Wertpapierbereinigung (§ 1 Abs. 3 Nr. 6, 7 AusglLeistG i. V. m. WBG)
   f) Schuldverschreibungen von Gebietskörperschaften (§ 1 Abs. 3 Nr. 8 AusglLeistG)
   g) Altguthabenablöseanleihe (§ 1 Abs. 3 Nr. 9 AusglLeistG i. V. m. § 1 Abs. 8 lit c VermG)
   h) Kommunalvermögensgesetz (§ 1 Abs. 3 Nr. 9 AusglLeistG i. V. m. § 1 Abs. 8 lit d VermG)
   i) Verstoß gegen die Rechtsstaatlichkeit (§ 1 Abs. 4 AusglLeistG)
   j) Ansprüche aus (werthaltigen) Forderungen und Anteilsrechten (§ 2 Abs. 7 AusglLeistG)
6. **Antrag des Berechtigten** (§ 6 Abs. 1 AusglLeistG)
7. **Ausschlußfrist** (§ 6 Abs. 1 Satz 3 AusglLeistG)
8. **Höhe der Ausgleichsleistung** (§ 2 AusglLeistG i. V. m. §§ 1 bis 8 EntschG; § 3 AusglLeistG)
10. **Erfüllung** (§ 2 Abs. 1 Satz 1 AusglLeistG i. V. m. §§ 1 und 9 EntschG; §§ 3, 5 AusglLeistG)
    a) Schuldverschreibungen (§ 1 Abs. 1 Satz 2 EntschG)
    b) Geldleistung (§§ 1 Abs. 1 Satz 5, 5 Abs. 2 EntschG)
    c) Landerwerb (§ 3 AusglLeistG)
    d) Rückübertragung (§ 5 Abs. 1 AusglLeistG)
11. **Verfahren**
    a) Zuständige Stellen (§ 6 Abs. 1 Satz 1, Abs. 2 AusglLeistG i.V.m. §§ 22 bis 29, 33, 35 VermG)
    b) Ablauf (§ 6 Abs. 2 AusglLeistG i. V. m. §§ 31 bis 34 VermG)
    c) Rechtsbehelfe (§ 6 Abs. 2 AusglLeistG i. V. m. §§ 36 bis 37, 38 a VermG)
    d) Kosten (§ 6 Abs. 2 AusglLeistG i. V. m § 38 VermG)

Kapitel 5
Das NS-Verfolgtenentschädigungsgesetz

I. Vorbemerkung

Das Entschädigungs- und Ausgleichsleistungsgesetz befaßt sich im NS-Verfolgtenentschädigungsgesetz mit den Ansprüchen wegen verfolgungsbedingter Vermögensentziehung. Nach § 1 Abs. 6 VermG ist jenes Gesetz auf vermögensrechtliche Ansprüche von Bürgern und Vereinigungen entsprechend anzuwenden, die in der Zeit vom 30.1.1933 bis zum 8.5.1945 aus rassischen, politischen, religiösen oder weltanschaulichen Gründen verfolgt wurden und deshalb ihr Vermögen infolge von Zwangsverkäufen, Enteignungen oder auf andere Weise verloren haben.

Diese Gruppe von Geschädigten wurde in das VermG einbezogen, weil im Beitrittsgebiet eine Wiedergutmachung der Vermögensverluste wegen NS-Verfolgung nur in ganz geringem Umfang erfolgt ist.[1] Eine generelle Wiedergutmachung für die Opfer nationalsozialistischen Unrechts hat es weder in der SBZ noch in der DDR gegeben. Das NS-Verfolgtenentschädigungsgesetz schließt als eigenständiges Gesetz innerhalb des EALG[2] die mit Blick auf die Höhe der Entschädigung für NS-verfolgungsbedingte Vermögensverluste verbliebene Regelungslücke.

In seinem grundsätzlichen Aufbau richtet sich das NS-VEntschG am EntschG aus, gliedert sich jedoch nur insofern in das System des EALG ein, als sich der Anspruch der Berechtigten gegen den Entschädigungsfonds richtet. Auf der Restitutionsseite gelten die Regelungen des VermG. Auf der Entschädigungsseite finden überwiegend gesonderte, vom EntschG abweichende, Regelungen Anwendung.

II. Anwendungsbereich

Die Vorschrift des § 1 NS-VEntschG regelt zunächst den Anwendungsbereich. Auch bei diesem Gesetz hat die Rückgabe grundsätzlich Vorrang; nur wenn diese ausgeschlossen ist oder der Berechtigte Entschädigung gewählt hat, besteht der Anspruch auf Entschädigung. Abs. 1 zählt die Entschädigungstatbestände des VermG auf und nennt die Wahlalternative.

---

[1] Wiedergutmachungsgesetz des Landes Thüringen vom 14.9.1945, RegBl. Thür I, S. 24.

[2] Der Regierungsentwurf sah eine Regelung innerhalb des EntschG in § 1 Abs. 4 vor. Die eigenständige gesetzliche Regelung wurde erst im Zuge der parlamentarischen Beratungen eingeführt. Siehe BT-Drs. 12/4887, S. 32 und BT-Drs. 12/7588, S. 44. Der Grund lag in der Absicht einer Entschädigung nach gesonderten Grundsätzen (alliiertes Rückerstattungsrecht) in Anlehnung an das Pauschalentschädigungsabkommen mit den USA vom 13.5.1992. Siehe BT-Drs. 12/7588, S. 44.

§ 1 Abs. 2 Satz 1 erstreckt die in § 1 Abs. 4 EntschG genannten Ausschlußgründe auf das NS-VEntschG.[3] Wer im Sinne dieser Regelungen des EntschG schon volle Wiedergutmachung erhalten hat, hat keinen nochmaligen Anspruch.

5   Ferner sind nach § 1 Abs. 2 jene Fälle ausgeschlossen, in denen für den jeweiligen Vermögenswert bereits Wiedergutmachung nach dem BRüG oder anderen rückerstattungsrechtlichen Vorschriften geleistet wurde.[4]

III. Höhe der Entschädigung

6   Die Vorschrift des § 2 NS-VEntschG regelt die Bemessung der Entschädigung. Da sich diese an den Grundsätzen des alliierten Rückerstattungsrechts ausrichtet, nimmt Satz 1 ausdrücklich Bezug auf die Vorschriften der §§ 16 bis 26 BRüG über die Bemessung von Schadensersatzbeträgen. Hiervon ist § 16 Abs. 2 Satz 2 BRüG ausgenommen. Dies bedeutet einen **Ausschluß von Zuschlägen für entgangene Nutzungen**, die keine Gebrauchsvorteile sind. Der Ausschluß einer Ersatzleistung für Gebrauchsvorteile wird durch die Einbeziehung von § 16 Abs. 1 Satz 1 BRüG erreicht. Im Ergebnis wird somit für entgangene Nutzungen jedweder Art kein Ersatz geleistet. Dies entspricht im Grundsatz der Verfahrensweise im Bereich der Regelung offener Vermögensfragen. Die Gleichbehandlung mit denjenigen, die bereits früher entschädigt wurden und deshalb Zuschläge nach § 16 Abs. 2 Satz 2 BRüG erhielten, wird durch die Ausgestaltung des Multiplikators nach Satz 2 gewährleistet, indem pauschal eine Verzinsung einbezogen wurde.[5]

7   Nach § 2 Satz 2 NS-VEntschG bemißt sich die Entschädigung für einheitswertfähige Vermögenswerte[6] nach dem **vor der Schädigung zuletzt festgestellten Einheitswert**. Dabei handelt es sich in der Regel um den Einheitswert aus dem Jahr 1935.[7] Dieser Einheitswert wird einheitlich mit dem Faktor 4 multipliziert. Diese Pauschalierung dient mit Blick auf die zeitlich weit zurückliegenden Schadensereignisse der Vermeidung von Verwaltungsaufwand.[8]

---

[3] Siehe Kap. 3 Rdnr. 23 ff.
[4] Gemeint sind nach der amtlichen Begründung (BT-Drs. 12/7588, S. 44) die Rückerstattungsgesetze der Alliierten Mächte; siehe insoweit die Aufzählung in § 11 Nr. 1 BRüG. Im Interesse der Rechtsklarheit wird in diesen Fällen ein nochmaliger Entschädigungsanspruch ausgeschlossen, da die Anrechnung der erhaltenen Leistung auf eine Entschädigung nach dem NS-VEntschG, für deren Höhe ebenfalls das BRüG maßgeblich ist, im Ergebnis zum Saldo Null führen würde. Das alliierte Rückerstattungsrecht hat durch das BRüG keine wesentlichen Änderungen erfahren. Es setzt die Geltung der darin enthaltenen materiell- und verfahrensrechtlichen Regelungen voraus. Siehe insoweit BT-Drs. 12/7588, S. 44.
[5] BT-Drs. 12/7588, S. 44.
[6] Z. B. land- und forstwirtschaftliche Betriebe, Grundstücke, Betriebsgrundstücke.
[7] Siehe Kap. 3 Rdnr. 40.
[8] BT-Drs. 12/7588, S. 44.

III. Höhe der Entschädigung

Die Höhe des Faktors, mit dem die Einheitswerte multipliziert werden **8** sollen, entspricht den Grundsätzen des alliierten Rückerstattungsrechts und der Anlehnung an das Pauschal-Entschädigungsabkommen mit den USA.[9]

Die Regelungen in § 3 Abs. 1 EntschG über die **Erhöhung des Einheits- 9 wertes** gelten nach § 2 Satz 3 NS-VEntschG entsprechend. Dies meint die Fälle der Gebäudeentschuldungssteuer (Abgeltungsbeträge und pauschale Erhöhung bei nicht mehr bekannten Abgeltungsbeträgen).[10] Entsprechend gelten auch die Vorschriften des EntschG zur **Verfahrensweise bei fehlenden Einheits- oder Ersatzeinheitswerten**. Ist ein Einheitswert nicht vorhanden, wird auf den Ersatzeinheitswert, oder wenn auch dieser fehlt, auf einen Hilfswert zurückgegriffen.[11]

Es finden weiter die Bestimmungen des § 3 Abs. 6 EntschG zur **Ausein- 10 andersetzung zwischen Eigentümer und Pächter von land- und forstwirtschaftlichem Vermögen** Anwendung. Gemeint sind die Fälle, in denen Betriebsmittel oder Gebäude in den Einheits-, Ersatzeinheits- oder Hilfswert für dieses Vermögen einbezogen sind, die dem Eigentümer des Grund und Bodens nicht gehören. Ebenfalls gelten die Vorschriften des § 3 Abs. 5 EntschG über die wertmäßige Behandlung bei der Rückgabe einzelner Vermögensgegenstände im Bereich der Land- und Forstwirtschaft (§ 3 Abs. 6 EntschG) und des § 4 Abs. 4 EntschG für den Unternehmensbereich.[12]

Grundsätzlich gilt durch die Verweisung auf das EntschG in § 2 Satz 3 **11** NS-VEntschG das sogenannte **Netto-Prinzip durch den Abzug langfristiger Verbindlichkeiten**. Die Einschränkung in § 2 Satz 3, 2. Halbs. NS-VEntschG bewirkt aber, daß Verbindlichkeiten die unter der NS-Diktatur in der Zeit vom Erlaß der „Nürnberger Gesetze" (15. 9. 1935) bis zum Kriegsende (8. 5. 1945) neu entstanden sind, die Entschädigung nicht mindern, da diese

---

[9] Nach dem Rückerstattungsrecht der alliierten Mächte war für die Entschädigung der Wiederbeschaffungswert maßgebend, der nach § 16 Abs. 1 Satz 3 BRüG auf den Stichtag 1. 4. 1956 bezogen wurde. Zur Abgeltung von Entschädigungsansprüchen von Staatsangehörigen der USA enthält das Entschädigungsabkommen mit den USA eine Pauschalsumme. Diese dient der Begleichung von Vermögensschäden, die von den USA in einem besonderen, gesetzlich geregelten Verfahren festgestellt worden waren. Das Verfahren folgte dem Prinzip der freien Beweiswürdigung. Im Ergebnis führte dies im Immobilienbereich zu durchschnittlichen Schadensfeststellungen in Höhe des zweifachen Einheitswertes von 1935. Es galt das Nettoprinzip, Belastungen wurden also abgezogen. Hinzugerechnet wurden Zinsen ab dem Zeitpunkt des Schadenseintritts. Durch die gesetzliche Normierung des Wiedergutmachungsbetrages mit dem Vierfachen des Einheitswertes von 1935 ist sowohl der zu berücksichtigende Wiederbeschaffungswert am 1. 4. 1956 als auch dessen Verzinsung erfaßt. Die Wiedergutmachung erreicht damit in etwa die Höhe der Leistungen einschließlich Zinsen, die als Anteil an der Pauschal-Entschädigung nach dem Abkommen vom 13. 5. 1992 mit den USA erreicht wird. Siehe dazu BT-Drs. 12/7588, S. 44 und Kap. 3 Rdnr. 27.

[10] Siehe Kap. 3 Rdnr. 62.
[11] Siehe Kap. 3 Rdnr. 63 ff., 69 ff.
[12] Siehe Kap. 3 Rdnr. 136.

als verfolgungsbedingt anzusehen sind. Die sonstigen Verbindlichkeiten werden grundsätzlich zur Hälfte berücksichtigt. Hier ging der Gesetzgeber davon aus, daß bei Entstehung der Verbindlichkeit der verfolgungsbedingte Anteil nicht die gleiche Höhe erreichte, wie nach Erlaß der Nürnberger Gesetze.[13] Es bleibt dem Betroffenen jedoch vorbehalten, im Einzelfall nachzuweisen, daß der verfolgungsbedingte Anteil die pauschalierten 50 % überstieg.

12 **Für die Bemessung der Entschädigung für Synagogen, jüdische Friedhöfe und andere unbewegliche Vermögenswerte,** die einer jüdischen Gemeinde oder einer sonstigen jüdischen Vereinigung entzogen wurden, enthält § 2 Satz 5 NS-VEntschG eine **Sondervorschrift**. Soweit in diesen Fällen die Entschädigung für Grundstücke nach Satz 2 unter der nach alliiertem Rückerstattungsrecht vorgesehenen Höhe bleibt, erfolgt nach Satz 5 eine Anknüpfung an den zweifachen Wert des Grundstücks am 1.4.1956 im Geltungsbereich des BRüG zum Zeitpunkt dieses Stichtages. Diese Vorschrift ist notwendig, da der Rückgriff auf die steuerlichen Einheitswerte wegen der Besonderheiten des steuerlichen Bewertungsrechts zu Entschädigungen führen kann, die hinter den Leistungen nach dem Recht der alliierten Mächte zurückbleiben.

13 Die Entschädigung für die **übrigen Vermögenswerte, bei denen kein Einheitswert festgestellt wird,** regelt § 2 Satz 6 NS-VEntschG. Dies sind z. B. bewegliche Habe oder Kontoguthaben. Hier ist die Entschädigung nach § 16 Abs. 1 und Abs. 2 Satz 1 BRüG zu berechnen. Der danach ermittelte Schadensersatzbetrag wird verdoppelt. Die pauschale Erhöhung tritt an die Stelle einer Verzinsung. Die Höhe des Schadensersatzbetrages richtet sich nach dem Wiederbeschaffungswert des entzogenen Gegenstandes. § 2 Satz 6, 2. Halbs. NS-VEntschG stellt klar, daß auch für Vermögenswerte, die nicht im damaligen Geltungsbereich des BRüG entzogen wurden, der Wiederbeschaffungswert im Bundesgebiet und Berlin (West) am 1.4.1956 maßgebend ist. Dies ist der in DM ausgedrückte Wert, den der entsprechende Gegenstand am Stichtag im Geltungsbereich des BRüG hatte bzw. hätte, wenn er noch vorhanden wäre. Hinsichtlich des Verlustes von Sachen enthält das BRüG in § 16 Abs. 1 Satz 3, 2. Halbs. eine Einschränkung. Danach ist der Zustand der Sache im Zeitpunkt der Entziehung zu berücksichtigen.

14 Die Leistungen nach dem NS-VEntschG sollen zeitnah nach Inkrafttreten des EALG festgesetzt und ausgezahlt werden. Eine **Verzinsung des Entschädigungsbetrages** ist daher nicht vorgesehen. Eine Degression findet nicht statt.[14]

15 Die Vorschrift des **§ 3 NS-VEntschG** sieht die gesetzliche Verrechnung bzw. die Verpflichtung zur Herausgabe schon erhaltener Gegenleistungen und Entschädigungen sowie den Abzug von Leistungen, die nach dem LAG gewährt wurden, vor. Hinsichtlich der Berücksichtigung von Entschädigungsleistungen nach dem BEG gibt es allerdings Sonderregelungen. § 3 Satz 1 NS-VEntschG bestimmt, daß sich die Anrechnung einer erhaltenen

---

[13] BT-Drs. 12/7588, S. 44.
[14] Anders beim EntschG, siehe Kap. 3 Rdnr. 142 ff.

Gegenleistung oder Entschädigung nach § 6 EntschG richtet. Der Abzug von Lastenausgleich erfolgt nach § 8 EntschG.[15]

Die Berücksichtigung von **Entschädigungsleistungen nach dem BEG** ist 16 durch den Verweis auf § 6 EntschG in § 3 Satz 1 NS-VEntschG gewährleistet. § 3 Satz 2, 1. Halbs. NS-VEntschG stellt ausdrücklich klar, daß entsprechende nach den §§ 51 und 56 Abs. 1 Satz 1 BEG gewährte Leistungen zur Anrechnung kommen, weil Satz 2, 2. Halbs. eine Erhöhung des Anrechnungsbetrages um 2 % pro Jahr ab Zahlung der Entschädigung bis zum 1.12. 1994 vorsieht. Zur Anrechnung kommen nur Entschädigungsleistungen, die in unmittelbarem Zusammenhang mit den Schäden stehen, die nun nach dem NS-VEntschG entschädigt werden. Darin enthaltene Zinsen oder Zinszuschläge bleiben unberücksichtigt. Die in § 3 Satz 2, 2. Halbs. NS-VEntschG vorgeschriebene Verzinsung des Anrechnungsbetrages trägt dem Umstand Rechnung, daß der bei der Berechnung der Entschädigungshöhe nach § 2 NS-VEntschG gewählte Faktor 4 einen Verzinsungsanteil enthält. Ist ein Schaden zu einem früheren Zeitpunkt schon ausgeglichen worden, ist die Einrechnung einer Verzinsung aus Sicht des Gesetzgebers nicht gerechtfertigt. Die erforderliche Rückrechnung erfolgt technisch am einfachsten durch eine Verzinsung des seinerseits um etwaige Zinsanteile bereinigten Anrechnungsbetrages.

IV. Erfüllung der Entschädigungsansprüche

§ 1 Abs 1 NS-VEntschG stellt klar, daß sich der im VermG enthaltene 17 Entschädigungsanspruch unmittelbar auf Wiedergutmachung in Geld richtet. Die Erfüllung erfolgt also nicht durch Zuteilung von Schuldverschreibungen.[16] Schuldner ist der Entschädigungsfonds.

V. Verfahrensregelungen

Für das Verfahren gelten gem. § 4 NS-VEntschG in erster Linie die Vor- 18 schriften des VermG. Ergänzend gilt das VwVfG, weil der Oberfinanzdirektion Berlin als Bundesvermögensverwaltung die Zuständigkeit für die Entscheidung über den Anspruch zugewiesen wird. Es bleibt damit bei der rückerstattungsrechtlichen Zuständigkeit der Oberfinanzdirektion.

---

[15] Siehe Kap. 3 Rdnr. 131 ff. zur Anrechnung von Gegenleistungen und Rdnr. 146 ff. zum Abzug von Lastenausgleich.
[16] Anders nach dem EntschG, siehe Kap. 3 Rdnr. 156 ff.

VI. Prüfungsschema

19   Anspruch auf Entschädigung nach § 1 Abs. 1 NS-VEntschG

1. **Vermögensrechtlicher Anspruch in den Fällen des § 1 Abs. 6 Satz 1 VermG**
   a) Bürger oder Vereinigung
   b) Verfolgung vom 30.1.1933 bis 8.5.1945 aus bestimmten Gründen
   c) Vermögensverlust infolge Zwangsverkauf, Enteignung oder andere Weise
   d) Antrag gem. § 30 VermG
   e) Ausschlußfrist gem. § 30a VermG

2. **Ausschluß der Rückgabe (§ 1 Abs. 1 NS-VEntschG)**
   a) Rückgabe von der Natur der Sache nicht möglich (§ 4 Abs. 1 VermG)
   b) Redlicher Erwerb (§ 4 Abs. 2 VermG)
   c) Unvergleichbarkeit des Unternehmens mit dem früher enteigneten Unternehmen (§ 6 Abs. 1 Satz 1, Abs. 7 VermG)
   d) Minderung staatlich verwalteter Geldvermögen (§ 11 Abs. 5 VermG)

3. **Berechtigter hat Entschädigung gewählt (§ 1 Abs. 1 NS-VEntschG)**
   a) Rückübertragungsanspruch (§ 8 Abs. 1 VermG)
   b) Unternehmensrückgabe (§ 6 Abs. 7 VermG)
   c) Staatliche Verwaltung über Vermögenswerte (§ 11 Abs. 1 Satz 2 VermG)

4. **Entschädigung nach Maßgabe des NS-VEntschG nicht ausgeschlossen**
   a) Vorrang von Ausgleichsleistungen nach dem LAG bei privaten geldwerten Ansprüchen (§ 1 Abs. 2 Satz 1 NS-VEntschG i. V. m. § 1 Abs. 4 Nr. 1 EntschG)
   b) Vorrang von Leistungen nach dem BRüG (§ 1 Abs. 2 Satz 2 NS-VEntschG i. V. m. BRüG)
   c) Vorrang von Leistungen aufgrund internationaler Abkommen (§ 1 Abs. 2 Satz 1 NS-VEntschG i. V.m § 1 Abs. 4 Nr. 3 EntschG)
   d) Ersatzgrundstück (§ 9 Satz 1 VermG)
   e) Erlös durch Veräußerung beweglicher Sachen (§ 10 Abs. 2 VermG)
   f) Geringwertige Vermögensverluste (§ 1 Abs. 2 Satz 1 NS-VEntschG i. V.m § 1 Abs. 4 Nr. 2 VermG)

5. **Antrag des Berechtigten** (§ 4 Satz 2 NS-VEntschG i. V.m. §§ 30, 35 VermG)

6. **Ausschlußfrist** (§ 4 Satz 2 NS-VEntschG i. V.m. § 30a VermG)

7. **Höhe der Entschädigung** (§§ 2, 3 NS-VEntschG i. V.m. §§ 16–26 BRüG, teilweise auch §§ 3, 4, 6, 8 EntschG sowie § 7a VermG und §§ 51, 56 Abs. 1 BEG)

8. **Anspruchsgegner** (vgl. § 1 Abs. 1a. E. NS-VEntschG)

9. **Erfüllung** (Geldleistung gem. § 1 Abs. 1 NS-VEntschG)

10. **Verfahren**
    a) Zuständige Stellen (§ 4 Satz 1 NS-VEntschG)
    b) Ablauf (§ 4 Satz 2 NS-VEntschG i. V.m. §§ 31 bis 34 VermG und VwVfG)
    c) Rechtsbehelfe (§ 4 Satz 2 NS-VEntschG i. V.m. §§ 36 bis 37, 38a VermG und VwVfG)
    d) Kosten (§ 4 Satz 2 EntschG i. V.m. § 38 VermG und VwVfG)

Kapitel 6
Das Vertriebenenzuwendungsgesetz

I. Vorbemerkung

Das Entschädigungs- und Ausgleichsleistungsgesetz befaßt sich in Artikel 9 mit dem Gesetz über eine einmalige Zuwendung an die im Beitrittsgebiet lebenden Vertriebenen. Es geht um die innerstaatliche Abgeltung der materiellen Schäden und Verluste in Zusammenhang mit den Ereignissen und Folgen des Zweiten Weltkriegs.[1]

II. Anwendungsbereich

Die einmalige Zuwendung wird nach § 2 Abs. 1 Satz 1 VertrZuwG an Vertriebene im Sinne des § 1 des Bundesvertriebenengesetzes gewährt, die **nach der Vertreibung ihren ständigen Wohnsitz im Beitrittsgebiet vor dem 3. 10. 1990 genommen und ihn dort bis zu diesem Zeitpunkt ohne Unterbrechung** innegehabt haben. Durch dieses Tatbestandsmerkmal wird der Kreis der Berechtigten auf Vertriebene der Erlebnisgeneration beschränkt.[2] Zur Erlebnisgeneration gehören alle Vertriebenen unabhängig von ihrem damaligen Lebensalter, wenn sie die Flucht selbst erlebten. Es ist dabei auch unerheblich, ob im Vertreibungsgebiet Vermögensverluste entstanden sind; deshalb erhalten z. B. das bei der Flucht erst 6 Jahre alte Kind und seine Eltern die einmalige Zuwendung in voller Höhe. Zu beachten ist aber eine entscheidende **zeitliche Beschränkung in § 4 Abs. 2 VertrZuwG**. Der Anspruch auf Gewährung der Leistung ist erst ab dem 1.1. 1994 vererblich und übertragbar. Das bedeutet, daß die Vertriebenen der Erlebnisgeneration den 1.1. 1994 erlebt haben müssen.

Die **Feststellung der Vertriebeneneigenschaft** bestimmt sich nach den Vorschriften des Bundesvertriebenengesetzes und obliegt den danach zuständigen Behörden (§ 4 Abs. 1 Satz 3 VertrZuwG; §§ 15, 21 ff. BVFG).

Die **Begründung des „ständigen Wohnsitzes"** setzt den Willen voraus, den Niederlassungsort ständig zum Schwerpunkt seiner Lebensinteressen zu machen. Solange der Vertriebene noch auf der Suche nach seiner durch die Kriegsereignisse versprengten Familie war, wurde ein ständiger Wohnsitz nicht begründet. Deshalb ist ein Vertriebener anspruchsberechtigt, der z. B. nach der Vertreibung zunächst nach Westdeutschland ging, um seine Familie zu suchen, später aber in die ehemalige DDR übersiedelte, weil dort seine Familie wohnte.

Der ständige Wohnsitz i. S. d. § 2 VertrZuwG wurde in der Regel auch nicht dadurch aufgegeben oder unterbrochen, daß sich jemand aus Grün-

---

[1] Siehe Kap. 2 Rdnr. 88.
[2] Siehe Kap. 2 Rdnr. 91 ff. zur Abgrenzung von nicht berechtigten Personen.

den des Studiums, der Entwicklungshilfe oder des Arbeitseinsatzes vorübergehend im Ausland aufhielt.

6   Ein **Wohnsitzwechsel nach dem 3.10. 1990**, insbesondere in die alten Bundesländer, ist **unschädlich**. Als Aufenthaltsstichtag ist der 3.10. 1990 als der Tag des Inkrafttretens des Grundgesetzes im Beitrittsgebiet bestimmt worden. Denn nach der Anlage I Kapitel II Sachgebiet D Abschnitt III Nr. 4 des Einigungsvertragsgesetzes vom 31. 8. 1990[3] i. V. m. Artikel 1 Nr. 3 des Gesetzes zur Regelung des Verhältnisses von Kriegsfolgengesetzen zum Einigungsvertrag vom 20.12. 1991[4] ist das Lastenausgleichsgesetz in den neuen Bundesländern nicht auf Personen anwendbar, die vor dem Wirksamwerden des Beitritts ihren ständigen Aufenthalt in dem in Artikel 3 des Einigungsvertrages genannten Gebiet genommen haben. **Seit dem 3.10. 1990** allerdings konnten in das Gebiet der neuen Bundesländer zugezogene Aussiedler grundsätzlich Leistungen nach Maßgabe des LAG und andere staatliche Eingliederungshilfen beanspruchen. Vertriebene, die nach dem Beitritt von ihrem Grundrecht der Freizügigkeit im ganzen Bundesgebiet Gebrauch machten und ihren ständigen Aufenthalt in den alten Bundesländern genommen haben, sind ebenfalls Berechtigte im Sinne dieser Vorschrift.

III. Höhe und Erfüllung des Anspruchs

7   Das Vertriebenenzuwendungsgesetz gibt anstelle einer individuellen Entschädigung den durch den Zweiten Weltkrieg und seine Folgen besonders betroffenen Vertriebenen der Erlebnisgeneration in Anerkennung ihres Vertreibungsschicksals einen gesetzlichen Anspruch auf eine einmalige Zuwendung (§ 1 Satz 1 VertrZuwG) gegen den Bund. Diese dient zugleich der innerstaatlichen Abgeltung aller Vermögensschäden und Verluste, die auf den Ereignissen und Folgen des Zweiten Weltkriegs beruhen mit der Folge, daß weitere darüber hinausgehende Ansprüche gegen die Bundesrepublik Deutschland nicht mehr hergeleitet werden können.

8   Der Leistungsanspruch wird durch Bewilligungsbescheid begründet und **durch Barzahlung aus Mitteln des Entschädigungsfonds erfüllt**.[5]

9   Nach § 3 Abs. 1 VertrZuwG beträgt die einmalige Zuwendung für jeden Berechtigten 4.000 Deutsche Mark. Sie wird durch Bewilligungsbescheid zuerkannt. Der Zuwendungsbetrag wird nach § 3 Abs. 2 VertrZuwG mit der Bestandskraft wie folgt zeitlich gestuft fällig:

(a) am 1. Januar 1994 für Berechtigte der Geburtsjahrgänge vor 1919,
(b) am 1. Januar 1995 für Berechtigte der Geburtsjahrgänge vor 1925,
(c) am 1. Januar 1996 für Berechtigte der Geburtsjahrgänge vor 1931,
(d) am 1. Januar 1998 für alle übrigen Berechtigten.

Danach tritt die Fälligkeit grundsätzlich am 1.1. 1998 ein.

---

[3] BGBl. II 1990, S. 885.
[4] BGBl. I 1991, S. 2270.
[5] Diese Regelung wurde gewählt, weil dem Entschädigungsfonds die Rückflüsse aus dem Lastenausgleich zur Verfügung stehen, die sich dadurch ergeben, daß nach der Vereinigung Deutschlands Geschädigte in der ehemaligen DDR ihr Eigentum zurückerhalten oder entschädigt werden (§ 10 Abs. 1 Nr. 10 EntschG i. V. m. § 349 LAG).

Wurde der **Anspruch nach dem 1.1. 1994 wirksam abgetreten**, ändert sich 10
der Fälligkeitstermin für einen Zessionar nicht, weil sich die Fälligkeit
nach dem Alter des ursprünglich Berechtigten richtet. Dies entspricht allgemeinen Grundsätzen für die Abtretung von Forderungen.[6]

IV. Verfahren

Die einmalige Zuwendung wird **nur auf Antrag** gewährt (§ 4 Abs. 1 Satz 1 11
VertrZuwG). Nach § 4 Abs. 1 Satz 2 muß der Antrag bis zum 30.9. 1995 bei
der nach § 5 VertrZuwG für die Durchführung zuständigen Stelle eingereicht werden. Die Durchführung obliegt dem Land, auf dessen Gebiet
der Antragsteller am 3.10. 1990 seinen ständigen Wohnsitz hatte. Für die
Gewährung und Auszahlung der Leistung sind die von den Landesregierungen oder durch Landesgesetze bestimmten Stellen zuständig. Die (örtliche)
Zuständigkeit bleibt auch bei einer Verlegung des ständigen Wohnsitzes
nach diesem Zeitpunkt in ein anderes Land oder in ein Gebiet außerhalb
der Bundesrepublik Deutschland bestehen.

Die Feststellung der Vertriebeneneigenschaft obliegt den danach zuständigen Behörden.[7] Ein bei diesen Behörden gestellter Antrag hat fristwahrende Wirkung (§ 4 Abs. 1 Satz 4 VertrZuwG). Ein bereits vor Verkündung
des Gesetzes vorsorglich gestellter Antrag bei den zuständigen Behörden
ist gültig; ein weiterer Antrag muß nicht gestellt werden. Wenn dieser Antrag allerdings beim Bund der Vertriebenen oder einer seiner Landesverbände eingereicht wurde, muß der Antrag erneut bei den zuständigen Stellen gestellt werden.

Für das **Verfahren gelten die Vorschriften des VwVfG**. Bei der Anwendung 13
der §§ 24 ff. VwVfG müssen die besonderen Probleme beim Nachweis der
Vertreibung berücksichtigt werden, weil in vielen Fällen Unterlagen verloren gingen, mit denen die für die Entscheidung maßgeblichen Angaben bewiesen werden könnten. In solchen Fällen muß der häufig unverschuldeten
Beweisnot Berechtigter Rechnung getragen werden. Bei der Beweiswürdigung sind daher nicht nur die durch Beweismittel erhärteten Angaben zu
berücksichtigen, sondern auch solche Tatsachen, die lediglich vorgetragen
werden, sofern diese Angaben glaubhaft sind und mit den allgemeinen Erfahrungssätzen übereinstimmen. Auch durch bestätigende Zeugenaussagen
kann ein Nachweis erbracht werden.[8]

Nach § 7 VertrZuwG dürfen die für die Durchführung dieses Gesetzes 14
zuständigen Behörden, soweit es zur Feststellung der Voraussetzungen
nach § 2 VertrZuwG erforderlich ist, bei anderen Behörden und Stellen
vorhandene personenbezogene Daten, die über die Vertriebeneneigenschaft, die rechtsbeständige Erlangung von Bodenreformland durch den
Vertriebenen oder über das Vorliegen von Ausschlußgründen Aufschluß geben, ohne Mitwirkung des Betroffenen erheben.

---

[6] §§ 398 ff. BGB.
[7] Siehe Rdnr. 3.
[8] Bundesministerium der Finanzen, Dokumentation 8/94 vom Oktober 1994, S. 11.

15 Der Entschädigungsfonds ist auf Anfrage der nach § 5 VertrZuwG zuständigen Stellen und von Amts wegen berechtigt, diesen Stellen zu Kontrollzwecken **Angaben zu übermitteln**, wenn der begründete Verdacht besteht, daß die einmalige Zuwendung unberechtigt mehrfach beantragt worden ist. Die ersuchten Behörden oder sonstigen öffentlichen Stellen sind ihrerseits zur Erteilung der erforderlichen Auskünfte verpflichtet. Hintergrund dieser Regelungen ist vor allem, eine Mehrfachleistung zu verhindern.

16 Zur **Kostentragung in bestimmten Fällen** schreibt § 5 Satz 4 VertrZuwG vor, daß die Kosten der Auszahlung von den Ländern und dem Entschädigungsfonds je zur Hälfte getragen werden, wenn die Deutsche Ausgleichsbank[9] mit der Auszahlung beauftragt wird (vgl. § 7 Abs. 4 Satz 2 VertrZuwG). Ob sie beauftragt wird, entscheiden die neuen Bundesländer jeweils in eigener Zuständigkeit.

V. Prüfungsschema

17 Anspruch auf Vertriebenenzuwendung nach § 1 VertrZuwG

> 1. **Anwendbarkeit** (§§ 1, 2 VertrZuwG)
>   a) (Teilweiser) Vorrang von Spezialgesetzen (KgfEG; Bundesevakuiertengesetz)
>   b) Ausschlüsse
>   – Vermögensverluste ostwärts von Oder und Neiße
>   – Verstoß gegen Grundsätze der Menschlichkeit (§ 2 Abs. 2 VertrZuwG)
> 2. **Anspruchsvoraussetzungen**
>   a) Vertriebener der Erlebnisgeneration (§ 2 Abs. 1 VertrZuwG)
>   b) Wohnsitz im Beitrittsgebiet (§ 2 Abs. 1 VertrZuwG)
>   c) Antrag (§ 4 Abs. 1; § 5 VertrZuwG)
> 3. **Fälligkeit des Anspruchs** (§ 3 Abs. 2 VertrZuwG)
> 4. **Erfüllung des Anspruchs durch Geldleistung** (§ 3 Abs. 1 VertrZuwG)
> 5. **Übertragbarkeit des Anspruchs** (§ 4 Abs. 2 VertrZuwG)
> 6. **Weitere Rechtsfolgen**
>   a) Kein Verzicht auf Vermögensrechte
>   b) Keine Anrechnung auf Sozialleistungen (§ 4 Abs. 2 Satz 2 VertrZuwG)
>   c) Steuerfreiheit (Art. 4 EALG = § 3 Nr. 7 EStG, Art. 5 EALG = § 13 Abs. 1 Nr. 7 lit. f ErbStG; Art. 6 EALG = § 111 Nr. 5 lit. f BewG)
>   d) Pfändungsfreiheit (§ 4 Abs. 2 Satz 2 VertrZuwG)

---

[9] Die Deutsche Ausgleichsbank (früher: Lastenausgleichsbank (Bank für Vertriebene und Geschädigte) ging aus dem Lastenausgleich hervor und dient der Durchführung von Subventionen im Bereich der Zuständigkeit des Bundes sowie der Beschaffung oder Gewährung von Krediten und finanziellen Beihilfen zur wirtschaftlichen Eingliederung und Förderung der durch den Krieg und seine Folgen betroffenen Personen, insbesondere der Vertriebenen, Flüchtlinge und Kriegsgeschädigten. Sie ist eine bundesunmittelbare Anstalt mit eigener Rechtspersönlichkeit mit Sitz in Bonn (Gesetz über die Lastenausgleichsbank – Bank für Vertriebene und Geschädigte – vom 28.10. 1954, i. d. F. vom 23.9. 1986, zuletzt geändert am 13.12. 1990 – BGBl. III 7622–2).

Kapitel 7
Der Entschädigungsfonds

I. Einrichtung

Wie bereits in der systematischen Darstellung erörtert wurde, haben die Vorschriften des EntschG über den Entschädigungsfonds Bedeutung für das EntschG selbst, das AusglLeistG, das NS-VEntschG und das VertrZuwG.[1] Im einzelnen geht es um folgende Regelungen im EntschG:

(a) § 9 (Entschädigungsfonds),
(b) § 10 (Einnahmen des Entschädigungsfonds),
(c) § 11 (Bewirtschaftung des Entschädigungsfonds).

Die Einrichtung des Entschädigungsfonds geht auf die Nr. 13c der Gemeinsamen Erklärung vom 15.6. 1990 zurück, wonach zur Befriedigung der Ansprüche auf Entschädigung im Rahmen der Regelung der offenen Vermögensfragen die Bildung eines rechtlich selbständigen und vom Staatshaushalt getrennten Entschädigungsfonds in der DDR vorgesehen war, der jedoch vor der Wiedervereinigung am 3.10. 1990 nicht mehr errichtet wurde.

Der Entschädigungsfonds wurde als nicht rechtsfähiges Sondervermögen des Bundes erst durch den **im März 1991** eingefügten § 29a VermG **gegründet**.[2] Die nähere Ausgestaltung regelt der Errichtungserlaß des BMF.[3] Nach diesen Vorschriften soll der Entschädigungsfonds sämtliche Rechte und Verpflichtungen aus der Durchführung des VermG und der Nr. 1 Satz 4 der Gemeinsamen Erklärung vom 15.6. 1990 einschließlich der Abwicklung der vom früheren Amt für den Rechtsschutz des Vermögens der DDR treuhänderisch verwalteten Vermögenswerte übernehmen.

Die Regelungen des § 29a VermG wurden in § 9 EntschG aufgenommen und ergänzt, so daß mit Inkrafttreten des EntschG am 1.12. 1994 (Art. 13 Satz 3 EALG) alle gesetzlichen Regelungen für den Entschädigungsfonds im EntschG stehen. Infolgedessen wurde § 29a VermG durch Art. 10 Nr. 13 EALG aufgehoben.

II. Aufgaben

Die Aufgaben des Entschädigungsfonds sind durch § 9 Abs. 1 EntschG gegenüber § 29a Abs. 1 VermG erweitert worden. Nunmehr ist die Schuldnerschaft des Entschädigungsfonds sowohl für die Entschädigungen nach

---

[1] Siehe Kap. 2 Rdnr. 42.
[2] Artikel 1 Nr. 16 des Gesetzes zur Beseitigung von Hemmnissen bei der Privatisierung von Unternehmen und zur Förderung von Investitionen (PrHBG) vom 22.3. 1991, BGBl. I S. 766 (772).
[3] Errichtungserlaß des BMF vom 29.7. 1991, GMBl. S. 724, geändert durch Erlaß vom 7.10. 1991, GMBl. S. 1042.

202   Kapitel 7. Der Entschädigungsfonds

dem VermG (insb. §§ 7a Abs. 1; 9 Abs. 1, 2; 13 VermG), dem NS-VEntschG als auch für Leistungen nach dem AusglLeistG und dem VertrZuwG klargestellt. Einzelheiten der Erfüllung des Entschädigungsanspruchs regelt eine nach § 9 Abs. 8 EntschG zu erlassende Rechtsverordnung.[4]

III. Rechtliche Ausgestaltung

1. Sondervermögen ohne eigene Rechtspersönlichkeit

6   Der Entschädigungsfonds ist nach § 9 Abs. 1 Satz 2 EntschG ein Sondervermögen im Sinne von Artikel 110 Abs. 1 und 115 Abs. 2 GG. Sondervermögen in unmittelbarer Bundesverwaltung sind verfassungsrechtlich unselbständige abgesonderte Teile des Bundesvermögens, die ausschließlich zur Erfüllung einzelner begrenzter Aufgaben des Bundes bestimmt sind und deshalb von dem sonstigen Bundesvermögen getrennt verwaltet werden.[5]

2. Handlungs- und Prozeßfähigkeit

7   Der Entschädigungsfonds hat zwar keine eigene Rechtspersönlichkeit wie eine juristische Person, kann jedoch nach § 9 Abs. 3 EntschG im Rechtsverkehr selbständig auftreten. Die in dieser Bestimmung geregelte eigene Handlungsfähigkeit war bereits in § 29a VermG normiert. Insoweit ist die Rechtsstellung des Entschädigungsfonds der einer juristischen Person in ähnlicher Weise angenähert wie die Stellung von Offener Handelsgesellschaft und Kommanditgesellschaft, die als Personengesellschaften nach §§ 124, 161 HGB unter ihrer Firma Rechte erwerben und Verbindlichkeiten eingehen, Eigentum und andere dingliche Rechte an Grundstücken erwerben, vor Gericht klagen und verklagt werden können.

8   Der Entschädigungsfonds wird im Rechtsverkehr nach außen durch das Bundesamt zur Regelung offener Vermögensfragen vertreten.[6] Formell tritt das Sondervermögen, z. B. im Grundbuchverkehr, als „Bundesrepublik Deutschland (Entschädigungsfonds)", gegebenenfalls mit dem Zusatz „vertreten durch das Bundesamt zur Regelung offener Vermögensfragen" auf.

3. Verwaltung

9   **a) Bundesamt zur Regelung offener Vermögensfragen.** Gemäß § 22 Satz 1 VermG werden die Aufgaben in Bezug auf den Entschädigungsfonds grundsätzlich von den neuen Bundesländern einschließlich Berlin durchgeführt. Die Verwaltung des Entschädigungsfonds ist dem Bundesamt zur Regelung offener Vermögensfragen ausdrücklich in § 9 Abs. 2 EntschG zuge-

---

[4] SchuVO aaO.; siehe Anhang 3.
[5] Siehe dazu Nr. 2.1 der Vorläufigen Verwaltungsvorschrift zu § 26 BHO.
[6] BMF-Erlaß aaO. (FN 3) Nr. 3.

III. Rechtliche Ausgestaltung

wiesen. Das Bundesamt ist nach § 29 VermG insbesondere zur Unterstützung der Gewährleistung einer einheitlichen Durchführung des VermG gebildet worden. Die Verwaltung umfaßt die Einziehung der für den Fonds bestimmten Mittel (§ 10 EntschG) und die Bereitstellung von Mitteln aus dem Fonds für die gesetzlich vorgeschriebenen Ausgaben (§ 9 Abs. 1 Satz 1 EntschG) sowie die verzinsliche Anlage von Überschüssen und Reserven.

Die **Verwaltung der Schulden** des Entschädigungsfonds obliegt nach § 9 Abs. 5 Satz 2 EntschG der Bundesschuldenverwaltung. Sie führt Einzelschuldbuchkonten für natürliche Personen, für juristische Personen und für Handelsgesellschaften.[7]

b) Zusammenarbeit der Behörden. Nach § 33 Abs. 2 VermG, der durch Art. 10 Nr. 15b EALG eingefügt wurde, muß die zuständige Behörde nach dem VermG dem Bundesamt zur Regelung offener Vermögensfragen in den Fällen des § 33 VermG dann Gelegenheit zur Stellungnahme geben, wenn der Entschädigungsfonds durch eine Entscheidung mit größerer finanzieller Auswirkung belastet wird. Dadurch wird sichergestellt, daß das Bundesamt als Verwalter des Entschädigungsfonds bei Entscheidungen, die den Entschädigungsfonds erheblich belasten, **angehört** wird. Die Stellungnahme des Bundesamtes bindet das für die Entscheidung allein zuständige Amt zur Regelung offener Vermögensfragen rechtlich nicht. Eine rechtlich bindende Vorgabe entsteht erst, wenn im Rahmen der Bundesauftragsverwaltung **Weisung** ergeht. Diese ist der obersten Bundesbehörde vorbehalten und richtet sich an die oberste Landesbehörde. Ohne ein solches Anhörungsrecht des Bundes könnte dieser seinen ihm im Rahmen der Bundesauftragsverwaltung obliegenden Aufgaben nicht nachkommen.

Nach § 9 Abs. 7 EntschG müssen auf Anfrage von zuständigen Behörden (oder bei Auffälligkeiten von Amts wegen) die Bundesschuldenverwaltung, die Deutsche Bundesbank oder sonstige mit der Verwaltung der Schuldverschreibungen beauftragte Einrichtungen diesen die bei ihnen vorliegenden Daten über die Zuteilung von Schuldverschreibungen mitteilen, damit Doppelleistungen oder Überzahlungen wegen nicht vollzogener Kürzungen von den zuständigen Behörden tunlichst vermieden oder ggf. zurückgefordert werden können.[8] Damit korrespondiert die Regelung in § 7 Abs. 2 VertrZuwG.[9]

c) Aufsicht. Die Verwaltung des Entschädigungsfonds erfolgt nach Weisungen und unter Aufsicht des **Bundesministeriums der Finanzen**. Diese Aufsicht ist umfassend, d.h. sie ist Rechts- und Fachaufsicht mit der Rechtmäßigkeits- und Zweckmäßigkeitskontrolle aller Entscheidungen sowie Dienstaufsicht in bezug auf innerdienstliche Maßnahmen.

---

[7] Einzelheiten siehe SchuV.
[8] Einzelheiten siehe SchuV.
[9] Siehe Kap. 6 Rdnr. 14.

14 **d) Kosten.** Die Kosten für die Verwaltung des Entschädigungsfonds **trägt** nach § 11 Abs. 4 EntschG **der Bund.** Diese Kosten werden damit aus dem Bundeshaushalt beglichen und nicht aus dem Fondsvermögen. Dadurch soll sichergestellt werden, daß die Einnahmen des Fonds nur für zweckgebundene Leistungen des Fonds verwendet werden. Diese bei Sondervermögen übliche Regelung ist die rechtstechnische Umsetzung des Ziels, das Aufkommen des Fonds nicht für die Verwaltung zu verwenden. Zu den Verwaltungskosten gehören auch die Personalkosten und damit die Planstellen und Stellen des Entschädigungsfonds, die im Bundeshaushalt nachgewiesen werden. Ferner stellt der Entschädigungsfonds die Mittel für die Marktpflege zur Verfügung.[10]

4. Haftung für Verbindlichkeiten des Entschädigungsfonds

15 Nach § 9 Abs. 1 Satz 4 EntschG **haftet der Bund** für die Verbindlichkeiten des Entschädigungsfonds mit dem gesamten im Bundeshaushalt veranschlagten Vermögen. Begründet wird dies mit den staatlichen Aufgaben des Entschädigungsfonds. Diese Begründung überzeugt allein nicht, wie der Blick in § 5 Abs. 3 LAG zeigt: danach haftet der Bund für Verbindlichkeiten des Sondervermögens Ausgleichsfonds nur mit dem Sondervermögen. Die Aufgaben nach dem LAG dürften genausoviel oder -wenig staatliche sein wie die nach dem EALG. Der in der amtlichen Begründung zum EALG enthaltene Satz,[11] diese Regelung sei für Sondervermögen üblich, wird schon durch § 5 Abs. 3 LAG widerlegt. Für Sondervermögen typisch ist gerade die Beschränkung der Haftung für Verbindlichkeiten auf das Sondervermögen. Das entspräche auch dem Zweck des Entschädigungsfonds, die Entschädigungs- und Ausgleichsleistungen nicht aus allgemeinen Haushaltmitteln aufzubringen.

IV. Gesetzliche Einnahmen

16 § 10 EntschG legt die verschiedenen Einnahmequellen des Entschädigungsfonds fest. Die Auflistung der Abführungen in Absatz 1 an den Entschädigungsfonds ist nicht abschließend. Weitere Einnahmen erhält der Entschädigungsfonds z. B. nach Art. 11 Abs. 3 Satz 4 EALG durch Abführungen von Erlösen aus den Verkäufen von dort näher bestimmten Wertpapieren.

---

[10] Einzelheiten siehe SchuV.
[11] BT-Drs. 12/7588, S. 39.

IV. Gesetzliche Einnahmen

Übersicht: Einnahmen des Entschädigungsfonds (§ 10 Abs. 1 EntschG)

1. von der Treuhandanstalt 3 Mrd. DM aus ihren Veräußerungserlösen. Das BMF setzt die pauschalen Jahresbeträge unter Berücksichtigung des Finanzbedarfs des Entschädigungsfonds fest;
2. 50 v. H. des Gesamtwertes des Finanzvermögens in Treuhandverwaltung des Bundes nach Artikel 22 Abs. 1 EV, fällig in jährlichen Raten entsprechend den Erlösen aus Veräußerung von Vermögensgegenständen. Das BMF setzt die Höhe der Raten fest;
3. von Gebietskörperschaften oder sonstigen Trägern der öffentlichen Verwaltung, z. B. Sozialversicherung, Bahn, Post, der 1,3 fache Einheitswert von Grundstücken, die wegen der Zugehörigkeit zu deren Verwaltungsvermögen nach Artikel 21 EV nach den §§ 4 und 5 des VermG nicht restituierbar sind oder die wegen der Wahl von Entschädigung nicht restituiert werden;
4. das nach § 19 Abs. 2 des Westvermögen-Abwicklungsgesetzes vom Präsidenten des Bundesausgleichsamtes treuhänderisch verwaltete Vermögen von ehemaligen öffentlich-rechtlichen Kreditinstituten mit Sitz im Beitrittsgebiet;
5. nicht anderweitig zuzuordnende Vermögenswerte aus dem Bereich des früheren Amtes für den Rechtsschutz des Vermögens der Deutschen Demokratischen Republik und Überweisungen der Hinterlegungsstellen nach § 4 Abs. 2 des Schuldbuchbereinigungsgesetzes;
6. Wertausgleich nach § 7 VermG und herauszugebende Gegenleistungen oder Entschädigungen nach § 7a Abs. 2 Satz 3 VermG;
7. Veräußerungserlöse nach § 11 Abs. 4 VermG und sonstige nicht beanspruchte Vermögenswerte, die bis zum 31.12. 1992 unter staatlicher Verwaltung standen, wenn der Eigentümer oder Inhaber sich nicht nach öffentlichem Aufgebot, das vom Bundesamt zur Regelung offener Vermögensfragen zu beantragen ist, innerhalb einer Frist von vier Jahren gemeldet hat. Ein Aufgebotsverfahren ist nicht erforderlich, wenn der Veräußerungserlös oder der Wert des sonstigen nicht beanspruchten Vermögens den Betrag von 1 000 DM nicht erreicht;
8. Regreßforderungen gegenüber staatlichen Verwaltern nach § 13 Abs. 3 VermG;
9. Forderungen nach § 18b Abs. 1 VermG sowie diejenigen Erlösanteile aus Veräußerungen nach § 16 Abs. 1 InVorG, die nicht dem Berechtigten, dem Verfügungsberechtigten oder einem privaten Dritten zustehen;
10. ab 1. Januar 1994 vereinnahmte Rückflüsse nach § 349 LAG;
11. Veräußerungserlöse aus dem Verkauf von ehemals volkseigenem Grund und Boden nach dem 27. 7. 1990 an die Inhaber dinglicher Nutzungsrechte für Eigenheime und Entgelte für die Nutzung ehemals volkseigenen Grund und Bodens durch die Inhaber dinglicher Nutzungsrechte für Eigenheime, wenn die Rückübertragung nach § 4 VermG ausgeschlossen oder wegen der Wahl von Entschädigung entfallen ist;
12. Vermögenswerte, die nach § 1b VZOG dem Entschädigungsfonds zugeordnet werden;
13. Zuschüsse aus dem Bundeshaushalt ab 1. Januar 2004.

1. Veräußerungserlöse der Treuhandanstalt

17 Das von der Treuhandanstalt gehaltene frühere Volkseigentum stammt jedenfalls zu einem Teil aus Vermögenswerten, die entschädigungslos enteignet wurden, die aber gleichwohl aus unterschiedlichen Gründen nicht der Restitution unterliegen und daher entschädigt werden müssen. Die in **Nummer 1** festgeschriebenen Jahrespauschalen der Treuhandanstalt werden unter Berücksichtigung des tatsächlichen Finanzbedarfs des Entschädigungsfonds festgesetzt. Bei den Einnahmen aus Grundstücksverkäufen kommt es im Hinblick auf die Abführungspflicht auf die tatsächliche Vereinnahmung des Kaufpreises an. Die Bezifferung soll die genauere Umschreibung der Berechnungsgrundlage und damit eine Vielzahl von Abgrenzungsfragen vermeiden, die zu Rechtsstreitigkeiten führen könnten. Zugleich wird auch erheblicher Verwaltungsaufwand vermieden. Der Bundesminister der Finanzen kann Jahrespauschalen auch als endgültige Beiträge festsetzen, ohne daß eine ins einzelne gehende Abrechnung stattfindet. Die Höhe des Beitrags nimmt auf die primären Aufgaben und Obliegenheiten der Treuhandanstalt nach Art. 25 EV Rücksicht.

2. Erlöse aus der Veräußerung von Finanzvermögen

18 Das in Treuhandverwaltung des Bundes als Finanzvermögen gehaltene frühere Volkseigentum stammt ebenfalls zu einem Teil aus Vermögenswerten, die entschädigungslos enteignet wurden, die aber gleichwohl aus unterschiedlichen Gründen nicht der Restitution unterliegen und daher entschädigt werden müssen. Dieses Finanzvermögen nach Art. 22 EV und die bei anderen öffentlichen Händen verbliebenen Vermögensgegenstände, die Verwaltungsvermögen geworden sind, werden zur Speisung des Entschädigungsfonds herangezogen. Nach § 10 Abs. 1 Satz 1 **Nummer 2** wird der Beitrag des treuhänderisch verwalteten Finanzvermögens der ehemaligen DDR auf 50 % festgelegt. Die Höhe des Beitrags nimmt auf die primären Aufgaben und Obliegenheiten der Inhaber des Finanzvermögens nach Art. 22 EV Rücksicht.

19 Die gesetzliche Regelung der Aufteilung des Finanzvermögens (Art. 22 EV) steht noch aus. Das in Vorbereitung befindliche Gesetz über die Aufteilung des Finanzvermögens der ehemaligen Deutschen Demokratischen Republik wird die Berechnungsgrundlagen näher bestimmen.[12]

3. Beiträge öffentlicher Stellen für den Erwerb von Verwaltungsvermögen

20 Nach **Nummer 3** sind Entschädigungen aus dem Entschädigungsfonds für solche Grundstücke zu zahlen, die jetzt nicht mehr zurückgegeben werden können, weil sie Verwaltungsvermögen geworden sind, oder die wegen Ausübung des Wahlrechts nicht mehr zurückgegeben werden müssen. Die Vorschrift verpflichtet die Begünstigten zu einem Beitrag an den Entschä-

---

[12] Siehe zu den Regelungsgegenständen dieses Gesetzes die Antworten der Bundesregierung auf die Kleinen Anfragen von Abgeordneten der Gruppe PDS/Linke Liste, BT-Drs. 12/4579 vom 16.3.1993 und 12/4718 vom 13.4.1993.

digungsfonds in Höhe der von ihm auszuzahlenden Entschädigung. Somit handelt es sich bei wirtschaftlicher Betrachtungsweise für den Entschädigungsfonds um einen durchlaufenden Posten, der im Ergebnis nicht als Einnahme gewertet werden kann.

4. Guthaben aus treuhänderisch verwalteten Konten

Nummer 4 betrifft die nach dem WestAbwG[13] treuhänderisch verwalteten Mittel. Dieses Gesetz regelt die Beendigung der Sonderverwaltung über die Westvermögen der Kreditinstitute, Versicherungsunternehmen und Bausparkassen. Ziel war es, die Sonderverwaltung über Westvermögen zu beenden, indem aus den Vermögen die Ansprüche der Westgläubiger gegen die Kreditinstitute – je nach Umfang des Vermögens – voll oder anteilig befriedigt werden; ein danach verbleibendes Restvermögen soll möglichst den Inhabern der Institute (Aktionäre, Gesellschafter, Mitglieder usw.) zur Verfügung gestellt werden.[14]

21

5. Vermögenswerte aus dem Bereich des Amtes für den Rechtsschutz des Vermögens der DDR

Das Amt für den Rechtsschutz des Vermögens verwaltete insbesondere bewegliches Vermögen von Staatsangehörigen aus Drittstaaten, die keinen Anspruch mehr auf dieses Vermögen erhoben. Das Bundesamt zur Regelung offener Vermögensfragen übernahm im Wege der Auffangzuständigkeit vor allem den Aktenbestand. **Nummer 5** soll die Entstehung von „herrenlosen" Vermögen verhindern; ob sie erhebliche praktische Bedeutung erlangen wird, ist z. Zt. nicht absehbar.

22

6. Einnahmen aufgrund des Vermögensgesetzes

Die **Nummern 6 bis 10** weisen auf Einnahmen des Entschädigungsfonds hin, die im VermG geregelt sind. Nummer 7 trägt dem Umstand Rechnung, daß der Verwaltungsaufwand für ein öffentliches Aufgebotsverfahren unangemessen hoch ist, wenn es sich um Beträge handelt, die nach § 1 Abs. 4 Nr. 2 EntschG nicht entschädigt würden.

23

---

[13] Gesetz zur Abwicklung der unter Sondervermögen stehenden Vermögen von Kreditinstituten, Versicherungsunternehmen und Bausparkassen (WestAbwG) vom 21.3. 1972, geändert am 31.1. 1974, BGBl. III 7601–13.
[14] *Knapp*, Einführung Abschnitt I. 2.: § 19 WestAbwG regelt die Beendigung der Abwicklung von öffentlich-rechtlichen Kreditinstituten in Sonderfällen. Verbleibt bei öffentlich-rechtlichen Kreditinstituten nach Erfüllung der zu berücksichtigenden Ansprüche ein Vermögen, so legt der Treuhänder gegenüber dem Bundesaufsichtsamt Rechnung, welches dann die Treuhandschaft aufhebt (§ 19 Abs. 1 WestAbwG). Nach § 19 Abs. 2 WestAbwG überträgt der Treuhänder das Vermögen auf den Präsidenten des Bundesausgleichsamtes, der das Vermögen ebenfalls treuhänderisch verwaltet. Nunmehr werden die Mittel dem Entschädigungsfonds zugeführt, weil aus ihm die an den Staatshaushalt der DDR abgeführten, treuhänderisch verwalteten Kontoguthaben entschädigt werden müssen.

24 Nummer 10 regelt die Einnahmen aus Rückflüssen aus gewährtem Lastenausgleich.[15] Diese stehen ab Inkrafttreten des VertrZuwG gem. Art. 13 Satz 1 EALG am 1.1. 1994 nicht mehr dem Ausgleichsfonds, sondern dem Entschädigungsfonds zu. Die Umwidmung ist zur Finanzierung des Entschädigungsfonds unabweisbar und rechtlich vorgegeben, denn das EntschG verfolgt im Kern den gleichen Zweck wie das frühere BFG, nämlich die Wiedergutmachung und den Ausgleich früheren DDR-Unrechts. Dazu wurden nach dem BFG Vermögensschäden festgestellt und die Beweise zugunsten von Personen gesichert, die ihren Wohnsitz in der Bundesrepublik (alte Bundesländer) haben.[16] Der Entschädigungsfonds haftet auch für die einmalige Zuwendung an Vertriebene in den neuen Ländern zur Abgeltung ihres Vertreibungsschicksals. Es ist daher gerechtfertigt, daß dem Entschädigungsfonds sämtliche Rückflüsse aus dem Lastenausgleich zustehen, d.h. auch etwaige Rückflüsse aus anderen Bereichen als der früheren DDR.

25 Folgerichtig findet ein Anspruchsübergang statt. Nach § 11 Abs. 6 VermG gehen Ansprüche aus Kontoguthaben oder sonstige geldwerte Ansprüche, die unter staatlicher Verwaltung standen und zum 1.7. 1990 auf Deutsche Mark umgestellt worden sind, insoweit auf den Entschädigungsfonds über, als Hauptentschädigung nach dem LAG gezahlt worden ist.[17]

7. Veräußerungserlöse aus ehemals volkseigenem Grund an Nutzungsberechtigte

26 Nach der **Nummer 11** sind Grundstücke, die wegen eines redlich erworbenen dinglichen Nutzungsrechts nicht zurückgegeben werden können, aus dem Entschädigungsfonds zu entschädigen. Deshalb stehen dem Entschädigungsfonds die Erlöse oder Nutzungsentgelte zu, die vom Erwerber oder Nutzer erbracht werden. Der Stichtag „27. Juli 1990" in Nummer 11 soll nach der Gesetzesbegründung der Tag des Inkrafttretens der Anmeldeverordnung[18] sein; diese ist jedoch am 11.10 1990 in Kraft getreten.[19] Aus der Differenz der Daten ergibt sich jedoch keine Besonderheit. Die Abführungspflicht der Kommunen für Veräußerungserlöse besteht rückwirkend nur bis zu diesem Stichtag. Die Regelung, wonach nicht nur bei Ausschluß der Rückgabe wegen redlichen Erwerbs des Nutzungsrechts, sondern auch bei Wahl der Entschädigung seitens des Rückgabeberechtigten der Veräußerungserlös abzuführen ist, trägt dem Umstand Rechnung, daß in der Praxis auch eine nicht zu vernachlässigende Anzahl der gütlichen Beilegung des Interessenkonflikts zwischen dem an sich rückgabeberechtigten früheren Grundstückseigentümer und dem Nutzungsberechtigten, der inzwischen Volleigentum erwerben konnte, zu verzeichnen sind.

---

[15] Siehe Kap. 2 Rdnr. 52 ff.
[16] Siehe Kap. 2 Rdnr. 28.
[17] Siehe Kap. 2 Rdnr. 19.
[18] Verordnung über die Anmeldung vermögensrechtlicher Ansprüche, in der Fassung der Bekanntmachung vom 3.8. 1992, BGBl. I, S. 1257.
[19] Bekanntmachung vom 11.10. 1990, BGBl. I, S. 2162.

V. Sonstige Einnahmen

1. Kreditaufnahme durch Schuldverschreibungen

a) Begebung von Schuldverschreibungen. Der Entschädigungsfonds finanziert die von ihm zu erbringenden Leistungen allein aus den ihm zustehenden Zuflüssen nach § 10 EntschG. Das Gesetz enthält keine Ermächtigung des Entschädigungsfonds zur Beschaffung von Geldmitteln zwecks Erfüllung seiner Verpflichtungen. § 9 Abs. 4 Satz 1 EntschG berechtigt den Entschädigungsfonds aber zur Kreditaufnahme über die Begebung von Schuldverschreibungen.[20] Wie auch sonst bei entsprechenden Emissionen heute üblich, schließt § 1 Abs. 1 Satz 2 EntschG die Ausgabe von effektiven Stücken aus.

Rechtstechnisch sind allerdings die vom Entschädigungsfonds zur Erfüllung von Entschädigungsansprüchen emittierten Schuldverschreibungen Kreditaufnahmen. Deshalb regelt § 9 Abs. 1 Satz 2, 2. Halbs. EntschG, daß für sie die in Art. 115 Abs. 1 Satz 2 GG enthaltene Begrenzung der Kreditaufnahmen auf die Summe der im Haushaltsplan veranschlagten Ausgaben für Investitionen nicht gilt.

b) Ankaufsrecht. Nach § 9 Abs. 6 EntschG darf der Entschädigungsfonds die nach § 1 Abs. 1 Satz 2 EntschG emittierten Schuldverschreibungen zum Zwecke der Marktpflege in festgelegtem Umfang ankaufen. Zweck dieser Regelung ist die Sicherstellung eines geordneten Börsenhandels mit den Schuldverschreibungen des Entschädigungsfonds. Denn die Schuldverschreibungen des Entschädigungsfonds sind übertragbar und werden wie andere Papiere des Bundes von der Deutschen Bundesbank an der Börse eingeführt. Diese besorgt gebührenfrei die übliche Marktpflege auf Rechnung des Entschädigungsfonds, der dafür ggf. die erforderlichen Mittel zur Verfügung stellt.[21]

c) Verwaltung der Schulden. § 9 Abs. 5 EntschG enthält die für von einem Sondervermögen des Bundes emittierten Inhaberschuldverschreibungen üblichen Bestimmungen. Die Schuldverschreibung ist neben der Schatzanweisung, den Wechseln, Darlehen gegen Schuldschein oder Schuldbuchforderungen eine der nach der Reichsschuldenordnung zugelassene Form für die Kreditaufnahme des Bundes.[22] Die Bundesschuldenverwaltung[23] hat ge-

---

[20] Insoweit weicht die Regelung in § 7 LAG ab, der den Ausgleichsfonds berechtigt, zur Vorfinanzierung von Ausgleichsleistungen Kredite aufzunehmen.
[21] Einzelheiten siehe SchuV.
[22] Piduch, § 18 BHO Rdnr. 16.
[23] Die Bundesschuldenverwaltung ist eine selbständige Bundesoberbehörde im Bereich der Bundesfinanzverwaltung. Ihre Rechtsstellung und ihre gesetzlichen Aufgaben sowie die Verwaltungsgrundsätze sind geregelt in der als Bundesrecht fortgeltenden Reichsschuldenordnung vom 13.2. 1924 (BGBl. III 650–1) und im Gesetz über die Errichtung einer Schuldenverwaltung des Vereinigten Wirtschaftsgebietes vom 13.7. 1948 in Verbindung mit der Verordnung der Bundesregierung über die

210 Kapitel 7. Der Entschädigungsfonds

mäß § 9 Abs. 5 Satz 2 EntschG die gesetzliche Aufgabe, die Schulden des Entschädigungsfonds nach den für die allgemeine Bundesschuld jeweils geltenden Grundsätzen zu verwalten.[24]

2. Liquiditätsdarlehn

31 Nach § 10 Abs. 2 EntschG dürfen aus dem Bundeshaushalt zinslose Liquiditätsdarlehn gezahlt werden.

VI. Finanzplan

32 **Finanzplan Entschädigungsfonds ab 1994: Einnahmen**[25] – in Mio DM –

Ausgabeart	1994	1995	1996	1997	1998	1999	2000	ab 2004	Gesamt
Bestand/ Zuführung nach VermG	250	25	25						300
THA/BVS	100	250	525	150	1650			325	3000
Finanzvermögen	110	300	400	400	500			790	2500
Lastenausgleich	50	75	100	100	100	100	100	375	1000
SachenRBerG			100	100	150	150			500
Bundeshaushalt								10760	10760
Gesamt	**510**	**750**	**1150**	**800**	**2400**	**100**	**100**	**12250**	**18060**

VII. Leistungen und Ausgaben

33 Der Entschädigungsfonds erbringt die Leistungen nach den Leistungsgesetzen innerhalb des EALG, also nach EntschG, NS-VEntschG, AusglLeistG und VertrZuwG. Ferner ist der Entschädigungsfonds ist nach § 11 Abs. 3 EntschG gemäß den allgemeinen Vorschriften für die Bundesbehörden verpflichtet, Abgaben an Bund, Länder und Gemeinden sowie Körperschaften des öffentlichen Rechts zu zahlen. Dabei geht z. B. um Kosten für die Bewirtschaftung von Grundstücken.

Bundesschuldenverwaltung vom 13.12.1949 (BGBl. III 650–2, –3). Sie hat ihren Sitz in Bad Homburg v.d. Höhe und verfügt seit 1957 über eine Dienststelle in Berlin. Ihre gesetzlichen Aufgaben nimmt die Bundesschuldenverwaltung als Kollegialbehörde in eigener Verantwortung wahr. Die Aufsicht über die ihr in eigener Verantwortung übertragenen Geschäfte übt der Bundesschuldenausschuß aus, für die übrigen Geschäfte das Bundesministerium der Finanzen. Dem Bundesschuldenausschuß gehören die Präsidentin des Bundesrechnungshofes als Vorsitzende sowie drei vom Deutschen Bundestag gewählte Abgeordnete und drei vom Bundesrat benannte Mitglieder an.

[24] Einzelheiten siehe SchuV.
[25] BT-Drs 12/7593, S. 3.

VIII. Bewirtschaftung

Finanzplan Entschädigungsfonds ab 1994: Ausgaben[26] – in Mio DM –   34

Ausgabeart	1994	1995	1996	1997	1998	1999	2000	ab 2004	Gesamt
VertrZuw	380	50	500	70	2400				3400
NS-Entsch	20	600	650	730					2000
Entsch/Ausgl-Leist								12150	12150
Vorabregelung gem. § 1 Abs. 4, § 5 Abs. 2 EntschG	50	50						300	400
Auszahlung treuh. verwalteter Guthaben	60								60
Abführung an Bundeshaushalt		50							50
Gesamt	510	750	1150	800	2400			12450	18060

Solche Finanzplanungszahlen, wie sie der Haushaltsausschuß des Deutschen Bundestages im Mai 1994 bei der parlamentarischen Beratung des EALG seinem Votum zugrunde gelegt hatte, pflegen von Haushaltsaufstellung zu Haushaltsaufstellung von der Entwicklung überholt und durch andere Angaben ersetzt zu werden. Immerhin lassen diese Zahlen jedoch erkennen, von welchen Größenordnungen der Ausgaben und des Finanzierungsbedarfs der Gesetzgeber bei der Beratung des Gesetzes im Jahre 1994 ausgegangen ist.

VIII. Bewirtschaftung

1. Verbindung zum Bundeshaushalt

Die Bestimmung des § 9 Abs. 1 Satz 3 EntschG begründet die grundsätz-   35
liche haushaltsmäßige Trennung des Sondervermögens vom Bundeshaushalt im übrigen. Sie ist Folge und Voraussetzung für die Zweckerfüllung des Sondervermögens, Mittel für besondere Aufgaben zweckgebunden einzunehmen und auszugeben. Dementsprechend stellt § 11 Abs. 4 EntschG ausdrücklich klar, daß die Kosten der behördenmäßigen Verwaltung des Entschädigungsfonds vom Bund zu tragen sind, also aus dem Bundeshaushalt zu bezahlen sind. Der Grundsatz wird durch die ausdrückliche Regelung in Absatz 1 Satz 4 durchbrochen.

---

[26] BT-Drs 12/7593, S. 3.

2. Wirtschaftsplan des Entschädigungsfonds

36 Die Vorschrift des § 11 EntschG regelt die Grundsätze der haushaltsmäßigen Behandlung des Entschädigungsfonds: die Erstellung des Wirtschaftsplans (Abs. 1) und der Jahresrechnung (Abs. 2) sowie besonderer Bestimmungen für die Lasten- und Kostentragung (Abs. 3 und 4). Sie ist den für vergleichbare Sondervermögen geltenden Regelungen nachgebildet.[27] Da der Entschädigungsfonds ein Sondervermögen im Sinne der Art. 110, 115 GG ist (§ 9 Abs. 1 Satz 2 EntschG) finden auf seine haushaltsmäßige Behandlung die Vorschriften des Haushaltsgrundsätzegesetzes entsprechende Anwendung (§ 48 HGrG) sowie auch die Vorschriften der Bundeshaushaltsordnung (§ 113 BHO). Dennoch gelten bei Sondervermögen haushaltsrechtlich weitgehend Besonderheiten. Der Entschädigungsfonds ist haushaltsmäßig verselbständigt, so daß eine eigenständige Wirtschafts- und Rechnungsführung außerhalb des Bundeshaushalts erfolgt (§ 11 Abs. 1 EntschG). Eine Verbindung mit dem Bundeshaushalt besteht insofern, als die Jahresrechnung des Entschädigungsfonds Bestandteil der Haushaltsrechnung des Bundes wird (§ 11 Abs. 2 EntschG) und Verbindlichkeiten aus dem gesamten Bundeshaushalt zu erfüllen sind (§ 9 Abs. 1 Satz 4 EntschG).

37 Der **Wirtschaftsplan** des Entschädigungsfonds ist der Sache nach nichts anderes als der Haushaltsplan des Bundes. In ihm werden jährlich die Einnahmen und Ausgaben veranschlagt (§ 11 Abs. 1 EntschG). Das Bundesamt zur Regelung offener Vermögensfragen erstellt den Wirtschaftsplan. Die wesentlichen Einnahme- und Ausgabeposten erscheinen zusammengefaßt als Anlage zum Bundeshaushaltsplan. Der Wirtschaftsplan wird dann durch Verwaltungsakt in Kraft gesetzt.

38 Gemäß § 11 Abs. 2 EntschG wird eine Jahresrechnung erstellt und der Haushaltsrechnung des Bundes als Anhang beigefügt, um die parlamentarische Kontrolle wie beim Wirtschaftsplan zu gewährleisten. Der Bundesrechnungshof prüft die Haushalts- und Wirtschaftsführung (Art. 114 Abs. 2 Satz 1 GG, § 113 BHO i. V. m. § 88 BHO).

---

[27] Eine Übersicht über die Rechtsgrundlagen, insbesondere für die haushaltsmäßige Behandlung der Sondervermögen des Bundes, enthält der Finanzbericht des BMF 1995, S. 288–290.

Anhang. Rechtsquellen

1. Gesetz über die Entschädigung zur Regelung offener Vermögensfragen und über staatliche Ausgleichsleistungen für Enteignungen auf besatzungsrechtlicher oder besatzungshoheitlicher Grundlage (Entschädigungs- und Ausgleichsleistungsgesetz – EALG)

Vom 27. September 1994
(BGBl. I S. 2624), berichtigt am 12. Januar 1995 (BGBl. I S. 110)

Der Bundestag hat mit Zustimmung des Bundesrates das folgende Gesetz beschlossen:

Artikel 1. Gesetz über die Entschädigung nach dem Gesetz zur Regelung offener Vermögensfragen (Entschädigungsgesetz – EntschG)

§ 1 Grundsätze der Entschädigung

(1) Ist Rückgabe nach dem Gesetz zur Regelung offener Vermögensfragen (Vermögensgesetz) ausgeschlossen (§ 4 Abs. 1 und 2, § 6 Abs. 1 Satz 1 und § 11 Abs. 5 des Vermögensgesetzes) oder hat der Berechtigte Entschädigung gewählt (§ 6 Abs. 7, § 8 Abs. 1 und § 11 Abs. 1 Satz 2 des Vermögensgesetzes), besteht ein Anspruch auf Entschädigung. Der Entschädigungsanspruch wird durch Zuteilung von übertragbaren Schuldverschreibungen des Entschädigungsfonds (§ 9) erfüllt, die über einen Nennwert von 1000 Deutsche Mark oder einem ganzen Vielfachen davon lauten und ab 1. Januar 2004 mit sechs vom Hundert jährlich verzinst werden. Die Zinsen sind jährlich nachträglich fällig, erstmals am 1. Januar 2005. Die Schuldverschreibungen werden vom Jahr 2004 an in fünf gleichen Jahresraten durch Auslosung – erstmals zum 1. Januar 2004 – getilgt. Ansprüche auf Herausgabe einer Gegenleistung nach § 7a Abs. 1 des Vermögensgesetzes und Schadensersatz nach § 13 des Vermögensgesetzes sowie Ansprüche auf Wertminderungen nach § 7 des Vermögensgesetzes in der bis zum 22. Juli 1992 geltenden Fassung werden nach Bestandskraft des Bescheides durch Geldleistung erfüllt. § 3 des Ausgleichsleistungsgesetzes gilt entsprechend.

(1a) Ein Anspruch auf Entschädigung besteht im Fall der Einziehung von im Beitrittsgebiet belegenen Vermögenswerten durch Entscheidung eines ausländischen Gerichts auch, wenn hinsichtlich der mit der Entscheidung verbundenen Freiheitsentziehung eine Bescheinigung nach § 10 Abs. 4 des Häftlingshilfegesetzes erteilt worden ist.

(2) Absatz 1 gilt auch, wenn der nach § 3 Abs. 2 des Vermögensgesetzes von der Rückübertragung Ausgeschlossene den Vermögenswert in redlicher Weise erworben hatte. Absatz 1 gilt ferner für Begünstigte (§ 18b Abs. 1 Satz 1 des Vermögensgesetzes) früherer dinglicher Rechte an Grundstücken, die mangels Rückgabe des früher belasteten Vermögenswertes oder wegen Rückgabe nach § 6 des Vermögensgesetzes nicht wieder begründet und nicht abgelöst werden. Ist eine Forderung des Begünstigten, die der früheren dinglichen Sicherung zugrunde lag, vor der bestandskräftigen

Entscheidung über den Entschädigungsanspruch erfüllt worden, entfällt der Anspruch auf Entschädigung. Mit der bestandskräftigen Entscheidung über den Entschädigungsanspruch erlischt die Forderung.

(3) Für Grundstücke im Sinne des § 1 Abs. 2 des Vermögensgesetzes, die durch Eigentumsverzicht, Schenkung oder Erbausschlagung in Volkseigentum übernommen wurden, wird keine Entschädigung gewährt.

(4) Eine Entschädigung wird nicht gewährt
1. für private geldwerte Ansprüche im Sinne des § 5, bei denen der Schadensbetrag nach § 245 des Lastenausgleichsgesetzes insgesamt 10 000 Reichsmark nicht übersteigt und für die den Berechtigten oder seinem Gesamtrechtsvorgänger Ausgleichsleistungen nach dem Lastenausgleichsgesetz gewährt wurden. Dies gilt nicht, wenn im Schadensbetrag auch andere Vermögensverluste berücksichtigt sind. Die Rückforderung des Lastenausgleichs nach § 349 des Lastenausgleichsgesetzes entfällt;
2. für Vermögensverluste, bei denen die Summe der Bemessungsgrundlagen insgesamt 1000 Deutsche Mark nicht erreicht, ausgenommen buchmäßig nachgewiesene Geldbeträge;
3. für Vermögensverluste, für die der Berechtigte oder sein Gesamtrechtsvorgänger bereits eine Entschädigung nach einem Pauschalentschädigungsabkommen der ehemaligen Deutschen Demokratischen Republik oder der Bundesrepublik Deutschland erhalten hat oder für die ihm eine Entschädigung nach diesen Abkommen zusteht.

(5) In den Fällen des § 1 Abs. 6 des Vermögensgesetzes besteht ein Entschädigungsanspruch nach Maßgabe des NS-Verfolgtenentschädigungsgesetzes.

§ 2 Berechnung der Höhe der Entschädigung

(1) Die Höhe der Entschädigung bestimmt sich nach der Bemessungsgrundlage (§§ 3 bis 5), von welcher gegebenenfalls
1. Verbindlichkeiten nach § 3 Abs. 4,
2. erhaltene Gegenleistungen oder Entschädigungen nach § 6,
3. der Zeitwert von nach § 6 Abs. 6a des Vermögensgesetzes zurückgegebenen Vermögensgegenständen nach § 4 Abs. 4, oder
4. Kürzungsbeträge nach § 7

abgezogen werden. Von der nach den Nummern 1 und 4 gekürzten Bemessungsgrundlage wird Lastenausgleich nach § 8 abgezogen.

(2) Entschädigungen über 1000 Deutsche Mark werden auf Tausend oder das nächste Vielfache von Tausend nach unten abgerundet.

§ 3 Bemessungsgrundlage der Entschädigung für Grundvermögen und land- und forstwirtschaftliches Vermögen

(1) Bemessungsgrundlage der Entschädigung für Grundvermögen einschließlich Gebäudeeigentum sowie für land- und forstwirtschaftliches Vermögen ist
1. bei land- und forstwirtschaftlichen Flächen das 3fache,
2. bei Mietwohngrundstücken mit mehr als zwei Wohnungen das 4,8fache,
3. bei gemischtgenutzten Grundstücken, die zu mehr als 50 vom Hundert Wohnzwecken dienen, das 6,4fache,
4. bei Geschäftsgrundstücken, Mietwohngrundstücken mit zwei Wohnungen, nicht unter Nummer 3 fallenden gemischtgenutzten Grundstücken, Einfamilienhäusern und sonstigen bebauten Grundstücken das 7fache,
5. bei unbebauten Grundstücken das 20fache

Anhang 1: Entschädigungs- und Ausgleichsleistungsgesetz

des vor der Schädigung zuletzt festgestellten Einheitswertes. Bei Grundstücken, für die ein Abgeltungsbetrag nach der Verordnung über die Aufhebung der Gebäudeentschuldungssteuer vom 31. Juli 1942 (RGBl. I S. 501) entrichtet worden ist, ist dieser dem Einheitswert hinzuzurechnen. Ist der Abgeltungsbetrag nicht mehr bekannt, so ist der Einheitswert um ein Fünftel zu erhöhen.

(2) Ist ein Einheitswert nicht festgestellt worden oder nicht mehr bekannt, aber im Verfahren nach dem Beweissicherungs- und Feststellungsgesetz ein Ersatzeinheitswert ermittelt worden, so ist dieser maßgebend. Er wird der zuständigen Behörde von der Ausgleichsverwaltung im Wege der Amtshilfe mitgeteilt.

(3) Ist weder ein Einheitswert noch ein Ersatzeinheitswert vorhanden oder sind zwischen dem Bewertungszeitpunkt und der Schädigung Veränderungen der tatsächlichen Verhältnisse des Grundstücks eingetreten, deren Berücksichtigung zu einer Abweichung um mehr als ein Fünftel, mindestens aber 1000 Deutsche Mark führt, berechnet das Amt oder das Landesamt zur Regelung offener Vermögensfragen einen Hilfswert nach den Vorschriften des Reichsbewertungsgesetzes vom 16. Oktober 1934 (RGBl. I S. 1035) in der Fassung des Bewertungsgesetzes der Deutschen Demokratischen Republik vom 18. September 1970 (Sonderdruck Nr. 674 des Gesetzblattes). Absatz 1 Satz 2 und 3 gilt entsprechend. Bei Vorliegen von Wiederaufnahmegründen im Sinne des § 580 der Zivilprozeßordnung ist auf Antrag ein solcher Hilfswert zu bilden.

(4) Langfristige Verbindlichkeiten, die im Zeitpunkt der Schädigung mit Vermögen im Sinne des Absatzes 1 Satz 1 in wirtschaftlichem Zusammenhang standen oder an solchem Vermögen dinglich gesichert waren, sind in Höhe ihres zu diesem Zeitpunkt valutierenden Betrages abzuziehen. Als valutierender Betrag gilt der Nennwert des früheren Rechts vorbehaltlich des Nachweises von Tilgungsleistungen oder anderer Erlöschensgründe seitens des Berechtigten. Dies gilt für Verbindlichkeiten aus Aufbaukrediten nur, wenn eine der Kreditaufnahme zuzuordnende Baumaßnahme zu einer Erhöhung der Bemessungsgrundlage geführt hat. Die Höhe des Abzugsbetrages bemißt sich nach § 18 Abs. 2 des Vermögensgesetzes. Verpflichtungen auf wiederkehrende Leistungen sind mit dem Kapitalwert nach den §§ 15 bis 17 des in Absatz 3 genannten Bewertungsgesetzes abzuziehen. Sonstige dingliche Belastungen sind entsprechend zu berücksichtigen.

(5) Sind in den Einheits-, Ersatzeinheits- oder Hilfswert für land- und forstwirtschaftliches Vermögen Betriebsmittel oder Gebäude einbezogen, die dem Eigentümer des Grund und Bodens nicht gehören, sind die Wertanteile am Gesamtwert festzustellen und jeweils gesondert zu entschädigen.

(6) Für land- und forstwirtschaftliches Vermögen gelten § 4 Abs. 4 und § 8 Abs. 2 entsprechend.

§ 4 Bemessungsgrundlage der Entschädigung für Unternehmen

(1) Bemessungsgrundlage der Entschädigung für Unternehmen oder Anteile an Unternehmen mit Ausnahme von land- und forstwirtschaftlichen Betrieben, die bis einschließlich 31. Dezember 1952 enteignet wurden, ist das 1,5fache des im Hauptfeststellungszeitraum vor der Schädigung zuletzt festgestellten Einheitswertes. Ist ein Einheitswert nicht festgestellt worden oder nicht mehr bekannt, oder ist das Unternehmen ab 1. Januar 1953 enteignet worden, und ist ein Ersatzeinheitswert nach dem Beweissicherungs- und Feststellungsgesetz ermittelt worden, ist das 1,5fache dieses Wertes maßgebend; der Ersatzeinheitswert wird dem zuständigen Landesamt zur Regelung offener Vermögensfragen von der Ausgleichsverwaltung im Wege der Amtshilfe mitgeteilt. Die Sätze 1 und 2 gelten nicht, wenn Wiederaufnahmegründe im Sinne des § 580 der Zivilprozeßordnung vorliegen und wenn deren Berücksichtigung bei einer Bemessung nach Absatz 2 zu einem Wert führt, der um mehr als ein Fünftel, mindestens aber 1000 Mark vom Einheitswert oder Ersatzeinheitswert abweicht.

(2) Ist kein verwertbarer Einheitswert oder Ersatzeinheitswert vorhanden, so ist er ersatzweise aus dem Unterschiedsbetrag zwischen dem Anlage- und Umlaufvermögen des Unternehmens und denjenigen Schulden, die mit der Gesamtheit oder mit einzelnen Teilen des Unternehmens in wirtschaftlichem Zusammenhang stehen (Reinvermögen), zu ermitteln. Das Reinvermögen ist anhand der Bilanz für den letzten Stichtag vor der Schädigung oder einer sonstigen beweiskräftigen Unterlage nach folgenden Maßgaben festzustellen:
1. Betriebsgrundstücke sowie Mineralgewinnungsrechte sind mit dem Einheitswert, dem Ersatzeinheitswert oder einem Hilfswert nach § 3 Abs. 3 anzusetzen. § 3 Abs. 4 gilt entsprechend.
2. Wertausgleichsposten für den Verlust von Wirtschaftsgütern im Zuge der Kriegsereignisse bleiben außer Ansatz.
3. Forderungen, Wertpapiere und Geldbestände sind im Verhältnis 2 zu 1 umzuwerten.
4. Sonstiges Anlage- und Umlaufvermögen ist mit 80 vom Hundert des Wertansatzes in Bilanzen oder sonstigen beweiskräftigen Unterlagen zu berücksichtigen, sofern sich diese auf Wertverhältnisse seit dem 1. Januar 1952 beziehen.
5. Mit Wirtschaftsgütern im Sinne der Nummern 3 und 4 in unmittelbarem Zusammenhang stehende Betriebsschulden sind im dort genannten Verhältnis zu mindern.

Soweit ein unmittelbarer Zusammenhang zwischen bestimmten Wirtschaftsgütern und bestimmten Betriebsschulden nicht besteht, sind die Schulden den einzelnen Wirtschaftsgütern anteilig zuzuordnen.

(2a) Bei Unternehmen mit höchstens 10 Mitarbeitern einschließlich mitarbeitender Familienmitglieder ist auf Antrag des Berechtigten die Bemessungsgrundlage anstelle von Absatz 1 oder 2 mit dem siebenfachen Einheitswert des zum Betriebsvermögen gehörenden Geschäftsgrundstücks zuzüglich des sonstigen nach Absatz 2 Satz 2 Nr. 2 bis 5 und Satz 3 zu bewertenden Betriebsvermögens zu ermitteln.

(3) Ist eine Bemessungsgrundlage nach den Absätzen 1 und 2 nicht zu ermitteln, so ist sie zu schätzen.

(4) Hat der Berechtigte nach § 6 Abs. 6a Satz 1 des Vermögensgesetzes einzelne Vermögensgegenstände zurückbekommen, so ist deren Wert im Zeitpunkt der Rückgabe von der Bemessungsgrundlage für die Entschädigung des Unternehmens abzuziehen. Dieser ist zu mindern
1. um den Wert der nach § 6 Abs. 6a Satz 2 des Vermögensgesetzes übernommenen Schulden oder
2. um etwaige Rückzahlungsverpflichtungen nach § 6 Abs. 6a Satz 1 2. Halbsatz des Vermögensgesetzes oder § 6 Abs. 5c Satz 3 des Vermögensgesetzes.

§ 5 Bemessungsgrundlage der Entschädigung für Forderungen und Schutzrechte

(1) Bemessungsgrundlage der Entschädigung von privaten geldwerten Ansprüchen, z. B. Kontoguthaben, hypothekarisch gesicherten Forderungen, Hinterlegungsbeträge und Geschäftsguthaben bei Genossenschaften, die durch Abführung an den Staatshaushalt enteignet wurden, ist vorbehaltlich des Satzes 2 der im Verhältnis 2 zu 1 auf Deutsche Mark umgestellte buchmäßige Betrag im Zeitpunkt der Schädigung. Für in Reichsmark ausgewiesene Beträge gilt § 2 Abs. 2 des Ausgleichsleistungsgesetzes, wenn die Schädigung vor dem 24. Juni 1948 erfolgte. Ist der bei der Aufhebung der staatlichen Verwaltung oder der am 31. Dezember 1992 ausgewiesene Betrag höher, gilt dieser, es sei denn, die Erhöhung rührt aus der Veräußerung eines Vermögenswertes her, der jetzt an den Berechtigten zurückübertragen worden

Anhang 1: Entschädigungs- und Ausgleichsleistungsgesetz

ist. Eine rückwirkende Verzinsung findet nicht statt. Öffentlich-rechtliche Verbindlichkeiten, die schon vor der Inverwaltungnahme entstanden waren, danach angefallene Erbschaftsteuer sowie privatrechtliche Verbindlichkeiten, insbesondere Unterhaltsschulden des Kontoinhabers, bleiben abgezogen. Für nicht enteignete Kontoguthaben beläuft sich die Bemessungsgrundlage der Entschädigung auf den entsprechenden Unterschiedsbetrag.

(2) Entschädigungsansprüche werden nach Maßgabe der verfügbaren Mittel des Entschädigungsfonds bis zum Betrag von 10 000 Deutsche Mark in Geld erfüllt.

(3) Ansprüche aus nach dem 23. Juni 1948 enteigneten Lebensversicherungen sind mit 50 vom Hundert ihres auf Deutsche Mark der Deutschen Notenbank, Mark der Deutschen Notenbank oder Mark der Deutschen Demokratischen Republik lautenden Rückkaufswertes zu bemessen. Kann ein Rückkaufswert zum Zeitpunkt des Eingriffs nicht nachgewiesen werden, ist die Bemessungsgrundlage hilfsweise ein Neuntel der in Reichsmark geleisteten Beträge oder ein Drittel der in Mark der Deutschen Notenbank geleisteten Beträge.

(4) Ansprüche aus Nießbrauch und aus Rechten auf Renten, Altenteile sowie andere wiederkehrende Nutzungen und Leistungen sind mit dem Kapitalwert nach den §§ 15 bis 17 des in § 3 Abs. 3 genannten Bewertungsgesetzes anzusetzen.

(5) Gewerbliche Schutzrechte, Urheberrechte sowie verwandte Schutzrechte sind mit dem Betrag zu entschädigen, der sich unter Zugrundelegung der durchschnittlichen Jahreserträge und der tatsächlichen Verwertungsdauer nach der Schädigung als Kapitalwert nach § 15 des in § 3 Abs. 3 genannten Bewertungsgesetzes ergibt.

§ 6 Anrechnung einer erhaltenen Gegenleistung oder einer Entschädigung

(1) Hat der Berechtigte nach § 2 Abs. 1 des Vermögensgesetzes oder sein Gesamtrechtsvorgänger für den zu entschädigenden Vermögenswert eine Gegenleistung oder eine Entschädigung erhalten, so ist diese einschließlich zugeflossener Zinsen unter Berücksichtigung des Umstellungsverhältnisses von zwei Mark der Deutschen Demokratischen Republik zu einer Deutschen Mark von der Bemessungsgrundlage abzuziehen. Dies gilt nicht, wenn die Gegenleistung an den Verfügungsberechtigten schon herausgegeben oder noch herauszugeben ist. Ist die Gegenleistung oder die Entschädigung dem Berechtigten, einem Anteilsberechtigten oder deren Gesamtrechtsvorgänger nicht oder nur teilweise zugeflossen, ist dies bei der Ermittlung des Abzugsbetrages zu berücksichtigen; Beträge, die mit rechtsbeständigen Verbindlichkeiten des Berechtigten wie Unterhaltsschulden, Darlehensforderungen, nichtdiskriminierenden Gebühren oder Steuern verrechnet wurden, gelten als ihm zugeflossen.

(2) Ist der Berechtigte eine juristische Person oder eine Personengesellschaft des Handelsrechts und ist die Gegenleistung oder die Entschädigung einem Anteilsberechtigten gewährt worden, so gilt diese für die Zwecke der Anrechnung als dem Berechtigten zugeflossen.

§ 7 Kürzungsbeträge

(1) Übersteigt die auf einen Berechtigten entfallende Summe aus Bemessungsgrundlage und Abzügen nach § 3 Abs. 4, § 4 Abs. 4 sowie § 6 den Betrag von 10 000 Deutsche Mark, so ist die Entschädigung um jeweils folgende Beträge zu kürzen:
– der 10 000 Deutsche Mark übersteigende, bis 20 000 Deutsche Mark reichende Betrag um 30 vom Hundert,
– der 20 000 Deutsche Mark übersteigende, bis 30 000 Deutsche Mark reichende Betrag um 40 vom Hundert,

- der 30 000 Deutsche Mark übersteigende, bis 40 000 Deutsche Mark reichende Betrag um 50 vom Hundert,
- der 40 000 Deutsche Mark übersteigende, bis 50 000 Deutsche Mark reichende Betrag um 60 vom Hundert,
- der 50 000 Deutsche Mark übersteigende, bis 100 000 Deutsche Mark reichende Betrag um 70 vom Hundert,
- der 100 000 Deutsche Mark übersteigende, bis 500 000 Deutsche Mark reichende Betrag um 80 vom Hundert,
- der 500 000 Deutsche Mark übersteigende, bis 1 Million Deutsche Mark reichende Betrag um 85 vom Hundert,
- der 1 Million Deutsche Mark übersteigende, bis 3 Millionen Deutsche Mark reichende Betrag um 90 vom Hundert,
- der 3 Millionen Deutsche Mark übersteigende Betrag um 95 vom Hundert.

(2) Hat ein Berechtigter Ansprüche auf Entschädigung oder auf Ausgleichsleistung nach dem Ausgleichsleistungsgesetz für mehrere Vermögenswerte, ist Absatz 1 auf deren Summe anzuwenden. Die Kürzung wird im nachfolgenden Bescheid vorgenommen. Ist ein Vermögenswert zu entschädigen, der zum Zeitpunkt der Entziehung mehreren Berechtigten zu Bruchteilen oder zur gesamten Hand zugestanden hat, ist Absatz 1 auf jeden Anteil gesondert anzuwenden. Bei mehreren Rechtsnachfolgern eines Berechtigten steht diesen nur ihr Anteil an der nach Absatz 1 gekürzten Entschädigung zu.

(3) Ist die Kürzung nach Absatz 2 Satz 1 insbesondere wegen der Zuständigkeit verschiedener Ämter oder Landesämter zur Regelung offener Vermögensfragen unterblieben, setzt die zuständige Behörde, die zuletzt entschieden hat, den Gesamtentschädigungsbetrag fest.

§ 8 Abzug von Lastenausgleich

(1) Hat der Berechtigte nach § 2 Abs. 1 des Vermögensgesetzes oder sein Gesamtrechtsvorgänger für zu entschädigende Vermögenswerte, für die ein Schadensbetrag nach § 245 des Lastenausgleichsgesetzes ermittelt oder für die ein Sparerzuschlag nach § 249a des Lastenausgleichsgesetzes zuerkannt wurde, Hauptentschädigung nach dem Lastenausgleichsgesetz erhalten, ist von der nach § 7 gekürzten Bemessungsgrundlage der von der Ausgleichsverwaltung nach den Vorschriften des Lastenausgleichsgesetzes bestandskräftig festgesetzte Rückforderungsbetrag abzuziehen. Die der Ausgleichsverwaltung von der zuständigen Behörde mitgeteilte nach § 7 gekürzte Bemessungsgrundlage gilt als Schadensausgleichsleistung in Geld im Sinne des § 349 Abs. 3 des Lastenausgleichsgesetzes.

(2) § 6 Abs. 2 gilt für den Abzug von Lastenausgleich entsprechend.

§ 9 Entschädigungsfonds

(1) Entschädigungen nach diesem Gesetz, Ausgleichsleistungen nach den §§ 1 und 2 des Ausgleichsleistungsgesetzes, Entschädigungen nach dem NS-Verfolgtenentschädigungsgesetz sowie Leistungen nach dem Vertriebenenzuwendungsgesetz werden aus einem nicht rechtsfähigen Sondervermögen des Bundes (Entschädigungsfonds) erbracht. Der Entschädigungsfonds ist ein Sondervermögen im Sinne des Artikels 110 Abs. 1 und des Artikels 115 Abs. 2 des Grundgesetzes; Artikel 115 Abs. 1 Satz 2 des Grundgesetzes findet auf den Entschädigungsfonds keine Anwendung. Das Sondervermögen ist von dem übrigen Vermögen des Bundes, seinen Rechten und Verbindlichkeiten getrennt zu halten. Der Bund haftet für die Verbindlichkeiten des Entschädigungsfonds.

(2) Das Bundesamt zur Regelung offener Vermögensfragen verwaltet das Sondervermögen auf Weisung und unter Aufsicht des Bundesministeriums der Finanzen.

(3) Das Sondervermögen kann unter seinem Namen im rechtsgeschäftlichen Verkehr handeln, klagen oder verklagt werden. Der allgemeine Gerichtsstand des Sondervermögens ist Berlin.

(4) Der Entschädigungsfonds ist berechtigt, Schuldverschreibungen durch Eintragung in das Bundesschuldbuch zu begeben. Die Ausgabe von Stücken ist für die gesamte Laufzeit ausgeschlossen.

(5) Schuldverschreibungen des Entschädigungsfonds stehen solchen des Bundes gleich. Die Schulden des Entschädigungsfonds werden durch die Bundesschuldenverwaltung nach den für die allgemeine Bundesschuld jeweils geltenden Grundsätzen verwaltet.

(6) Der Entschädigungsfonds ist berechtigt, Schuldverschreibungen nach § 1 Abs. 1 Satz 2 zum Zwecke der Marktpflege in Höhe von bis zu zehn vom Hundert der umlaufenden Schuldtitel anzukaufen.

(7) Die mit der Begebung oder Verwaltung der Schuldverschreibungen beauftragten Einrichtungen sind berechtigt, den für die Durchführung des Gesetzes zuständigen Stellen zu Kontrollzwecken Angaben über die zugeteilten Schuldverschreibungen zu übermitteln, wenn Anhaltspunkte für eine Doppelleistung oder für eine Überzahlung insbesondere wegen Außerachtlassung einer Kürzung nach § 7 oder eines Abzuges nach § 8 bestehen.

(8) Das Bundesministerium der Finanzen wird ermächtigt, durch Rechtsverordnung[1] Einzelheiten der Erfüllung des Entschädigungsanspruchs und des Verfahrens (wie z. B. Begebung und Ausgestaltung der Schuldverschreibungen, Zusammenwirken der beteiligten Stellen) zu regeln.

§ 10 Einnahmen des Entschädigungsfonds

(1) An den Entschädigungsfonds sind abzuführen:
1. von der Treuhandanstalt drei Milliarden Deutsche Mark aus ihren Veräußerungserlösen. Das Bundesministerium der Finanzen setzt die pauschalen Jahresbeträge unter Berücksichtigung des Finanzbedarfs des Entschädigungsfonds fest;
2. 50 vom Hundert des Gesamtwertes des Finanzvermögens in Treuhandverwaltung des Bundes nach Artikel 22 Abs. 1 des Einigungsvertrages, fällig in jährlichen Raten entsprechend den Erlösen aus der Veräußerung von Vermögensgegenständen. Das Bundesministerium der Finanzen setzt die Höhe der Rate fest;
3. von Gebietskörperschaften oder sonstigen Trägern der öffentlichen Verwaltung, z. B. Sozialversicherung, Bahn, Post, der 1,3fache Einheitswert von Grundstücken, die wegen der Zugehörigkeit zu deren Verwaltungsvermögen nach Artikel 21 des Einigungsvertrages nach den §§ 4 und 5 des Vermögensgesetzes nicht restituierbar sind oder die wegen der Wahl von Entschädigung nicht restituiert werden;
4. das nach § 19 Abs. 2 des Westvermögen-Abwicklungsgesetzes vom Präsidenten des Bundesausgleichsamtes treuhänderisch verwaltete Vermögen von ehemaligen öffentlich-rechtlichen Kreditinstituten mit Sitz im Beitrittsgebiet;
5. nicht anderweitig zuzuordnende Vermögenswerte aus dem Bereich des früheren Amtes für den Rechtsschutz des Vermögens der Deutschen Demokratischen Republik und Überweisungen der Hinterlegungsstellen nach § 4 Abs. 2 des Schuldbuchbereinigungsgesetzes;
6. Wertausgleich nach § 7 des Vermögensgesetzes und herauszugebende Gegenleistungen oder Entschädigungen nach § 7a Abs. 2 Satz 3 des Vermögensgesetzes;

---

[1] Schuldverschreibungsverordnung; siehe Anhang 3.

7. Veräußerungserlöse nach § 11 Abs. 4 des Vermögensgesetzes und sonstige nicht beanspruchte Vermögenswerte, die bis zum 31. Dezember 1992 unter staatlicher Verwaltung standen, wenn der Eigentümer oder Inhaber sich nicht nach öffentlichem Aufgebot, das vom Bundesamt zur Regelung offener Vermögensfragen zu beantragen ist, innerhalb einer Frist von vier Jahren gemeldet hat. Ein Aufgebotsverfahren ist nicht erforderlich, wenn der Veräußerungserlös oder der Wert des sonstigen nicht beanspruchten Vermögens den Betrag von 1000 Deutsche Mark nicht erreicht;
8. Regreßforderungen gegenüber staatlichen Verwaltern nach § 13 Abs. 3 des Vermögensgesetzes;
9. Forderungen nach § 18b Abs. 1 des Vermögensgesetzes sowie diejenigen Erlösanteile aus Veräußerungen nach § 16 Abs. 1 des Investitionsvorranggesetzes, die nicht dem Berechtigten, dem Verfügungsberechtigten oder einem privaten Dritten zustehen;
10. ab 1. Januar 1994 vereinnahmte Rückflüsse nach § 349 des Lastenausgleichsgesetzes;
11. Veräußerungserlöse aus dem Verkauf von ehemals volkseigenem Grund und Boden nach dem 27. Juli 1990 an die Inhaber dinglicher Nutzungsrechte für Eigenheime und Entgelte für die Nutzung ehemals volkseigenen Grund und Bodens durch die Inhaber dinglicher Nutzungsrechte für Eigenheime, wenn die Rückübertragung nach § 4 des Vermögensgesetzes ausgeschlossen oder wegen der Wahl von Entschädigung entfallen ist;
12. Vermögenswerte, die nach § 1b des Vermögenszuordnungsgesetzes in der Fassung des Artikels 16 Nr. 4 des Registerverfahrensbeschleunigungsgesetzes dem Entschädigungsfonds zugeordnet werden;
13. Zuschüsse aus dem Bundeshaushalt ab 1. Januar 2004.

Ein Anspruch der Berechtigten gegen den Entschädigungsfonds auf Einforderung seiner Einnahmen besteht nicht.

(2) Zur Überbrückung etwaiger Liquiditätsengpässe können aus dem Bundeshaushalt zinslose Liquiditätsdarlehen nach Maßgabe des jeweiligen Haushaltsplans geleistet werden. Die Rückzahlung an den Bund erfolgt bei Einnahmeüberschüssen. Einzelheiten regelt das Bundesministerium der Finanzen.

§ 11 Bewirtschaftung des Entschädigungsfonds

(1) Die Einnahmen und Ausgaben des Entschädigungsfonds werden für jedes Rechnungsjahr in einem Wirtschaftsplan veranschlagt. Der Wirtschaftsplan ist in Einnahmen und Ausgaben auszugleichen.

(2) Das Bundesministerium der Finanzen stellt am Schluß eines jeden Rechnungsjahres die Jahresrechnung für den Entschädigungsfonds auf und fügt sie als Anhang der Haushaltsrechnung des Bundes bei. Die Jahresrechnung muß in übersichtlicher Weise den Bestand des Sondervermögens einschließlich der Forderungen und Verbindlichkeiten erkennen lassen sowie die Einnahmen und Ausgaben nachweisen.

(3) Auf die Verpflichtung des Entschädigungsfonds, Abgaben an den Bund, die Länder, die Gemeinden (Gemeindeverbände) und Körperschaften des öffentlichen Rechts zu entrichten, finden die allgemein für Bundesbehörden geltenden Vorschriften Anwendung.

(4) Die Kosten für die Verwaltung des Entschädigungsfonds trägt der Bund.

§ 12 Zuständigkeit und Verfahren

(1) Für die Durchführung dieses Gesetzes gelten die Bestimmungen des Vermögensgesetzes entsprechend. Ist ein Anspruch auf Rückübertragung des Eigentums aus den Gründen des § 3 Abs. 2 des Vermögensgesetzes unanfechtbar abgewiesen

worden, entscheidet das Amt oder Landesamt zur Regelung offener Vermögensfragen auf Antrag des Betroffenen über dessen Anspruch auf Entschädigung nach § 1 Abs. 2 Satz 1. Der Antrag kann vorbehaltlich des Satzes 4 nur bis zum Ablauf des sechsten Monats nach Eintritt der Bestandskraft oder Rechtskraft der Entscheidung nach dem Vermögensgesetz gestellt werden (Ausschlußfrist). Die Antragsfrist endet frühestens mit Ablauf des sechsten Monats nach Inkrafttreten des Gesetzes.

(2) In den Fällen des § 10 Nr. 3, 7, 8, 9 und 11 setzen die für die Entscheidung über die Entschädigung zuständigen Stellen als Vertreter des Entschädigungsfonds den an diesen abzuführenden Betrag durch Verwaltungsakt gegenüber dem Verpflichteten fest. Der Entschädigungsfonds kann den Abführungsbetrag selbst festsetzen.

Artikel 2. Gesetz über staatliche Ausgleichsleistungen für Enteignungen auf besatzungsrechtlicher oder besatzungshoheitlicher Grundlage, die nicht mehr rückgängig gemacht werden können (Ausgleichsleistungsgesetz – AusglLeistG)

§ 1 Anspruch auf Ausgleichsleistung

(1) Natürliche Personen, die Vermögenswerte im Sinne des § 2 Abs. 2 des Gesetzes zur Regelung offener Vermögensfragen (Vermögensgesetz) durch entschädigungslose Enteignungen auf besatzungsrechtlicher oder besatzungshoheitlicher Grundlage in dem in Artikel 3 des Einigungsvertrages genannten Gebiet (Beitrittsgebiet) verloren haben, oder ihre Erben oder weiteren Erben (Erbeserben) erhalten eine Ausgleichsleistung nach Maßgabe dieses Gesetzes. § 1 Abs. 7 des Vermögensgesetzes bleibt unberührt.

(1 a) Ein Anspruch auf Ausgleichsleistung besteht im Fall der Einziehung von im Beitrittsgebiet belegenen Vermögenswerten durch Entscheidung eines ausländischen Gerichts auch, wenn hinsichtlich der mit der Entscheidung verbundenen Freiheitsentziehung eine Bescheinigung nach § 10 Abs. 4 des Häftlingshilfegesetzes erteilt worden ist. § 1 Abs. 7 des Vermögensgesetzes bleibt unberührt.

(2) Ein Eingriff auf besatzungsrechtlicher oder besatzungshoheitlicher Grundlage liegt bei der Enteignung von Vermögen einer Gesellschaft oder einer Genossenschaft vor, wenn diese zu einer Minderung des Wertes der Anteile an der Gesellschaft oder der Geschäftsguthaben der Mitglieder der Genossenschaft geführt hat. Das gleiche gilt für Begünstigte (§ 18 b Abs. 1 Satz 1 des Vermögensgesetzes) früherer dinglicher Rechte an Grundstücken, die auf besatzungsrechtlicher oder besatzungshoheitlicher Grundlage enteignet wurden. § 1 Abs. 2 Satz 3 und 4 des Entschädigungsgesetzes gilt entsprechend. Ist das Vermögen einer Familienstiftung oder eines Familienvereins mit Sitz im Beitrittsgebiet enteignet worden, sind den daran Beteiligten Ausgleichsleistungen so zu gewähren, als wären sie an dem Vermögen der Familienstiftung oder des Familienvereins zur gesamten Hand berechtigt gewesen; die Achtzehnte Verordnung zur Durchführung des Feststellungsgesetzes vom 11. November 1964 (BGBl. I S. 855) gilt entsprechend.

(3) Ausgleichsleistungen werden nicht gewährt für
1. Schäden, die durch Wegnahme von Wirtschaftsgütern auf Veranlassung der Besatzungsmacht entstanden sind, sofern diese Wirtschaftsgüter der Volkswirtschaft eines fremden Staates zugeführt wurden oder bei der Wegnahme eine dahingehende Absicht bestand (Reparationsschäden im Sinne des § 2 Abs. 1 bis 4 und 6 bis 7 des Reparationsschädengesetzes),
2. Schäden, die dadurch entstanden sind, daß Wirtschaftsgüter, die tatsächlich oder angeblich während des Zweiten Weltkrieges aus den von deutschen Truppen besetzten oder unmittelbar oder mittelbar kontrollierten Gebieten beschafft oder

fortgeführt worden sind, durch Maßnahmen oder auf Veranlassung der Besatzungsmacht in der Absicht oder mit der Begründung weggenommen worden sind, sie in diese Gebiete zu bringen oder zurückzuführen (Restitutionsschäden im Sinne des § 3 des Reparationsschädengesetzes),
3. Schäden, die dadurch entstanden sind, daß Wirtschaftsgüter zum Zwecke der Beseitigung deutschen Wirtschaftspotentials zerstört, beschädigt oder, ohne daß die sonstigen Voraussetzungen des § 2 Abs. 1 des Reparationsschädengesetzes vorliegen, weggenommen worden sind (Zerstörungsschäden im Sinne des § 4 des Reparationsschädengesetzes),
4. Verluste an den im Allgemeinen Kriegsfolgengesetz in der im Bundesgesetzblatt Teil III, Gliederungsnummer 653-1, veröffentlichten bereinigten Fassung genannten Vermögenswerten,
5. Gläubigerverluste, die im Zusammenhang mit der Neuordnung des Geldwesens im Beitrittsgebiet stehen,
6. verbriefte Rechte, die der Wertpapierbereinigung unterlagen oder unterliegen,
7. auf ausländische Währung lautende Wertpapiere,
8. Schuldverschreibungen von Gebietskörperschaften und
9. Ansprüche, die in § 1 Abs. 8 Buchstabe c und d des Vermögensgesetzes genannt sind.

(4) Leistungen nach diesem Gesetz werden nicht gewährt, wenn der nach den Absätzen 1 und 2 Berechtigte oder derjenige, von dem er seine Rechte ableitet, oder das enteignete Unternehmen gegen die Grundsätze der Menschlichkeit oder Rechtsstaatlichkeit verstoßen, in schwerwiegendem Maße seine Stellung zum eigenen Vorteil oder zum Nachteil anderer mißbraucht oder dem nationalsozialistischen oder dem kommunistischen System in der sowjetisch besetzten Zone oder in der Deutschen Demokratischen Republik erheblichen Vorschub geleistet hat.

§ 2 Art und Höhe der Ausgleichsleistung

(1) Ausgleichsleistungen sind vorbehaltlich der §§ 3 und 5 aus dem Entschädigungsfonds nach Maßgabe der §§ 1 und 9 des Entschädigungsgesetzes zu erbringen. Sie werden, soweit dieses Gesetz nicht besondere Regelungen enthält, nach den §§ 1 bis 8 des Entschädigungsgesetzes bemessen und erfüllt. Beim Zusammentreffen mit Entschädigungen nach dem Vermögensgesetz sind die einzelnen Ansprüche vor Anwendung des § 7 des Entschädigungsgesetzes zusammenzurechnen.

(2) Auf Reichsmark lautende privatrechtliche geldwerte Ansprüche, die nicht in einen Einheitswert einbezogen sind, sind mit folgendem Anteil am jeweiligen Nennbetrag zu bemessen:
– für die ersten 100 Reichsmark:
  50 vom Hundert,
– für den übersteigenden Betrag bis 1000 Reichsmark:
  10 vom Hundert,
– für 1000 Reichsmark übersteigende Beträge:
  5 vom Hundert

(3) Auf Deutsche Mark der Deutschen Notenbank lautende privatrechtliche geldwerte Ansprüche sind mit 50 vom Hundert ihres jeweiligen Nennbetrages zu bemessen.

(4) Die Bemessungsgrundlage für in Wertpapieren verbriefte Forderungen ist gemäß § 16 des Beweissicherungs- und Feststellungsgesetzes in der bis zum 30. Juli 1992 geltenden Fassung und § 17 des Feststellungsgesetzes zu ermitteln. Die Ausgleichsleistung beträgt fünf vom Hundert der Bemessungsgrundlage. Lauten Wertpapiere im Sinne des Satzes 1 auf Mark der Deutschen Notenbank, sind die Ausgleichsleistungen mit 50 vom Hundert zu bemessen.

Anhang 1: Entschädigungs- und Ausgleichsleistungsgesetz 223

(5) Die Summe der Ausgleichsleistungen nach den Absätzen 2 bis 4 darf 10 000 Deutsche Mark nicht überschreiten.

(6) Die Bemessungsgrundlage für Rechte, die einen Anteil am Kapital eines Unternehmens vermitteln, ist der Teilbetrag der nach § 4 des Entschädigungsgesetzes zu ermittelnden Bemessungsgrundlage, der dem Verhältnis des Nennbetrages des Anteils zum Gesamtnennbetrag des Kapitals entspricht.

(7) Keine Ausgleichsleistungen sind zu gewähren, soweit die Forderungs- oder Anteilsrechte nach den Absätzen 2 bis 6 gegen den ursprünglichen Schuldner oder seinen Rechtsnachfolger wieder durchsetzbar geworden sind.

§ 3 Flächenerwerb

(1) Wer am 1. Oktober 1996 ehemals volkeigene, von der Treuhandanstalt zu privatisierende landwirtschaftliche Flächen langfristig gepachtet hat, kann diese Flächen nach Maßgabe der folgenden Absätze 2 bis 4 und 7 erwerben.

(2) Berechtigt sind natürliche Personen, die auf den in Absatz 1 genannten Flächen ihren ursprünglichen Betrieb wieder eingerichtet haben und ortsansässig sind (Wiedereinrichter) oder einen Betrieb neu eingerichtet haben und am 3. Oktober 1990 ortsansässig waren (Neueinrichter) und diesen Betrieb allein oder als unbeschränkt haftender Gesellschafter in einer Personengesellschaft selbst bewirtschaften. Dies gilt auch für juristische Personen des Privatrechts, die ein landwirtschaftliches Unternehmen betreiben, die Vermögensauseinandersetzung gemäß den §§ 44 ff. des Landwirtschaftsanpassungsgesetzes in der Fassung der Bekanntmachung vom 3. Juli 1991 (BGBl. I S. 1418), das zuletzt durch Gesetz vom 31. März 1994 (BGBl. I S. 736) geändert worden ist, nach Feststellung durch die zuständige Landesbehörde ordnungsgemäß durchgeführt haben und deren Anteilswerte zu mehr als 75 vom Hundert von natürlichen Personen gehalten werden, die bereits am 3. Oktober 1990 ortsansässig waren. Wiedereinrichter im Sinne des Satzes 1 sind auch solche natürlichen Personen, bei denen die Rückgabe ihres ursprünglichen land- und forstwirtschaftlichen Betriebs aus rechtlichen oder tatsächlichen Gründen ausgeschlossen ist, sowie natürliche Personen, denen land- und forstwirtschaftliche Vermögenswerte durch Enteignung auf besatzungsrechtlicher oder besatzungshoheitlicher Grundlage entzogen worden sind. Berechtigt sind auch Gesellschafter der nach Satz 2 berechtigten juristischen Personen, die am 3. Oktober 1990 ortsansässig waren, hauptberuflich in dieser Gesellschaft tätig sind und sich verpflichten, den von ihrer Gesellschaft mit der für die Privatisierung zuständigen Stelle eingegangenen Pachtvertrag bis zu einer Gesamtlaufzeit von 18 Jahren zu verlängern und mit diesen Flächen für Verbindlichkeiten der Gesellschaft zu haften.

(3) Nach Absatz 2 Satz 1 bis 3 Berechtigte können vorbehaltlich der Sätze 2 bis 4 bis zu 600 000 Ertragsmeßzahlen erwerben. Soweit die Flächen von einer Personengesellschaft langfristig gepachtet sind, können die nach Absatz 2 berechtigten Gesellschafter insgesamt Flächen bis zur Obergrenze nach Satz 1 erwerben. Soweit eine nach Absatz 2 berechtigte juristische Person die Obergrenze nach Satz 1 nicht ausgeschöpft hat, können deren nach Absatz 2 Satz 4 berechtigten Gesellschafter die verbleibenden Ertragsmeßzahlen nach näherer Bestimmung durch die Gesellschaft erwerben. Die Erwerbsmöglichkeit nach Absatz 1 besteht, soweit ein Eigentumsanteil von 50 vom Hundert der landwirtschaftlich genutzten Fläche nicht überschritten wird; auf den Eigentumsanteil sind die einer Gesellschaft und ihren Gesellschaftern gehörenden Flächen anzurechnen; auch nach Absatz 5 zustehende oder bereits erworbene Flächen werden auf den Vomhundertsatz und auf die Ertragsmeßzahlen angerechnet.

(4) Berechtigte nach Absatz 2 Satz 1 bis 3 können ehemals volkeigene, von der Treuhandanstalt zu privatisierende Waldflächen bis zu 100 ha zusätzlich zu landwirtschaftlichen Flächen erwerben, falls dies unter Berücksichtigung des vorgelegten Be-

triebskonzepts eine sinnvolle Ergänzung des landwirtschaftlichen Betriebsteils darstellt und nachgewiesen wird, daß der landwirtschaftliche Betrieb im wesentlichen auf eigenen oder für mindestens zwölf Jahre gepachteten Flächen wirtschaftet.

(5) Natürliche Personen, denen land- oder forstwirtschaftliches Vermögen entzogen worden ist und bei denen die Rückgabe ihres ursprünglichen Betriebes aus rechtlichen oder tatsächlichen Gründen ausgeschlossen ist oder denen solche Vermögenswerte durch Enteignung auf besatzungsrechtlicher oder besatzungshoheitlicher Grundlage entzogen worden sind und die nicht nach den Absätzen 1 und 2 berechtigt sind, können ehemals volkseigene, von der Treuhandanstalt zu privatisierende landwirtschaftliche Flächen und Waldflächen erwerben, die nicht für einen Erwerb nach den Absätzen 1 bis 4 in Anspruch genommen werden. Landwirtschaftliche Flächen können nur bis zur Höhe der halben Ausgleichsleistung nach § 2 Abs. 1 Satz 1 des Entschädigungsgesetzes, höchstens aber bis zu 300 000 Ertragsmeßzahlen, Waldflächen bis zur Höhe der verbleibenden Ausgleichsleistung erworben werden. Dies gilt nicht, soweit die Ausgleichsleistung zum Erwerb gemäß den Absätzen 1 bis 4 verwendet werden kann. Ist ein Erwerb des ehemaligen Eigentums nicht möglich, sollen Flächen aus dem ortsnahen Bereich angeboten werden. Ein Anspruch auf bestimmte Flächen besteht nicht. Ein Berechtigter nach Satz 1, dem forstwirtschaftliches Vermögen entzogen worden ist, kann landwirtschaftliche Flächen nicht oder nur in einem bestimmten Umfang erwerben. Will der Berechtigte nach Satz 1 seine Erwerbsmöglichkeit wahrnehmen, hat er dies der für die Privatisierung zuständigen Stelle innerhalb einer Ausschlußfrist von sechs Monaten nach Bestandskraft des Ausgleichsleistungs- oder Entschädigungsbescheides zu erklären. Wird dem nach den Absätzen 1 bis 4 Berechtigten von der für die Privatisierung zuständigen Stelle mitgeteilt, daß von ihm bewirtschaftete Flächen von einem nach diesem Absatz Berechtigten beansprucht werden, muß er innerhalb einer Frist von sechs Monaten der für die Privatisierung zuständigen Stelle mitteilen, welche Flächen er vorrangig erwerben will. Die Erwerbsmöglichkeit nach diesem Absatz kann der Berechtigte auf den Ehegatten, an Verwandte in gerader Linie sowie an Verwandte zweiten Grades in der Seitenlinie übertragen. Soweit eine Erbengemeinschaft berechtigt ist, kann die Erwerbsmöglichkeit auf ein Mitglied übertragen oder auf mehrere Mitglieder aufgeteilt werden.

(6) Gegenüber einem Pächter muß sich der Erwerber nach Absatz 5 bereit erklären, bestehende Pachtverträge bis zu einer Gesamtlaufzeit von 18 Jahren zu verlängern. Ist die für die Privatisierung zuständige Stelle gegenüber dem Pächter verpflichtet, die verpachteten Flächen an ihn zu veräußern, so sind diese Flächen in den Grenzen der Absätze 1 bis 4 für einen Erwerb nach Absatz 5 nur mit Zustimmung des Pächters verfügbar.

(7) Der Wertansatz für landwirtschaftliche Flächen ist vorbehaltlich des Satzes 2 das Dreifache des Einheitswerts der jeweiligen Fläche, der nach den Wertverhältnissen am 1. Januar 1935 festgestellt ist oder noch ermittelt wird (Einheitswert 1935). Werden aufstehende Gebäude miterworben, können unter Berücksichtigung der Umstände des Einzelfalles, insbesondere des Zustands des Gebäudes Zu- oder Abschläge aufgrund einer Empfehlung des Beirats nach § 4 Abs. 1 festgelegt werden; hierbei soll der Verkehrswert des Gebäudes mitberücksichtigt werden. Für Waldflächen mit einem Anteil hiebsreifer Bestände von weniger als zehn vom Hundert ist der Wertansatz auf der Grundlage des dreifachen Einheitswerts 1935 unter Beachtung des gegenwärtigen Waldzustandes zu ermitteln. Werden Waldflächen in den Jahren 1995 und 1996 erworben, können Abschläge bis zu 200 Deutsche Mark pro Hektar vorgenommen werden. Beträgt der Anteil hiebsreifer Bestände zehn vom Hundert oder mehr, ist insoweit der Verkehrswert anzusetzen. Die für die Privatisierung zuständige Stelle kann im Einzelfall verlangen, daß der Berechtigte anderweitig nicht verwertbare Restflächen zum Verkehrswert mitübernimmt.

(8) Natürliche Personen, die
a) ihren ursprünglichen, im Beitrittsgebiet gelegenen forstwirtschaftlichen Betrieb wiedereinrichten und ortsansässig sind oder im Zusammenhang mit der Wiedereinrichtung ortsansässig werden oder
b) einen forstwirtschaftlichen Betrieb neu einrichten und am 3. Oktober 1990 ortsansässig waren oder
c) nach Absatz 5 Satz 1 zum Erwerb berechtigt sind und einen forstwirtschaftlichen Betrieb neu einrichten und diesen Betrieb allein oder als unbeschränkt haftender Gesellschafter in einer Personengesellschaft selbst bewirtschaften, können ehemals volkseigene, von der Treuhandanstalt zu privatisierende Waldflächen bis zu 1000 ha erwerben, wenn sie keine landwirtschaftlichen Flächen nach den Asätzen 1 bis 7 erwerben. Als forstwirtschaftlicher Betrieb im Sinne des Satzes 1 gilt auch der forstwirtschaftliche Teil eines land- und forstwirtschaftlichen Betriebes. Absatz 2 Satz 3 gilt entsprechend. Die Berechtigten müssen für die gewünschte Erwerbsfläche ein forstwirtschaftliches Betriebskonzept vorlegen, das Gewähr für eine ordnungsgemäße forstwirtschaftliche Bewirtschaftung bietet. Der Betriebsleiter muß über eine für die Bewirtschaftung eines Forstbetriebes erforderliche Qualifikation verfügen. Absatz 7 gilt entsprechend.

(9) Sind ehemals volkseigene, von der Treuhandanstalt zu privatisierende landwirtschaftliche Flächen bis zum 31. Dezember 2003 nicht nach den Asätzen 1 bis 5 veräußert worden, können sie von den nach diesen Vorschriften Berechtigten erworben werden. Der Kaufantrag muß bis spätestens 30. Juni 2004 bei der für die Privatisierung zuständigen Stelle eingegangen sein. Absatz 7 gilt entsprechend. Erwerb nach Absatz 3 und Satz 1 ist nur bis zu einer Obergrenze von insgesamt 800 000 Ertragsmeßzahlen, Erwerb nach Absatz 5 und Satz 1 ist nur bis zu einer Obergrenze von insgesamt 400 000 Ertragsmeßzahlen möglich.

(10) Die nach dieser Vorschrift erworbenen land- und forstwirtschaftlichen Flächen dürfen vor Ablauf von 20 Jahren ohne Genehmigung der für die Privatisierung zuständigen Stelle nicht veräußert werden. Eine Genehmigung darf nur unter der Voraussetzung erteilt werden, daß der den Erwerbspreis übersteigende Veräußerungserlös der Treuhandanstalt oder deren Rechtsnachfolger zufließt. Das Veräußerungsverbot nach Satz 1 bedarf zu seiner Wirksamkeit der Eintragung im Grundbuch; das Nähere regelt die Rechtsverordnung nach § 4 Abs. 3[1].

(11) § 4 Nr. 1 des Grundstückverkehrsgesetzes vom 28. Juli 1961 (BGBl. I S. 1091), das zuletzt durch das Gesetz vom 8. Dezember 1986 (BGBl. I S. 2191) geändert worden ist, ist auf die Veräußerung landwirtschaftlicher und forstwirtschaftlicher Grundstücke durch die mit der Privatisierung betraute Stelle entsprechend anzuwenden.

§ 4 Beirat und Verordnungsermächtigung

(1) Bei den nach dem Treuhandgesetz vom 17. Juni 1990 (GBl. I Nr. 33 S. 300), zuletzt geändert durch Artikel 1 des Gesetzes vom 9. August 1994 (BGBl. I S. 2062), in der jeweils geltenden Fassung für die Privatisierung zuständigen Stelle werden Beiräte eingerichtet, die bei widerstreitenden Interessen im Zusammenhang mit der Durchführung der Erwerbsmöglichkeiten nach § 3 angerufen werden können. Das Land kann den Beirat auch in Verpachtungsfällen anrufen, wenn die für die Privatisierung zuständige Stelle im Rahmen des für die Verpachtung vorgesehenen Verfahrens von einem Entscheidungsvorschlag des Landes abweichen will.

(2) Die Mitglieder des Beirats werden je zur Hälfte vom Bund und vom Land benannt. Den Vorsitz führt ein weiteres Mitglied, das vom Bund im Einvernehmen mit dem Land benannt wird. Der Beirat spricht nach Anhörung der Beteiligten eine

---

[1] Flächenerwerbsverordnung; siehe Anhang 4.

Empfehlung aus. Hiervon abweichende Entscheidungen hat die für die Privatisierung zuständige Stelle zu begründen.

(3) Die Bundesregierung wird ermächtigt, durch Rechtsverordnung[2] mit Zustimmung des Bundesrates Einzelheiten der Erwerbsmöglichkeit nach § 3, des Verfahrens sowie des Beirats zu regeln. In der Verordnung kann auch bestimmt werden, daß
1. der Wertermittlung abweichend von § 3 Abs. 7 ein vergleichbarer Maßstab in Anlehnung an die Bodenqualität zugrunde gelegt wird,
2. Rückabwicklung verlangt werden kann, wenn sich die Zusammensetzung der Gesellschafter einer juristischen Person nach dem begünstigten Erwerb von Flächen in der Weise verändert, daß 25 vom Hundert oder mehr der Anteilswerte von am 3. Oktober 1990 nicht ortsansässigen Personen oder Berechtigten nach § 1 gehalten werden,
3. bei Nutzungsänderung oder Betriebsaufgabe die Rückabwicklung verlangt werden kann,
4. jährliche Mitteilungspflichten über etwaige Betriebsaufgaben, Nutzungsänderungen oder Gesellschafter festgelegt werden oder sonstige Maßnahmen zur Verhinderung von mißbräuchlicher Inanspruchnahme ergriffen werden,
5. aus agrarstrukturellen Gründen oder in Härtefällen von einer Rückabwicklung abgesehen werden kann.

§ 5 Rückgabe beweglicher Sachen

(1) Bewegliche, nicht in einen Einheitswert einbezogene Sachen sind zurückzuübertragen. Die Rückübertragung ist ausgeschlossen, wenn dies von der Natur der Sache her nicht mehr möglich ist oder natürliche Personen, Religionsgemeinschaften oder gemeinnützige Stiftungen in redlicher Weise an dem Vermögenswert Eigentum erworben haben.

(2) Zur Ausstellung für die Öffentlichkeit bestimmtes Kulturgut bleibt für die Dauer von 20 Jahren unentgeltlich den Zwecken der Nutzung seitens der Öffentlichkeit oder der Forschung gewidmet (unentgeltlicher öffentlicher Nießbrauch). Der Nießbrauchsberechtigte kann die Fortsetzung des Nießbrauchs gegen angemessenes Entgelt verlangen. Gleiches gilt für wesentliche Teile der Ausstattung eines denkmalgeschützten, der Öffentlichkeit zugänglichen Gebäudes. Wenn das Kulturgut mehr als zwei Jahre nicht der Öffentlichkeit zugänglich gemacht worden ist, endet auf Antrag des Berechtigten der Nießbrauch, es sei denn, daß die oberste Landesbehörde triftige Gründe für die Nichtzugänglichkeit und das Fortbestehen der in Satz 1 genannten Zweckbestimmung feststellt.

(3) § 10 des Vermögensgesetzes gilt entsprechend. Die Aufwendungen für das überlassene Kulturgut trägt der Nießbraucher.

§ 6 Zuständigkeit und Verfahren

(1) Ansprüche auf Ausgleichsleistungen sind bei den Ämtern zur Regelung offener Vermögensfragen, soweit für die Rückgabe des entzogenen Vermögenswerts das Bundesamt zur Regelung offener Vermögensfragen oder die Landesämter zur Regelung offener Vermögensfragen zuständig wären, bei diesen geltend zu machen. Bereits gestellte, noch anhängige Anträge nach dem Vermögensgesetz, die nach § 1 Abs. 8 Buchstabe a des Vermögensgesetzes ausgeschlossen sind, werden als Anträge nach diesem Gesetz gewertet. Die Antragsfrist endet mit Ablauf des sechsten Monats nach Inkrafttreten dieses Gesetzes (Ausschlußfrist).

(2) Für die Durchführung dieses Gesetzes gelten die Bestimmungen des Vermögensgesetzes entsprechend.

---

[2] Flächenerwerbsverordnung; siehe Anhang 4.

Artikel 3. NS-Verfolgtenentschädigungsgesetz (NS-VEntschG)

§ 1 Grundsätze der Entschädigung

(1) Ist in den Fällen des § 1 Abs. 6 des Gesetzes zur Regelung offener Vermögensfragen (Vermögensgesetz) die Rückgabe ausgeschlossen (§ 4 Abs. 1 und 2, § 6 Abs. 1 Satz 1 und § 11 Abs. 5 des Vermögensgesetzes) oder hat der Berechtigte Entschädigung gewählt (§ 6 Abs. 7, § 8 Abs. 1 und § 11 Abs. 1 Satz 2 des Vermögensgesetzes), besteht ein Anspruch auf Entschädigung in Geld gegen den Entschädigungsfonds.
(2) § 1 Abs. 4 des Entschädigungsgesetzes gilt entsprechend. Ferner wird eine Entschädigung nicht gewährt für Vermögensverluste, für die der Berechtigte bereits Leistungen nach dem Bundesrückerstattungsgesetz oder anderen rückerstattungsrechtlichen Vorschriften erhalten hat.

§ 2 Höhe der Entschädigung

Für die Entschädigung gelten die §§ 16 bis 26, ausgenommen § 16 Abs. 2 Satz 2, des Bundesrückerstattungsgesetzes. Bei Vermögensgegenständen, für die ein Einheitswert festgestellt wird, bemißt sich die Höhe der Entschädigung nach dem Vierfachen des vor der Schädigung zuletzt festgestellten Einheitswertes. § 3 Abs. 1 Satz 2 und 3, Abs. 2 bis 6 und § 4 Abs. 2 bis 4 des Entschädigungsgesetzes gelten entsprechend; § 3 Abs. 4 des Entschädigungsgesetzes findet mit der Maßgabe Anwendung, daß die in der Zeit vom 15. September 1935 bis 8. Mai 1945 entstandenen Verbindlichkeiten unberücksichtigt bleiben und die übrigen Verbindlichkeiten vorbehaltlich des Nachweises eines höheren verfolgungsbedingten Anteils mit der Hälfte ihres zum Zeitpunkt der Schädigung valutierenden Nennwertes abgezogen werden. Sind Verbindlichkeiten im Zusammenhang mit Schäden, die in diesem Zeitraum eingetreten sind, bereits im Rahmen anderer Wiedergutmachungsregelungen entschädigt worden, sind diese Leistungen nach § 3 in Abzug zu bringen. Bei Synagogen und jüdischen Friedhöfen sowie sonstigen unbeweglichen Vermögenswerten, die im Eigentum einer jüdischen Gemeinde oder einer sonstigen jüdischen Vereinigung standen, bemißt sich die Entschädigung für das Grundstück mindestens nach dem Zweifachen des Wertes am 1. April 1956 in dem damaligen Geltungsbereich des Bundesrückerstattungsgesetzes. Bei den übrigen Vermögenswerten bemißt sich die Entschädigung nach dem Zweifachen des Schadensersatzbetrages nach § 16 Abs. 1 und Abs. 2 Satz 1 des Bundesrückerstattungsgesetzes, wobei für die Berechnung des Wiederbeschaffungswertes nach § 16 Abs. 1 des Bundesrückerstattungsgesetzes auf den Wert abzustellen ist, den der Vermögenswert am Stichtag in dem damaligen Geltungsbereich des Bundesrückerstattungsgesetzes hatte.

§ 3 Anrechnung einer erhaltenen Gegenleistung oder einer Entschädigung

Die §§ 6 und 8 des Entschädigungsgesetzes und § 7 a Abs. 2 des Vermögensgesetzes gelten entsprechend. Ebenfalls anzurechnen sind Entschädigungsleistungen nach den §§ 51 und 56 Abs. 1 Satz 1 des Bundesentschädigungsgesetzes, die mit dem nach diesem Gesetz zu entschädigenden Vermögenswert unmittelbar in Zusammenhang stehen, mit der Maßgabe, daß sich der Anrechnungsbetrag ohne darin enthaltene Zinsen oder Zinszuschläge um zwei vom Hundert jährlich ab Zahlung der Entschädigung bis zum Inkrafttreten dieses Gesetzes erhöht.

§ 4 Zuständige Behörde, Verfahren

Über den Anspruch entscheidet die Oberfinanzdirektion (Bundesvermögensverwaltung) Berlin. Für das Verfahren gelten die Vorschriften des Verwaltungsverfahrensgesetzes, soweit das Vermögensgesetz nichts anderes bestimmt.

Artikel 4. Änderung des Einkommensteuergesetzes

Das Einkommensteuergesetz in der Fassung der Bekanntmachung vom 7. September 1990 (BGBl. I S. 1898, 1991 I S. 808), zuletzt geändert durch Artikel 12 Abs. 39 des Gesetzes vom 14. September 1994 (BGBl. I S. 2325), wird wie folgt geändert:
1. § 3 Nr. 7 wird wie folgt gefaßt:
   „7. Ausgleichsleistungen nach dem Lastenausgleichsgesetz, Leistungen nach dem Flüchtlingshilfegesetz, dem Bundesvertriebenengesetz, dem Reparationsschädengesetz, dem Vertriebenenzuwendungsgesetz, dem NS-Verfolgtenentschädigungsgesetz sowie Leistungen nach dem Entschädigungsgesetz und nach dem Ausgleichsleistungsgesetz, soweit sie nicht Kapitalerträge im Sinne des § 20 Abs. 1 Nr. 7 und Abs. 2 sind;".
2. § 52 Abs. 2a wird wie folgt gefaßt:
   „(2a) § 3 Nr. 7 in der Fassung des Gesetzes vom 21. Dezember 1993 (BGBl. I S. 2310) ist erstmals für den Veranlagungszeitraum 1993 anzuwenden. § 3 Nr. 7 in der Fassung des Gesetzes vom 27. September 1994 (BGBl. I S. 2624) ist erstmals für den Veranlagungszeitraum 1994 anzuwenden."

Artikel 5. Änderung des Erbschaftsteuer- und Schenkungsteuergesetzes

Das Erbschaftsteuer- und Schenkungsteuergesetz in der Fassung der Bekanntmachung vom 19. Februar 1991 (BGBl. I S. 468), zuletzt geändert durch Artikel 18 des Gesetzes vom 21. Dezember 1993 (BGBl. I S. 2310), wird wie folgt geändert:
1. In § 13 Abs. 1 Nr. 7 Buchstabe d wird am Ende das Semikolon durch ein Komma ersetzt, und es werden folgende Buchstaben e und f angefügt:
   „e) Bundesvertriebenengesetz in der Fassung der Bekanntmachung vom 2. Juni 1993 (BGBl. I S. 829),
   f) Vertriebenenzuwendungsgesetz vom 27. September 1994 (BGBl. I S. 2624, 2635);".
2. § 37 wird wie folgt geändert:
   a) In Absatz 9 werden vor dem Wort „finden" die Wörter „sowie § 13 Abs. 1 Nr. 7 Buchstabe e" eingefügt.
   b) In Absatz 10 werden die Wörter „§ 13 Abs. 1 Nr. 2a" durch die Wörter „§ 13 Abs. 1 Nr. 7 Buchstabe f und Abs. 2a" ersetzt.

Artikel 6. Änderung des Bewertungsgesetzes

Das Bewertungsgesetz in der Fassung der Bekanntmachung vom 1. Februar 1991 (BGBl. I S. 230), zuletzt geändert durch Artikel 12 Abs. 38 des Gesetzes vom 14. September 1994 (BGBl. I S. 2325), wird wie folgt geändert:

Anhang 1: Entschädigungs- und Ausgleichsleistungsgesetz

1. In § 111 Nr. 5 Buchstabe d wird am Ende das Semikolon durch ein Komma ersetzt, und es werden folgende Buchstaben e und f angefügt:
   „e) Bundesvertriebenengesetz in der Fassung der Bekanntmachung vom 2. Juni 1993 (BGBl. I S. 829),
   f) Vertriebenenzuwendungsgesetz vom 27. September 1994 (BGBl. I S. 2624, 2635);".
2. § 124 wird wie folgt geändert:
   a) Absatz 4 wird wie folgt gefaßt:
      „(4) Die §§ 129a und 136 sind erstmals zum 1. Januar 1991 anzuwenden."
   b) In Absatz 7 werden das Wort „sowie" durch ein Komma ersetzt und vor dem Wort „sind" die Wörter „sowie § 111 Nr. 5 Buchstabe e" eingefügt.
   c) Absatz 8 wird wie folgt gefaßt:
      „(8) § 111 Nr. 5 Buchstabe f und § 122 in der Fassung des Artikels 14 des Gesetzes vom 21. Dezember 1993 (BGBl. I S. 2310) sind erstmals zum 1. Januar 1994 anzuwenden."
3. In § 129 Abs. 2 werden vor der Nummer 1 die Wörter „§§ 130 und 131" durch die Wörter „§§ 129a bis 131" ersetzt.
4. Nach § 129 wird folgender § 129a eingefügt:

„§ 129a
Abschläge bei Bewertung
mit einem Vielfachen der Jahresrohmiete

(1) Ist eine Ermäßigung wegen des baulichen Zustandes des Gebäudes (§ 37 Abs. 1, 3 und 4 der weiter anzuwendenden Durchführungsverordnung zum Reichsbewertungsgesetz) zu gewähren, tritt der Höchstsatz 50 vom Hundert anstelle des Höchstsatzes von 30 vom Hundert.

(2) Der Wert eines Grundstücks, der sich aus dem Vielfachen der Jahresrohmiete ergibt, ist ohne Begrenzung auf 30 vom Hundert (§ 37 Abs. 3 der weiter anzuwendenden Durchführungsverordnung zum Reichsbewertungsgesetz) zu ermäßigen, wenn die Notwendigkeit baldigen Abbruchs besteht. Gleiches gilt, wenn derjenige, der ein Gebäude auf fremdem Grund und Boden oder aufgrund eines Erbbaurechts errichtet hat, vertraglich zum vorzeitigen Abbruch verpflichtet ist."

Artikel 7. Änderung des Wertausgleichsgesetzes

Das Wertausgleichsgesetz vom 12. Oktober 1971 (BGBl. I S. 1625), geändert durch Artikel 9 Nr. 11 des Gesetzes vom 3. Dezember 1976 (BGBl. I S. 3281), wird wie folgt geändert:
1. § 8 Abs. 1 Satz 2 wird wie folgt gefaßt:
   „Beträgt der Ausgleichsanspruch voraussichtlich weniger als 8000 Deutsche Mark, so kann von seiner Geltendmachung abgesehen werden, wenn damit ein unangemessener Verwaltungsaufwand verbunden wäre."
2. § 30 wird wie folgt gefaßt:

„§ 30

(1) § 1 wird für das in Artikel 3 des Einigungsvertrages genannte Gebiet in folgender Fassung angewandt:

„§ 1

(1) Ist im Aufenthaltsgebiet im Sinne des Artikels 1 Nr. 4 des deutsch-sowjetischen Vertrages über die Bedingungen des befristeten Aufenthalts und die Modalitäten des planmäßigen Abzugs der sowjetischen Truppen aus dem Gebiet der Bundesrepublik Deutschland vom 12. Oktober 1990 (BGBl. 1991 II S. 258) mit einem Grundstück, das durch die sowjetische Besatzungsmacht oder die im Aufenthaltsgebiet stationierten sowjetischen Truppen zur Nutzung oder zum Gebrauch in Anspruch genommen worden war, während der Dauer der Inanspruchnahme auf Veranlassung der sowjetischen Besatzungsmacht oder der im Aufenthaltsgebiet stationierten sowjetischen Truppen eine Sache verbunden worden, so bestimmen sich die Rechtsverhältnisse an dem Grundstück und an der Sache nach den nachstehenden Vorschriften.
(2) Ansprüche auf Wertausgleich oder Entschädigung nach den Vorschriften dieses Gesetzes sind ausgeschlossen, wenn die Befriedigung dieser Ansprüche nach den Vorschriften des Gesetzes zur Regelung offener Vermögensfragen, des Entschädigungsgesetzes oder des Ausgleichsleistungsgesetzes verlangt werden konnte oder kann."
(2) § 7 Buchstabe a wird für das in Artikel 3 des Einigungsvertrages genannte Gebiet wie folgt ergänzt:
„Öffentlichen Mitteln stehen die Mittel gleich, mit denen die sowjetische Seite eine Sache finanziert hat, die sie mit einem ihr zur Nutzung zugewiesenen Grundstück verbunden hat."
(3) Die §§ 26, 27 und 29 finden für das in Artikel 3 des Einigungsvertrages genannte Gebiet keine Anwendung."
3. § 31 wird wie folgt geändert:
 a) Der bisherige Wortlaut wird Absatz 1.
 b) Folgender Absatz 2 wird angefügt:
    „(2) In dem in Artikel 3 des Einigungsvertrages genannten Gebiet tritt dieses Gesetz abweichend von Anlage I Kapitel IV Sachgebiet A Abschnitt I Nr. 21 des Einigungsvertrages vom 31. August 1990 (BGBl. 1990 II S. 885, 965) am 1. Dezember 1994 in Kraft."

Artikel 8. Gesetz zur Behandlung von Schuldbuchforderungen gegen die ehemalige Deutsche Demokratische Republik (DDR-Schuldbuchbereinigungsgesetz – SchuldBBerG)

§ 1 Geltungsbereich

(1) Dieses Gesetz regelt Ansprüche, die in der ehemaligen Deutschen Demokratischen Republik ausgehend von der Verordnung über die Schuldbuchordnung für die Deutsche Demokratische Republik vom 2. August 1951 (GBl. Nr. 93 S. 723) nach
1. dem Gesetz über die Entschädigung bei Inanspruchnahmen nach dem Aufbaugesetz – Entschädigungsgesetz – vom 25. April 1960 (GBl. I S. 257),
2. dem Gesetz über die Entschädigung für die Bereitstellung von Grundstücken – Entschädigungsgesetz – vom 15. Juni 1984 (GBl. I S. 209)
begründet wurden.
(2) Dieses Gesetz gilt nicht für Ansprüche aus ehemals gegen die Deutsche Demokratische Republik gerichteten Schuldbuchforderungen, die einer staatlichen Verwaltung unterlagen und aus diesem Grunde bereits gelöscht wurden.

Anhang 1: Entschädigungs- und Ausgleichsleistungsgesetz 231

§ 2 Schuldbuchforderungen mit besonderen Vermerken

(1) Bei Schuldbuchforderungen mit besonderen Vermerken können Entschädigungsberechtigte und ihre Gläubiger oder deren Rechtsnachfolger bis spätestens 31. Dezember 1995 Anträge auf Auszahlung ihres Anteils an der Schuldbuchforderung stellen. Nach Ablauf dieser Frist erlöschen die Ansprüche.

(2) Die Anträge sind bei den jeweiligen Schuldbuchstellen der Kreditanstalt für den Wiederaufbau, in deren Teilschuldbuch die Schuldbuchforderung eingetragen ist, zu stellen. Diese Stellen sind für die Bearbeitung der gestellten Anträge, für die Auszahlung an die Berechtigten sowie für die Löschung der entsprechenden Schuldbuchforderung zuständig.

(3) Der Nachweis der einzelnen Ansprüche ist bei der Antragstellung nach Absatz 1 durch schriftliche Vereinbarungen der Berechtigten mit beglaubigten Unterschriften oder durch eine rechtskräftige gerichtliche Entscheidung zu erbringen.

(4) Wenn die Ansprüche auf Erben übergegangen sind, ist dies durch Erbnachweis gegenüber der Schuldbuchstelle zu belegen. Für die Erteilung eines Erbscheines wird eine Gebühr nicht erhoben, wenn der Erbschein nur für Zwecke der Auszahlung aus Schuldbuchforderungen verwendet werden soll. Bei Abtretungen der Schuldbuchforderung ist der Nachweis durch Vorlage einer entsprechenden Urkunde zu erbringen.

(5) Die Berechtigten haben bei der Antragstellung zu erklären, ob sie für das entschädigte Vermögensobjekt Leistungen nach dem Lastenausgleichsgesetz erhalten haben. Die Kreditanstalt für den Wiederaufbau ist ermächtigt, der Ausgleichsverwaltung über die Tilgung der Schuldbuchforderungen Kontrollmitteilung zu erteilen.

(6) Die in den Absätzen 3 und 4 genannten Nachweise müssen spätestens bis zum 31. Dezember 1996 erbracht sein, andernfalls erlöschen diese Ansprüche entsprechend Absatz 1.

§ 3 Schuldbuchforderungen ohne besondere Vermerke

(1) Ansprüche der Gläubiger aus Schuldbuchforderungen ohne besondere Vermerke, die vorzeitige Zahlungen oder Ratenzahlungen abgelehnt haben und diese nicht erneut anfordern, erlöschen mit Ablauf der Frist nach § 2 Abs. 1.

(2) Ebenso erlöschen die Ansprüche aus Schuldbuchforderungen ohne besondere Vermerke, sofern die Berechtigten bis zum Ablauf der Frist nach § 2 Abs. 1 keine Anträge gestellt haben und die erforderlichen Nachweise nicht rechtzeitig vorgelegen haben.

§ 4 Hinterlegungen aus Schuldbuchforderungen

(1) Hinterlegungen von Beträgen aus Schuldbuchforderungen auf der Grundlage ehemaliger Rechtsbestimmungen der Deutschen Demokratischen Republik werden nicht mehr vorgenommen. Zahlungen auf bestehende Hinterlegungskonten werden eingestellt.

(2) Die bis zum Ablauf des 2. Oktober 1990 auf Hinterlegungskonten eingezahlten Beträge aus Schuldbuchforderungen sind von den Hinterlegungsstellen an den Entschädigungsfonds, und die ab 3. Oktober 1990 eingezahlten Beträge aus Schuldbuchforderungen sind von den Hinterlegungsstellen an den Kreditabwicklungsfonds zu überweisen. Etwaige nach Auflösung dieses Fonds verbleibende Beträge stehen dem Erblastentilgungsfonds zu.

§ 5 Restitution

Wurde eine Rückübertragung des Eigentums am Grundstück nach dem Vermögensgesetz verfügt und bestand eine noch nicht voll getilgte Schuldbuchforderung, so hat die zuständige Schuldbuchstelle dieselbe ohne Zahlung des Restbetrages auf der Grundlage des § 7a Abs. 2 des Vermögensgesetzes zu löschen.

§ 6 Schließung der Schuldbücher

(1) Die Schuldbuchstellen der Kreditanstalt für den Wiederaufbau haben per 31. Dezember 1995 die Schuldbücher zu schließen.

(2) Ist bis zum 31. Dezember 1995 der Nachweis der Berechtigten über ihre Ansprüche nach § 2 Abs. 3 und 4 nicht erbracht, so ist die Schuldbuchforderung zu löschen und als gesonderte Forderung zu erfassen.

(3) Die Kreditanstalt für den Wiederaufbau hat die nach Absatz 2 erfaßten gesonderten Forderungen aus ehemals gegen die Deutsche Demokratische Republik gerichteten Schuldbuchforderungen zentralisiert zu erfassen und wie Schuldbuchforderungen nach diesem Gesetz zu tilgen.

§ 7 Finanzielle Aufwendungen

Die nach diesem Gesetz verbleibenden finanziellen Aufwendungen, die nach Auflösung des Kreditabwicklungsfonds anfallen, sind vom Erblastentilgungsfonds zu übernehmen.

§ 8 Aktenaufbewahrung

Die Kreditanstalt für den Wiederaufbau hat die Schuldbuchakten der zum 31. Dezember 1995 geschlossenen Schuldbücher sowie die Akten der gesonderten Forderungen nach § 6 Abs. 2 zehn Jahre aufzubewahren.

§ 9 Ausschlußfrist sonstiger Ansprüche aus Schuldbuchforderungen

Mit dem Ablauf des 31. Dezember 1995 erlöschen alle sonstigen in diesem Gesetz nicht genannten Ansprüche aus Schuldbuchforderungen gegen die ehemalige Deutsche Demokratische Republik.

Artikel 9. Gesetz über eine einmalige Zuwendung an die im Beitrittsgebiet lebenden Vertriebenen (Vertriebenenzuwendungsgesetz – VertrZuwG)

§ 1 Grundsatz

Die durch den Zweiten Weltkrieg und seine Folgen besonders betroffenen Vertriebenen erhalten eine einmalige Zuwendung. Die einmalige Zuwendung dient zugleich der innerstaatlichen Abgeltung aller materiellen Schäden und Verluste, die mit den Ereignissen und Folgen des Zweiten Weltkriegs in Zusammenhang stehen.

§ 2 Berechtigte

(1) Die einmalige Zuwendung wird an Vertriebene im Sinne des § 1 des Bundesvertriebenengesetzes gewährt, die nach der Vertreibung ihren ständigen Wohnsitz im Beitrittsgebiet vor dem 3. Oktober 1990 genommen und ihn dort bis zu diesem Zeitpunkt ohne Unterbrechung innegehabt haben. Ausgenommen sind Vertriebene, die nach dem 8. Mai 1945 rechtsbeständig Bodenreformland oder nach dem 3. Oktober 1990 eine Zuwendung aus Landesmitteln erhalten haben. Liegt die Zuwendung unter der Berechnung gemäß § 3, so wird der Unterschiedsbetrag gewährt.

(2) Die einmalige Zuwendung erhalten solche Vertriebene nicht, die vor oder nach Ende des Zweiten Weltkriegs einem totalitären System erheblich Vorschub geleistet oder durch ihr Verhalten gegen die Grundsätze der Menschlichkeit oder der Rechtsstaatlichkeit verstoßen haben.

(3) Soweit die Länder nach dem 3. Oktober 1990 Zuwendungen aus Landesmitteln geleistet haben, werden diese Aufwendungen den Ländern bis zu einem Betrag von 4000 Deutsche Mark je Berechtigten nach Maßgabe des § 3 erstattet.

§ 3 Höhe der einmaligen Zuwendung, Gewährung der Leistung

(1) Die einmalige Zuwendung für jeden Berechtigten beträgt 4000 Deutsche Mark und wird durch Bewilligungsbescheid zuerkannt. Der Zuwendungsbetrag wird aus Mitteln des Entschädigungsfonds (§ 9 Entschädigungsgesetz) geleistet. Der Präsident des Bundesamtes zur Regelung offener Vermögensfragen verfügt über die Verwendung der Mittel.

(2) Der Zuwendungsbetrag wird fällig
1. am 1. Januar 1994 für Berechtigte der Geburtsjahrgänge vor 1919,
2. am 1. Januar 1995 für Berechtigte der Geburtsjahrgänge vor 1925,
3. am 1. Januar 1996 für Berechtigte der Geburtsjahrgänge vor 1931,
4. am 1. Januar 1998 für alle übrigen Berechtigten.

Die Fälligkeit tritt jedoch nicht vor Bestandskraft des Bewilligungsbescheides ein.

§ 4 Antrag

(1) Die einmalige Zuwendung wird nur auf Antrag gewährt. Der Antrag ist bis zum 30. September 1995 an die nach § 5 für die Durchführung zuständige Stelle zu richten. Die Feststellung der Vertriebeneneigenschaft bestimmt sich nach den Vorschriften des Bundesvertriebenengesetzes und obliegt den danach zuständigen Behörden. Ein bei dieser Behörde gestellter Antrag hat fristwahrende Wirkung. Eine Durchschrift des Bewilligungsbescheides wird dem Entschädigungsfonds zugeleitet.

(2) Der Anspruch auf Gewährung der Leistung ist mit Wirkung vom 1. Januar 1994 vererblich und übertragbar. Er unterliegt jedoch in der Person des unmittelbar Berechtigten nicht der Zwangsvollstreckung und bleibt bei ihm bei Sozialleistungen, deren Gewährung von anderen Einkünften abhängig ist, unberücksichtigt.

§ 5 Zuständigkeit

Die Durchführung obliegt dem Land, auf dessen Gebiet der Antragsteller am 3. Oktober 1990 seinen ständigen Wohnsitz hatte. Für die Gewährung und Auszahlung der Leistung sind die von den Landesregierungen oder durch Landesgesetze bestimmten Stellen zuständig. Die Zuständigkeit bleibt auch bei einer Verlegung des ständigen Wohnsitzes nach diesem Zeitpunkt in ein anderes Land oder in ein Gebiet außerhalb der Bundesrepublik Deutschland bestehen. Wird die Auszahlung der Leistung der Deutschen Ausgleichsbank übertragen, wird die Hälfte der von der Bank dafür berechneten Kosten aus Mitteln des Entschädigungsfonds geleistet.

§ 6 Verfahren

Für das Verfahren gelten die Vorschriften des Verwaltungsverfahrensgesetzes.

§ 7 Datenschutz

(1) Die für die Durchführung dieses Gesetzes zuständigen Behörden dürfen, soweit es zur Feststellung der Voraussetzungen nach § 2 erforderlich ist, bei anderen Behörden und Stellen vorhandene personenbezogene Daten, die über die Vertriebeneneigenschaft, die rechtsbeständige Erlangung von Bodenreformland durch den Vertriebenen oder über das Vorliegen von Ausschlußgründen Aufschluß geben, ohne Mitwirkung des Betroffenen erheben.

(2) Der Entschädigungsfonds ist auf Anfrage der nach § 5 zuständigen Stellen und von Amts wegen berechtigt, diesen Stellen zu Kontrollzwecken Angaben zu übermitteln, wenn der begründete Verdacht besteht, daß die einmalige Zuwendung unberechtigt mehrfach beantragt worden ist.

(3) Die ersuchten Behörden oder sonstigen öffentlichen Stellen sind zur Erteilung der erforderlichen Auskünfte verpflichtet.

(4) Die Nutzung und Übermittlung der Daten unterbleibt, soweit besondere gesetzliche Verwendungsregelungen oder überwiegende schutzwürdige Interessen des Betroffenen entgegenstehen.

Artikel 10. Gesetz zur Änderung des Gesetzes zur Regelung offener Vermögensfragen

Das Gesetz zur Regelung offener Vermögensfragen in der Fassung der Bekanntmachung vom 3. August 1992 (BGBl. I S. 1446, 1993 I S. 1811), zuletzt geändert durch Artikel 2 § 3 des Gesetzes vom 21. September 1994 (BGBl. I S. 2457), wird wie folgt geändert:
1. In § 2a wird folgender Absatz 1a eingefügt:
   „(1a) Ist eine Erbengemeinschaft Rechtsnachfolger eines jüdischen Berechtigten im Sinne des § 1 Abs. 6, so tritt die in § 2 Abs. 1 Satz 2 bestimmte Nachfolgeorganisation oder, wenn diese keine Ansprüche auf den Vermögenswert angemeldet hat, die Conference on Jewish Material Claims against Germany, Inc. an die Stelle der namentlich nicht bekannten Miterben. Sie ist zusammen mit den bekannten Miterben nach Maßgabe des § 34 in ungeteilter Erbengemeinschaft als Eigentümerin im Grundbuch einzutragen. Die Sätze 1 und 2 gelten entsprechend, wenn der Aufenthalt eines namentlich bekannten Miterben, der an der Stellung des Antrags nach § 30 nicht mitgewirkt hat, unbekannt ist. § 2 Abs. 1a bleibt unberührt."
2. § 6 wird wie folgt geändert:
   a) In Absatz 6a Satz 1 wird der Punkt durch ein Semikolon ersetzt und folgender Satzteil angefügt:
      „eine damals einem Gesellschafter oder Mitglied des geschädigten Unternehmens wegen der Schädigung tatsächlich zugeflossene Geldleistung ist im Verhältnis zwei Mark der Deutschen Demokratischen Republik zu einer Deutschen Mark umzurechnen und von diesem oder seinem Rechtsnachfolger an

Anhang 1: Entschädigungs- und Ausgleichsleistungsgesetz

den Verfügungsberechtigten zurückzuzahlen, soweit dieser Betrag den Wert der Beteiligung des Gesellschafters oder des Mitglieds nach § 11 Abs. 1 Satz 1 oder 4 des D-Markbilanzgesetzes abzüglich von nach Satz 2 zu übernehmenden Schulden nicht übersteigt."

b) Absatz 7 Satz 1 wird wie folgt gefaßt:
„Ist die Rückgabe nach Absatz 1 Satz 1 nicht möglich oder entscheidet sich der Berechtigte innerhalb der in § 8 Abs. 1 bestimmten Frist für eine Entschädigung, so besteht ein Anspruch auf Entschädigung nach Maßgabe des Entschädigungsgesetzes."

3. § 7 wird wie folgt geändert:
a) In Absatz 1 wird nach Satz 4 folgender Satz eingefügt:
„Das Eigentum an dem zurückzuübertragenden Vermögenswert geht außer in den Fällen des Satzes 6 auf den Berechtigten erst dann über, wenn die Entscheidung über die Rückübertragung unanfechtbar und der Wertausgleich nach den Sätzen 1 bis 4 entrichtet ist."

b) In Absatz 7 werden nach Satz 1 die folgenden Sätze eingefügt:
„Dies gilt nicht für Entgelte, die dem Verfügungsberechtigten ab dem 1. Juli 1994 aus einem Miet-, Pacht- oder sonstigen Nutzungsverhältnis zustehen. Der Herausgabeanspruch nach Satz 2 entsteht mit Bestandskraft des Bescheides über die Rückübertragung des Eigentums. Macht der Berechtigte den Anspruch geltend, so kann der bisherige Verfügungsberechtigte die seit dem 1. Juli 1994 entstandenen

1. Betriebskosten im Sinne der Anlage zu § 1 Abs. 5 der Betriebskosten-Umlageverordnung vom 17. Juni 1991 (BGBl. I S. 1270), die zuletzt durch das Gesetz vom 27. Juli 1992 (BGBl. I S. 1415) geändert worden ist, soweit ihm diese nicht von den Mietern, Pächtern, sonstigen Nutzungsberechtigten oder Dritten erstattet worden sind;
2. Kosten aufgrund von Rechtsgeschäften zur Erhaltung des Vermögenswertes im Sinne des § 3 Abs. 3

aufrechnen."

c) In Absatz 8 wird Satz 1 wie folgt gefaßt:
„Ansprüche nach den Absätzen 2 und 7 sind nicht im Verfahren nach Abschnitt VI geltend zu machen."

4. In § 7a Abs. 2 Satz 3 werden nach dem Wort „Republik" ein Komma und die Wörter „aus einem öffentlichen Haushalt der Bundesrepublik Deutschland" eingefügt.

5. § 8 Abs. 1 Satz 1 wird wie folgt gefaßt:
„Soweit inländischen Berechtigten ein Anspruch auf Rückübertragung gemäß § 3 zusteht, können sie bis zum Ablauf von sechs Monaten nach Inkrafttreten des Entschädigungsgesetzes statt dessen Entschädigung wählen. Hat der Berechtigte seinen Sitz oder Wohnsitz außerhalb der Bundesrepublik Deutschland, verlängert sich die Frist nach Satz 1 auf drei Jahre."

6. § 9 wird wie folgt geändert:
a) Die Absätze 1 und 3 werden gestrichen.
b) In Absatz 2 entfällt die Absatzbezeichnung „(2)", und es werden die Wörter „ist ebenfalls in Geld zu entschädigen" ersetzt durch die Wörter „wird nach Maßgabe des Entschädigungsgesetzes entschädigt".

7. In § 10 Abs. 1 werden die Wörter „gemäß § 3 Abs. 3 und § 4 Abs. 2 und 3" durch die Wörter „nach § 3 Abs. 4 oder § 4 Abs. 2" ersetzt.

8. § 11 wird wie folgt geändert:
a) Absatz 1 wird wie folgt geändert:
aa) In Satz 2 werden die Wörter „nach § 9" ersetzt durch die Wörter „nach dem Entschädigungsgesetz".

bb) Nach Satz 3 wird folgender Satz 4 angefügt:
„Mit dem Wirksamwerden des Verzichts wird der Berechtigte von allen Verpflichtungen frei, die auf den Zustand des Vermögenswertes seit Anordnung der staatlichen Verwaltung zurückzuführen sind."
b) Absatz 5 wird wie folgt gefaßt:
„(5) Soweit staatlich verwaltete Geldvermögen aufgrund von Vorschriften diskriminierenden oder sonst benachteiligenden Charakters gemindert wurden, wird ein Ausgleich nach § 5 Abs. 1 Satz 6 des Entschädigungsgesetzes gewährt."
c) Nach Absatz 5 wird folgender Absatz 6 angefügt:
„(6) Ist für Kontoguthaben oder sonstige privatrechtliche geldwerte Ansprüche, die unter staatlicher Verwaltung standen und zum 1. Juli 1990 auf Deutsche Mark umgestellt worden sind, Hauptentschädigung nach dem Lastenausgleichsgesetz gezahlt worden, gehen diese Ansprüche insoweit auf den Entschädigungsfonds über; die Ausgleichsverwaltung teilt der auszahlenden Stelle die Höhe der Hauptentschädigung mit. Ist das Kontoguthaben schon an den Berechtigten ausgezahlt worden, wird die gewährte Hauptentschädigung nach den Vorschriften des Lastenausgleichsgesetzes durch die Ausgleichsverwaltung zurückgefordert. Die auszahlende Stelle teilt dem Bundesamt zur Regelung offener Vermögensfragen und der Ausgleichsverwaltung den an den Berechtigten ausgezahlten Betrag ohne besondere Aufforderung mit (Kontrollmitteilung); die übermittelten Daten dürfen nur für die gesetzlichen Aufgaben der Ausgleichsverwaltung verwendet werden."

9. In § 11a Abs. 1 werden die Wörter „Gesetzes nach § 9" ersetzt durch das Wort „Entschädigungsgesetzes".
10. Nach § 16 Abs. 6 Satz 3 werden folgende Sätze eingefügt:
„Wird der Antrag nach Satz 3 innerhalb der in § 30a Abs. 3 Satz 1 bestimmten Frist nicht gestellt, bleibt der Eigentümer im Umfang der Eintragung aus dem Grundpfandrecht verpflichtet, soweit die gesicherte Forderung nicht durch Tilgung erloschen ist. Auf die Beschränkungen der Übernahmepflicht nach Absatz 5 Satz 1 und 4 kann er sich in diesem Falle nur berufen, wenn er diese Absicht dem Gläubiger oder der Sparkasse, in deren Geschäftsgebiet das Grundstück belegen ist, bis zum 31. März 1995 schriftlich mitgeteilt hat. Ist die Sparkasse nicht Gläubigerin, ist sie lediglich zur Bestätigung des Eingangs dieser Mitteilung verpflichtet."
11. § 22 wird wie folgt geändert:
a) Satz 2 wird wie folgt gefaßt:
„Bei Entscheidungen über
1. die Entschädigung,
2. die Gewährung eines Ersatzgrundstückes,
3. einen Schadensersatzanspruch nach § 13,
4. Wertausgleichs- und Erstattungsansprüche nach § 7, § 7a und § 14a,
5. zu übernehmende Grundpfandrechte nach § 16 Abs. 5 bis 9, Ablösebeträge nach § 18 und Sicherheitsleistungen nach § 18a sowie
6. die dem Entschädigungsfonds zustehenden Anteile bei der Erlösauskehr nach § 16 Abs. 1 des Investitionsvorranggesetzes
geschieht dies im Auftrag des Bundes."
b) Nach Satz 2 wird folgender Satz eingefügt:
„Für das Verfahren der Abführung von Verkaufserlösen nach § 11 Abs. 4 gilt Satz 2 entsprechend."
12. § 27 wird wie folgt geändert:
a) Der bisherige Text wird Absatz 1.
b) Folgende Absätze 2 und 3 werden angefügt:
„(2) Liegt dem Amt, Landesamt oder Bundesamt zur Regelung offener Vermögensfragen eine Mitteilung nach § 317 Abs. 2 des Lastenausgleichsgesetzes

vor, unterrichtet es die Ausgleichsverwaltung über ein durchgeführtes oder anhängiges Verfahren nach diesem Gesetz. Die Unterrichtung umfaßt die zur Rückforderung des gewährten Lastenausgleichs erforderlichen Angaben, insbesondere die zur Zuordnung des Einzelfalls notwendigen Daten, und die Art der ergangenen Entscheidung. Im Einzelfall sind auf Ersuchen der Ausgleichsverwaltung weitere zur Rückforderung von Ausgleichsleistungen erforderliche Angaben insbesondere über die Art und Höhe der Leistungen sowie über den Namen und die Anschrift der jeweiligen Berechtigten zu übermitteln. Liegen Anhaltspunkte dafür vor, daß die geforderten Angaben zur Durchführung des Lastenausgleichsgesetzes nicht erforderlich sind, unterbleibt die Unterrichtung. Die Ausgleichsverwaltung darf die übermittelten Daten nur für diesen Zweck verwenden.

(3) Liegen dem Amt, Landesamt oder Bundesamt zur Regelung offener Vermögensfragen Anhaltspunkte dafür vor, daß für einen Vermögenswert rückerstattungsrechtliche Leistungen gewährt worden sind, unterrichtet es die für die Durchführung des Bundesrückerstattungsgesetzes zuständigen Behörden über ein durchgeführtes oder anhängiges Verfahren nach diesem Gesetz. Absatz 2 Satz 2 bis 5 gilt entsprechend."

13. § 29a wird aufgehoben.
14. § 32 wird wie folgt geändert:
    a) In Absatz 1 Satz 2 werden die Wörter „nach Absatz 2" durch die Wörter „nach § 6 Abs. 7 oder § 8" ersetzt.
    b) Absatz 2 wird gestrichen.
15. § 33 wird wie folgt geändert:
    a) Absatz 1 wird wie folgt gefaßt:
    „(1) Ist die Rückübertragung ausgeschlossen oder hat der Antragsteller Entschädigung gewählt, entscheidet die Behörde über Grund und Höhe der Entschädigung. § 4 des NS-Verfolgtenentschädigungsgesetzes bleibt unberührt."
    b) Nach Absatz 1 wird folgender Absatz 2 eingefügt:
    „(2) Wird der Entschädigungsfonds durch eine Entscheidung mit größerer finanzieller Auswirkung belastet, gibt die Behörde zuvor dem Bundesamt zur Regelung offener Vermögensfragen Gelegenheit zur Stellungnahme. Die beabsichtigte Entscheidung ist dem Bundesamt zur Regelung offener Vermögensfragen über das Landesamt zur Regelung offener Vermögensfragen zuzuleiten. Die Einzelheiten bestimmt das Bundesministerium der Finanzen."
    c) Im bisherigen Absatz 2 wird nach Satz 1 folgender Satz eingefügt:
    „Entscheidungen über die Höhe der Entschädigung ergehen vorbehaltlich der Kürzungsentscheidung nach § 7 Abs. 3 des Entschädigungsgesetzes."
    d) Die bisherigen Absätze 2 bis 5 werden die Absätze 3 bis 6.
16. In § 36 Abs. 4 werden nach dem Wort „§ 25 Abs. 1" die Wörter eingefügt: „und Entscheidungen des Bundesamtes nach § 29 Abs. 2, die die Rückübertragung von Unternehmen betreffen,".

Artikel 11. Kraftloserklärung von Reichsmark-Wertpapieren

(1) Auf Reichsmark oder ihre Vorgängerwährungen lautende Inhaberpapiere, die von Personen mit Sitz im Beitrittsgebiet vor dem 8. Mai 1945 begeben und nicht von der Wertpapierbereinigung erfaßt worden sind, werden für kraftlos erklärt.
(2) Die Innehabung der seinerzeit durch diese Wertpapiere verkörperten Rechte ist bei ihrer Inanspruchnahme im Einzelfall nachzuweisen.

(3) Ansprüche auf die Herausgabe von Wertpapieren, die von dem früheren Amt für den Rechtsschutz des Vermögens der Deutschen Demokratischen Republik verwahrt wurden, können innerhalb von sechs Monaten nach Inkrafttreten dieses Gesetzes (Ausschlußfrist) beim Bundesamt zur Regelung offener Vermögensfragen geltend gemacht werden. Wertpapiere, deren Herausgabe nicht beantragt oder bestandskräftig abgelehnt wurde, können vernichtet oder veräußert werden. Vor der Herausgabe oder der Veräußerung ist auf der Vorderseite des jeweiligen Wertpapieres zu verzeichnen: „Kraftloses Wertpapier aus dem Bestand des Bundesamtes zur Regelung offener Vermögensfragen". Erlöse aus den Verkäufen sind an den Entschädigungsfonds abzuführen.

Artikel 12. Neubekanntmachung

Das Bundesministerium der Justiz kann den Wortlaut des Vermögensgesetzes[1] das Bundesministerium der Finanzen den Wortlaut des Wertausgleichsgesetzes in der vom Inkrafttreten dieses Gesetzes an geltenden Fassung im Bundesgesetzblatt bekanntmachen.

Artikel 13. Inkrafttreten

Artikel 9 tritt mit Wirkung vom 1. Januar 1994 in Kraft. Artikel 10 Nr. 10 und Artikel 12 treten am Tage nach der Verkündung in Kraft. Im übrigen tritt dieses Gesetz am ersten Tage des auf die Verkündung folgenden dritten Kalendermonats in Kraft.

---

[1] Siehe Anhang 2.

2. Gesetz zur Regelung offener Vermögensfragen (Vermögensgesetz – VermG)

In der Fassung der Bekanntmachung vom 2. Dezember 1994
(BGBl. I S. 3610)

Abschnitt I. Allgemeine Bestimmungen

§ 1 Geltungsbereich

(1) Dieses Gesetz regelt vermögensrechtliche Ansprüche an Vermögenswerten, die
a) entschädigungslos enteignet und in Volkseigentum überführt wurden;
b) gegen eine geringere Entschädigung enteignet wurden, als sie Bürgern der früheren Deutschen Demokratischen Republik zustand;
c) durch staatliche Verwalter oder nach Überführung in Volkseigentum durch den Verfügungsberechtigten an Dritte veräußert wurden;
d) auf der Grundlage des Beschlusses des Präsidiums des Ministerrates vom 9. Februar 1972 und im Zusammenhang stehender Regelungen in Volkseigentum übergeleitet wurden.

(2) Dieses Gesetz gilt des weiteren für bebaute Grundstücke und Gebäude, die auf Grund nicht kostendeckender Mieten und infolgedessen eingetretener oder unmittelbar bevorstehender Überschuldung durch Enteignung, Eigentumsverzicht, Schenkung oder Erbausschlagung in Volkseigentum übernommen wurden.

(3) Dieses Gesetz betrifft auch Ansprüche an Vermögenswerten sowie Nutzungsrechte, die auf Grund unlauterer Machenschaften, zum Beispiel durch Machtmißbrauch, Korruption, Nötigung oder Täuschung von seiten des Erwerbers, staatlicher Stellen oder Dritter, erworben wurden.

(4) Dieses Gesetz regelt ferner die Aufhebung der
– staatlichen Treuhandverwaltung über Vermögenswerte von Bürgern, die das Gebiet der Deutschen Demokratischen Republik ohne die zum damaligen Zeitpunkt erforderliche Genehmigung verlassen haben;
– vorläufigen Verwaltung über Vermögenswerte von Bürgern der Bundesrepublik Deutschland und Berlin (West) sowie von juristischen Personen mit Sitz in der Bundesrepublik Deutschland oder Berlin (West), die Staatsorganen der Deutschen Demokratischen Republik durch Rechtsvorschrift übertragen wurde;
– Verwaltung des ausländischen Vermögens, die der Regierung der Deutschen Demokratischen Republik übertragen wurde
(im folgenden staatliche Verwaltung genannt) und die damit im Zusammenhang stehenden Ansprüche der Eigentümer und Berechtigten.

(5) Dieses Gesetz schließt die Behandlung von Forderungen und anderen Rechten in bezug auf Vermögenswerte gemäß den Absätzen 1 bis 4 ein.

(6) Dieses Gesetz ist entsprechend auf vermögensrechtliche Ansprüche von Bürgern und Vereinigungen anzuwenden, die in der Zeit vom 30. Januar 1933 bis zum 8. Mai 1945 aus rassischen, politischen, religiösen oder weltanschaulichen Gründen verfolgt wurden und deshalb ihr Vermögen infolge von Zwangsverkäufen, Enteignungen oder auf andere Weise verloren haben. Zugunsten des Berechtigten wird ein verfolgungsbedingter Vermögensverlust nach Maßgabe des II. Abschnitts der Anordnung BK/O (49) 180 der Alliierten Kommandantur Berlin vom 26. Juli 1949 (VOBl. für Groß-Berlin I S. 221) vermutet.

(7) Dieses Gesetz gilt entsprechend für die Rückgabe von Vermögenswerten, die im Zusammenhang mit der nach anderen Vorschriften erfolgten Aufhebung rechtsstaatswidriger straf-, ordnungsstraf- oder verwaltungsrechtlicher Entscheidungen steht.

(8) Dieses Gesetz gilt vorbehaltlich seiner Bestimmungen über Zuständigkeiten und Verfahren nicht für
a) Enteignungen von Vermögenswerten auf besatzungsrechtlicher oder besatzungshoheitlicher Grundlage; Ansprüche nach den Absätzen 6 und 7 bleiben unberührt;
b) vermögensrechtliche Ansprüche, die seitens der Deutschen Demokratischen Republik durch zwischenstaatliche Vereinbarungen geregelt wurden;
c) Anteilrechte an der Altguthabenablösungsanleihe;
d) für Ansprüche von Gebietskörperschaften des beitretenden Gebiets gemäß Artikel 3 des Einigungsvertrages, soweit sie vom Kommunalvermögensgesetz vom 6. Juli 1990 (GBl. I Nr. 42 S. 660) erfaßt sind.

§ 2 Begriffsbestimmung

(1) Berechtigte im Sinne dieses Gesetzes sind natürliche und juristische Personen sowie Personenhandelsgesellschaften, deren Vermögenswerte von Maßnahmen gemäß § 1 betroffen sind, sowie ihre Rechtsnachfolger. Soweit Ansprüche von jüdischen Berechtigten im Sinne des § 1 Abs. 6 oder deren Rechtsnachfolgern nicht geltend gemacht werden, gelten in Ansehung der Ansprüche nach dem Vermögensgesetz die Nachfolgeorganisationen des Rückerstattungsrechts und, soweit diese keine Ansprüche anmelden, die Conference on Jewish Material Claims against Germany, Inc. als Rechtsnachfolger. Dasselbe gilt, soweit der Staat Erbe oder Erbeserbe eines jüdischen Verfolgten im Sinne des § 1 Abs. 6 ist oder soweit eine jüdische juristische Person oder eine nicht rechtsfähige jüdische Personenvereinigung aus den Gründen des § 1 Abs. 6 aufgelöst oder zur Selbstauflösung gezwungen wurde. Im übrigen gelten in den Fällen des § 1 Abs. 6 als Rechtsnachfolger von aufgelösten oder zur Selbstauflösung gezwungenen Vereinigungen die Nachfolgeorganisationen, die diesen Vereinigungen nach ihren Organisationsstatuten entsprechen und deren Funktionen oder Aufgaben wahrnehmen oder deren satzungsmäßige Zwecke verfolgen; als Rechtsnachfolger gelten insbesondere die Organisationen, die auf Grund des Rückerstattungsrechts als Nachfolgeorganisationen anerkannt worden sind.

(1a) Die Conference on Jewish Material Claims against Germany, Inc. kann ihre Rechte auf die Conference on Jewish Material Claims against Germany GmbH übertragen. Die Übertragung bedarf der Schriftform. § 4 Abs. 5 des Investitionsvorranggesetzes findet keine Anwendung.

(2) Vermögenswerte im Sinne dieses Gesetzes sind bebaute und unbebaute Grundstücke sowie rechtlich selbständige Gebäude und Baulichkeiten (im folgenden Grundstücke und Gebäude genannt), Nutzungsrechte und dingliche Rechte an Grundstücken oder Gebäuden, bewegliche Sachen sowie gewerbliche Schutzrechte, Urheberrechte und verwandte Schutzrechte. Vermögenswerte im Sinne dieses Gesetzes sind auch Kontoguthaben und sonstige auf Geldzahlungen gerichtete Forderungen sowie Eigentum/Beteiligungen an Unternehmen oder an Betriebsstätten/Zweigniederlassungen von Unternehmen mit Sitz außerhalb der Deutschen Demokratischen Republik.

(3) Verfügungsberechtigter im Sinne dieses Gesetzes ist bei der Rückgabe von Unternehmen derjenige, in dessen Eigentum oder Verfügungsmacht das entzogene Unternehmen ganz oder teilweise steht, sowie bei Kapitalgesellschaften deren unmittelbare oder mittelbare Anteilseigner und bei der Rückübertragung von anderen Vermögenswerten diejenige Person, in deren Eigentum oder Verfügungsmacht der Vermögenswert steht. Als Verfügungsberechtigter gilt auch der staatliche Verwalter. Stehen der Treuhandanstalt die Anteilsrechte an Verfügungsberechtigten nach Satz 1 unmittelbar oder mittelbar allein zu, so vertritt sie diese allein.

(4) Unter Schädigung im Sinne dieses Gesetzes ist jede Maßnahme gemäß § 1 zu verstehen.

§ 2a Erbengemeinschaft

(1) Ist Rechtsnachfolger des von Maßnahmen nach § 1 Betroffenen eine Erbengemeinschaft, deren Mitglieder nicht sämtlich namentlich bekannt sind, so ist der Vermögenswert der Erbengemeinschaft nach dem zu bezeichnenden Erblasser als solcher zurückzuübertragen. Die Erbengemeinschaft ist nach Maßgabe des § 34 im Grundbuch als Eigentümerin einzutragen.

(1a) Ist eine Erbengemeinschaft Rechtsnachfolger eines jüdischen Berechtigten im Sinne des § 1 Abs. 6, so tritt die in § 2 Abs. 1 Satz 2 bestimmte Nachfolgeorganisation oder, wenn diese keine Ansprüche auf den Vermögenswert angemeldet hat, die Conference on Jewish Material Claims against Germany, Inc. an die Stelle der namentlich nicht bekannten Miterben. Sie ist zusammen mit den bekannten Miterben nach Maßgabe des § 34 in ungeteilter Erbengemeinschaft als Eigentümerin im Grundbuch einzutragen. Die Sätze 1 und 2 gelten entsprechend, wenn der Aufenthalt eines namentlich bekannten Miterben, der an der Stellung des Antrags nach § 30 nicht mitgewirkt hat, unbekannt ist. § 2 Abs. 1 a bleibt unberührt.

(2) Eine bereits erfolgte Auseinandersetzung über den Nachlaß des Betroffenen gilt als gegenständlich beschränkte Teilauseinandersetzung.

(3) Ein an der Stellung des Antrags nach § 30 nicht beteiligter Miterbe gilt in Ansehung des Vermögenswerts nicht als Erbe, wenn er innerhalb der in Satz 2 bezeichneten Frist gegenüber der für die Entscheidung zuständigen Behörde schriftlich auf seine Rechte aus dem Antrag verzichtet hat. Die Erklärung des Verzichts nach Satz 1 muß sechs Wochen von der Erlangung der Kenntnis von dem Verfahren nach diesem Gesetz, spätestens sechs Wochen von der Bekanntgabe der Entscheidung an, eingegangen sein; lebt der Miterbe im Ausland, beträgt die Frist sechs Monate.

(4) Diese Vorschriften gelten entsprechend, wenn eine Erbengemeinschaft als solche von Maßnahmen nach § 1 betroffen ist.

Abschnitt II. Rückübertragung von Vermögenswerten

§ 3 Grundsatz

(1) Vermögenswerte, die den Maßnahmen im Sinne des § 1 unterlagen und in Volkseigentum überführt oder an Dritte veräußert wurden, sind auf Antrag an die Berechtigten zurückzuübertragen, soweit dies nicht nach diesem Gesetz ausgeschlossen ist. Der Anspruch auf Rückübertragung, Rückgabe oder Entschädigung kann abgetreten, verpfändet oder gepfändet werden; die Abtretung ist unwirksam, wenn sie unter einer Bedingung oder Zeitbestimmung erfolgt; sie und die Verpflichtung hierzu bedürfen der notariellen Beurkundung, wenn der Anspruch auf Rückübertragung eines Grundstücks, Gebäudes oder Unternehmens gerichtet ist; eine ohne Beachtung dieser Form eingegangene Verpflichtung oder Abtretung wird ihrem ganzen Inhalte nach gültig, wenn das Eigentum an dem Grundstück, Gebäude oder Unternehmen gemäß § 34 oder sonst wirksam auf den Erwerber des Anspruchs übertragen wird. Ein Berechtigter, der einen Antrag auf Rückgabe eines Unternehmens stellt oder stellen könnte, kann seinen Antrag nicht auf die Rückgabe einzelner Vermögensgegenstände beschränken, die sich im Zeitpunkt der Schädigung in seinem Eigentum befanden; § 6 Abs. 6a Satz 1 bleibt unberührt. Gehören Vermögensgegenstände, die mit einem nach § 1 Abs. 6 in Verbindung mit § 6 zurückzugebenden oder einem bereits zurückgegebenen Unternehmen entzogen oder von ihm später angeschafft worden sind, nicht mehr zum Vermögen des Unternehmens, so kann der Berechtigte ver-

langen, daß ihm an diesen Gegenständen im Wege der Einzelrestitution in Höhe der ihm entzogenen Beteiligung Bruchteilseigentum eingeräumt wird; als Zeitpunkt der Schädigung gilt der Zeitpunkt der Entziehung des Unternehmens oder der Mitgliedschaft an diesem Unternehmen. Satz 4 ist in diesen Fällen des § 6 Abs. 6a Satz 1 entsprechend anzuwenden; § 6 Abs. 6a Satz 2 gilt in diesen Fällen nicht.

(1a) Die Rückübertragung von dinglichen Rechten an einem Grundstück oder Gebäude erfolgt dadurch, daß das Amt zur Regelung offener Vermögensfragen diese an rangbereiter Stelle in dem Umfang begründet, in dem sie nach § 16 zu übernehmen wären. Auf Geldleistung gerichtete Rechte können nur in Deutscher Mark begründet werden. Eine Haftung für Zinsen kann höchstens in Höhe von 13 vom Hundert ab dem Tag der Entscheidung über die Rückübertragung begründet werden. Kann das frühere Recht nach den seit dem 3. Oktober 1990 geltenden Vorschriften nicht wiederbegründet werden, ist dasjenige Recht zu begründen, das dem früheren Recht entspricht oder am ehesten entspricht. Bei Grundpfandrechten ist die Erteilung eines Briefes ausgeschlossen. Hypotheken und Aufbauhypotheken nach dem Zivilgesetzbuch der Deutschen Demokratischen Republik sind als Hypotheken zu begründen. Eine Wiederbegründung erfolgt nicht, wenn der Eigentümer des Grundstücks das zu begründende Grundpfandrecht oder eine dadurch gesicherte Forderung ablöst. Eine Wiederbegründung erfolgt ferner nicht, wenn die Belastung mit dem Recht für den Eigentümer des Grundstücks mit Nachteilen verbunden ist, welche den beim Berechtigten durch die Nichtbegründung des Rechts entstehenden Schaden erheblich überwiegen und der Eigentümer des Grundstücks dem Berechtigten die durch die Nichtbegründung des Rechts entstehenden Vermögensnachteile ausgleicht.

(2) Werden von mehreren Personen Ansprüche auf Rückübertragung desselben Vermögenswerts geltend gemacht, so gilt derjenige als Berechtigter, der von einer Maßnahme gemäß des § 1 als Erster betroffen war.

(3) Liegt ein Antrag nach § 30 vor, so ist der Verfügungsberechtigte verpflichtet, den Abschluß dinglicher Rechtsgeschäfte oder die Eingehung langfristiger vertraglicher Verpflichtungen ohne Zustimmung des Berechtigten zu unterlassen. Ausgenommen sind solche Rechtsgeschäfte, die

a) zur Erfüllung von Rechtspflichten des Eigentümers, insbesondere bei Anordnung eines Modernisierungs- und Instandsetzungsgebots nach § 177 des Baugesetzbuchs zur Beseitigung der Mißstände und zur Behebung der Mängel oder

b) zur Erhaltung und Bewirtschaftung des Vermögenswerts

erforderlich sind. Ausgenommen sind, soweit sie nicht bereits nach den Sätzen 2 und 5 ohne Zustimmung des Berechtigten zulässig sind, ferner Instandsetzungsmaßnahmen, wenn die hierfür aufzuwendenden Kosten den Verfügungsberechtigten als Vermieter nach Rechtsvorschriften zu einer Erhöhung der jährlichen Miete berechtigen. Der Berechtigte ist verpflichtet, dem Verfügungsberechtigten die aufgewendeten Kosten, soweit diese durch eine instandsetzungsbedingte Mieterhöhung nicht bereits ausgeglichen sind, zu erstatten, sobald über die Rückübertragung des Eigentums bestandskräftig entschieden ist. Satz 2 gilt entsprechend für Maßnahmen der in Satz 2 Buchstabe a bezeichneten Art, die ohne eine Anordnung nach § 177 des Baugesetzbuchs vorgenommen werden, wenn die Kosten der Maßnahmen von der Gemeinde oder einer anderen Stelle nach Maßgabe des § 177 Abs. 4 und 5 des Baugesetzbuchs erstattet werden. Der Verfügungsberechtigte hat diese Rechtsgeschäfte so zu führen, wie das Interesse des Berechtigten mit Rücksicht auf dessen wirklichen oder mutmaßlichen Willen es erfordert, soweit dem nicht das Gesamtinteresse des von dem Verfügungsberechtigten geführten Unternehmens entgegensteht; § 678 des Bürgerlichen Gesetzbuchs ist entsprechend anzuwenden, jedoch bleiben die Befugnisse als gegenwärtig Verfügungsberechtigter in den Fällen des § 177 des Baugesetzbuchs und der Sätze 3 und 5 sowie nach dem Investitionsgesetz von diesem Satz unberührt. Der Verfügungsberechtigte ist zur Liquidation berechtigt und zur Abwendung der Gesamtvollstreckung*) nicht verpflichtet, wenn der Berechtigte trotz Aufforderung innerhalb eines Monats einen Antrag auf vorläufige Einweisung nach § 6a nicht stellt oder ein solcher Antrag abgelehnt worden ist. Dies gilt auch bei verspäteter Anmeldung. Die Treuhandanstalt ist zur Abwendung der Gesamtvollstreckung*) nicht verpflichtet, wenn der Berechtigte bis zum 1. September 1992 keinen Antrag nach § 6a zur vorläufigen Einweisung gestellt hat oder wenn über einen gestellten Antrag bis zum 1. Dezember 1992 nicht entschieden worden ist.

(4) Wird die Anmeldefrist (§ 3 der Anmeldeverordnung) versäumt und liegt keine verspätete Anmeldung vor, kann der Verfügungsberechtigte über das Eigentum verfügen oder schuldrechtliche oder dingliche Verpflichtungen eingehen. Ist über das Eigentum noch nicht verfügt worden, so kann der Berechtigte den Anspruch auf Rückübertragung noch geltend machen. Anderenfalls steht ihm nur noch ein Anspruch auf den Erlös zu.

(5) Der Verfügungsberechtigte hat sich vor einer Verfügung bei dem Amt zur Regelung offener Vermögensfragen, in dessen Bezirk der Vermögenswert belegen ist, und, soweit ein Unternehmen betroffen ist, bei dem Landesamt zur Regelung offener Vermögensfragen, in dessen Bezirk das Unternehmen seinen Sitz (Hauptniederlassung) hat, zu vergewissern, daß keine Anmeldung im Sinne des Absatzes 3 hinsichtlich des Vermögenswerts vorliegt.

§ 3a (weggefallen)

§ 3b Gesamtvollstreckungsverfahren, Zwangsversteigerungsverfahren

(1) Der Anspruch nach § 3 Abs. 1 Satz 1 wird durch die Eröffnung der Gesamtvollstreckung*) über das Vermögen des Verfügungsberechtigten nicht berührt. Dies gilt nicht, wenn ein Unternehmen Gegenstand eines Rückübertragungsanspruchs nach § 6 Abs. 1 Satz 1 ist.

(2) Beschlüsse, durch die die Zwangsversteigerung eines Grundstücks oder Gebäudes angeordnet wird, sowie Ladungen zu Terminen in einem Zwangsversteigerungsverfahren sind dem Berechtigten zuzustellen.

§ 3c Erlaubte Veräußerungen

(1) § 3 Abs. 3 gilt für die Veräußerung von Vermögenswerten der Treuhandanstalt oder eines Unternehmens, dessen sämtliche Anteile sich mittelbar oder unmittelbar in der Hand der Treuhandanstalt befinden, nicht, wenn sich der Erwerber zur Duldung der Rückübertragung des Vermögenswerts auf den Berechtigten nach Maßgabe dieses Abschnitts verpflichtet. Steht der Vermögenswert im Eigentum eines anderen Verfügungsberechtigten, gilt Satz 1 nur, wenn der Erwerber ein Antragsteller nach § 30 Abs. 1 ist oder wenn der Erwerber eine juristische Person des öffentlichen Rechts, eine von einer solchen Person beherrschte juristische Person des Privatrechts oder eine Genossenschaft ist und anzunehmen ist, daß der Anspruch nach § 5 ausgeschlossen ist.

(2) Die Rückübertragung kann in den Fällen des Absatzes 1 auch nach Wirksamwerden der Veräußerung erfolgen. Bis zur Bestandskraft der Entscheidung über die Rückübertragung unterliegt der Erwerber vorbehaltlich der Bestimmungen des Investitionsvorranggesetzes den Beschränkungen des § 3 Abs. 3.

---

* Gemäß Artikel 101 Nr. 1 in Verbindung mit Artikel 110 Abs. 1 des Einführungsgesetzes zur Insolvenzordnung vom 5. Oktober 1994 (BGBl. I S. 2911) werden ab 1. Januar 1999 die Worte „der Gesamtvollstreckung" durch die Worte „des Insolvenzverfahrens" ersetzt.

§ 4 Ausschluß der Rückübertragung

(1) Eine Rückübertragung des Eigentumsrechts oder sonstiger Rechte an Vermögenswerten ist ausgeschlossen, wenn dies von der Natur der Sache her nicht mehr möglich ist. Die Rückgabe von Unternehmen ist ausgeschlossen, wenn und soweit der Geschäftsbetrieb eingestellt worden ist und die tatsächlichen Voraussetzungen für die Wiederaufnahme des Geschäftsbetriebs nach vernünftiger kaufmännischer Beurteilung fehlen. Die Rückgabe des Unternehmens ist auch ausgeschlossen, wenn und soweit ein Unternehmen auf Grund folgender Vorschriften veräußert wurde:
a) Verordnung über die Gründung und Tätigkeit von Unternehmen mit ausländischer Beteiligung in der DDR vom 25. Januar 1990 (GBl. I Nr. 4 S. 16),
b) Beschluß zur Gründung der Anstalt zur treuhänderischen Verwaltung des Volkseigentums (Treuhandanstalt) vom 1. März 1990 (GBl. I Nr. 14 S. 107),
c) Treuhandgesetz vom 17. Juni 1990 (GBl. I Nr. 33 S. 300), zuletzt geändert durch Artikel 9 des Gesetzes zur Beseitigung von Hemmnissen bei der Privatisierung von Unternehmen und zur Förderung von Investitionen vom 22. März 1991 (BGBl. I S. 766),
d) Gesetz über die Gründung und Tätigkeit privater Unternehmen und über Unternehmensbeteiligungen vom 7. März 1990 (GBl. I Nr. 17 S. 141).
Dies gilt nicht, wenn die Voraussetzungen des Absatzes 3 vorliegen.

(2) Die Rückübertragung ist ferner ausgeschlossen, wenn natürliche Personen, Religionsgemeinschaften oder gemeinnützige Stiftungen nach dem 8. Mai 1945 in redlicher Weise an dem Vermögenswert Eigentum oder dingliche Nutzungsrechte erworben haben. Dies gilt bei der Veräußerung von Grundstücken und Gebäuden nicht, sofern das dem Erwerb zugrundeliegende Rechtsgeschäft nach dem 18. Oktober 1989 ohne Zustimmung des Berechtigten geschlossen worden ist, es sei denn, daß
a) der Erwerb vor dem 19. Oktober 1989 schriftlich beantragt oder sonst aktenkundig angebahnt worden ist,
b) der Erwerb auf der Grundlage des § 1 des Gesetzes über den Verkauf volkseigener Gebäude vom 7. März 1990 (GBl. I Nr. 18 S. 157) erfolgte oder
c) der Erwerber vor dem 19. Oktober 1989 in einem wesentlichen Umfang werterhöhende oder substanzerhaltende Investitionen vorgenommen hat.

(3) Als unredlich ist der Rechtserwerb in der Regel dann anzusehen, wenn er
a) nicht in Einklang mit den zum Zeitpunkt des Erwerbs in der Deutschen Demokratischen Republik geltenden allgemeinen Rechtsvorschriften, Verfahrensgrundsätzen und einer ordnungsgemäßen Verwaltungspraxis stand und der Erwerber dies wußte oder hätte wissen müssen oder
b) darauf beruhte, daß der Erwerber durch Korruption oder Ausnutzung einer persönlichen Machtstellung auf den Zeitpunkt oder die Bedingungen des Erwerbs oder auf die Auswahl des Erwerbsgegenstands eingewirkt hat, oder
c) davon beeinflußt war, daß sich der Erwerber eine von ihm selbst oder von dritter Seite herbeigeführte Zwangslage oder Täuschung des ehemaligen Eigentümers zunutze gemacht hat.

§ 5 Ausschluß der Rückübertragung von Eigentumsrechten an Grundstücken und Gebäuden

(1) Eine Rückübertragung von Eigentumsrechten an Grundstücken und Gebäuden ist gemäß § 4 Abs. 1 insbesondere auch dann ausgeschlossen, wenn Grundstücke und Gebäude
a) mit erheblichem baulichen Aufwand in ihrer Nutzungsart oder Zweckbestimmung verändert wurden und ein öffentliches Interesse an dieser Nutzung besteht,

b) dem Gemeingebrauch gewidmet wurden,
c) im komplexen Wohnungsbau oder Siedlungsbau verwendet wurden,
d) der gewerblichen Nutzung zugeführt oder in eine Unternehmenseinheit einbezogen wurden und nicht ohne erhebliche Beeinträchtigung des Unternehmens zurückgegeben werden können.

(2) In den Fällen des Absatzes 1 Buchstabe a und d ist die Rückübertragung von Eigentumsrechten nur dann ausgeschlossen, wenn die maßgeblichen tatsächlichen Umstände am 29. September 1990 vorgelegen haben.

§ 6 Rückübertragung von Unternehmen

(1) Ein Unternehmen ist auf Antrag an den Berechtigten zurückzugeben, wenn es unter Berücksichtigung des technischen Fortschritts und der allgemeinen wirtschaftlichen Entwicklung mit dem enteigneten Unternehmen im Zeitpunkt der Enteignung vergleichbar ist; der Anspruch auf Rückgabe von Anteils- oder Mitgliedschaftsrechten richtet sich gegen die in § 2 Abs. 3 bezeichneten Inhaber dieser Rechte, der Anspruch auf Rückgabe des Unternehmens gegen den dort bezeichneten Verfügungsberechtigten. Im Zeitpunkt der Rückgabe festzustellende wesentliche Verschlechterungen oder wesentliche Verbesserungen der Vermögens- oder Ertragslage sind auszugleichen; Schuldner bei wesentlicher Verschlechterung oder Gläubiger bei wesentlicher Verbesserung ist die Treuhandanstalt oder eine andere in § 24 Abs. 1 Satz 1 des D-Markbilanzgesetzes bezeichnete Stelle, wenn sie unmittelbar oder mittelbar an dem Verfügungsberechtigten beteiligt ist. Das Unternehmen ist mit dem enteigneten Unternehmen vergleichbar, wenn das Produkt- oder Leistungsangebot des Unternehmens unter Berücksichtigung des technischen und wirtschaftlichen Fortschritts im Grundsatz unverändert geblieben ist oder frühere Produkte oder Leistungen durch andere ersetzt worden sind. Ist das Unternehmen mit einem oder mehreren anderen Unternehmen zusammengefaßt worden, so kommt es für die Vergleichbarkeit nur auf diesen Unternehmensteil an.

(1a) Berechtigter bei der Rückgabe oder Rückführung eines Unternehmens nach den §§ 6 und 12 ist derjenige, dessen Vermögenswerte von Maßnahmen gemäß § 1 betroffen sind. Dieser besteht unter seiner Firma, die vor der Schädigung im Register eingetragen war, als in Auflösung befindlich fort, wenn die im Zeitpunkt der Schädigung vorhandenen Gesellschafter oder Mitglieder oder Rechtsnachfolger dieser Personen, die mehr als 50 vom Hundert der Anteile oder Mitgliedschaftsrechte auf sich vereinen und namentlich bekannt sind, einen Anspruch auf Rückgabe des Unternehmens oder von Anteilen oder Mitgliedschaftsrechten des Rückgabeberechtigten angemeldet haben. Kommt das erforderliche Quorum für das Fortbestehen eines Rückgabeberechtigten unter seiner alten Firma nicht zustande, kann das Unternehmen nicht zurückgefordert werden. Satz 2 gilt nicht für Gesellschaften, die ihr im Beitrittsgebiet belegenes Vermögen verloren haben und hinsichtlich des außerhalb dieses Gebiets belegenen Vermögens als Gesellschaft oder Stiftung werbend tätig sind; in diesem Falle ist Berechtigter nur die Gesellschaft oder Stiftung.

(2) Eine wesentliche Verschlechterung der Vermögenslage liegt vor, wenn sich bei der Aufstellung der Eröffnungsbilanz zum 1. Juli 1990 nach dem D-Markbilanzgesetz oder der für die Rückgabe aufgestellten Schlußbilanz eine Überschuldung oder eine Unterdeckung des für die Rechtsform gesetzlich vorgeschriebenen Mindestkapitals ergibt. In diesem Falle stehen dem Unternehmen die Ansprüche nach den §§ 24, 26 Abs. 3 und § 28 des D-Markbilanzgesetzes zu; diese Ansprüche dürfen nicht abgelehnt werden. Im Falle des § 28 des D-Markbilanzgesetzes ist das Kapitalentwertungskonto vom Verpflichteten zu tilgen. Der Anspruch nach Satz 2 entfällt, soweit nachgewiesen wird, daß die Eigenkapitalverhältnisse im Zeitpunkt der Enteignung nicht günstiger waren. Der Verfügungsberechtigte kann den Anspruch nach Satz 2

auch dadurch erfüllen, daß er das erforderliche Eigenkapital durch Erlaß oder Übernahme von Schulden schafft. Die D-Markeröffnungsbilanz ist zu berichtigen, wenn sich die Ansprüche nach den §§ 24, 26 Abs. 3, § 28 des D-Markbilanzgesetzes auf Grund des Vermögensgesetzes der Höhe nach ändern.

(3) Eine wesentliche Verbesserung der Vermögenslage liegt vor, wenn sich bei der Aufstellung der D-Markeröffnungsbilanz nach dem D-Markbilanzgesetz oder der für die Rückgabe aufgestellten Schlußbilanz eine Ausgleichsverbindlichkeit nach § 25 des D-Markbilanzgesetzes ergibt und nachgewiesen wird, daß das Unternehmen im Zeitpunkt der Enteignung im Verhältnis zur Bilanzsumme ein geringeres Eigenkapital hatte; bei der Berechnung der Ausgleichsverbindlichkeit sind dem Berechtigten, seinen Gesellschaftern oder Mitgliedern entzogene Vermögensgegenstände höchstens mit dem Wert anzusetzen, der ihnen ausgehend vom Zeitwert im Zeitpunkt der Schädigung unter Berücksichtigung der Wertabschläge nach dem D-Markbilanzgesetz zukommt. Ein geringeres Eigenkapital braucht nicht nachgewiesen zu werden, soweit die Ausgleichsverbindlichkeit dem Wertansatz von Grund und Boden oder Bauten, die zu keinem Zeitpunkt im Eigentum des Berechtigten, seiner Gesellschafter oder Mitglieder standen, entspricht. Eine nach § 25 Abs. 1 des D-Markbilanzgesetzes entstandene Ausgleichsverbindlichkeit entfällt, soweit eine wesentliche Verbesserung nicht auszugleichen ist. Die Ausgleichsverbindlichkeit ist zu erlassen oder in eine Verbindlichkeit nach § 16 Abs. 3 des D-Markbilanzgesetzes umzuwandeln, soweit das Unternehmen sonst nicht kreditwürdig ist. Die D-Markeröffnungsbilanz ist zu berichtigen, wenn sich die Ausgleichsverbindlichkeit auf Grund dieses Gesetzes der Höhe nach ändert.

(4) Eine wesentliche Veränderung der Ertragslage liegt vor, wenn die für das nach dem am 1. Juli 1990 beginnende Geschäftsjahr zu erwartenden Umsätze in Einheiten der voraussichtlich absetzbaren Produkte oder Leistungen unter Berücksichtigung der allgemeinen wirtschaftlichen Entwicklung wesentlich höher oder niedriger als im Zeitpunkt der Enteignung sind. Müssen neue Produkte entwickelt werden, um einen vergleichbaren Umsatz zu erzielen, so besteht in Höhe der notwendigen Entwicklungskosten ein Erstattungsanspruch, es sei denn, das Unternehmen ist nicht sanierungsfähig. Ist der Umsatz wesentlich höher als im Zeitpunkt der Enteignung, insbesondere wegen der Entwicklung neuer Produkte, so entsteht in Höhe der dafür notwendigen Entwicklungskosten, soweit diese im Falle ihrer Aktivierung noch nicht abgeschrieben wären, eine Ausgleichsverbindlichkeit, es sei denn, daß dadurch eine wesentliche Verschlechterung der Vermögenslage nach Absatz 2 eintreten würde.

(5) Die Rückgabe der enteigneten Unternehmen an die Berechtigten erfolgt durch Übertragung der Rechte, die dem Eigentümer nach der jeweiligen Rechtsform zustehen. Ist das zurückzugebende Unternehmen mit einem oder mehreren anderen Unternehmen zu einer neuen Unternehmenseinheit zusammengefaßt worden, so sind, wenn das Unternehmen nicht entflochten wird, Anteile in dem Wert auf den Berechtigten zu übertragen, der in entsprechender Anwendung der Absätze 1 bis 4 im Falle einer Entflechtung dem Verhältnis des Buchwerts des zurückzugebenden Unternehmens zum Buchwert des Gesamtunternehmens entspricht. Die Entflechtung kann nicht verlangt werden, wenn diese unter Berücksichtigung der Interessen aller Betroffenen einschließlich der Berechtigten wirtschaftlich nicht vertretbar ist; dies ist insbesondere der Fall, wenn durch die Entflechtung Arbeitsplätze in erheblichem Umfang verlorengehen würden. Verbleiben Anteile bei der Treuhandanstalt, insbesondere zum Ausgleich wesentlicher Werterhöhungen, so können diese von den Anteilseignern erworben werden, denen Anteilsrechte nach diesem Gesetz übertragen worden sind.

(5 a) Zur Erfüllung des Anspruchs auf Rückgabe kann die Behörde anordnen, daß
a) Anteile oder Mitgliedschaftsrechte an dem Verfügungsberechtigten auf den Berechtigten übertragen werden oder

b) das gesamte Vermögen einschließlich der Verbindlichkeiten oder eine Betriebsstätte des Verfügungsberechtigten auf den Berechtigten einzeln oder im Wege der Gesamtrechtsnachfolge übertragen werden oder
c) Anteile oder Mitgliedschaftsrechte an dem Verfügungsberechtigten auf die Gesellschafter oder Mitglieder des Berechtigten oder deren Rechtsnachfolger im Verhältnis ihrer Anteile oder Mitgliedschaftsrechte übertragen werden.

Wird der Anspruch auf Rückgabe nach Satz 1 Buchstabe c erfüllt, so haftet jeder Gesellschafter oder jedes Mitglied des Berechtigten oder deren Rechtsnachfolger für vor der Rückgabe entstandene Verbindlichkeiten des Berechtigten bis zur Höhe des Wertes seines Anteils oder Mitgliedschaftsrechts; im Verhältnis zueinander sind die Gesellschafter oder Mitglieder zur Ausgleichung nach dem Verhältnis des Umfangs ihrer Anteile oder Mitgliedschaftsrechte verpflichtet.

(5b) Zur Erfüllung des Anspruchs eines Gesellschafters oder Mitglieds eines Berechtigten oder ihrer Rechtsnachfolger auf Rückgabe entzogener Anteile oder auf Wiederherstellung einer Mitgliedschaft können diese verlangen, daß die Anteile an sie übertragen werden und ihre Mitgliedschaft wiederhergestellt wird; das Handels- oder Genossenschaftsregister ist durch Löschung eines Löschungsvermerks oder Wiederherstellung der Eintragung zu berichten. Mit der Rückgabe des Unternehmens in einer der vorbezeichneten Formen sind auch die Ansprüche der Gesellschafter oder Mitglieder des Berechtigten und ihrer Rechtsnachfolger wegen mittelbarer Schädigung erfüllt.

(5c) Hat ein Berechtigter staatlichen Stellen eine Beteiligung, insbesondere wegen Kreditverweigerung oder der Erhebung von Steuern oder Abgaben mit enteignendem Charakter, eingeräumt, so steht diese den Gesellschaftern des Berechtigten oder deren Rechtsnachfolgern zu, es sei denn, daß die Voraussetzungen des § 1 Abs. 3 nicht vorliegen. Die Gesellschafter oder deren Rechtsnachfolger können verlangen, daß die staatliche Beteiligung gelöscht oder auf sie übertragen wird. Die beim Erwerb der Beteiligung erbrachte Einlage oder Vergütung ist im Verhältnis zwei Mark der Deutschen Demokratischen Republik zu einer Deutschen Mark umzurechnen und von den Gesellschaftern oder deren Rechtsnachfolgern an den Inhaber der Beteiligung zurückzuzahlen, soweit dieser Betrag den Wert der Beteiligung nach § 11 Abs. 1 Satz 1 des D-Markbilanzgesetzes nicht übersteigt. Nach früherem Recht gebildete Fonds, die weder auf Einzahlungen zurückzuführen noch Rückstellungen im Sinne des § 249 Abs. 1 des Handelsgesetzbuchs sind, werden, soweit noch vorhanden, dem Eigenkapital des zurückzugebenden Unternehmens zugerechnet. Ist eine Beteiligung im Sinne des Satzes 1 zurückgekauft worden, so kann der Berechtigte vom Kaufvertrag zurücktreten und die Löschung oder Rückübertragung nach den Sätzen 1 bis 4 verlangen.

(6) Der Antrag auf Rückgabe eines Unternehmens kann von jedem Gesellschafter, Mitglied oder einem Rechtsnachfolger und dem Rückgabeberechtigten gestellt werden. Der Antrag des Berechtigten gilt als zugunsten aller Berechtigten, denen der gleiche Anspruch zusteht, erhoben. Statt der Rückgabe kann die Entschädigung gewählt werden, wenn kein Berechtigter einen Antrag auf Rückgabe stellt. Sind Anteile oder Mitgliedschaftsrechte schon vor dem Zeitpunkt der Schädigung des Berechtigten entzogen worden, so gilt der Antrag des ehemaligen Inhabers der Anteile oder der Mitgliedschaftsrechte oder seines Rechtsnachfolgers auf Rückgabe seiner Anteile oder Mitgliedschaftsrechte gleichzeitig als Antrag auf Rückgabe des Unternehmens und gilt sein Antrag auf Rückgabe des Unternehmens gleichzeitig als Antrag auf Rückgabe der Anteile oder Mitgliedschaftsrechte.

(6a) Ist die Rückgabe nach § 4 Abs. 1 Satz 2 ganz oder teilweise ausgeschlossen, so kann der Berechtigte die Rückgabe derjenigen Vermögensgegenstände verlangen, die sich im Zeitpunkt der Schädigung in seinem Eigentum befanden oder an deren Stelle getreten sind; eine damals einem Gesellschafter oder Mitglied des geschädigten Unternehmens wegen der Schädigung tatsächlich zugeflossene Geldleistung ist im Verhältnis zwei Mark der Deutschen Demokratischen Republik zu einer Deutschen Mark umzurechnen und von diesem oder seinem Rechtsnachfolger an den Verfügungsberechtigten zurückzuzahlen, soweit dieser Betrag den Wert der Beteiligung des Gesellschafters oder des Mitglieds nach § 11 Abs. 1 Satz 1 oder 4 des D-Markbilanzgesetzes abzüglich von nach Satz 2 zu übernehmenden Schulden nicht übersteigt. Diesem Anspruch gehen jedoch Ansprüche von Gläubigern des Verfügungsberechtigten vor, soweit diese nicht unmittelbar oder mittelbar dem Bund, Ländern, Gemeinden oder einer anderen juristischen Person des öffentlichen Rechts zustehen. § 9 Satz 1 ist entsprechend anzuwenden, wenn ein Grundstück nicht zurückgegeben werden kann. Ist dem Verfügungsberechtigten die Rückgabe nicht möglich, weil er das Unternehmen oder nach Satz 1 zurückzugebende Vermögensgegenstände ganz oder teilweise veräußert hat oder das Unternehmen nach Absatz 1 a Satz 3 nicht zurückgefordert werden kann, so können die Berechtigten vom Verfügungsberechtigten die Zahlung eines Geldbetrags in Höhe des ihrem Anteil entsprechenden Erlöses aus der Veräußerung verlangen, sofern sie sich nicht für die Entschädigung nach Absatz 7 entscheiden. Ist ein Erlös nicht erzielt worden oder unterschreitet dieser den Verkehrswert, den das Unternehmen oder nach Satz 1 zurückzugebende Vermögensgegenstände im Zeitpunkt der Veräußerung hatten, so können die Berechtigten Zahlung des Verkehrswerts verlangen. Ist die Gesamtvollstreckung*) eines Unternehmens entgegen § 3 Abs. 3 Satz 6 und 7 nicht abgewendet worden, so können die Berechtigten Zahlung des Verkehrswerts der einzelnen Vermögensgegenstände abzüglich der nach Satz 2 zu berücksichtigenden Schulden in Höhe des ihrem Anteil entsprechenden Betrags verlangen.

(7) Ist die Rückgabe nach Absatz 1 Satz 1 nicht möglich oder entscheidet sich der Berechtigte innerhalb der in § 8 Abs. 1 bestimmten Frist für eine Entschädigung, so besteht ein Anspruch auf Entschädigung nach Maßgabe des Entschädigungsgesetzes. Ein damals erhaltener Kaufpreis oder Ablösungsbetrag ist im Verhältnis zwei Mark der Deutschen Demokratischen Republik zu einer Deutschen Mark umzurechnen und vom Betrag der Entschädigung abzusetzen. Leistungen nach Absatz 6 a werden auf einen verbleibenden Entschädigungsanspruch voll angerechnet.

(8) Ist in den Fällen des § 1 Abs. 1 Buchstabe d die Rückgabe im Zeitpunkt des Inkrafttretens dieses Gesetzes bereits erfolgt, so kann der Berechtigte verlangen, daß die Rückgabe nach den Vorschriften dieses Gesetzes überprüft und an dessen Bedingungen angepaßt wird.

(9) Der Bundesminister der Justiz wird ermächtigt, im Einvernehmen mit dem Bundesminister der Finanzen und dem Bundesminister für Wirtschaft durch Rechtsverordnung mit Zustimmung des Bundesrates das Verfahren und die Zuständigkeit der Behörden oder Stellen für die Durchführung der Rückgabe und Entschädigung von Unternehmen und Beteiligungen zu regeln sowie Vorschriften über die Berechnung der Veränderungen der Vermögens- und Ertragslage der Unternehmen und deren Bewertung zu erlassen.

(10) Das Gericht am Sitz des Rückgabeberechtigten hat unter den Voraussetzungen des Absatzes 1 a Satz 2 auf Antrag Abwickler zu bestellen. Vor der Eintragung der Auflösung des Rückgabeberechtigten und seiner Abwickler ist ein im Register zu dem Berechtigten eingetragener Löschungsvermerk von Amts wegen zu löschen. Sind Registereintragungen zu dem Berechtigten nicht mehr vorhanden, so haben

---

* Gemäß Artikel 101 Nr. 2 in Verbindung mit Artikel 110 Abs. 1 des Einführungsgesetzes zur Insolvenzordnung vom 5. Oktober 1994 (BGBl. I S. 2911) werden ab 1. Januar 1999 die Worte „die Gesamtvollstreckung" durch die Worte „das Insolvenzverfahren über das Vermögen" ersetzt.

die Abwickler ihn, wenn er nach Absatz 1 a Satz 2 fortbesteht, als in Auflösung befindlich zur Eintragung in das Handelsregister anzumelden. Im übrigen ist für die Abwicklung das jeweils für den Berechtigten geltende Recht anzuwenden. Die Fortsetzung des Berechtigten kann beschlossen werden, solange noch nicht mit der Verteilung des zurückzugebenden Vermögens an die Gesellschafter oder Mitglieder begonnen ist. Einer Eintragung oder Löschung im Register bedarf es nicht, wenn die zur Stellung des Antrags berechtigten Personen beschließen, daß der Berechtigte nicht fortgesetzt und daß in Erfüllung des Rückgabeanspruchs unmittelbar an die Gesellschafter des Berechtigten oder deren Rechtsnachfolger geleistet wird.

§ 6a Vorläufige Einweisung

(1) Die Behörde hat Berechtigte nach § 6 auf Antrag vorläufig in den Besitz des zurückzugebenden Unternehmens einzuweisen, wenn die Berechtigung nachgewiesen ist und kein anderer Berechtigter nach § 3 Abs. 2 Vorrang hat. Wird die Berechtigung nur glaubhaft gemacht, erfolgt die vorläufige Einweisung, wenn
1. keine Anhaltspunkte dafür bestehen, daß die Berechtigten oder die zur Leitung des Unternehmens bestellten Personen die Geschäftsführung nicht ordnungsgemäß ausführen werden, und
2. im Falle der Sanierungsbedürftigkeit der Berechtigten über einen erfolgversprechenden Plan verfügen.

(2) Die nach § 25 zuständige Behörde entscheidet über die Einweisung durch Bescheid nach § 33 Abs. 3 innerhalb von drei Monaten. In den Fällen des Absatzes 1 Satz 1 gilt die Einweisung nach Ablauf der Genehmigungsfrist als bewilligt. Die Anfechtungsklage gegen eine Entscheidung der Behörde hat keine aufschiebende Wirkung. Auf das Rechtsverhältnis zwischen dem Berechtigten und dem Verfügungsberechtigten sind die Vorschriften über den Pachtvertrag entsprechend anzuwenden, sofern sich der Berechtigte im Falle des Absatzes 1 Satz 1 nicht für einen Kauf entscheidet. Die Behörde hat auf Antrag für den Fall, daß dem Antrag der Berechtigten auf Rückgabe des entzogenen Unternehmens nicht stattgegeben wird, den Pachtzins oder den Kaufpreis zu bestimmen. Der Pachtzins oder der Kaufpreis bleiben bis zur bestandskräftigen Entscheidung über die Rückgabe gestundet; sie entfallen, wenn das Unternehmen an den Berechtigten zurückübertragen wird. Der Berechtigte hat dafür einzustehen, daß er und die zur Leitung des Unternehmens bestellten Personen bei der Führung der Geschäfte die Sorgfalt eines ordentlichen und gewissenhaften Geschäftsleiters anwenden.

(3) Der Berechtigte hat Anspruch darauf, daß eine wesentliche Verschlechterung nach § 6 Abs. 2 und 4 bereits im Zeitpunkt der vorläufigen Einweisung ausgeglichen wird, soweit das Unternehmen sonst nicht fortgeführt werden könnte. Der Verpflichtete kann die Fortführung des Unternehmens auch in anderer Form, insbesondere durch Bürgschaft, gewährleisten.

(4) Einer Entscheidung der Behörde bedarf es nicht, wenn der Berechtigte und der Verfügungsberechtigte eine vorläufige Nutzung des zurückzugebenden Unternehmens vereinbaren. Die Vereinbarung ist der Behörde mitzuteilen.

§ 6b Entflechtung

(1) Ein Unternehmen kann zur Erfüllung eines oder mehrerer Ansprüche auf Rückgabe nach § 6 in rechtlich selbständige Unternehmen oder in Vermögensmassen (Betriebsstätten) ganz oder teilweise entflochten werden. § 6 Abs. 1 bis 4 ist auf jede so gebildete Vermögensmasse gesondert anzuwenden. Über die Entflechtung entscheidet die zuständige Behörde auf Antrag der Berechtigten oder des Verfü-

gungsberechtigten durch Bescheid nach § 33 Abs. 3. Der Antragsteller hat der Behörde nachzuweisen, daß er den Antrag auf Entflechtung auch dem zuständigen Betriebsrat des zu entflechtenden Unternehmens zur Unterrichtung zugeleitet hat.

(2) Die Entflechtung eines Unternehmens ist antragsgemäß zu verfügen, wenn dem Verfügungsberechtigten die Anteils- oder Mitgliedschaftsrechte allein zustehen und die Berechtigten zustimmen. Bei der Entflechtung von Genossenschaften ist antragsgemäß zu entscheiden, wenn deren Abwickler oder, falls solche nicht bestellt sind, die Generalversammlung mit der für die Auflösung der Genossenschaft erforderlichen Mehrheit der Entflechtung zustimmen. In allen anderen Fällen entscheidet die Behörde nach pflichtgemäßem Ermessen.

(3) Der Behörde ist auf Verlangen die Schlußbilanz des zu entflechtenden Unternehmens einschließlich des dazu gehörenden Inventars für einen Zeitpunkt vorzulegen, der nicht länger als drei Monate zurückliegt. In der Schlußbilanz und im Inventar sind die Beträge aus der D-Markeröffnungsbilanz und dem dazu gehörenden Inventar jeweils anzugeben.

(4) Das Übergabeprotokoll nach § 33 Abs. 4 muß mindestens folgende Angaben enthalten:
1. den Namen oder die Firma und den Sitz des zu entflechtenden Unternehmens und der Personen, auf welche die durch die Entflechtung entstehenden Unternehmen, die hinsichtlich ihrer Betriebe und Betriebsteile sowie der Zuordnung der Arbeitsverhältnisse genau zu beschreiben sind, übergehen, sowie deren gesetzliche Vertreter;
2. den Zeitpunkt, von dem an neu geschaffene Anteile oder eine neu geschaffene Mitgliedschaft einen Anspruch auf einen Anteil an dem Bilanzgewinn gewähren, sowie alle Besonderheiten in bezug auf diesen Anspruch;
3. den Zeitpunkt, von dem an die Handlungen des übertragenden Unternehmens als für Rechnung jeder der übernehmenden Personen vorgenommen gelten;
4. die genaue Beschreibung und Aufteilung der Gegenstände des Aktiv- und Passivvermögens des zu entflechtenden Unternehmens auf die verschiedenen Unternehmen oder Vermögensmassen. Soweit für die Übertragung von Gegenständen im Falle der Einzelrechtsnachfolge in den allgemeinen Vorschriften eine besondere Art der Bezeichnung bestimmt ist, sind diese Regelungen auch hier anzuwenden. Bei Grundstücken ist § 28 der Grundbuchordnung zu beachten. Im übrigen kann auf Urkunden wie Bilanzen und Inventare Bezug genommen werden, deren Inhalt eine Zuweisung des einzelnen Gegenstands ermöglicht;
5. die Ausgleichsforderung, Ausgleichsverbindlichkeit oder Garantien, die jeder einzelnen Vermögensmasse zugeordnet werden sollen.

(5) Muß für die Zwecke der Rückgabe ein neues Unternehmen errichtet werden, so sind die für die jeweilige Rechtsform maßgeblichen Gründungsvorschriften entsprechend anzuwenden. Einer Gründungsprüfung bedarf es nicht; die Prüfungsaufgaben des Registergerichts obliegen insoweit der zuständigen Behörde. Die D-Markeröffnungsbilanz des zu entflechtenden Unternehmens ist entsprechend der Bildung der neuen Vermögensmassen aufzuteilen; sie gilt mit dem Wirksamwerden der Entflechtung im Sinne der Aufteilung als berichtigt.

(6) Kann ein Gläubiger des übertragenden Unternehmens von der Person, der die Verbindlichkeit im Rahmen der Vermögensaufteilung zugewiesen worden ist, keine Befriedigung erlangen, so haften auch die anderen an der Entflechtung beteiligten Personen für diese Verbindlichkeit als Gesamtschuldner. Ist eine Verbindlichkeit keiner der neuen Vermögensmassen zugewiesen worden und läßt sich die Zuweisung auch nicht durch Auslegung ermitteln, so haften die an der Entflechtung beteiligten Personen als Gesamtschuldner. Eine Haftung tritt nicht ein, wenn die Behörde festgelegt hat, daß für die Erfüllung von Verbindlichkeiten nur bestimmte Personen, auf die Unternehmen oder Betriebsstätten übertragen worden sind, oder die Treu-

handanstalt einzustehen hat. Die Treuhandanstalt haftet nur bis zu dem Betrag, den die Gläubiger erhalten hätten, wenn die Entflechtung nicht durchgeführt worden wäre.

(7) Mit der Unanfechtbarkeit des Bescheids nach § 33 Abs. 3 gehen je nach Entscheidung der Behörde die im Übergabeprotokoll bezeichneten Gegenstände entsprechend der dort vorgesehenen Aufteilung entweder einzeln oder jeweils als Gesamtheit auf die bezeichneten Personen über. Gleichzeitig gehen die Anteilsrechte auf die im Bescheid bezeichneten Personen über. Das übertragende Unternehmen erlischt, sofern es nach dem Bescheid nicht fortbestehen soll. Stellt sich nachträglich heraus, daß Gegenstände oder Verbindlichkeiten nicht übertragen worden sind, so sind sie von der Behörde den im Bescheid bezeichneten Personen nach denselben Grundsätzen zuzuteilen, die bei der Entflechtung angewendet worden sind, soweit sich aus der Natur der Sache keine andere Zuordnung ergibt.

(8) Die Behörde ersucht die für die im Entflechtungsbescheid bezeichneten Personen zuständigen Registergerichte und die für die bezeichneten Grundstücke zuständigen Grundbuchämter um Berichtigung der Register und Bücher und, soweit erforderlich, um Eintragung.

(9) Im Falle der Entflechtung bleibt der Betriebsrat im Amt und führt die Geschäfte für die ihm bislang zugeordneten Betriebsteile weiter, soweit sie über die in § 1 des Betriebsverfassungsgesetzes genannte Arbeitnehmerzahl verfügen und nicht in einen Betrieb eingegliedert werden, in dem ein Betriebsrat besteht. Das Übergangsmandat endet, sobald in den Betriebsteilen ein neuer Betriebsrat gewählt und das Wahlergebnis bekanntgegeben ist, spätestens jedoch drei Monate nach Wirksamwerden der Entflechtung des Unternehmens. Werden Betriebsteile, die bislang verschiedenen Betrieben zugeordnet waren, zu einem Betrieb zusammengefaßt, so nimmt der Betriebsrat, dem der nach der Zahl der wahlberechtigten Arbeitnehmer größte Betriebsteil zugeordnet war, das Übergangsmandat wahr. Satz 3 gilt entsprechend, wenn Betriebe zu einem neuen Betrieb zusammengefaßt werden. Stehen die an der Entflechtung beteiligten Unternehmen im Wettbewerb zueinander, so sind die Vorschriften über die Beteiligungsrechte des Betriebsrats nicht anzuwenden, soweit sie Angelegenheiten betreffen, die den Wettbewerb zwischen diesen Unternehmen beeinflussen können.

§ 7 Wertausgleich

(1) Der Berechtigte hat, außer in den Fällen des Absatzes 2, die Kosten für vom Verfügungsberechtigten bis zum 2. Oktober 1990 durchgeführte Maßnahmen für eine Bebauung, Modernisierung oder Instandsetzung des Vermögenswerts zu ersetzen, soweit die Zuordnung der Kosten der Maßnahmen zum Vermögenswert durch den gegenwärtig Verfügungsberechtigten nachgewiesen ist und diese Kosten im Kalenderjahr im Durchschnitt 10000 Mark der DDR je Einheit im Sinne des § 18 Abs. 2 Satz 3 überschritten haben. Kann eine Zuordnung der Kosten nach Satz 1 nicht nachgewiesen werden, ist jedoch eine Schätzung der Kosten und ihre Zuordnung zum Vermögenswert möglich, sind die Kosten und ihre Zuordnung nach Maßgabe des § 31 Abs. 1 Satz 2 und 3 unter Berücksichtigung der bei der Rückgabe des Vermögenswerts noch feststellbaren Maßnahmen zu schätzen. Von dem nach Satz 1 oder Satz 2 ermittelten Betrag, bei Gebäuden der 10000 Mark der DDR im Durchschnitt je Einheit überschreitende Betrag, sind jährliche Abschläge von 8 vom Hundert bis zur Entscheidung über die Rückgabe vorzunehmen. Mark der DDR, Reichs- oder Goldmark sind im Verhältnis 2 zu 1 auf Deutsche Mark umzurechnen. Das Eigentum an dem zurückzuübertragenden Vermögenswert geht außer in den Fällen des Satzes 6 auf den Berechtigten erst dann über, wenn die Entscheidung über die Rückübertragung unanfechtbar und der Wertausgleich nach den Sätzen 1

bis 4 entrichtet ist. Auf Antrag des Berechtigten wird über die Rückübertragung des Vermögenswerts gesondert vorab entschieden, wenn der Berechtigte für einen von dem Amt zur Regelung offener Vermögensfragen festzusetzenden Betrag in Höhe der voraussichtlich zu ersetzenden Kosten Sicherheit geleistet hat.

(2) Werterhöhungen, die eine natürliche Person, Religionsgemeinschaft oder gemeinnützige Stiftung als gegenwärtig Verfügungsberechtigter bis zum 2. Oktober 1990 an dem Vermögenswert herbeigeführt hat, sind vom Berechtigten mit dem objektiven Wert zum Zeitpunkt der Entscheidung über die Rückübertragung des Eigentums auszugleichen. Dies gilt entsprechend, wenn der Verfügungsberechtigte das Eigentum an einem Gebäude gemäß § 16 Abs. 3 Satz 2 und 3 verliert.

(3) Soweit Grundpfandrechte zur Finanzierung von Baumaßnahmen im Sinne des § 16 Abs. 5 und 7 zu übernehmen oder Zahlungen mit Rücksicht auf Grundpfandrechte der in § 18 ABs. 2 genannten Art zu leisten sind, entsteht ein Ersatzanspruch nach den Absätzen 1 und 2 nicht. Ist an den Berechtigten ein Grundstück zurückzuübertragen und von diesem Ersatz für ein früher auf Grund eines Nutzungsrechts am Grundstück entstandenes Gebäudeeigentum zu leisten, so entsteht mit Aufhebung des Nutzungsrechts eine Sicherungshypothek am Grundstück in Höhe des Anspruchs nach den Absätzen 1 und 2 im Range des bisherigen Nutzungsrechts.

(4) Die Haftung des Berechtigten beschränkt sich auf den zurückzuübertragenden Vermögenswert. Für die Geltendmachung der Haftungsbeschränkung finden die §§ 1990 und 1991 des Bürgerlichen Gesetzbuchs entsprechende Anwendung.

(5) Ist eine öffentlich-rechtliche Gebietskörperschaft oder die Treuhandanstalt gegenwärtig Verfügungsberechtigter, so steht der Ersatzanspruch dem Entschädigungsfonds, in den übrigen Fällen dem gegenwärtig Verfügungsberechtigten zu. § 3 Abs. 3 Satz 4 bleibt unberührt. Wird dem gegenwärtig Verfügungsberechtigten ein gezahlter Kaufpreis gemäß § 7a Abs. 1 erstattet, so steht der Ersatzanspruch nach Absatz 1 in Ansehung von Verwendungen des früheren Verfügungsberechtigten dem Entschädigungsfonds zu.

(6) Die Absätze 1 bis 5 finden keine Anwendung auf Rückübertragungsansprüche nach § 6 oder wenn es sich um Verwendungen handelt, mit denen gegen die Beschränkungen des § 3 Abs. 3 verstoßen worden ist.

(7) Der Berechtigte hat gegen den Verfügungsberechtigten, sofern nicht anderes vereinbart ist, keinen Anspruch auf Herausgabe der bis zur Rückübertragung des Eigentums gezogenen Nutzungen. Dies gilt nicht für Entgelte, die dem Verfügungsberechtigten ab dem 1. Juli 1994 aus einem Miet-, Pacht- oder sonstigen Nutzungsverhältnis zustehen. Der Herausgabeanspruch nach Satz 2 entsteht mit Bestandskraft des Bescheides über die Rückübertragung des Eigentums. Macht der Berechtigte den Anspruch geltend, so kann der bisherige Verfügungsberechtigte die seit dem 1. Juli 1994 entstandenen

1. Betriebskosten im Sinne der Anlage zu § 1 Abs. 5 der Betriebskosten-Umlageverordnung vom 17. Juni 1991 (BGBl. I S. 1270), die zuletzt durch das Gesetz vom 27. Juli 1992 (BGBl. I S. 1415) geändert worden ist, soweit ihm diese nicht von den Mietern, Pächtern, sonstigen Nutzungsberechtigten oder Dritten erstattet worden sind;
2. Kosten auf Grund von Rechtsgeschäften zur Erhaltung des Vermögenswerts im Sinne des § 3 Abs. 3

aufrechnen. § 16 Abs. 2 Satz 1 und 2 des Investitionsvorranggesetzes bleibt unberührt.

(8) Ansprüche nach den Absätzen 2 und 7 sind nicht im Verfahren nach Abschnitt VI geltend zu machen. Für Streitigkeiten sind die ordentlichen Gerichte zuständig, in deren Bezirk sich der Vermögenswert ganz oder überwiegend befindet.

§ 7a Gegenleistung

(1) Ein vom Verfügungsberechtigten im Zusammenhang mit dem Erwerb des Eigentums an dem zurückzuübertragenden Vermögenswert an eine staatliche Stelle der Deutschen Demokratischen Republik oder an einen Dritten gezahlter Kaufpreis ist ihm, außer in den Fällen des Absatzes 2, auf Antrag aus dem Entschädigungsfonds zu erstatten. In Mark der Deutschen Demokratischen Republik gezahlte Beträge sind im Verhältnis 2 zu 1 auf Deutsche Mark umzustellen. Der Erstattungsbetrag wird im Rückübertragungsbescheid gemäß § 33 Abs. 3 festgesetzt. Auf Antrag des Berechtigten erläßt das Amt zur Regelung offener Vermögensfragen hierüber einen gesonderten Bescheid.

(2) Ist dem Berechtigten aus Anlaß des Vermögensverlustes eine Gegenleistung oder eine Entschädigung tatsächlich zugeflossen, so hat er diese nach Rückübertragung des Eigentums an den Verfügungsberechtigten herauszugeben. Geldbeträge in Reichsmark sind im Verhältnis 20 zu 1, Geldbeträge in Mark der Deutschen Demokratischen Republik sind im Verhältnis 2 zu 1 auf Deutsche Mark umzustellen. Wurde die Gegenleistung oder die Entschädigung aus dem Staatshaushalt der Deutschen Demokratischen Republik, aus einem öffentlichen Haushalt der Bundesrepublik Deutschland oder dem Kreditabwicklungsfonds erbracht, so steht sie dem Entschädigungsfonds zu. Erfüllungshalber begründete Schuldbuchforderungen erlöschen, soweit sie noch nicht getilgt worden sind.

(3) Bis zur Befriedigung des Anspruchs nach Absatz 2 Satz 1 steht dem Verfügungsberechtigten gegenüber dem Herausgabeanspruch des Berechtigten ein Recht zum Besitz zu. Ist an den Berechtigten ein Grundstück oder Gebäude herauszugeben, so begründet das Amt zur Regelung offener Vermögensfragen zugunsten des Verfügungsberechtigten auf dessen Antrag eine Sicherungshypothek in Höhe des gemäß Absatz 2 Satz 2 umgestellten Betrages nebst vier vom Hundert Zinsen hieraus seit dem Tag der Unanfechtbarkeit der Entscheidung über die Rückübertragung des Eigentums an rangbereiter Stelle, sofern die Forderung nicht vorher durch den Berechtigten erfüllt wird.

(4) Diese Vorschriften sind auf Rückübertragungsansprüche nach § 6 nicht anzuwenden.

§ 8 Wahlrecht

(1) Soweit inländischen Berechtigten ein Anspruch auf Rückübertragung gemäß § 3 zusteht, können sie bis zum Ablauf von sechs Monaten nach Inkrafttreten des Entschädigungsgesetzes statt dessen Entschädigung wählen. Hat der Berechtigte seinen Sitz oder Wohnsitz außerhalb der Bundesrepublik Deutschland, verlängert sich die Frist nach Satz 1 auf drei Jahre. Ausgenommen sind Berechtigte, deren Grundstücke durch Eigentumsverzicht, Schenkung oder Erbausschlagung in Volkseigentum übernommen wurden.

(2) Liegt die Berechtigung bei einer Personenmehrheit, kann das Wahlrecht nur gemeinschaftlich ausgeübt werden.

§ 9 Grundsätze der Entschädigung

Kann ein Grundstück aus den Gründen des § 4 Abs. 2 nicht zurückübertragen werden, kann die Entschädigung durch Übereignung von Grundstücken mit möglichst vergleichbarem Wert erfolgen. Ist dies nicht möglich, wird nach Maßgabe des Entschädigungsgesetzes entschädigt. Für die Bereitstellung von Ersatzgrundstücken gilt § 21 Abs. 3 Satz 1 und Abs. 4 entsprechend.

§ 10 Beweglicher Sachen

(1) Wurden bewegliche Sachen verkauft und können sie nach § 3 Abs. 4 oder § 4 Abs. 2 nicht zurückgegeben werden, steht den Berechtigten ein Anspruch in Höhe des erzielten Erlöses gegen den Entschädigungsfonds zu, sofern ihm der Erlös nicht bereits auf einem Konto gutgeschrieben oder ausgezahlt wurde.

(2) Wurde bei der Verwertung einer beweglichen Sache kein Erlös erzielt, hat der Berechtigte keinen Anspruch auf Entschädigung.

Abschnitt III. Aufhebung der staatlichen Verwaltung

§ 11 Grundsatz

(1) Die staatliche Verwaltung über Vermögenswerte wird auf Antrag des Berechtigten durch Entscheidung der Behörde aufgehoben. Der Berechtigte kann statt dessen unter Verzicht auf sein Eigentum Entschädigung nach dem Entschädigungsgesetz wählen. In diesem Fall steht das Aneignungsrecht dem Entschädigungsfonds zu. Mit dem Wirksamwerden des Verzichts wird der Berechtigte von allen Verpflichtungen frei, die auf den Zustand des Vermögenswerts seit Anordnung der staatlichen Verwaltung zurückzuführen sind.

(2) Hat der Berechtigte seinen Anspruch bis zum Ablauf der Anmeldefrist (§ 3 der Anmeldeverordnung) nicht angemeldet, ist der staatliche Verwalter berechtigt, über den verwalteten Vermögenswert zu verfügen. Die Verfügung über den Vermögenswert ist nicht mehr zulässig, wenn der Berechtigte seinen Anspruch am verwalteten Vermögen nach Ablauf der Frist angemeldet hat.

(3) Der Verwalter hat sich vor einer Verfügung zu vergewissern, daß keine Anmeldung im Sinne der Anmeldeverordnung vorliegt.

(4) Dem Berechtigten steht im Falle der Verfügung der Verkaufserlös zu. Wird von dem Berechtigten kein Anspruch angemeldet, ist der Verkaufserlös an die für den Entschädigungsfonds zuständige Behörde zur Verwaltung abzuführen.

(5) Soweit staatlich verwaltete Geldvermögen auf Grund von Vorschriften diskriminierenden oder sonst benachteiligenden Charakters gemindert wurden, wird ein Ausgleich nach § 5 Abs. 1 Satz 6 des Entschädigungsgesetzes gewährt.

(6) Ist für Kontoguthaben oder sonstige privatrechtliche geldwerte Ansprüche, die unter staatlicher Verwaltung standen und zum 1. Juli 1990 auf Deutsche Mark umgestellt worden sind, Hauptentschädigung nach dem Lastenausgleichsgesetz gezahlt worden, gehen diese Ansprüche insoweit auf den Entschädigungsfonds über; die Ausgleichsverwaltung teilt der auszahlenden Stelle die Höhe der Hauptentschädigung mit. Ist das Kontoguthaben schon an den Berechtigten ausgezahlt worden, wird die gewährte Hauptentschädigung nach den Vorschriften des Lastenausgleichsgesetzes durch die Ausgleichsverwaltung zurückgefordert. Die auszahlende Stelle teilt dem Bundesamt zur Regelung offener Vermögensfragen und der Ausgleichsverwaltung den an den Berechtigten ausgezahlten Betrag ohne besondere Aufforderung mit (Kontrollmitteilung); die übermittelten Daten dürfen nur für die gesetzlichen Aufgaben der Ausgleichsverwaltung verwendet werden.

§ 11a Beendigung der staatlichen Verwaltung

(1) Die staatliche Verwaltung über Vermögenswerte endet auch ohne Antrag des Berechtigten mit Ablauf des 31. Dezember 1992. Das Wahlrecht nach § 11 Abs. 1 Satz 2 muß bis zum Ablauf zweier Monate nach Inkrafttreten des Entschädigungsge-

setzes ausgeübt werden. Ist der Vermögenswert ein Grundstück oder ein Gebäude, so gilt der bisherige staatliche Verwalter weiterhin als befugt, eine Verfügung vorzunehmen, zu deren Vornahme er sich wirksam verpflichtet hat, wenn vor dem 1. Januar 1993 die Eintragung des Rechts oder die Eintragung einer Vormerkung zur Sicherung des Anspruchs bei dem Grundbuchamt beantragt worden ist.

(2) Ist in dem Grundbuch eines bisher staatlich verwalteten Grundstücks oder Gebäudes ein Vermerk über die Anordnung der staatlichen Verwaltung eingetragen, so wird dieser mit Ablauf des 31. Dezember 1992 gegenstandslos. Er ist von dem Grundbuchamt auf Antrag des Eigentümers oder des bisherigen staatlichen Verwalters zu löschen.

(3) Von dem Ende der staatlichen Verwaltung an treffen den bisherigen staatlichen Verwalter, bei Unklarheit über seine Person den Landkreis oder die kreisfreie Stadt, in dessen oder deren Bezirk der Vermögenswert liegt, die den Beauftragten nach dem Bürgerlichen Gesetzbuch bei Beendigung seines Auftrags obliegenden Pflichten. Der Verwalter kann die Erfüllung der in Satz 1 genannten Pflichten längstens bis zum 30. Juni 1993 ablehnen, wenn und soweit ihm die Erfüllung aus organisatorischen Gründen nicht möglich ist.

(4) Mit der Aufhebung der staatlichen Verwaltung gehen Nutzungsverhältnisse an einem Grundstück oder Gebäude auf den Eigentümer über.

§ 11b Vertreter des Eigentümers

(1) Ist der Eigentümer eines ehemals staatlich verwalteten Vermögenswerts oder sein Aufenthalt nicht festzustellen und besteht ein Bedürfnis, die Vertretung des Eigentümers sicherzustellen, so bestellt der Landkreis oder die kreisfreie Stadt, in dessen oder deren Bezirk sich der Vermögenswert befindet, auf Antrag der Gemeinde oder eines anderen, der ein berechtigtes Interesse daran hat, einen gesetzlichen Vertreter des Eigentümers, der auch eine juristische Person sein kann. Sind von mehreren Eigentümern nicht alle bekannt oder ist der Aufenthalt einzelner nicht bekannt, so wird einer der bekannten Eigentümer zum gesetzlichen Vertreter bestellt. Er ist von den Beschränkungen des § 181 des Bürgerlichen Gesetzbuchs befreit. § 16 Abs. 3 des Verwaltungsverfahrensgesetzes findet Anwendung. Im übrigen gelten die §§ 1785, 1786, 1821 und 1837 sowie die Vorschriften des Bürgerlichen Gesetzbuchs über den Auftrag sinngemäß.

(2) Ist der Gläubiger einer staatlich verwalteten Forderung oder sein Aufenthalt nicht festzustellen, so ist die Staatsbank Berlin gesetzlicher Vertreter. Die Treuhandanstalt ist von dem 1. Januar 1993 an gesetzlicher Vertreter bisher staatlich verwalteter Unternehmen.

(3) Der gesetzliche Vertreter wird auf Antrag des Eigentümers abberufen. Sind mehrere Personen Eigentümer, so erfolgt die Abberufung nur, wenn die Vertretung gesichert ist.

§ 11c Genehmigungsvorbehalt

Über Vermögenswerte, die Gegenstand der in § 1 Abs. 8 Buchstabe b bezeichneten Vereinbarungen sind, darf nur mit Zustimmung des Bundesamts zur Regelung offener Vermögensfragen verfügt werden. Für Grundstücke, Gebäude und Grundpfandrechte gilt dies nur, wenn im Grundbuch ein Zustimmungsvorbehalt unter Angabe dieser Vorschrift eingetragen ist. Das Grundbuchamt trägt den Zustimmungsvorbehalt nur auf Ersuchen des Bundesamts zur Regelung offener Vermögensfragen ein. Gegen das Ersuchen können der eingetragene Eigentümer oder seine Erben Widerspruch erheben, der nur darauf gestützt werden kann, daß die Voraussetzungen des

Satzes 1 nicht vorliegen. In Fällen, in denen nach Artikel 3 Abs. 9 Satz 2 des Abkommens vom 13. Mai 1992 zwischen der Regierung der Bundesrepublik Deutschland und der Regierung der Vereinigten Staaten von Amerika über die Regelung bestimmter Vermögensansprüche in Verbindung mit Artikel 1 des Gesetzes zu diesem Abkommen vom 21. Dezember 1992 (BGBl. II S. 1222) der Rechtstitel auf den Bund übergeht und gleichzeitig die staatliche Verwaltung endet, gelten die vorstehenden Vorschriften entsprechend mit der Maßgabe, daß an die Stelle des Bundesamts zur Regelung offener Vermögensfragen die für die Verwaltung des betreffenden Vermögensgegenstands zuständige Bundesbehörde tritt.

§ 12 Staatlich verwaltete Unternehmen und Unternehmensbeteiligungen

Die Modalitäten der Rückführung staatlich verwalteter Unternehmen und Unternehmensbeteiligungen richten sich nach § 6. Anstelle des Zeitpunktes der Enteignung gilt der Zeitpunkt der Inverwaltungnahme.

§ 13 Haftung des staatlichen Verwalters

(1) Ist dem Berechtigten des staatlich verwalteten Vermögenswerts durch eine gröbliche Verletzung der Pflichten, die sich aus einer ordnungsgemäßen Wirtschaftsführung ergeben, durch den staatlichen Verwalter oder infolge Verletzung anderer dem staatlichen Verwalter obliegenden Pflichten während der Zeit der staatlichen Verwaltung rechtswidrig ein materieller Nachteil entstanden, ist ihm dieser Schaden zu ersetzen.

(2) Der Schadensersatz ist auf der Grundlage der gesetzlichen Regelungen der Staatshaftung festzustellen und aus dem Entschädigungsfonds zu zahlen.

(3) Dem Entschädigungsfonds steht gegenüber dem staatlichen Verwalter oder der ihm übergeordneten Kommunalverwaltung ein Ausgleichsanspruch zu.

§ 14 [Ausschluß von Schadensersatzansprüchen]

(1) Dem Berechtigten stehen keine Schadensersatzansprüche zu, wenn Vermögenswerte nicht in staatliche Verwaltung genommen wurden, weil das zuständige Staatsorgan keine Kenntnis vom Bestehen der sachlichen Voraussetzungen für die Begründung der staatlichen Verwaltung oder vom Vorhandensein des Vermögenswerts hatte und unter Berücksichtigung der konkreten Umstände nicht erlangen konnte.

(2) Ein Anspruch auf Schadensersatz besteht auch dann nicht, wenn dem Berechtigten bekannt war, daß die staatliche Verwaltung über den Vermögenswert nicht ausgeübt wird oder er diese Kenntnis in zumutbarer Weise hätte erlangen können.

§ 14a Werterhöhungen durch den staatlichen Verwalter

Für Werterhöhungen, die der staatliche Verwalter aus volkseigenen Mitteln finanziert hat, gilt § 7 entsprechend.

§ 15 Befugnisse des staatlichen Verwalters

(1) Bis zur Aufhebung der staatlichen Verwaltung ist die Sicherung und ordnungsgemäße Verwaltung des Vermögenswerts durch den staatlichen Verwalter wahrzunehmen.

(2) Der staatliche Verwalter ist bis zur Aufhebung der staatlichen Verwaltung nicht berechtigt, ohne Zustimmung des Eigentümers langfristige vertragliche Ver-

pflichtungen einzugehen oder dingliche Rechtsgeschäfte abzuschließen. § 3 Abs. 3 Satz 2 und 5 gilt entsprechend.

(3) Die Beschränkung gemäß Absatz 2 entfällt nach Ablauf der Anmeldefrist (§ 3 der Anmeldeverordnung), solange der Eigentümer seinen Anspruch auf den staatlich verwalteten Vermögenswert nicht angemeldet hat.

(4) Der staatliche Verwalter hat sich vor einer Verfügung zu vergewissern, daß keine Anmeldung im Sinne des Absatzes 3 vorliegt.

Abschnitt IV. Rechtsverhältnisse zwischen Berechtigten und Dritten

§ 16 Übernahme von Rechten und Pflichten

(1) Mit der Rückübertragung von Eigentumsrechten oder der Aufhebung der staatlichen Verwaltung sind die Rechte und Pflichten, die sich aus dem Eigentum am Vermögenswert ergeben, durch den Berechtigten selbst oder durch einen vom Berechtigten zu bestimmenden Verwalter wahrzunehmen.

(2) Mit der Rückübertragung von Eigentumsrechten oder der Aufhebung der staatlichen Verwaltung oder mit der vorläufigen Einweisung nach § 6a tritt der Berechtigte in alle in bezug auf den jeweiligen Vermögenswert bestehenden Rechtsverhältnisse ein. Dies gilt für vom staatlichen Verwalter geschlossene Kreditverträge nur insoweit, als die darauf beruhenden Verbindlichkeiten im Falle ihrer dinglichen Sicherung gemäß Absatz 9 Satz 2 gegenüber dem Berechtigten, dem staatlichen Verwalter sowie deren Rechtsnachfolgern fortbestünden. Ansatz 9 Satz 3 gilt entsprechend.

(3) Dingliche Nutzungsrechte sind mit dem Bescheid gemäß § 33 Abs. 3 aufzuheben, wenn der Nutzungsberechtigte bei Begründung des Nutzungsrechts nicht redlich im Sinne des § 4 Abs. 3 gewesen ist. Mit der Aufhebung des Nutzungsrechts erlischt das Gebäudeeigentum nach § 288 Abs. 4 oder § 292 Abs. 3 des Zivilgesetzbuchs der Deutschen Demokratischen Republik. Das Gebäude wird Bestandteil des Grundstücks. Grundpfandrechte an einem auf Grund des Nutzungsrechts errichteten Gebäude werden Pfandrechte an den in den §§ 7 und 7a bezeichneten Ansprüchen sowie an dinglichen Rechten, die zu deren Sicherung begründet werden. Verliert der Nutzungsberechtigte durch die Aufhebung des Nutzungsrechts das Recht zum Besitz seiner Wohnung, so treten die Wirkungen des Satzes 1 sechs Monate nach Unanfechtbarkeit der Entscheidung ein.

(4) Fortbestehende Rechtsverhältnisse können nur auf der Grundlage der jeweils geltenden Rechtsvorschriften geändert oder beendet werden.

(5) Eingetragene Aufbauhypotheken und vergleichbare Grundpfandrechte zur Sicherung von Baukrediten, die durch den staatlichen Verwalter bestellt wurden, sind in dem sich aus § 18 Abs. 2 ergebenden Umfang zu übernehmen. Von dem so ermittelten Betrag sind diejenigen Tilgungsleistungen abzuziehen, die nachweislich auf das Recht oder eine durch das Recht gesicherte Forderung erbracht worden sind. Im Rahmen einer Einigung zwischen dem Gläubiger des Rechts, dem Eigentümer und dem Amt zur Regelung offener Vermögensfragen als Vertreter der Interessen des Entschädigungsfonds kann etwas Abweichendes vereinbart werden. Weist der Berechtigte nach, daß eine der Kreditaufnahme entsprechende Baumaßnahme an dem Grundstück nicht durchgeführt wurde, ist das Recht nicht zu übernehmen.

(6) Das Amt zur Regelung offener Vermögensfragen bestimmt mit der Entscheidung über die Aufhebung der staatlichen Verwaltung den zu übernehmenden Teil des Grundpfandrechts, wenn nicht der aus dem Grundpfandrecht Begünstigte oder der Berechtigte beantragt, vorab über die Aufhebung der staatlichen Verwaltung zu entscheiden. In diesem Fall ersucht das Amt zur Regelung offener Vermögensfragen

die das Grundbuch führende Stelle um Eintragung eines Widerspruchs gegen die Richtigkeit des Grundbuchs zugunsten des Berechtigten. Wird die staatliche Verwaltung ohne eine Entscheidung des Amts zur Regelung offener Vermögensfragen beendet, so hat auf Antrag des aus dem Grundpfandrecht Begünstigten oder des Berechtigten das Amt zur Regelung offener Vermögensfragen, in dessen Bereich das belastete Grundstück belegen ist, den zu übernehmenden Teil der Grundpfandrechte durch Bescheid zu bestimmen. Wird der Antrag nach Satz 3 innerhalb der in § 30a Abs. 3 Satz 1 bestimmten Frist nicht gestellt, bleibt der Eigentümer im Umfang der Eintragung aus dem Grundpfandrecht verpflichtet, soweit die gesicherte Forderung nicht durch Tilgung erloschen ist. Auf die Beschränkungen der Übernahmepflicht nach Absatz 5 Satz 1 und 4 kann er sich in diesem Falle nur berufen, wenn er diese Absicht dem Gläubiger oder der Sparkasse, in deren Geschäftsgebiet das Grundstück belegen ist, bis zum 31. März 1995 schriftlich mitgeteilt hat. Ist die Sparkasse nicht Gläubigerin, ist sie lediglich zur Bestätigung des Eingangs dieser Mitteilung verpflichtet. Der Bescheid ergeht gemeinsam für sämtliche auf dem Grundstück lastenden Rechte gemäß Absatz 5.

(7) Die Absätze 5 und 6 gelten für eingetragene sonstige Grundpfandrechte, die auf staatliche Veranlassung vor dem 8. Mai 1945 oder nach dem Eintritt des Eigentumsverlustes oder durch den staatlichen Verwalter bestellt wurden, entsprechend, es sei denn, das Grundpfandrecht dient der Sicherung einer Verpflichtung des Berechtigten, die keinen diskriminierenden oder sonst benachteiligenden Charakter hat.

(8) Der Bescheid über den zu übernehmenden Teil der Rechte gemäß den Absätzen 5 bis 7 ist für den Berechtigten und den Gläubiger des Grundpfandrechts selbständig anfechtbar.

(9) Soweit eine Aufbauhypothek oder ein vergleichbares Grundpfandrecht gemäß Absatz 5 oder ein sonstiges Grundpfandrecht gemäß Absatz 7 nicht zu übernehmen ist, gilt das Grundpfandrecht als erloschen. Satz 1 gilt gegenüber dem Berechtigten, dem staatlichen Verwalter sowie deren Rechtsnachfolgern für eine dem Grundpfandrecht zugrundeliegende Forderung entsprechend. Handelt es sich um eine Forderung aus einem Darlehen, für das keine staatlichen Mittel eingesetzt worden sind, so ist der Gläubiger vorbehaltlich einer abweichenden Regelung angemessen zu entschädigen.

(10) Die Absätze 5 bis 9 finden keine Anwendung, wenn das Grundstück nach § 6 zurückübertragen wird. Die Absätze 5 bis 9 gelten ferner nicht, wenn das Grundpfandrecht nach dem 30. Juni 1990 bestellt worden ist. In diesem Fall hat der Berechtigte gegen denjenigen, der das Grundpfandrecht bestellt hat, einen Anspruch auf Befreiung von dem Grundpfandrecht in dem Umfang, in dem es gemäß den Absätzen 5 bis 9 nicht zu übernehmen wäre. Der aus dem Grundpfandrecht Begünstigte ist insoweit verpflichtet, die Löschung des Grundpfandrechts gegen Ablösung der gesicherten Forderung und gegen Ersatz eines aus der vorzeitigen Ablösung entstehenden Schadens zu bewilligen.

§ 17 Miet- und Nutzungsrechte

Durch die Rückübertragung von Grundstücken und Gebäuden oder die Aufhebung der staatlichen Verwaltung werden bestehende Miet- oder Nutzungsrechtsverhältnisse nicht berührt. War der Mieter oder Nutzer bei Abschluß des Vertrags nicht redlich im Sinne des § 4 Abs. 3, so ist das Rechtsverhältnis mit dem Bescheid gemäß § 33 Abs. 3 aufzuheben. Dies gilt auch in den Fällen des § 11a Abs. 4. § 16 Abs. 3 Satz 5 gilt entsprechend. Ist ein redlich begründetes Miet- oder Nutzungsverhältnis durch Eigentumserwerb erloschen, so lebt es mit Bestandskraft des Rückübertragungsbescheids mit dem Inhalt, den es ohne die Eigentumsübertragung seit dem 3. Oktober 1990 gehabt hätte, unbefristet wieder auf.

§ 18 Grundstücksbelastungen

(1) Bei der Rückübertragung von Eigentumsrechten an Grundstücken, die nicht nach § 6 erfolgt, hat der Berechtigte für die bei Überführung des Grundstücks in Volkseigentum untergegangenen dinglichen Rechte einen in dem Bescheid über die Rückübertragung festzusetzenden Ablösebetrag zu hinterlegen. Der Ablösebetrag bestimmt sich nach der Summe der für die jeweiligen Rechte nach Maßgabe der Absätze 2 bis 5 zu bestimmenden und danach in Deutsche Mark umzurechnenden Einzelbeträge, die in dem Bescheid gesondert auszuweisen sind. Andere als die in den Absätzen 2 bis 4 genannten Rechte werden bei der Ermittlung des Ablösebetrags nicht berücksichtigt. Im übrigen können auch solche Rechte unberücksichtigt bleiben, die nachweislich zwischen dem Berechtigten und dem Gläubiger einvernehmlich bereinigt sind.

(2) Aufbauhypotheken und vergleichbare Grundpfandrechte zur Sicherung von Baukrediten, die durch den staatlichen Verwalter bestellt wurden, sind mit folgenden Abschlägen von dem zunächst auf Mark der DDR umzurechnenden Nennbetrag des Grundpfandrechts zu berücksichtigen. Der Abschlag beträgt jährlich für ein Grundpfandrecht
1. bei Gebäuden mit ein oder zwei Einheiten
   bis zu 10000 Mark der DDR 4,0 vom Hundert,
   bis zu 30000 Mark der DDR 3,0 vom Hundert,
   über 30000 Mark der DDR 2,0 vom Hundert;
2. bei Gebäuden mit drei oder vier Einheiten
   bis zu 10000 Mark der DDR 4,5 vom Hundert,
   bis zu 30000 Mark der DDR 3,5 vom Hundert,
   über 30000 Mark der DDR 2,5 vom Hundert;
3. bei Gebäuden mit fünf bis acht Einheiten
   bis zu 20000 Mark der DDR 5,0 vom Hundert,
   bis zu 50000 Mark der DDR 4,0 vom Hundert,
   über 50000 Mark der DDR 2,5 vom Hundert;
4. bei Gebäuden mit neun und mehr Einheiten
   bis zu 40000 Mark der DDR 5,0 vom Hundert,
   bis zu 80000 Mark der DDR 4,0 vom Hundert,
   über 80000 Mark der DDR 2,5 vom Hundert.

Als Einheit im Sinne des Satzes 2 gelten zum Zeitpunkt der Entscheidung in dem Gebäude vorhandene, in sich abgeschlossene oder selbständig vermietbare Wohnungen oder Geschäftsräume. Von dem so ermittelten Betrag können diejenigen Tilgungsleistungen abgezogen werden, die unstreitig das Recht oder eine durch das Recht gesicherte Forderung erbracht worden sind. Soweit der Berechtigte nachweist, daß eine der Kreditaufnahme entsprechende Baumaßnahme an dem Grundstück nicht durchgeführt wurde, ist das Recht nicht zu berücksichtigen. Die Sätze 1 bis 5 gelten für sonstige Grundpfandrechte, die auf staatliche Veranlassung vor dem 8. Mai 1945 oder nach Eintritt des Eigentumsverlustes oder durch den staatlichen Verwalter bestellt wurden, entsprechend, es sei denn, das Grundpfandrecht diente der Sicherung einer Verpflichtung des Berechtigten, die keinen diskriminierenden oder sonst benachteiligenden Charakter hat.

(3) Bei anderen als den in Absatz 2 genannten Grundpfandrechten ist zur Berechnung des Ablösebetrags von dem Nennbetrag des früheren Rechts auszugehen. Absatz 2 Satz 4 gilt entsprechend.

(4) Rechte, die auf die Erbringung wiederkehrender Leistungen aus dem Grundstück gerichtet sind, sind bei der Berechnung des Ablösebetrags mit ihrem kapitalisierten Wert anzusetzen.

(5) Bei der Berechnung der für den Ablösebetrag zu berücksichtigenden Einzelbeträge sind Ausgleichsleistungen auf das Recht oder eine dem Recht zugrundeliegen-

de Forderung oder eine Entschädigung, die der frühere Gläubiger des Rechts vom Staat erhalten hat, nicht in Abzug zu bringen. Dies gilt entsprechend, soweit dem Schuldner die durch das Recht gesicherte Forderung von staatlichen Stellen der Deutschen Demokratischen Republik erlassen worden ist.

§ 18a Rückübertragung des Grundstücks

Das Eigentum an dem Grundstück geht auf den Berechtigten über, wenn die Entscheidung über die Rückübertragung unanfechtbar und der Ablösebetrag bei der Hinterlegungsstelle (§ 1 der Hinterlegungsordnung) unter Verzicht auf die Rücknahme hinterlegt worden ist, in deren Bezirk das entscheidende Amt zur Regelung offener Vermögensfragen seinen Sitz hat. Das Eigentum geht auf den Berechtigten auch über, wenn der Bescheid über die Rückübertragung des Eigentums an dem Grundstück lediglich in Ansehung der Feststellung des Ablösebetrags nicht unanfechtbar geworden ist und der Berechtigte für den Ablösebetrag Sicherheit geleistet hat.

§ 18b Herausgabe des Ablösebetrags

(1) Der Gläubiger eines früheren dinglichen Rechts an dem Grundstück oder sein Rechtsnachfolger (Begünstigter) kann von der Hinterlegungsstelle die Herausgabe desjenigen Teils des Ablösebetrags, mit dem sein früheres Recht bei der Ermittlung des unanfechtbar festgestellten Ablösebetrags berücksichtigt worden ist, verlangen, soweit dieser nicht an den Entschädigungsfonds oder den Berechtigten herauszugeben ist. Der Anspruch des Begünstigten geht auf den Entschädigungsfonds über, soweit der Begünstigte für den Verlust seines Rechts Ausgleichszahlungen oder eine Entschädigung vom Staat erhalten hat, oder dem Schuldner die dem Recht zugrundeliegende Forderung von staatlichen Stellen der Deutschen Demokratischen Republik erlassen worden ist. Der Berechtigte kann den auf ein früheres dingliches Recht entfallenden Teil des Ablösebetrags insoweit herausverlangen, als bei der Festsetzung des Ablösebetrags nicht berücksichtigte Tilgungsleistungen auf das Recht erbracht wurden oder er einer Inanspruchnahme aus dem Recht hätte entgegenhalten können, dieses sei nicht entstanden, erloschen oder auf ihn zu übertragen gewesen. Der Herausgabeanspruch kann nur innerhalb von vier Jahren seit der Hinterlegung geltend gemacht werden. Ist Gläubiger der Entschädigungsfonds, so erfolgt die Herausgabe auf Grund eines Auszahlungsbescheids des Entschädigungsfonds.
(2) Für das Hinterlegungsverfahren gelten die Vorschriften der Hinterlegungsordnung. Der zum Zeitpunkt der Überführung des Grundstücks in Volkseigentum im Grundbuch eingetragene Gläubiger eines dinglichen Rechts oder dessen Rechtsnachfolger gilt als Begünstigter, solange nicht vernünftige Zweifel an seiner Berechtigung bestehen.
(3) Eine durch das frühere Recht gesicherte Forderung erlischt insoweit, als der darauf entfallende Teil des Ablösebetrags an den Begünstigten oder den Entschädigungsfonds herauszugeben ist. In den Fällen des § 18 Abs. 2 gilt die Forderung gegenüber dem Berechtigten, dem staatlichen Verwalter sowie deren Rechtsnachfolgern auch hinsichtlich des Restbetrags als erloschen. Handelt es sich um eine Forderung aus einem Darlehen, für das keine staatlichen Mittel eingesetzt worden sind, so ist der Gläubiger vorbehaltlich einer abweichenden Regelung angemessen zu entschädigen.
(4) Der nach Ablauf von fünf Jahren seit der Hinterlegung nicht ausgezahlte Teil des Ablösebetrags ist, soweit nicht ein Rechtsstreit über den Betrag oder Teile hiervon anhängig ist, an den Entschädigungsfonds herauszugeben.
(5) Soweit der Begünstigte vom Staat bereits befriedigt worden ist, geht die zugrundeliegende Forderung auf den Entschädigungsfonds über.

§ 19 (weggefallen)

§ 20 Vorkaufsrecht von Mietern und Nutzern

(1) Mietern und Nutzern von Ein- und Zweifamilienhäusern sowie von Grundstücken für Erholungszwecke, die der staatlichen Verwaltung im Sinne des § 1 Abs. 4 unterlagen oder auf die ein Anspruch auf Rückübertragung besteht, wird auf Antrag ein Vorkaufsrecht am Grundstück eingeräumt, wenn das Miet- oder Nutzungsverhältnis am 29. September 1990 bestanden hat und im Zeitpunkt der Entscheidung über den Antrag fortbesteht. Ein Anspruch nach Satz 1 besteht nicht, wenn das Grundstück oder Gebäude durch den Mieter oder Nutzer nicht vertragsgemäß genutzt wird.

(2) In bezug auf einzelne Miteigentumsanteile an Grundstücken oder Gebäuden, die staatlich verwaltet waren oder zurückzuübertragen sind, besteht ein Anspruch nach Absatz 1 auf Einräumung eines Vorkaufsrechts nur dann, wenn auch die übrigen Miteigentumsanteile der staatlichen Verwaltung im Sinne des § 1 Abs. 4 unterlagen oder zurückzuübertragen sind. Es bezieht sich sowohl auf den Verkauf einzelner Miteigentumsanteile als auch auf den Verkauf des Grundstücks. Die Ausübung des Vorkaufsrechts an einem Miteigentumsanteil ist bei dem Verkauf an einen Miteigentümer ausgeschlossen.

(3) Erstreckt sich das Miet- oder Nutzungsverhältnis auf eine Teilfläche eines Grundstücks, so besteht der Anspruch nach den Absätzen 1 und 2 nur dann, wenn der Anteil der Teilfläche mehr als 50 vom Hundert der Gesamtfläche beträgt. In diesem Falle kann das Vorkaufsrecht nur am Gesamtgrundstück eingeräumt werden. Zur Ermittlung des nach Satz 1 maßgeblichen Anteils sind mehrere an verschiedene Mieter oder Nutzer überlassene Teilflächen zusammenzurechnen.

(4) Mehreren Anspruchsberechtigten in bezug auf ein Grundstück oder einen Miteigentumsanteil steht das Vorkaufsrecht gemeinschaftlich zu. Jeder Anspruchsberechtigte kann den Antrag auf Einräumung des Vorkaufsrechts allein stellen. Der Antrag wirkt auch für die übrigen Anspruchsberechtigten.

(5) Anträge auf Einräumung des Vorkaufsrechts sind im Rahmen des Verfahrens nach Abschnitt VI bei dem Amt zur Regelung offener Vermögensfragen zu stellen, das über den Anspruch auf Rückübertragung entscheidet. In den Fällen des § 11a ist das Amt zur Regelung offener Vermögensfragen zuständig, in dessen Bezirk das Grundstück belegen ist.

(6) Das Vorkaufsrecht entsteht, wenn der Bescheid, mit dem dem Antrag nach den Absätzen 1 oder 2 stattgegeben wird, unanfechtbar geworden und die Eintragung im Grundbuch erfolgt ist. Es gilt nur für den Fall des ersten Verkaufs. Ist im Zeitpunkt des Abschlusses des Kaufvertrags eine Entscheidung über einen gestellten Antrag nach Absatz 1 oder 2 noch nicht ergangen, erstreckt sich das Vorkaufsrecht auf den nächstfolgenden Verkauf. § 892 des Bürgerlichen Gesetzbuchs bleibt im übrigen unberührt.

(7) Das Vorkaufsrecht ist nicht übertragbar und geht nicht auf die Erben des Vorkaufsberechtigten über. Es erlischt mit der Beendigung des Miet- oder Nutzungsverhältnisses. Dies gilt auch für bereits bestehende Vorkaufsrechte. § 569a Abs. 1 und 2 des Bürgerlichen Gesetzbuchs bleibt unberührt.

(8) Im übrigen sind die §§ 504 bis 513, 875, 1098 Abs. 1 Satz 2 und Abs. 2 sowie die §§ 1099 bis 1102, 1103 Abs. 2 und § 1104 des Bürgerlichen Gesetzbuchs entsprechend anzuwenden.

§ 20a Vorkaufsrecht des Berechtigten

Bei Grundstücken, die nicht zurückübertragen werden können, weil Dritte an ihnen Eigentums- oder dingliche Nutzungsrechte erworben haben, wird dem Berechtigten auf Antrag ein Vorkaufsrecht am Grundstück eingeräumt. Dies gilt nicht, wenn das Grundstück nach den Vorschriften des Investitionsvorranggesetzes erworben worden ist. Für die Entscheidung über den Antrag ist das Amt zur Regelung offener Vermögensfragen zuständig, das über den Anspruch auf Rückübertragung des Eigentums zu entscheiden hat. Als Vorkaufsfall gilt nicht der Erwerb des Grundstücks durch den Inhaber eines dinglichen Nutzungsrechts. Im übrigen ist § 20 Abs. 2 und 4, Abs. 5 Satz 1, Abs. 6, Abs. 7 Satz 1 und Abs. 8 sinngemäß anzuwenden.

§ 21 Ersatzgrundstück

(1) Mieter oder Nutzer von Einfamilienhäusern und Grundstücken für Erholungszwecke, die staatlich verwaltet sind oder auf die ein rechtlich begründeter Anspruch auf Rückübertragung geltend gemacht wurde, können beantragen, daß dem Berechtigten ein Ersatzgrundstück zur Verfügung gestellt wird, wenn sie bereit sind, das Grundstück zu kaufen. Der Berechtigte ist nicht verpflichtet, ein Ersatzgrundstück in Anspruch zu nehmen.

(2) Anträgen nach § 9 ist vorrangig zu entsprechen.

(3) Dem Antrag nach Absatz 1 Satz 1 ist zu entsprechen, wenn der Berechtigte einverstanden ist, ein in kommunalem Eigentum stehendes Grundstück im gleichen Stadt- oder Gemeindegebiet zur Verfügung steht und einer Eigentumsübertragung keine berechtigten Interessen entgegenstehen. Dies gilt insbesondere, wenn die Mieter und Nutzer erhebliche Aufwendungen zur Werterhöhung oder Werterhaltung des Objektes getätigt haben.

(4) Wertdifferenzen zwischen dem Wert des Ersatzgrundstücks und dem Wert des Grundstücks zum Zeitpunkt der Inverwaltungnahme oder des Entzugs des Eigentumsrechts sind auszugleichen.

(5) Wurde dem Berechtigten eines staatlich verwalteten Grundstücks ein Ersatzgrundstück übertragen, ist der staatliche Verwalter berechtigt, das Grundstück an den Mieter oder Nutzer zu verkaufen.

Abschnitt V. Organisation

§ 22 Durchführung der Regelung offener Vermögensfragen

Die Vorschriften dieses Gesetzes sowie die Aufgaben in bezug auf den zu bildenden Entschädigungsfonds werden vorbehaltlich des § 29 Abs. 2 von den Ländern Mecklenburg-Vorpommern, Brandenburg, Sachsen, Sachsen-Anhalt, Thüringen und Berlin durchgeführt. Bei Entscheidungen über
1. die Entschädigung,
2. die Gewährung eines Ersatzgrundstücks,
3. einen Schadensersatzanspruch nach § 13,
4. Wertausgleichs- und Erstattungsansprüche nach § 7, § 7a und § 14a,
5. zu übernehmende Grundpfandrechte nach § 16 Abs. 5 bis 9, Ablösebeträge nach § 18 und Sicherheitsleistungen nach § 18a sowie
6. die dem Entschädigungsfonds zustehenden Anteile bei der Erlösauskehr nach § 16 Abs. 1 des Investitionsvorranggesetzes

Anhang 2: Vermögensgesetz 263

geschieht dies im Auftrag des Bundes. Für das Verfahren der Abführung von Verkaufserlösen nach § 11 Abs. 4 gilt Satz 2 entsprechend. Die Abwicklung von Vermögensangelegenheiten, die dem früheren Amt für den Rechtsschutz des Vermögens der Deutschen Demokratischen Republik übertragen waren, obliegt dem Bundesamt zur Regelung offener Vermögensfragen. Dazu gehören insbesondere ausländische Vermögenswerte außer Unternehmen und Betrieben, Gewinnkonten von 1972 verstaatlichten Unternehmen, an die Stelle von staatlich verwalteten Vermögenswerten getretene Einzelschuldbuchforderungen sowie in diesem Zusammenhang erbrachte Entschädigungsleistungen. Das Bundesamt entscheidet insoweit auch über einen etwaigen Widerspruch innerhalb des Verwaltungsverfahrens abschließend.

§ 23 Landesbehörden

Die Länder errichten Ämter und Landesämter zur Regelung offener Vermögensfragen.

§ 24 Untere Landesbehörden

Für jeden Landkreis, jede kreisfreie Stadt und für Berlin wird ein Amt zur Regelung offener Vermögensfragen als untere Landesbehörde eingerichtet. Im Bedarfsfall kann ein solches Amt für mehrere Kreise als untere Landesbehörde gebildet werden.

§ 25 Obere Landesbehörden

(1) Für jedes Land wird ein Landesamt zur Regelung offener Vermögensfragen gebildet. Für Entscheidungen über Anträge nach den §§ 6, 6a, 6b und über Grund und Höhe der Entschädigung nach § 6 Abs. 7 ist das Landesamt zuständig. Das Landesamt kann Verfahren, die bei einem ihm nachgeordneten Amt zur Regelung offener Vermögensfragen anhängig sind, an sich ziehen. Es teilt dies dem Amt mit, das mit Zugang der Mitteilung für das Verfahren nicht mehr zuständig ist und vorhandene Vorgänge an das Landesamt abgibt. Nach Satz 2 zuständige Landesämter können bei Sachzusammenhang vereinbaren, daß die Verfahren bei einem Landesamt zusammengefaßt und von diesem entschieden werden.

(2) Die Landesregierungen werden ermächtigt, die Zuständigkeit nach Absatz 1 durch Rechtsverordnung auf das jeweils örtlich zuständige Amt zur Regelung offener Vermögensfragen für die Fälle zu übertragen, in denen das zurückzugebende Unternehmen im Zeitpunkt der Schädigung nach Art und Umfang einen in kaufmännischer Weise eingerichteten Geschäftsbetrieb nicht erforderte oder den Betrieb eines handwerklichen oder sonstigen gewerblichen Unternehmens oder den der Land- und Forstwirtschaft zum Gegenstand hatte.

§ 26 Widerspruchsausschüsse

(1) Bei jedem Landesamt zur Regelung offener Vermögensfragen wird ein Widerspruchsausschuß gebildet; bei Bedarf können mehrere Widerspruchsausschüsse gebildet werden. Der Ausschuß besteht aus einem Vorsitzenden und zwei Beisitzern.

(2) Der Widerspruchsausschuß entscheidet weisungsunabhängig mit Stimmenmehrheit über den Widerspruch.

§ 27 Amts- und Rechtshilfe

(1) Alle Behörden und Gerichte haben den in diesem Abschnitt genannten Behörden unentgeltlich Amts- und Rechtshilfe zu leisten. Insbesondere sind die Finanzbehörden in dem in Artikel 3 des Einigungsvertrages genannten Gebiet verpflichtet, Auskünfte zu erteilen oder Einsicht in die Akten zu gewähren, soweit es zur Durchführung dieses Gesetzes erforderlich ist.

(2) Liegt dem Amt, Landesamt oder Bundesamt zur Regelung offener Vermögensfragen eine Mitteilung nach § 317 Abs. 2 des Lastenausgleichsgesetzes vor, unterrichtet es die Ausgleichsverwaltung über ein durchgeführtes oder anhängiges Verfahren nach diesem Gesetz. Die Unterrichtung umfaßt die zur Rückforderung des gewährten Lastenausgleichs erforderlichen Angaben, insbesondere die zur Zuordnung des Einzelfalls notwendigen Daten, und die Art der ergangenen Entscheidung. Im Einzelfall sind auf Ersuchen der Ausgleichsverwaltung weitere zur Rückforderung von Ausgleichsleistungen erforderliche Angaben insbesondere über die Art und Höhe der Leistungen sowie über den Namen und die Anschrift der jeweiligen Berechtigten zu übermitteln. Liegen Anhaltspunkte dafür vor, daß die geforderten Angaben zur Durchführung des Lastenausgleichsgesetzes nicht erforderlich sind, unterbleibt die Unterrichtung. Die Ausgleichsverwaltung darf die übermittelten Daten nur für diesen Zweck verwenden.

(3) Liegen dem Amt, Landesamt oder Bundesamt zur Regelung offener Vermögensfragen Anhaltspunkte dafür vor, daß für einen Vermögenswert rückerstattungsrechtliche Leistungen gewährt worden sind, unterrichtet es die für die Durchführung des Bundesrückerstattungsgesetzes zuständigen Behörden über ein durchgeführtes oder anhängiges Verfahren nach diesem Gesetz. Absatz 2 Satz 2 bis 5 gilt entsprechend.

§ 28 Übergangsregelungen

(1) Bis zur Errichtung der unteren Landesbehörden werden die Aufgaben dieses Gesetzes von den Landratsämtern oder Stadtverwaltungen der kreisfreien Städte wahrgenommen. Die auf der Grundlage der Anmeldeverordnung eingereichten Anmeldungen sind durch die Ämter zur Regelung offener Vermögensfragen nach deren Bildung von den Landratsämtern oder Stadtverwaltungen der kreisfreien Städte zur weiteren Bearbeitung zu übernehmen.

(2) Die Länder können die Aufgaben der unteren Landesbehörden auch auf Dauer durch die Landratsämter oder die Stadtverwaltungen der kreisfreien Städte wahrnehmen lassen.

§ 29 Bundesamt zur Regelung offener Vermögensfragen

(1) Zur Unterstützung der Gewährleistung einer einheitlichen Durchführung dieses Gesetzes wird ein Bundesamt zur Regelung offener Vermögensfragen gebildet. Beim Bundesamt ist ein Beirat zu bilden, der aus je einem Vertreter der in § 22 bezeichneten Länder, vier Vertretern der Interessenverbände und aus vier Sachverständigen besteht.

(2) Das Bundesamt zur Regelung offener Vermögensfragen entscheidet über Anträge auf Rückübertragung von Vermögenswerten, die der treuhänderischen Verwaltung nach § 20b des Parteiengesetzes der Deutschen Demokratischen Republik vom 21. Februar 1990 (GBl. I Nr. 9 S. 66), zuletzt geändert durch Gesetz vom 22. Juli 1990 (GBl. I Nr. 49 S. 904), der nach Anlage II Kapitel II Sachgebiet A Abschnitt III des Einigungsvertrages vom 31. August 1990 in Verbindung mit Artikel 1 des Gesetzes vom 23. September 1990 (BGBl. 1990 II S. 885, 1150) mit Maßgaben fortgilt, unterlie-

gen. Das Bundesamt nimmt diese Aufgabe im Einvernehmen mit der Unabhängigen Kommission zur Überprüfung des Vermögens der Parteien und Massenorganisationen der Deutschen Demokratischen Republik wahr. Über Widersprüche entscheidet das Bundesamt im Einvernehmen mit der Kommission. Im übrigen bleiben die Aufgaben der Treuhandanstalt und der Kommission nach den §§ 20a und 20b des Parteiengesetzes der Deutschen Demokratischen Republik und den Maßgaben des Einigungsvertrages unberührt.

Abschnitt VI. Verfahrensregelungen

§ 30 Antrag

(1) Ansprüche nach diesem Gesetz sind bei der zuständigen Behörde mittels Antrag geltend zu machen. Über den Antrag entscheidet die Behörde, wenn und soweit die Rückgabe zwischen dem Verfügungsberechtigten und dem Berechtigten nicht einvernehmlich zustande kommt. Der Antrag auf Rückgabe kann jederzeit zurückgenommen oder für erledigt erklärt werden. Er kann auch auf einzelne Verfahrensstufen beschränkt werden. Die Anmeldung nach der Anmeldeverordnung gilt als Antrag auf Rückübertragung oder auf Aufhebung der staatlichen Verwaltung.

(2) In den Fällen des § 6 Abs. 1 und des § 6b können die Parteien beantragen, die Entscheidung oder bestimmte Entscheidungen statt durch die Behörde durch ein Schiedsgericht nach § 38a treffen zu lassen. Die Behörde hat die Parteien auf diese Möglichkeit hinzuweisen, wenn nach ihren Ermittlungen Interessen Dritter durch die Entscheidung nicht berührt werden. Ein Antrag im Sinne des Satzes 1 kann auch noch gestellt werden, wenn das behördliche Verfahren bereits begonnen hat.

(3) Steht der Anspruch in den Fällen des § 1 Abs. 7 im Zusammenhang mit einer verwaltungsrechtlichen Entscheidung, deren Aufhebung nach anderen Vorschriften erfolgt, so ist der Antrag nach Absatz 1 nur zulässig, wenn der Antragsteller eine Bescheinigung der für die Rehabilitierung zuständigen Stelle über die Antragstellung im Rehabilitierungsverfahren vorlegt.

§ 30a Ausschlußfrist

(1) Rückübertragungsansprüche nach den §§ 3 und 6 sowie Entschädigungsansprüche nach § 6 Abs. 7, §§ 8 und 9 können nach dem 31. Dezember 1992, für bewegliche Sachen nach dem 30. Juni 1993, nicht mehr angemeldet werden. In den Fällen des § 1 Abs. 7 gilt dies nur, wenn die Entscheidung, auf der der Vermögensverlust beruht, am 30. Juni 1992 bereits unanfechtbar aufgehoben war. Anderenfalls treten die Wirkungen des Satzes 1 nach Ablauf von sechs Monaten ab Unanfechtbarkeit der Aufhebungsentscheidung ein. Diese Vorschriften finden auf Ansprüche, die an die Stelle eines rechtzeitig angemeldeten Anspruchs treten oder getreten sind, keine Anwendung.

(2) Anträge auf Anpassung der Unternehmensrückgabe nach § 6 Abs. 8 können nur noch bis zum Ablauf von sechs Monaten nach Inkrafttreten des Registerverfahrenbeschleunigungsgesetzes gestellt werden.

(3) In den Fällen der Beendigung der staatlichen Verwaltung nach § 11a können Entscheidungen nach § 16 Abs. 3, Abs. 6 Satz 3, § 17 Satz 2, §§ 20 und 21 nach dem in Absatz 2 genannten Zeitpunkt nicht mehr ergehen, wenn sie bis zu diesem Zeitpunkt nicht beantragt worden sind. Erfolgte die Aufhebung der staatlichen Verwaltung durch bestandskräftigen Bescheid des Amts zur Regelung offener Vermögensfragen und ist eine Entscheidung über die Aufhebung eines Rechtsverhältnisses der

in § 16 Abs. 3 oder § 17 bezeichneten Art oder über den Umfang eines zu übernehmenden Grundpfandrechts ganz oder teilweise unterblieben, kann sie nach Ablauf der in Satz 1 genannten Frist nicht mehr beantragt werden. Artikel 14 Abs. 6 Satz 1, 2, 4 und 5 des Zweiten Vermögensrechtsänderungsgesetzes gilt entsprechend.

(4) Im Zusammenhang mit Ansprüchen auf Rückübertragung des Eigentums an Grundstücken können Anträge auf Einräumung von Vorkaufsrechten nach den §§ 20 und 20a sowie Anträge auf Zuweisung von Ersatzgrundstücken nach § 21 Abs. 1 nach Bestandskraft der Entscheidung über den Rückübertragungsanspruch nicht mehr gestellt werden. Satz 1 gilt entsprechend, wenn die staatliche Verwaltung durch Bescheid des Amts zur Regelung offener Vermögensfragen bestandskräftig aufgehoben worden ist. Ist in einem bestandskräftigen Bescheid über die Rückübertragung des Eigentums eine Entscheidung über die Aufhebung eines Rechtsverhältnisses der in § 16 Abs. 3 oder § 17 bezeichneten Art oder über den Umfang eines zu übernehmenden Grundpfandrechts ganz oder teilweise unterblieben, gilt Absatz 3 Satz 2 entsprechend.

§ 31 Pflichten der Behörde

(1) Die Behörde ermittelt den Sachverhalt von Amts wegen, der Antragsteller hat hierbei mitzuwirken. Soweit die Behörde bei einem auf eine Geldleistung gerichteten Anspruch nach diesem Gesetz die für die Höhe des Anspruchs erheblichen Tatsachen nicht oder nur mit unverhältnismäßigem Aufwand ermitteln kann, hat sie die Höhe des Anspruchs zu schätzen. Dabei sind alle Umstände zu berücksichtigen, die für die Schätzung von Bedeutung sind. Zu schätzen ist insbesondere, wenn der Antragsteller über seine Angaben keine ausreichende Aufklärung zu geben vermag oder weitere Auskünfte verweigert.

(1a) Vergleiche sind zulässig.

(1b) Ist nicht festzustellen, welcher Vermögenswert Gegenstand des Antrags ist, so fordert die Behörde den Antragsteller auf, innerhalb von vier Wochen ab Zugang der Aufforderung nähere Angaben zu machen. Die Frist kann verlängert werden, wenn dem Antragsteller eine fristgerechte Äußerung aus von ihm nicht zu vertretenden Gründen nicht möglich ist, insbesondere in den Fällen des § 1 Abs. 6. Macht der Antragsteller innerhalb der gesetzten Frist keine näheren Angaben, so wird sein Antrag zurückgewiesen.

(1c) Werden Ansprüche nach § 1 Abs. 6 geltend gemacht, so finden für die Todesvermutung eines Verfolgten § 180 und für den Nachweis der Erbberechtigung § 181 des Bundesentschädigungsgesetzes entsprechende Anwendung.

(2) Die Behörde hat die betroffenen Rechtsträger oder staatlichen Verwalter sowie Dritte, deren rechtliche Interessen durch den Ausgang des Verfahrens berührt werden können, über die Antragstellung, auf Antrag unter Übersendung einer Abschrift des Antrags und seiner Anlagen, zu informieren und zu dem weiteren Verfahren hinzuzuziehen. Ist der Vermögenswert im Bereich eines anderen Amts oder Landesamts zur Regelung offener Vermögensfragen belegen, so hat sie dieses unverzüglich unter genauer Bezeichnung des Antragstellers und des Vermögenswerts über die Antragstellung zu unterrichten.

(3) Auf Verlangen hat der Antragsteller Anspruch auf Auskunft durch die Behörde über alle Informationen, die zur Durchsetzung seines Anspruchs erforderlich sind. Hierzu genügt die Glaubhaftmachung des Anspruchs. Die Auskunft ist schriftlich zu erteilen. Wird ein Antrag auf Rückgabe eines Unternehmens gestellt, so hat die Behörde dem Antragsteller, wenn er seine Berechtigung glaubhaft macht, zu gestatten, die Geschäftsräume des Unternehmens zu betreten und alle Unterlagen einzusehen, die für seinen Antrag Bedeutung haben können.

(4) Die Behörde ist berechtigt, vom Rechtsträger, derzeitigen Eigentümer, staatlichen Verwalter sowie weiteren mit der Verwaltung von Vermögenswerten Beauftragten umfassende Auskunft zu fordern.

(5) Die Behörde hat in jedem Stadium des Verfahrens auf eine gütliche Einigung zwischen dem Berechtigten und dem Verfügungsberechtigten hinzuwirken. Sie setzt das Verfahren aus, soweit ihr mitgeteilt wird, daß eine gütliche Einigung angestrebt wird. Kommt es zu einer Einigung, die den Anspruch des Berechtigten ganz oder teilweise erledigt, so erläßt die Behörde auf Antrag einen der Einigung entsprechenden Bescheid; § 33 Abs. 4 findet Anwendung. Die Einigung kann sich auf Gegenstände erstrecken, über die nicht im Verfahren nach diesem Abschnitt zu entscheiden ist. Absatz 2 bleibt unberührt. Der Bescheid wird sofort bestandskräftig, wenn nicht der Widerruf innerhalb einer in dem Bescheid zu bestimmenden Frist, die höchstens einen Monat betragen darf, vorbehalten wird.

(6) Haben die Parteien einen Antrag nach § 30 Abs. 2 Satz 1 Halbsatz 1 gestellt, so gibt die Behörde dem Antrag statt, wenn Interessen Dritter im Sinne des Absatzes 2 nicht berührt sind. Die Behörde ist dem Schiedsgericht zur Auskunft über alle Informationen verpflichtet, die das Schiedsgericht für seine Entscheidung benötigt. Sie ist an die Entscheidung des Schiedsgerichts gebunden.

(7) Soweit in diesem Gesetz nichts anderes bestimmt ist, sind bis zum Erlaß entsprechender landesrechtlicher Bestimmungen die Vorschriften des Verwaltungsverfahrensgesetzes, des Verwaltungszustellungsgesetzes und des Verwaltungsvollstreckungsgesetzes anzuwenden.

Entscheidung, Wahlrecht

§ 32

(1) Die Behörde hat dem Antragsteller die beabsichtigte Entscheidung schriftlich mitzuteilen und ihm Gelegenheit zur Stellungnahme binnen zwei Wochen zu geben. Dabei ist er auf die Möglichkeit der Auskunftserteilung gemäß § 31 Abs. 3 sowie auf das Wahlrecht nach § 6 Abs. 7 oder § 8 hinzuweisen. Dem Verfügungsberechtigten ist eine Abschrift der Mitteilung nach Satz 1 zu übersenden.

(2) (weggefallen)

(3) Hat der Antragsteller Auskunft verlangt, kann die Behörde über den Antrag frühestens einen Monat, nachdem dem Antragsteller die Auskunft zugegangen ist, entscheiden.

(4) Entscheidungen und Mitteilungen nach diesem Abschnitt, die eine Frist in Lauf setzen, sind den in ihren Rechten Betroffenen zuzustellen.

(5) Jedem, der ein berechtigtes Interesse glaubhaft darlegt, können Namen und Anschriften der Antragsteller sowie der Vermögenswert mitgeteilt werden, auf den sich die Anmeldung bezieht. Jeder Antragsteller kann der Mitteilung der ihn betreffenden Angaben nach Satz 1 widersprechen, die dann unbeschadet der nach anderen Vorschriften bestehenden Auskunftsrechte unterbleibt. Das Amt zur Regelung offener Vermögensfragen weist jeden Antragsteller mit einer Widerspruchsfrist von zwei Wochen auf diese Möglichkeit hin, sobald erstmals nach Inkrafttreten dieser Vorschrift ein Dritter eine Mitteilung nach Satz 1 beantragt.

§ 33

(1) Ist die Rückübertragung ausgeschlossen oder hat der Antragsteller Entschädigung gewählt, entscheidet die Behörde über Grund und Höhe der Entschädigung. § 4 des NS-Verfolgtenentschädigungsgesetzes bleibt unberührt.

(2) Wird der Entschädigungsfonds durch eine Entscheidung mit größerer finanzieller Auswirkung belastet, gibt die Behörde zuvor dem Bundesamt zur Regelung offener Vermögensfragen Gelegenheit zur Stellungnahme. Die beabsichtigte Entscheidung ist dem Bundesamt zur Regelung offener Vermögensfragen über das Landesamt zur Regelung offener Vermögensfragen zuzuleiten. Die Einzelheiten bestimmt das Bundesministerium der Finanzen.

(3) Über Schadensersatzansprüche gemäß § 13 Abs. 2 und 3 und § 14 ist eine gesonderte Entscheidung zu treffen; sie ist nicht Voraussetzung für die Rückübertragung des Eigentums oder die Aufhebung der staatlichen Verwaltung. Entscheidungen über die Höhe der Entschädigung ergehen vorbehaltlich der Kürzungsentscheidung nach § 7 Abs. 3 des Entschädigungsgesetzes.

(4) Über die Entscheidung ist den Beteiligten ein schriftlicher Bescheid zu erteilen und zuzustellen. Der Bescheid ist zu begründen und mit einer Rechtsbehelfsbelehrung zu versehen.

(5) Mit der Entscheidung ist den Beteiligten ein Übergabeprotokoll zuzustellen. Dieses hat Angaben zum festgestellten Eigentums- und Vermögensstatus, zu getroffenen Vereinbarungen sowie zu sonstigen wesentlichen Regelungen in bezug auf die zu übergebenden Vermögenswerte zu enthalten. Bei der Rückgabe von Unternehmen muß das Übergabeprotokoll die in § 6b Abs. 4 bezeichneten Angaben enthalten.

(6) Die Entscheidung wird einen Monat nach Zustellung bestandskräftig, wenn kein Widerspruch eingelegt wird. Die §§ 58 und 60 der Verwaltungsgerichtsordnung bleiben unberührt. Die Entscheidung kann nach Maßgabe des § 80 Abs. 2 Nr. 4 oder des § 80a Abs. 1 Nr. 1 der Verwaltungsgerichtsordnung für sofort vollziehbar erklärt werden.

§ 34 Eigentumsübergang, Grundbuchberichtigung und Löschung von Vermerken über die staatliche Verwaltung

(1) Mit der Unanfechtbarkeit einer Entscheidung über die Rückübertragung von Eigentumsrechten oder sonstigen dinglichen Rechten gehen die Rechte auf den Berechtigten über, soweit nicht in diesem Gesetz etwas anderes bestimmt ist. Satz 1 gilt für die Begründung von dinglichen Rechten entsprechend. Ist die Entscheidung für sofort vollziehbar erklärt worden, so gilt die Eintragung eines Widerspruchs oder einer Vormerkung als bewilligt. Der Widerspruch oder die Vormerkung erlischt, wenn die Entscheidung unanfechtbar geworden ist.

(2) Bei der Rückübertragung von Eigentums- und sonstigen dinglichen Rechten an Grundstücken und Gebäuden sowie bei der Aufhebung der staatlichen Verwaltung ersucht die Behörde das Grundbuchamt um die erforderlichen Berichtigungen des Grundbuchs. Dies gilt auch für die in § 1287 Satz 2 des Bürgerlichen Gesetzbuchs bezeichnete Sicherungshypothek. Gebühren für die Grundbuchberichtigung und das Grundbuchverfahren in den Fällen des § 7a Abs. 3, der §§ 16 und 18a werden nicht erhoben.

(3) Personen, deren Vermögenswerte von Maßnahmen nach § 1 betroffen sind, sowie ihre Erben sind hinsichtlich der nach diesem Gesetz erfolgenden Grundstückserwerbe von der Grunderwerbsteuer befreit. Dies gilt nicht für Personen, die ihre Berechtigung durch Abtretung, Verpfändung oder Pfändung erlangt haben, und ihre Rechtsnachfolger.

(4) Die Absätze 1 bis 3 sind auf die Rückgabe von Unternehmen und deren Entflechtung anzuwenden, soweit keine abweichenden Regelungen vorgesehen sind. Das Eigentum an einem Unternehmen oder einer Betriebsstätte geht im Wege der Gesamtrechtsnachfolge über.

(5) Absatz 2 gilt entsprechend für im Schiffsregister eingetragene Schiffe und im Schiffsbauregister eingetragene Schiffsbauwerke.

§ 35 Örtliche Zuständigkeit

(1) Für die Entscheidung über Vermögenswerte in staatlicher Verwaltung ist das Amt zur Regelung offener Vermögensfragen zuständig, in dessen Bereich der Antragsteller, im Erbfall der betroffene Erblasser, seinen letzten Wohnsitz hatte. Das gilt auch für Vermögenswerte, die beschlagnahmt und in Volkseigentum übernommen wurden.

(2) In den übrigen Fällen ist das Amt zur Regelung offener Vermögensfragen zuständig, in dessen Bereich der Vermögenswert belegen ist.

(3) In den Fällen des § 3 Abs. 2 ist das Amt zur Regelung offener Vermögensfragen ausschließlich zuständig, in dessen Bereich der Vermögenswert belegen ist. Das Amt, dessen Zuständigkeit zunächst nach Absatz 1 begründet war, gibt sein Verfahren dorthin ab.

(4) Ist der Antrag an ein örtlich unzuständiges Amt oder an eine andere unzuständige Stelle gerichtet worden, haben diese den Antrag unverzüglich an das zuständige Amt zur Regelung offener Vermögensfragen abzugeben und den Antragsteller zu benachrichtigen.

§ 36 Widerspruchsverfahren

(1) Gegen Entscheidungen des Amts zur Regelung offener Vermögensfragen kann Widerspruch erhoben werden, der nicht auf einen Verstoß gegen die Bestimmungen über die Zuständigkeit gestützt werden kann. Der Widerspruch ist innerhalb eines Monats nach Zustellung der Entscheidung schriftlich bei dem Amt zu erheben, das die Entscheidung getroffen hat. Der Widerspruch soll begründet werden. Wird dem Widerspruch nicht oder nicht in vollem Umfang abgeholfen, ist er dem zuständigen Widerspruchsausschuß zuzuleiten.

(2) Kann durch die Aufhebung oder Änderung der Entscheidung ein anderer als der Widerspruchsführer beschwert werden, so ist er vor Abhilfe oder Erlaß des Widerspruchsbescheids zu hören.

(3) Der Widerspruchsbescheid ist zu begründen, mit einer Rechtsmittelbelehrung zu versehen und zuzustellen.

(4) Gegen die Entscheidung des Landesamts nach § 25 Abs. 1 und Entscheidungen des Bundesamts nach § 29 Abs. 2, die die Rückübertragung von Unternehmen betreffen, findet ein Widerspruchsverfahren nicht statt.

§ 37 Zulässigkeit des Gerichtsweges

(1) Der Beschwerte kann gegen den Widerspruchsbescheid oder bei Ausschluß des Widerspruchsverfahrens nach § 36 Abs. 4 unmittelbar gegen den Bescheid der Behörde Antrag auf Nachprüfung durch das Gericht stellen. § 36 Abs. 1 Satz 1 Halbsatz 2 gilt entsprechend.

(2) Die Berufung gegen ein Urteil und die Beschwerde gegen eine andere Entscheidung des Gerichts sind ausgeschlossen. Das gilt nicht für die Beschwerde gegen die Nichtzulassung der Revision nach § 135 in Verbindung mit § 133 der Verwaltungsgerichtsordnung, die Beschwerde gegen Beschlüsse über den Rechtsweg nach § 17a Abs. 2 und 3 des Gerichtsverfassungsgesetzes und die Beschwerde gegen Beschlüsse über den Antrag auf Anordnung der aufschiebenden Wirkung nach § 80 Abs. 5 der Verwaltungsgerichtsordnung. Auf die Beschwerde gegen die Beschlüsse über den Rechtsweg findet § 17a Abs. 4 Satz 4 bis 6 des Gerichtsverfassungsgesetzes entsprechende Anwendung.

§ 38 Kosten

(1) Das Verwaltungsverfahren einschließlich des Widerspruchsverfahrens ist kostenfrei.

(2) Die Kosten einer Vertretung trägt der Antragsteller. Die Kosten der Vertretung im Widerspruchsverfahren sind dem Widerspruchsführer zu erstatten, soweit die Zuziehung eines Bevollmächtigten zur zweckentsprechenden Rechtsverfolgung notwendig und der Widerspruch begründet war. Über die Tragung der Kosten wird bei der Entscheidung zur Sache mitentschieden.

§ 38a Schiedsgericht; Schiedsverfahren

(1) Die Einsetzung eines Schiedsgerichts für Entscheidungen nach § 6 Abs. 1 oder die vorhergehende Entflechtung nach § 6b erfolgt auf Grund eines Schiedsvertrags zwischen den Parteien (Berechtigter und Verfügungsberechtigter). Das Schiedsgericht besteht aus einem Vorsitzenden und zwei Beisitzern, von denen jede Partei einen ernennt. Der Vorsitzende, der die Befähigung zum Richteramt haben muß, wird von den Beisitzern ernannt.

(2) Auf den Schiedsvertrag und das schiedsgerichtliche Verfahren finden die Vorschriften der §§ 1025 bis 1047 der Zivilprozeßordnung Anwendung. § 31 Abs. 5 gilt entsprechend. Gericht im Sinne des § 1045 der Zivilprozeßordnung ist das nach § 37 zuständige Gericht. Die Niederlegung des Schiedsspruchs oder eines schiedsrichterlichen Vergleichs erfolgt bei der Behörde.

(3) Gegen den Schiedsspruch kann innerhalb von vier Wochen Aufhebungsklage bei dem nach Absatz 2 Satz 3 zuständigen Gericht erhoben werden. Wird die Aufhebungsklage innerhalb dieser Frist nicht erhoben oder ist sie rechtskräftig abgewiesen worden oder haben die Parteien nach Erlaß des Schiedsspruchs auf die Aufhebungsklage verzichtet oder liegt ein schiedsrichterlicher Vergleich vor, erläßt die Behörde einen Bescheid nach § 33 Abs. 3 Satz 1 in Verbindung mit einem Übergabeprotokoll nach § 33 Abs. 4, in dem der Inhalt des Schiedsspruchs oder des schiedsrichterlichen Vergleichs festgestellt wird; dieser Bescheid ist sofort bestandskräftig und hat die Wirkungen des § 34.

§ 39 (Außerkrafttreten anderer Vorschriften)

§ 40 Verordnungsermächtigung

Das Bundesministerium der Justiz wird ermächtigt, im Einvernehmen mit dem Bundesministerium der Finanzen und dem Bundesministerium für Raumordnung, Bauwesen und Städtebau durch Rechtsverordnung mit Zustimmung des Bundesrates weitere Einzelheiten des Verfahrens nach § 16 Abs. 5 bis 9, §§ 18 bis 18b, 20 und 20a und Abschnitt VI, der Sicherheitsleistung oder der Entschädigung zu regeln oder von den Bestimmungen der Hypothekenablöseanordnung vom 14. Juli 1992 (BGBl. I S. 1257) abweichende Regelungen zu treffen.

3. Verordnung über die Erfüllung von Entschädigungs- und Ausgleichsleistungsansprüchen durch Begebung und Zuteilung von Schuldverschreibungen des Entschädigungsfonds (Schuldverschreibungsverordnung – SchuV –)

– Entwurf –[1]
Bundesratsdrucksache 222/95
Vom 21. April 1995

Auf Grund des § 9 Abs. 8 des Entschädigungsgesetzes vom 27. September 1994 (BGBl. I S. 2624) verordnet das Bundesministerium der Finanzen:

Abschnitt 1. Begebung

§ 1 Begebung, Nennwert, Laufzeit, Tilgung und Verzinsung der Schuldverschreibungen

(1) Für die Schuldverschreibungen wird eine Sammelschuldbuchforderung für die Deutscher Kassenverein AG mit der Maßgabe der Verfügung durch die Deutsche Bundesbank in das Bundesschuldbuch eingetragen. Die Eintragungen werden in Teilbeträgen vorgenommen.

(2) Der Nennwert der Schuldverschreibungen beträgt 1000 Deutsche Mark oder ein ganzes Vielfaches davon.

(3) Die Schuldverschreibungen haben beginnend am 1. Januar 1995 eine längste Laufzeit von 13 Jahren. Sie sind somit spätestens am 1. Januar 2008 fällig. Sie werden vom Jahr 2004 an in fünf gleichen Jahresraten durch Auslosung zum Nennwert getilgt, erstmals zum 1. Januar 2004. Eine vorzeitige Kündigung ist ausgeschlossen.

(4) Vor Beginn der Tilgung werden die Schuldverschreibungen in fünf gleich große Gruppen aufgeteilt. Die ersten vier Tilgungsraten werden jeweils drei Monate vor dem Tilgungstermin von der Bundesschuldenverwaltung durch Auslosung einer Gruppe ermittelt.

(5) Die Schuldverschreibungen werden bis 31. Dezember 2003 nicht verzinst. Ab 1. Januar 2004 werden sie mit sechs Prozent verzinst. Die Zinsen sind jährlich nachträglich fällig, erstmals am 1. Januar 2005. Die Verzinsung endet mit dem Ablauf des dem Fälligkeitstag vorhergehenden Tages; das gilt auch dann, wenn die Leistung nach § 193 Bürgerliches Gesetzbuch bewirkt wird.

(6) Sämtliche Zahlungen werden durch die Bundesschuldenverwaltung veranlaßt. Die fälligen Zinsen und Rückzahlungsbeträge werden bei Sammelbestandsanteilen durch das depotführende Kreditinstitut gutgeschrieben. Bei Einzelschuldbuchforderungen erfolgt die Überweisung auf Veranlassung der Bundesschuldenverwaltung.

§ 2 Marktpflege

Der Entschädigungsfonds sorgt für die Marktpflege. Hierzu können in Höhe bis zu zehn Prozent der umlaufenden Schuldtitel Schuldverschreibungen angekauft werden.

---

[1] Der Bundesrat hat am 2. Juni 1995 zugestimmt.

Die Mittel für die Marktpflege stellt der Entschädigungsfonds zur Verfügung. Sie sind in dessen jährlichem Wirtschaftsplan zu berücksichtigen. Eine Kreditaufnahme ist nicht zulässig.

Abschnitt 2. Zuteilung und Verwaltung

§ 3 Zuteilung der Schuldverschreibungen

(1) Nach § 1 Abs. 1 Satz 2 des Entschädigungsgesetzes wird ein in einem bestandskräftigen Bescheid festgestellter Entschädigungs- oder Ausgleichsleistungsanspruch durch Zuteilung von Schuldverschreibungen des Entschädigungsfonds erfüllt. Diese werden für den Berechtigten nach seiner Wahl in einem Depot eines von ihm zu benennenden Kreditinstituts oder als Einzelschuldbuchforderung bei der Bundesschuldenverwaltung verwaltet.

(2) Die bescheidende Stelle weist den Berechtigten auf die in Absatz 1 Satz 2 genannten Verwaltungsarten hin. Der Berechtigte bestimmt die Art der Verwaltung, indem er entweder
1. das Kreditinstitut und die Nummer eines Depots oder
2. die Nummer seines bereits bestehenden Einzelschuldbuchkontos bei der Bundesschuldenverwaltung

der bescheidenden Stelle mitteilt oder dieser erklärt, daß er die Neueröffnung eines Einzelschuldbuchkontos bei der Bundesschuldenverwaltung wünscht.

(3) Die bescheidende Stelle fertigt eine Anordnung aus, bestätigt deren sachliche und rechnerische Richtigkeit und leitet sie mit den Angaben zur gewählten Verwaltungsart an das Bundesamt zur Regelung offener Vermögensfragen weiter. Diese Daten werden im beleglosen Verfahren übermittelt, sobald über Form und Inhalt des Datensatzes sowie über die Form der Feststellungen der sachlichen und rechnerischen Richtigkeit und der Unterschrift des Anordnungsbefugten eine Vereinbarung mit Zustimmung des bundesministeriums der Finanzen und des Bundesrechnungshofs getroffen ist. Der Datensatz hat nach Inhalt und Form einem maschinenlesbaren Formblatt (Anlage)[2] zu entsprechen und den Bestimmungen über den Einsatz von automatisierten Verfahren im Haushalts-, Kassen- und Rechnungswesen (Anlage zur Vorläufigen Verwaltungsvorschrift Nr. 2.6 zu § 34 BHO) zu genügen. Bis zur Installierung des beleglosen Verfahrens erfolgt die Datenübermittlung durch Übersendung des maschinenlesbaren Formblattes. Das Verfahren sowie der Inhalt des Formblattes können nur im Einvernehmen mit den neuen Bundesländern und Berlin geändert werden.

(4) Das Bundesamt sendet denjenigen Berechtigten, die die Neueröffnung eines Einzelschuldbuchkontos bei der Bundesschuldenverwaltung wünschen, einen Kontoeröffnungsantrag zu. Die Berechtigten leiten die Kontoeröffnungsanträge ausgefüllt und mit ihrer bestätigten Unterschrift versehen der Bundesschuldenverwaltung zu. Sie können ihre Unterschrift auf dem Kontoeröffnungsantrag von jeder dienstsiegelführenden Stelle beglaubigen lassen.

(5) Das Bundesamt weist im Auftrag der Deutschen Bundesbank die Deutscher Kassenverein AG an, dem Berechtigten die ihm zustehende Schuldverschreibung zuzuteilen. Diese unterrichtet die Deutsche Bundesbank und das Bundesamt von der erfolgten Zuteilung. Das Bundesamt unterrichtet hiervon die bescheidende Stelle.

(6) Die Zuteilung an den im Formblatt (Datensatz) genannten Berechtigten erfolgt unbeschadet bereits getroffener Verfügungen über den Entschädigungsanspruch und hat befreiende Wirkung.

---

[2] Vom Abdruck wurde abgesehen.

§ 4 Handelbarkeit

Die Schuldverschreibungen sind handelbare Wertrechte.

§ 5 Verwaltung durch die Bundesschuldenverwaltung

(1) Die Bundesschuldenverwaltung führt Einzelschuldbuchkonten für natürliche Personen (ein oder höchstens zwei Kontoinhaber), für juristische Personen und für Handelsgesellschaften.

(2) Die Bundesschuldenverwaltung benachrichtigt den Berechtigten (Kontoinhaber) und das Bundesamt über die Kontoeröffnung unter Angabe der Kontonummer.

(3) Die Eintragung und Verwaltung der Einzelschuldbuchforderung sowie die Überweisung von Zins und Tilgung sind gebührenfrei. Der Berechtigte erhält jährlich einen Kontoauszug.

(4) Die Einzelschuldbuchforderungen können verkauft werden, sobald die Schuldverschreibungen in den Handel an den deutschen Wertpapierbörsen eingeführt worden sind. Der Inhaber richtet seinen Verkaufsauftrag an die Bundesschuldenverwaltung. Diese läßt den Verkaufsauftrag durch die Deutsche Bundesbank nach deren Allgemeinen Geschäftsbedingungen einschließlich Gebührentabelle ausführen.

§ 6 Verwaltung durch Kreditinstitute

Die Verwaltung und der Verkauf von Schuldverschreibungen durch Kreditinstitute richtet sich nach deren Bedingungen.

§ 7 Datenschutz

Die zur Durchführung dieser Verordnung erforderlichen Angaben der Berechtigten dürfen nur zu Zwecken der Erfüllung von Entschädigungs- und Ausgleichsleistungsansprüchen verarbeitet und genutzt werden.

§ 8 Inkrafttreten

Die Verordnung tritt am Tage nach der Verkündung in Kraft.

4. Verordnung über den Erwerb land- und forstwirtschaftlicher Flächen, das Verfahren sowie den Beirat nach dem Ausgleichsleistungsgesetz (Flächenerwerbsverordnung – FlErwV)

– Entwurf –
Bundesratsdrucksache 260/95
Vom 8. Mai 1995
(in der Fassung der Berichtigung vom 12. 6. 1995)

Aufgrund des § 4 Abs. 3 Ausgleichsleistungsgesetzes vom 27. September 1994 (BGBl. I S. 2624, 2628) verordnet die Bundesregierung:

Abschnitt 1. Inhalt und Umfang der Berechtigung

§ 1 Allgemeines

(1) Berechtigter ist, wer aufgrund von § 3 Ausgleichsleistungsgesetz oder von § 1 Abs. 1 Satz 6 Entschädigungsgesetz in Verbindung mit dieser Rechtsverordnung land- und forstwirtschaftliche Flächen erwerben kann.

(2) Flächen im Sinne des § 3 Abs. 1, 4, 5, 8 und 9 Ausgleichsleistungsgesetz sind land- und forstwirtschaftliche Flächen einschließlich Öd- und Unland, die der Treuhandanstalt nach der 3. Durchführungsverordnung zum Treuhandgesetz vom 29. August 1990 (GBl. I S. 1333) zugewiesen worden sind, einschließlich der Flächen der ehemals volkseigenen Güter, deren Vermögen der Treuhandanstalt nach § 1 der 3. Durchführungsverordnung zum Treuhandgesetz zur treuhänderischen Verwaltung übertragen worden ist. Als landwirtschaftliche Flächen gelten auch Gartenbauflächen, Weinbauflächen und Flächen der Binnenfischerei. Flächen, die tatsächlich für andere als land- und forstwirtschaftliche Zwecke baulich genutzt werden oder die für eine solche Bebauung vorgesehen sind, stehen für den Flächenerwerb nach § 3 Ausgleichsleistungsgesetz nicht zur Verfügung. Flächen sind für eine Bebauung vorgesehen, wenn vor Abschluß des Kaufvertrages für sie nach dem Flächennutzungsplan eine Nutzung als Baufläche oder Baugebiet dargestellt ist oder sie nach den §§ 30, 33 oder 34 des Baugesetzbuchs bebaut werden können; das gleiche gilt, wenn die Gemeinde beschlossen hat, einen Bauleitplan, einen Vorhaben- und Erschließungsplan oder eine entsprechende Satzung aufzustellen und der künftige Bauleitplan, Vorhaben- und Erschließungsplan oder die künftige Satzung eine bauliche Nutzung darstellen wird. Ebenso stehen für einen Erwerb nach § 3 Ausgleichsleistungsgesetz die Flächen nicht zur Verfügung, die sonstigen außerland- und außerforstwirtschaftlichen Zwecken dienen, soweit vor Abschluß des Kaufvertrages die Umwidmung tatsächlich stattgefunden hat oder ein Planungsverfahren mit dem Ziel der Umwidmung eingeleitet worden ist.

(3) Ortsansässigkeit der Neueinrichter und Inhaber von Anteilen im Sinne von § 3 Abs. 2 Satz 2 und 4 Ausgleichsleistungsgesetz ist gegeben, wenn deren Hauptwohnsitz am 3. Oktober 1990 im Beitrittsgebiet lag. Hauptwohnsitz im Sinne dieser Verordnung ist der Lebensmittelpunkt des Berechtigten, bei Verheirateten der Lebensmittelpunkt der Familie.

(4) Wiedereinrichter ist auch der Erbe und Erbeserbe des ursprünglichen Betriebsinhabers. Diese können die Flächenerwerbsmöglichkeit an den Ehegatten, Ver-

wandten in gerader Linie oder Verwandten zweiten Grades in der Seitenlinie des Berechtigten übertragen. Die Übertragung ist unter Bezugnahme auf diese Vorschrift unwiderruflich und öffentlich beglaubigt zu erklären. Satz 3 gilt auch für die Übertragung nach § 3 Abs. 5 Satz 9 und 10 des Ausgleichsleistungsgesetzes.

§ 2 Erwerbsmöglichkeit des Pächters landwirtschaftlicher Flächen

(1) Ein Pachtverhältnis im Sinne von § 3 Abs. 1 Ausgleichsleistungsgesetz liegt vor, wenn ein spätestens am 1. Oktober 1996 wirksam gewordener, für mindestens sechs Jahre abgeschlossener Pachtvertrag über von der Treuhandanstalt zu privatisierende landwirtschaftliche Flächen ungekündigt besteht. In diesem Fall ist ein Flächenerwerb unmittelbar nach Inkrafttreten dieser Verordnung möglich. Berechtigt ist nicht, wer Flächen aufgrund eines Unterpachtvertrages bewirtschaftet. Über Kaufanträge von Berechtigten, die Flächen unterverpachtet haben, kann erst entschieden werden, wenn der Pächter die Selbstbewirtschaftung aufgenommen hat. Selbstbewirtschaftung liegt in der Regel vor, wenn dem Pächter das wirtschaftliche Ergebnis des landwirtschaftlichen Betriebs unmittelbar zum Vor- oder Nachteil gereicht und er die für die Führung des Betriebes wesentlichen Entscheidungen selbst trifft. Der Vorrang des Pächters gemäß § 3 Abs. 5 Satz 8 Ausgleichsleistungsgesetz bleibt bestehen, so lange er wegen zulässiger Unterverpachtung die Selbstbewirtschaftung im Sinne des Satzes 5 noch nicht aufgenommen hat.

(2) Ein Kaufvertrag kann erst abgeschlossen werden, wenn der Hauptwohnsitz des Berechtigten, bei juristischen Personen des Privatrechts der Betriebssitz, in der Nähe der Betriebsstätte nachgewiesen ist. Berechtigte im Sinne von § 3 Abs. 2 Ausgleichsleistungsgesetz müssen, soweit dies nicht bereits gegeben ist, ihren Hauptwohnsitz oder Betriebssitz, bis spätestens 30. September 1998 in die Nähe der Betriebsstätte verlegen und dort auf die Dauer von 20 Jahren beibehalten. Bis zur fristgerechten Begründung des Hauptwohnsitzes oder Betriebssitzes bleibt der Vorrang des Pächters gemäß § 3 Abs. 5 Satz 8 Ausgleichsleistungsgesetz gewahrt.

(3) Soweit Landwirtschaftliche Produktionsgenossenschaften, die nach formwechselnder Umwandlung in neuer Rechtsform fortbestehen oder ihre Rechtsnachfolger die Erwerbsmöglichkeit wahrnehmen wollen, können sie dies nur, wenn die zuständige Landesbehörde der Privatisierungsstelle ihre Feststellung über die ordnungsgemäße Durchführung der Vermögenszuordnung gemäß §§ 44 ff. des Landwirtschaftsanpassungsgesetzes mitgeteilt hat. Das gleiche gilt für Unternehmen, die aus oder im Zusammenhang mit der Liquidation eines in Satz 1 genannten Unternehmens gegründet worden sind, hinsichtlich der ordnungsgemäßen Durchführung des Liquidationsverfahrens. Eine ordnungsgemäße Durchführung der Vermögenszuordnung kann nicht festgestellt werden, solange gerichtliche Verfahren über Anträge nach § 28 Abs. 2, § 37 Abs. 2, §§ 42, 44, 45, 47, 49 oder 51 a des Landwirtschaftsanpassungsgesetzes oder Rechtsstreitigkeiten über Ansprüche nach § 48 des Landwirtschaftsanpassungsgesetzes anhängig sind. Bis zum Eingang der Mitteilung nach Satz 1, längstens aber bis zum 31. Dezember 1998, bleibt der Vorrang des Pächters gemäß § 3 Abs. 5 Satz 8 Ausgleichsleistungsgesetz bestehen.

(4) Sofern sich die Treuhandanstalt gegenüber einem Pächter bereit erklärt hat, die verpachteten Flächen an ihn nach Maßgabe noch zu erlassender Programme zu veräußern, kann der Pächter aufgrund dieser Erklärung Flächen nur in dem sich aus § 3 Abs. 3 Ausgleichsleistungsgesetz ergebenden Umfang nach Maßgabe dieser Verordnung erwerben.

(5) Für die Feststellung des nach § 3 Abs. 3 Satz 4 Ausgleichsleistungsgesetz maßgeblichen Eigentumsanteils kommt es auf das am 1. Oktober 1994 im Beitrittsgebiet vorhandene Eigentum an landwirtschaftlich genutzter Fläche und auf die am 1. Oktober 1996 bewirtschaftete landwirtschaftlich genutzte Fläche an. Bei Kaufverträ-

gen, die vor dem 1. Oktober 1996 geschlossen werden, ist anstelle dieses Datums der Zeitpunkt des Kaufantrages maßgebend.

(6) Umwandlungen landwirtschaftlicher Unternehmen, die nach dem Abschluß eines langfristigen Pachtvertrages vorgenommen werden, lassen Grund und Höhe des Erwerbsanspruchs unberührt. Im Fall der Umwandlung zur Aufnahme sind die durch die Umwandlung übertragenen Vermögensteile für die Zwecke des Flächenerwerbs dem übertragenden Rechtsträger zuzurechnen. Die bewirtschaftete landwirtschaftliche Fläche wird nach den Verhältnissen vor der Umwandlung ermittelt.

§ 3 Erwerb landwirtschaftlicher Flächen durch den nicht selbstbewirtschaftenden früheren Eigentümer

Ein Berechtigter nach § 3 Abs. 5 Satz 1 Ausgleichsleistungsgesetz kann landwirtschaftliche Flächen nach § 3 Abs. 5 Satz 2 Ausgleichsleistungsgesetz nur für den Teil seiner Ausgleichsleistung erwerben, den er für den Verlust land- und forstwirtschaftlichen Vermögens erhalten hat. Soweit der Berechtigte ausschließlich für den Verlust forstwirtschaftlichen Vermögens Ausgleichsleistungen erhalten hat, ist der Erwerb landwirtschaftlicher Flächen ausgeschlossen.

§ 4 Erwerbsmöglichkeit von Waldflächen

(1) Wiedereinrichter im Sinne von § 3 Abs. 8 Satz 1 Buchstabe a Ausgleichsleistungsgesetz sind natürliche Personen oder deren Erben und Erbeserben, die ihre ursprünglichen forstwirtschaftlichen Flächen nach Vermögensgesetz zurückerhalten haben oder nach Durchführung der Vermögensauseinandersetzung nach dem 5. und 6. Abschnitt sowie § 64a des Landwirtschaftsanpassungsgesetzes wieder eigenbetrieblich bewirtschaften und durch Zuerwerb von Waldflächen nach § 3 Abs. 8 Ausgleichsleistungsgesetz erweitern wollen. Als Wiedereinrichter gelten auch am 3. Oktober 1990 ortsansässige natürliche Personen, die zu diesem Zeitpunkt Eigentümer von Waldflächen waren und durch Zuerwerb von Waldflächen nach § 3 Abs. 8 Ausgleichsleistungsgesetz ihr Waldeigentum erweitern wollen.

(2) Natürliche Personen sind oder werden ortsansässig im Sinne von § 3 Abs. 8 Satz 1 Buchstabe a und b Ausgleichsleistungsgesetz, wenn ihr Hauptwohnsitz im Beitrittsgebiet liegt oder im Zusammenhang mit der Wiedereinrichtung dauerhaft in das Beitrittsgebiet verlegt wird (Wiedereinrichter gemäß Buchstabe a) oder sie ihren Hauptwohnsitz am 3. Oktober 1990 im Beitrittsgebiet hatten (Neueinrichter gemäß Buchstabe b). Der Hauptwohnsitz muß für die Dauer von 20 Jahren im Beitrittsgebiet beibehalten werden.

(3) Berechtigte nach § 3 Abs. 8 Satz 1 Buchstabe c Ausgleichsleistungsgesetz sind natürliche Personen, die land- und forstwirtschaftliche Flächen durch Zwangsmaßnahmen nach § 1 Abs. 1, 3, 6, 7 und 8 Buchst. a des Vermögensgesetzes verloren haben und diese nicht zurückerhalten können, oder deren Erben und Erbeserben.

(4) Soweit Erbengemeinschaften nach § 3 Abs. 8 Satz 1 Buchstabe a und c Ausgleichsleistungsgesetz berechtigt sind, kann die Erwerbsmöglichkeit auf ein Mitglied übertragen oder auf mehrere Mitglieder aufgeteilt werden. § 1 Abs. 4 gilt entsprechend.

(5) Sofern sich Berechtigte und sonstige Interessenten um dieselbe Waldfläche bewerben, wird der Kaufantrag desjenigen, der das bessere Betriebskonzept vorlegt, vorrangig berücksichtigt. Berechtigte haben Vorrang vor sonstigen Bewerbern, wenn ihr Betriebskonzept im wesentlichen gleichwertig ist. Berechtigte, die Waldflächen nach § 3 Abs. 5 Ausgleichsleistungsgesetz erwerben wollen, sind, vorbehaltlich Absatz 6, gegenüber Berechtigten nach § 3 Abs. 8 Ausgleichsleistungsgesetz vorrangig

Anhang 4: Flächenerwerbsverordnung 277

zu berücksichtigen. Bewerben sich mehrere Berechtigte mit im wesentlichen gleichwertigen Betriebskonzepten um dieselbe Fläche, trifft die Privatisierungsstelle, unbeschadet der Möglichkeit nach § 16 Abs. 1, ihre Entscheidung nach billigem Ermessen.

(6) Es kann weder die Bildung bestimmter Verkaufseinheiten noch die Zerteilung forstbetrieblich sinnvoll zusammengehörender Waldflächen verlangt werden.

§ 5 Kaufpreis für landwirtschaftliche Flächen

(1) Der Kaufpreis für landwirtschaftliche Flächen ohne wesentliche Bestandteile der zu erwerbenden Fläche wird, vorbehaltlich Satz 4, durch Vervielfachung der Ertragsmeßzahlen mit dem Faktor 0,7 in Deutscher Mark ermittelt. Liegen für derartige Flächen keine Ertragsmeßzahlen vor, sind diese anhand der durchschnittlichen Ertragsmeßzahlen der nächstgelegenen Flächen zu schätzen. Handelt es sich bei den Flächen im Sinne des Satzes 1 um Hof- und Gebäudeflächen, so ist als Kaufpreis der Verkehrswert anzusetzen. Bei Flächen, die dem Gartenbau, dem Weinbau oder der Binnenfischerei dienen, ist der Kaufpreis auf der Grundlage des dreifachen Einheitswertes 1935 für die genannten Nutzungsarten zu ermitteln.

(2) Werden mit den Flächen als deren Bestandteil Gebäude, Gewächshäuser, sonstige Grasflächen, Obstbäume, Hopfenanlagen, Meliorationsanlagen im Sinne des § 12 Meliorationsanlagengesetz vom 21. September 1994 (BGBl. I S. 2538, 2550), Baumschulgewächse, Spargelanlagen oder in der Flur oder im bebauten Gebiet gelegene Weihnachtsbaumkulturen miterworben, ergibt sich der Kaufpreis aus der Summe des nach Absatz 1 ermittelten Betrages und des Verkehrswertes der Gebäude und sonstigen Bestandteile. Stimmen insbesondere Lage, Größe und Ausgestaltung der Gebäude nicht mit den betrieblichen Erfordernissen überein, können Abschläge vom Verkehrswert der Gebäude in Höhe bis zu 20 vom Hundert zugelassen werden.

(3) Die Privatisierungsstelle kann verlangen, daß unbebaute Flächen sowie Wohn- und Wirtschaftsgebäude miterworben werden, die aufgrund des räumlichen Zusammenhangs mit den nach § 3 Ausgleichsleistungsgesetz zu erwerbenden Flächen nicht anderweitig verwertet werden können.

§ 6 Kaufpreis für Waldflächen

(1) Der Kaufpreis für Waldflächen, ausgenommen Weihnachtsbaumkulturen im Sinne von § 5 Abs. 2 Satz 1, mit einem Anteil hiebsreifer Bestände von weniger als zehn vom Hundert ist auf der Grundlage der 10. Verordnung zur Durchführung des Feststellungsgesetzes vom 15. April 1958 (BGBl. III Gl. Nr. 622-1-Dv 10) unter Berücksichtigung der nachfolgenden Maßgaben zu ermitteln. Die Daten für den gegenwärtigen Waldzustand werden dem jährlich fortgeschriebenen Datenspeicher Waldfonds entnommen. Holzartengruppen sind nach § 3 der 10. Verordnung zur Durchführung des Feststellungsgesetzes vom 15. April 1958 (BGBl. III Gl. Nr. 622-1-Dv 10) zu bilden; für Hochwald werden die Werte nach § 5, für Niederwald und Nichtwirtschaftswald nach § 6 sowie für Mittelwald nach § 7 der 10. Verordnung zur Durchführung des Feststellungsgesetzes vom 15. April 1958 (BGBl. III Gl. Nr. 622-1-Dv 10) ermittelt. Die Wertgruppen nach § 2 Abs. 3 Nr. 3 der 10. Verordnung zur Durchführung des Feststellungsgesetzes vom 15. April 1958 (BGBl. III Gl. Nr. 622-1-Dv 10) sind der Spalte 4 der Anlage 2 (Kreisverzeichnis mit Angabe der Wertgruppen) zur 2. Verordnung zur Durchführung des Beweissicherungs- und Feststellungsgesetzes vom 13. März 1967 (BGBl. III Gl. Nr. 622-1-Dv 10) zu entnehmen. Abschläge für etwaige Bestandesschäden z. B. infolge Harzung, neuartiger Waldschäden oder Schälschäden sind nicht zulässig. Kaufpreis ist vorbehaltlich Absatz 4 bis 6 das Dreifache des nach Satz 1 bis 5 ermittelten Werts.

(2) Hiebsreife Bestände sind alle Waldbestände, die älter als Umtriebszeit abzüglich 10 Jahre sind. Umtriebszeiten im Sinne von Satz 1 sind für die Holzartengruppe Fichte 100 Jahre, für Kiefer 130 Jahre, für Buche und Laubhölzer mit hohem Umtrieb 140 Jahre, für Eiche 180 Jahre, für Laubhölzer mit niedrigem Umtrieb 80 Jahre.

(3) Soweit der Anteil hiebsreifer Bestände zehn vom Hundert oder mehr beträgt, ist insoweit der Verkehrswert anzusetzen (§ 3 Abs. 7 Satz 5 Ausgleichsleistungsgesetz). Dieser ist der nach den Waldwertermittlungsrichtlinien vom 25. Februar 1991 (BAnz. Nr. 100a vom 5. Juni 1991) ermittelte Abtriebswert zuzüglich des örtlichen Bodenwerts.

(4) Von dem nach Absatz 1 errechneten Kaufpreis ist ein Abschlag von 200 DM pro ha vorzunehmen, wenn bis zum 31. Dezember 1996 der Kaufvertrag abgeschlossen und die Bewirtschaftung der erworbenen Fläche übernommen worden ist.

(5) Der nach Absatz 1 und Absatz 4 ermittelte Kaufpreis darf 600 DM pro ha, bezogen auf die gesamte, nach Absatz 1 bewertete Waldfläche, nicht unterschreiten.

(6) Für Waldflächen bis zu zehn Hektar Größe können im Einzelfall anstelle der Ausgangshektarsätze der Anlage 2 zur 10. Verordnung zur Durchführung des Feststellungsgesetzes vom 15. April 1958 (BGBl. III) die Pauschhektarsätze bis zehn Hektar der Anlage 3 der 2. Verordnung zur Durchführung des Beweissicherungs- und Feststellungsgesetzes vom 13. März 1967 (BGBl. I S. 291) angesetzt werden; sie sind mit den Flächenrichtzahlen der Anlage 3 zur 10. Verordnung zur Durchführung des Feststellungsgesetzes vom 15. April 1958 (BGBl. III Gl. Nr. 622-1-Dv 10) zu multiplizieren. Flächen im Sinne von Satz 1 sind nur Kleinparzellen, die mit weniger als drei Seiten an in der Verfügungsmacht der Bundesanstalt für vereinigungsbedingte Sonderaufgaben stehende Flächen angrenzen und an der schmalsten Stelle weniger als 60 m breit sind.

(7) § 5 Abs. 2 Satz 2 gilt entsprechend.

Abschnitt 2. Verfahren

§ 7 Inhalt des Kaufantrags

Kaufanträge sind schriftlich bei der von der Bundesanstalt für vereinigungsbedingte Sonderaufgaben beauftragten Stelle für die Privatisierung land- und forstwirtschaftlicher Flächen (Privatisierungsstelle) einzureichen. Dabei sind Nachweise, soweit sie der Privatisierungsstelle nicht bereits vorliegen, gemäß den Anlagen zu erbringen. Sie sind subventionserheblich im Sinne von § 264 des Strafgesetzbuchs.

§ 8 Antragsfrist

Kaufanträge nach § 3 Abs. 1 bis 4 Ausgleichsleistungsgesetz sind bis spätestens 31. März 1998 einzureichen (Ausschlußfrist), soweit sich nicht nach § 9 Abs. 2 ein früherer Fristablauf ergibt.

§ 9 Vorbereitung des Flächenerwerbs

(1) Die Privatisierungsstelle überprüft die Berechtigung des Kaufbewerbers und den Umfang seiner Berechtigung. Sie schlägt die zu erwerbenden Flächen vor und ermittelt den Kaufpreis nach Maßgabe der §§ 5 und 6.

(2) In den Fällen des § 3 Abs. 5 Ausgleichsleistungsgesetz teilt die Privatisierungsstelle dem betroffenen Pächter die für den Erwerb benannten Flächen mit und setzt ihm die Frist nach § 3 Abs. 5 Satz 8 Ausgleichsleistungsgesetz. Diese Frist gilt auch

für die Erklärung des Pächters nach § 3 Abs. 6 Satz 2 Ausgleichsleistungsgesetz. Der Pächter ist darauf hinzuweisen, daß seine Erklärung nach § 3 Abs. 5 Satz 8 Ausgleichsleistungsgesetz sowie eine Verweigerung der Zustimmung nach § 3 Abs. 6 Satz 2 Ausgleichsleistungsgesetz nur berücksichtigt werden, wenn er vor Fristablauf den Kauf ihm zustehender Flächen beantragt.

(3) Die Privatisierungsstelle leitet ihr begründetes Prüfungsergebnis der zuständigen Landesbehörde zu. Diese kann sich innerhalb von zwei Monaten hierzu äußern. Im Anschluß daran leitet die Privatisierungsstelle ihren Entscheidungsvorschlag sowie gegebenenfalls die Stellungnahme der örtlich zuständigen Landesbehörde der Bundesanstalt für vereinigungsbedingte Sonderaufgaben zur Erteilung des Einvernehmens zu.

§ 10 Verkaufsangebot

(1) Erteilt die Bundesanstalt für vereinigungsbedingte Sonderaufgaben ihr Einvernehmen, übermittelt die Privatisierungsstelle dem allein oder vorrangig zu berücksichtigenden Bewerber ein Vertragsangebot. Nicht berücksichtigten Bewerbern teilt sie die Ablehnung sowie den vorgesehenen Termin für den Abschluß des Kaufvertrages mit dem berücksichtigten Bewerber mit. Dieser Termin soll frühestens auf die vierte der Mitteilung folgende Woche festgesetzt werden. Ist der nicht berücksichtigte Bewerber Berechtigter, soll die Ablehnung mit der Einladung zur Fortsetzung der Kaufverhandlungen über andere der Privatisierungsstelle verfügbare Flächen verbunden werden.

(2) Gleichzeitig unterrichtet die Privatisierungsstelle die örtlich zuständige Landesbehörde über ihre Entscheidung und den vorgesehenen Termin für den Vertragsabschluß.

(3) Die Betroffenen und die örtlich zuständige Landesbehörde können innerhalb eines Monats ab Zugang der Mitteilungen nach Absatz 1 und 2 den Beirats nach § 4 Abs. 1 Ausgleichsleistungsgesetz anrufen. Die Anrufung des Beirats bedarf der Schriftform und ist zu begründen. Sie ist durchschriftlich der Privatisierungsstelle übersenden.

(4) Bestätigt der Beirat die Entscheidung der Privatisierungsstelle oder äußert er sich nicht innerhalb einer Frist von drei Monaten oder will die Privatisierungsstelle mit Zustimmung der Bundesanstalt für vereinigungsbedingte Sonderaufgaben von der Empfehlung des Beirats abweichen, teilt die Privatisierungsstelle dies einschließlich Begründung dem Betroffenen, der den Beirat angerufen hat, durch Einschreiben mit Rückschein mit. Der Beirat erhält eine Durchschrift dieser Mitteilung. Der Kaufvertrag mit dem bevorzugten Bewerber darf nicht vor Ablauf eines Monats nach Zusendung der Mitteilung abgeschlossen werden.

Abschnitt 3. Kaufvertragliche Regelungen

§ 11 Abschluß des Kaufvertrages

Die Privatisierungsstelle kann den Abschluß eines Kaufvertrages über Flächen nach § 3 Abs. 1 des Ausgleichsleistungsgesetzes nur anbieten oder ein solches Angebot annehmen, wenn das Einvernehmen nach § 10 Abs. 1 Satz 1 vorliegt. Im übrigen gelten für den Abschluß des Vertrages die Vorschriften des Bürgerlichen Rechts. Das Einvernehmen (§ 10) soll nur erteilt werden, wenn der Vertragsinhalt den Anforderungen der § 12 Abs. 1 bis 5 und 10 entspricht. Der Erwerber soll zur Übernahme der Erwerbskosten, insbesondere auch der Grunderwerbsteuer, verpflichtet werden.

§ 12 Sicherung der Zweckbindung

(1) Die Privatisierungsstelle soll in dem Vertrag vereinbaren, daß der Veräußerer von dem Vertrag zurücktreten kann, wenn
a) vor Ablauf von 20 Jahren nach Abschluß des Kaufvertrages
    aa) sich die Zusammensetzung der Gesellschafter einer juristischen Person in der Weise ändert, daß 25 vom Hundert der Anteilswerte oder mehr von am 3. Oktober 1990 nicht ortsansässigen Personen oder nicht nach § 1 Berechtigten gehalten werden oder
    bb) die land- oder forstwirtschaftliche Nutzung für die erworbene Fläche oder Teile davon aufgegeben wird oder der Käufer ohne wichtigen Grund von dem zugesagten, zum Zeitpunkt der Kaufbewerbung fortgeschriebenen Betriebskonzept erheblich abgewichen ist oder
    cc) der Erwerber Gesellschafterwechsel nach aa) oder Nutzungsänderungen nach bb) oder die Veräußerung nach § 3 Ausgleichsleistungsgesetz erworbener Flächen der Privatisierungsstelle nicht anzeigt oder
    dd) der Erwerber den für den Erwerb maßgeblichen Hauptwohnsitz oder die Selbstbewirtschaftung im Sinne des § 2 Abs. 1 aufgibt oder
b) sich aus dem im 10. und 20. Jahr nach Betriebsübernahme erstellten Forsteinrichtungswerk bzw. forstlichen Betriebsgutachten ergibt, daß der Käufer ohne wichtigen Grund von dem zugesagten Betriebskonzept erheblich abgewichen ist, oder
c) der Erwerb auf falschen Angaben des Bewerbers beruht oder
d) sonstige Gründe vorliegen, die vergleichbar schwer wiegen.

(2) Zur Überprüfung des Anspruchs nach Absatz 1 ist zu vereinbaren:
a) Erwerber in der Rechtsform einer GmbH müssen auf die Dauer von 20 Jahren bei Veränderungen, spätestens nach jeweils 5 Jahren zum 1. März die Gesellschafterlisten gemäß § 40 GmbH-Gesetz vorlegen.
b) Erwerber in der Rechtsform der Genossenschaft müssen auf die Dauer von 20 Jahren bei Veränderungen, spätestens nach jeweils 5 Jahren zum 1. März die Mitgliederliste nach § 30 des Gesetzes betreffend die Erwerbs- und Wirtschaftsgenossenschaften vorlegen.
c) Erwerber in der Rechtsform einer Aktiengesellschaft müssen auf die Dauer von 20 Jahren bei Veränderungen, spätestens nach jeweils 5 Jahren zum 1. März einen Auszug des Aktienbuchs gemäß § 67 Aktiengesetz vorlegen oder auf sonstige Weise nachweisen, daß die Anteilswerte zu mehr als 75 vom Hundert in Händen natürlicher Personen sind, die am 3. Oktober 1990 ortsansässig waren.

(3) In dem Vertrag soll zur Ergänzung des Veräußerungsverbots nach § 3 Abs. 10 des Ausgleichsleistungsgesetzes und für dessen Dauer ferner vereinbart werden, daß auch jede andere Verfügung nur zulässig ist, wenn ihr zugestimmt worden ist. Die Zustimmung ist zu erteilen, wenn die Zweckbindung nicht gefährdet ist.

(4) In dem Vertrag soll auch vereinbart werden, daß die Flächen zum Verkaufspreis vom Veräußerer zurückgekauft werden können, wenn die verkauften Flächen nach Abschluß des Vertrages für einen der in § 1 Abs. 2 Satz 3 bis 5 genannten Zwecke nutzbar werden. Für den Rückkaufsfall ist dem Erwerber Gelegenheit zur Beschaffung anderer Flächen einzuräumen und ein Ausgleich für einen dabei entstehenden angemessenen Mehraufwand vorzusehen. Die Zweckbindung der erworbenen Flächen ist sicherzustellen.

(5) Alle Erwerber sollen verpflichtet werden, Nutzungsänderungen, Betriebsaufgaben (Absatz 1 Buchstabe a, bb) oder die Veräußerung von Flächen vor Ablauf von 20 Jahren nach Abschluß des Kaufvertrages der Privatisierungsstelle innerhalb eines Monats anzuzeigen.

(6) Die nach § 6 Landpachtverkehrsgesetz zuständige Behörde ist verpflichtet, die Privatisierungsstelle zu unterrichten, wenn ihr die Verpachtung ehemals volkseigener landwirtschaftlicher Flächen angezeigt wird.

(7) Die Privatisierungsstelle kann von der Rückabwicklung absehen, wenn der Erwerber die Differenz zwischen dem gezahlten Kaufpreis und dem zum Zeitpunkt des möglichen Rücktritts ermittelten Verkehrswert entrichtet.

(8) Unter Berücksichtigung einer Stellungnahme der zuständigen Landesbehörde kann von einem Rücktritt auch aus agrarstrukturellen Gründen und in Härtefällen abgesehen werden. Dies ist insbesondere möglich, wenn die erworbene Fläche im Wege einer (vorweggenommenen) Erbfolge übertragen wird, oder die von einer juristischen Person erworbenen Flächen auf deren Gesellschafter übertragen werden, sofern diese am 3. Oktober 1990 ortsansässig waren oder Berechtigte im Sinne von § 1 sind.

(9) Maßnahmen zur Durchführung einer Umwandlung nach den Vorschriften des Umwandlungsgesetzes oder aufgrund des § 38a des Landwirtschaftsanpassungsgesetzes begründen für sich allein kein Rücktrittsrecht.

(10) Im Fall des Rücktritts soll jeder Teil verpflichtet werden, dem anderen Teil die empfangenen Leistungen zurückzugewähren; die Ausübung des Rücktrittsrechts kann auf Teile der empfangenen Leistung begrenzt werden. Den Wert der Nutzungen soll der Erwerber nur insoweit ersetzen müssen, als im Übermaß Früchte gezogen sind. Der Erwerber soll Anspruch auf Verwendungsersatz gemäß §§ 994 bis 996 BGB haben.

§ 13 Grundbuchvollzug

(1) Für die Feststellung, ob die in § 10 bezeichneten Voraussetzungen vorliegen, genügt die Versicherung der Privatisierungsstelle im Kaufvertrag.

(2) Im Kaufvertrag soll auch festgestellt werden, daß die erworbenen Flächen dem in § 3 Abs. 10 Satz 1 des Ausgleichsleistungsgesetzes bestimmten Veräußerungsverbot (Veräußerungsverbot) unterliegen. Soweit das der Fall ist, stellt die Bundesanstalt für vereinigungsbedingte Sonderaufgaben oder eine von ihr ermächtigte Person oder Stelle dies in einer mit dem Dienstsiegel und Unterschrift versehenen Bescheinigung fest. Enthält der Kaufvertrag die Feststellung nach Satz 1 nicht, gilt das Grundstück als von dem Veräußerungsverbot nicht erfaßt.

(3) Das Veräußerungsverbot besteht für die Dauer von 20 Jahren seit seiner Eintragung in das Grundbuch. Es wird auf Antrag der Privatisierungsstelle bei Eintragung des Erwerbers in das Grundbuch eingetragen. Zum Nachweis der gesetzlichen Voraussetzung ist die Bescheinigung nach Absatz 2 Satz 2 erforderlich und genügend. Das Veräußerungsverbot ist in der zweiten Abteilung des Grundbuchblattes des betroffenen Grundstücks einzutragen und wie folgt zu bezeichnen: „Veräußerungsverbot mit Genehmigungsvorbehalt gemäß § 3 Abs. 10 Ausgleichsleistungsgesetz bis (einsetzen: Datum nach Satz 1)". Der Eintragung eines Begünstigten und der Zustimmung des Eigentümers bedarf es nicht.

(4) Ist das Veräußerungsverbot im Grundbuch eingetragen, erhält die Privatisierungsstelle eine Mitteilung über die Eintragung
1. jeder Veräußerung des Grundstücks oder von Teilen desselben durch den Erwerber,
2. jeder Eintragung einer Vormerkung zur Sicherung von Ansprüchen auf eine Veräußerung.
Die Begründung von Miteigentum, auch im Zusammenhang mit der Begründung von Teil- und Wohnungseigentum steht der Veräußerung gleich.

(5) Wird eine Veräußerung nach § 3 Abs. 10 Satz 2 des Ausgleichsleistungsgesetzes genehmigt, bewilligt die Bundesanstalt für vereinigungsbedingte Sonderaufgaben

oder die von ihr ermächtigte Person oder Stelle die Löschung eines eingetragenen Veräußerungsverbots. Diese Bewilligung ist für die Löschung, die auf Antrag des Eigentümers oder der Privatisierungsstelle erfolgt, erforderlich und genügend.

(6) Wird der Berechtigte eines dem Veräußerungsverbots unterliegenden Grundstücks im Grundbuch eingetragen, ohne daß ein Antrag nach Absatz 3 gestellt wird, so wird das Veräußerungsverbot auf Antrag der Privatisierungsstelle an rangbereiter Stelle eingetragen. Dem Antrag ist eine Bescheinigung nach Absatz 2 Satz 2 beizufügen. Der Zustimmung des Eigentümers bedarf es nicht.

(7) Die der Privatisierungsstelle obliegenden oder möglichen Handlungen kann auch die Bundesanstalt für vereinigungsbedingte Sonderaufgaben wahrnehmen.

§ 14

Besteht eine Privatisierungsstelle nicht mehr, tritt an deren Stelle die Bundesanstalt für vereinigungsbedingte Sonderaufgaben.

Abschnitt 4. Beirat

§ 15 Einrichtung der Beiräte

(1) Entsprechend § 4 Abs. 1 und 2 Ausgleichsleistungsgesetz werden bei der Privatisierungsstelle fünf Beiräte gebildet. Je ein Beirat ist zuständig für die Länder Mecklenburg-Vorpommern, Sachsen-Anhalt, Thüringen, Sachsen sowie Brandenburg. Der für Brandenburg zuständige Beirat kann auch in Berlin betreffenden Verpachtungs- und Flächenerwerbsfällen angerufen werden.

(2) Jeder Beirat besteht aus einem Vorsitzenden und zwei Beisitzern. Für die Beisitzer sind Stellvertreter zu benennen. Je ein Beisitzer und ein Stellvertreter sollen über forstfachlichen Sachverstand verfügen. § 4 Abs. 2 Satz 1 Ausgleichsleistungsgesetz gilt entsprechend. Der Vorsitzende wird durch das vom Bund benannte Mitglied vertreten, das in diesem Fall seinerseits vertreten werden soll.

(3) Das Bundesministerium der Finanzen ernennt
a) die Vorsitzenden der Beiräte und ihre Stellvertreter im Einvernehmen mit dem Bundesministerium für Ernährung, Landwirtschaft und Forsten und mit dem jeweiligen Land,
b) die vom Bund zu benennenden Beisitzer im Einvernehmen mit dem Bundesministerium für Ernährung, Landwirtschaft und Forsten,
c) die vom Land zu benennenden Beisitzer auf Vorschlag des jeweiligen Landes.
Die Ernennung erfolgt für jeweils fünf Jahre. Sie kann widerrufen werden.

§ 16 Verfahren und Sitzungsentschädigung

(1) Der örtlich zuständige Beirat kann von den am Flächenerwerb Interessierten und Betroffenen, vom Land auch in Verpachtungsfällen angerufen werden.

(2) Der jeweilige Beirat gibt sich eine Geschäftsordnung.

(3) Aufwandsentschädigungen für die Mitglieder des Beirates und deren Stellvertreter werden nach den „Richtlinien für die Abfindung der Mitglieder von Beiräten, Ausschüssen, Kommissionen und ähnlichen Einrichtungen im Bereich des Bundes" in der jeweiligen Fassung gezahlt.

Abschnitt 5. Schlußvorschriften

§ 17 Verkauf an Nicht-Berechtigte

Bis zum Abschluß des Flächenerwerbs nach § 3 Abs. 9 Ausgleichsleistungsgesetz sollen langfristig verpachtete landwirtschaftliche Flächen an Nicht-Berechtigte zu landwirtschaftlichen Zwecken nicht verkauft werden. Ausnahmsweise kann vom Bundesministerium der Finanzen zugelassen werden, daß schon vor dem im Satz 1 genannten Zeitpunkt in begrenztem Umfang Flächen, die für Naturschutzprojekte des Bundes von gesamtstaatlicher Bedeutung benötigt werden, an deren Träger veräußert werden; § 3 Abs. 5 Satz 8 Ausgleichsleistungsgesetz gilt entsprechend. Im Kaufvertrag ist vorzusehen, daß der Veräußerer bis zum 31. Dezember 2006 vom Vertrag zurücktreten kann, wenn die Flächen zur Erfüllung von Erwerbsanträgen nach § 3 Abs. 5 Ausgleichsleistungsgesetz benötigt werden. § 12 Abs. 10 gilt entsprechend.

§ 18 Inkrafttreten

Diese Verordnung tritt am Tage nach der Verkündung in Kraft.

Stichwortverzeichnis

(Römische Zahlen bedeuten die Kapitel, arabische verweisen auf die Randzahlen)

Altguthabenablöseanleihe II 52; IV 19
Altlasten II 72
Anteilsrechte IV 21, 33 f.
Arbeitseigentum I 42
Ausgleichleistung II 61 ff.; IV
– Anwendungsbereich IV 2 ff.
– Ausschlußtatbestände IV 10 ff.
– Lebensversicherungsansprüche IV 26
– Private geldwerte Ansprüche IV 25
  siehe auch: Anteilsrechte, Wertpapier
Aussiedler II 92

Bemessungsgrundlagen II 42; III
– Abrundung III 153 f.
– Abzüge III 124 ff.
– Abzüge für Gegenleistungen und Entschädigungen III 131 ff.
– Abzüge für zurückgegebene Vermögensgegenstände III 136
– Familienbetrieb III 101 f.
– Forderungen III 105 ff.
– Kürzungsbeträge (Degression) III 137 ff.
– Land- und forstwirtschaftliches Vermögen III 48 ff.
– Lebensversicherungsansprüche III 117 ff.
– Rechtsgrundlagen III 30 ff.
– Schätzung III 103
– Schutzrechte III 121 f.
– Unternehmen III 73 ff.
– Wiederkehrende Nutzungen und Leistungen III 120
  siehe auch Einheitswert, Ersatzeinheitswert, Gebäudeentschuldungsteuer, Hilfswert
Besatzungsschäden II 8
Bewegliche Sachen
– Rückgabe II 63; IV 160 ff.
  siehe auch Kulturgut
Beweissicherungs- und Feststellungsgesetz II 28; III 63 ff.
Bodenreform I 33 ff.
– Bodenfonds I 40
– Bodenkommission I 41

– Bundesverfassungsgericht I 26 f.
– Grundbucheintragung I 43
Bodenschätzung III 43

Degression siehe Bemessungsgrundlagen
Demontage I 19
DWK I 17, 63 ff.

Einheitswert III 33 ff.
– Betriebsvermögen III 46
– Feststellungszeitpunkt III 39 f., 74
– Grundvermögen III 44 f.
– Land- und forstwirtschaftliches Vermögen III 41 ff.
– Unternehmen III 73
  siehe auch Bodenschätzung, Ersatzeinheitswert
Enteignung I 3 ff.
– Aufbaugesetz I 109
– Baulandgesetz I 90, 114
– Besatzungsrechtliche, besatzungshoheitliche E. I 23 ff.; II 52; IV 2 ff.
– E. in der DDR I 81 ff., 108 ff.
– E. in der SBZ I 8 ff.
– Beschlagnahme I 69 f., 83
– Entschädigungslose E. I 7; II 46
– Gesellschaftsvermögen IV 7 ff.
– Grundbucheintragung I 71 f.
– Handelsregisterlöschung I 74 f.
– Mitteilung an Betroffenen I 76
– Republikflüchtlinge I 91 ff.
– Sequesterenteignung I 18, 47 ff.
– Sozialisierung von Betrieben I 82 ff.
– Zwangsausgesiedelte I 106
  siehe auch: Bodenreform, Demontage, LPG, Mauergrundstück, Reparation

Entschädigung
– Anspruchsgrundlagen III 7 ff.
– Ausschlußtatbestände III 20 ff.
– Bagatellschäden III 25 f.
– E. in der DDR I 111 f.; II 85
– Erfüllung III 156 ff.
– Geldforderungen III 23 f.

- Inhaber dinglicher Rechte III 16 f.
- Mehrfache Enteignung III 15
- Unternehmen III 73 ff.
- Verfahren III 168 ff.
- Wahlrecht II 58
siehe auch Bemessungsgrundlagen, Enteignung, Entschädigungsfonds, Schuldverschreibung
Entschädigungsfonds II 41; III 4 ff., 170; VII; SchuVO
- Aufgaben VII 5
- Aufsicht des BMF VII 13
- Ausgaben VII 33 f.
- Einnahmen VII 16 ff.
- Einrichtung VII 1 ff.
- Haftung des Bundes VII 15
- Handlungsfähigkeit VII 6 ff.
- Jahresrechnung VII 38
- Kosten der Verwaltung VII 14
- Kreditaufnahme VII 27 ff.
- Prozeßfähigkeit VII 6 ff.
- Verwaltung VII 9 f.
- Wirtschaftsplan VII 35 ff.
- Zusammenarbeit mit Behörden VII 11 f.
siehe auch Schuldverschreibung
Ersatzeinheitswert III 63 ff., 89 ff.
Ertragsmeßzahl IV 116 ff.
Evakuierte II 94

Feststellungsgesetz II 27
Flächenerwerb II 63; III 167; IV 36 ff.
- Anspruchsgrundlagen IV 74 ff.
- Anspruchskonkurrenz IV 112 ff.
- Berechtigte IV 60 ff.
- Flächen im Beitrittsgebiet IV 36 ff.
- FlErwVO Anh. 4
- Gesellschafter IV 66, 70, 83 ff., 108
- Grundstücksverkehrsgesetz IV 156
- Juristische Person IV 71 f., 86, 122
- Kaufpreis IV 126 ff.
- Neueinrichter IV 62, 69, 82, 98, 106 f.
- Obergrenzen IV 115 ff.
- Pachtvertrag IV 75 ff.
- Restflächen IV 48, 90 ff.
- Rückabwicklung IV 157 f.
- Veräußerungsverbot IV 154 f.
- Verfahren IV 159 f.
- Wiedereinrichter IV 62 ff., 80 f., 98, 104 f.
- Zusätzlicher Flächenerwerb IV 87 ff., 109 ff.
Flüchtlinge II 29

Gebäudeentschuldungsteuer III 62
Gemeinsame Erklärung I 23 ff., 32; IV 166

Häftlingshilfe II 35, 47; III 10 ff.; IV 6
Heimkehrer II 34
Hilfswert III 69 f.

Kriegsgefangene II 93
Kriegsgeschädigte II 12
Kriegssachschaden II 18; IV 14
Kulturgut IV 169 ff.

Lastenausgleich II 10 ff.
- Abzug III 125, 20 ff.
- Leistungen II 19
- Rückforderung II 7, 21 ff.
- Schadensgruppen II 13
- Zonenschäden II 14 ff.
LPG
- Zwangskollektivierung I 87 ff.

Mauergrundstücke I 104 ff.

Nießbrauch IV 173 f.
NS-Verfolgtenentschädigung II 65 ff.; III 29; V
- Ausschlüsse II 68; V 4 f.
- Erfüllung V 17
- Höhe II 69; V 6 ff.
- Steuerbefreiung II 66
- Verfahren V 18

Pauschalentschädigungsabkommen II 52, 60; III 27 f.; V 8

Rehabilitierung
- Entschädigung II 47
- Strafrechtliche R. II 36, 62
- Verwaltungsrechtliche R. II 37 f.
Reparationen I 21; I 7
- Reparationsschäden II 16; IV 11
Restitution II 44 ff.
- Ausnahmen II 52 ff.
- Redlicher Erwerb II 54
- Restitutionsschäden II 16; IV 12

Schuldbuchbereinigung II 84 ff.
- Nachweise II 87
- Tilgung der Schulden II 84
Schuldverschreibung VII 27 ff.
Schuldverschreibung III 156 ff.

Stichwortverzeichnis 287

- Gebietskörperschaft IV 18
  siehe auch Entschädigungsfonds
- SchuVO Anh. 3
- SMAD I 10 ff.
- Befehle I 33, 50 ff.
- Justizverwaltung I 13

Treuhandanstalt/Bundesanstalt für vereinigungsbedingte Sonderaufgaben
- Gesellschaften IV 49 ff.
- Privatisierungsaufgaben IV 41 ff.
- Rechtsweg IV 55 ff.
- Richtlinien IV 42 ff., 54
- Unternehmen III 82 ff.

Verfolgungsschäden II 18; siehe auch NS-Verfolgtenentschädigung
Verkehrswert III 53 f.; IV 130 ff.
Vermögensabgabe III 81
Vermögenswert I 5; IV 5
Vertriebenenzuwendung II 88 ff., VI
- Anspruchsausschlüsse II 91 ff.
- Antrag VI 11
- Erfüllung VI 7 f.
- Fälligkeit VI 9 f.
- Kosten der Auszahlung VI 16
- Steuerbefreiung II 90
- Übertragbarkeit des Anspruchs VI 10
- Verfahren VI 11 ff.
- Vertriebeneneigenschaft VI 3
- Wohnsitz im Beitrittsgebiet VI 4 ff.

Währung IV 27
Waldfonds IV 146
Wertausgleich II 9, 70 ff.
- Ausschluß II 80
- Stationierungsabkommen II 71
Wertpapier
- Ausgleichsleistung IV 28 ff.
- Begriff II 95
- Herausgabeanspruch II 100
- Kraftloserklärung II 97 ff.
- Verlust von W. IV 16 f.
- Wertpapierbereinigung II 95 ff.
Wiedergutmachung II 3, 30 ff.

Zerstörung von Kriegspotential I 20; II 7
- Zerstörungsschäden II 16; IV 13